**Philosophicum Lech**

Band 10

# Die Freiheit des Denkens

Herausgegeben von Konrad Paul Liessmann

Paul Zsolnay Verlag

Gedruckt mit Unterstützung des
Bundesministeriums für Bildung,
Wissenschaft und Kultur in Wien

1 2 3 4 5 11 10 09 08 07

ISBN 978-3-552-05402-8

Typografie und Umschlaggestaltung:
Atelier Reinhard Gassner, Bernd Altenried
Satz: Satz für Satz. Barbara Reischmann, Leutkirch

Druck und Bindung: Friedrich Pustet, Regensburg
Printed in Germany

# Vorwort

»Die Freiheit des Denkens« war das adäquate Thema des Philosophicums Lech für das zehnjährige Jubiläum. Für mich als Bürgermeister von Lech am Arlberg birgt es die Erinnerung an die Anfänge des Philosophicums: Es war viel gedankliche Freiheit nötig, um die Vorstellung zu entwickeln, dass ein philosophisches Symposium in einem Ort im Hochgebirge eine erfolgreiche Zukunft haben könnte. Heute profitieren wir alle von der Freiheit des Denkens, die vor allem Michael Köhlmeier sich damals genommen hat. Ihm gilt mein herzlicher Dank, dass er nicht aufgegeben hat, mich und andere mit seiner Begeisterung für diese Idee anzustecken.

Zehn Jahre Philosophie in Lech präsentieren sich im Rückblick als Erfolgsgeschichte. Von Jahr zu Jahr durften wir mehr Teilnehmer begrüßen, heute sind wir an der Grenze der Platzkapazität angekommen. Einen Grund für diesen Erfolg sehe ich in der Art von Programm, wie es unser wissenschaftlicher Leiter Konrad Paul Liessmann zu konzipieren verstanden hat: von hoher wissenschaftlicher Qualität und zugleich geprägt von Aktualität und Offenheit – ein im besten Sinne populärer philosophischer Zugang zu den Fragen unserer Zeit. Ich danke Konrad Paul Liessmann und dem gesamten Organisationsteam für die gute Vorbereitung und das hohe Engagement.

Eine Veranstaltung dieser Qualität auszurichten, wäre für einen kleinen Ort ohne finanzielle Hilfe nicht möglich. Ich bedanke mich beim Bund, beim Land Vorarlberg, sowie bei unseren Sponsoren Siemens und Magna für ihre großzügige Unterstützung.

Die Nachlese der in diesem Buch versammelten Referate

macht Lust auf das nächste Philosophicum Lech. Dazu lade ich Sie herzlich ein und freue mich, wenn Sie mit uns gemeinsam die Tradition des freien Denkens in Lech am Arlberg im Jahr 2007 fortsetzen.

Ludwig Muxel
Bürgermeister der Gemeinde Lech am Arlberg

Konrad Paul Liessmann

# Denken, das an der Zeit ist

## Zehn Jahre Philosophicum Lech

Philosophie, schrieb Georg Wilhelm Friedrich Hegel einmal, sei ihre Zeit, in Gedanken erfasst. Das, was ist, zu begreifen, sei das Geschäft der Philosophie. Auch die Philosophie, so Hegel, ist natürlich ein Kind ihrer Zeit und kann die dadurch gesetzten Schranken nicht einfach überspringen. Das klingt für Ohren, die von der Philosophie vielleicht Sinngebung, Orientierung, Weltwissen, absolute Wahrheit, eine gültige Moral, Einblicke in die Zukunft und die Verbesserung der Welt erwarten oder gar verlangen, doch einigermaßen bescheiden. Diese Bescheidenheit ist allerdings keine Zier, sondern eine Herausforderung. Denn das, was ist, in Gedanken zu fassen, bedeutet nicht, die Wirklichkeit einfach zu beschreiben, bedeutet auch nicht, das Geschehen dieser Welt zur Kenntnis zu nehmen, bedeutet schon gar nicht, darüber beliebige Meinungen auszutauschen, sondern stellt den Anspruch dar, an den vielfältigen, widersprüchlichen und kaum zu überblickenden Erscheinungen der Wirklichkeit das herauszuarbeiten, was daran das Wesentliche, das Verbindliche, das Charakteristische, das Signifikante und Eigentümliche ist.

Oft genug wurde dieser Anspruch deshalb auch als überzogen kritisiert, da keine Philosophie mehr in der Lage sei, auch nur die wichtigsten Strömungen und Entwicklungen einer Zeit zu erfassen, geschweige denn, die wesentlichsten Tendenzen eines Zeitalters zu erkennen. Und in der Tat: Niemand überblickt mehr, was sich in der globalisierten Welt auf den Gebieten der Politik, Ökonomie, Technik, Wissenschaften, Künste und Religionen ereignet, wie diese

Prozesse zusammenhängen, wie sie sich gegenseitig bedingen und welche Konsequenzen daraus erfolgen. Und noch weniger wüsste jemand zu sagen, was die entscheidenden Signaturen unseres Zeitalters sind: die Fortschritte in Wissenschaft und Technik, die Wiederkehr der Religion, der Siegeszug des Kapitalismus, die neuen Kriege oder doch der Terror. Die Unübersichtlichkeit und Komplexität unserer Welt, aber auch die ungeheure Vielfalt an Wissen, das diese Welt hervorbringt, und die Dynamik, mit der sich alles entwickelt, scheint es uns gerade zu verbieten, diese Welt auf einfache Begriffe bringen zu wollen. Mehr als Schlagworte, wie etwa »Globalisierung«, sind dabei wohl kaum zu erwarten. Aber abgesehen davon, dass von solchen Schlagworten eine ungeheure Kraft und Sogwirkung ausgeht, der sich bekanntlich niemand entziehen kann, lässt sich mit guten Gründen behaupten, dass dieser ursprüngliche Impetus der Philosophie, das, was geschieht, verstehen und begreifen zu wollen, noch immer wirksam ist. Philosophie hat bist heute damit zu tun, sich über die Welt, in der wir leben, wenn nicht klar, so doch klarer zu werden. Noch immer geht es uns darum, unsere Gegenwart zu begreifen, herauszufinden, wie und warum die Welt so geworden ist und in welche Richtung sie sich weiterentwickelt. Längst ist es nicht mehr die Philosophie allein, die unsere Zeit auf den Begriff bringen will, eine ganze Reihe von Wissenschaften ist an diesem Unternehmen beteiligt. Und ihnen allen ist vielleicht ein Grundsatz gemeinsam: Alles, was ist, ist geworden. Wir begreifen, wie unzulänglich auch immer, unsere Gegenwart als Resultat des vergangenen Geschehens. Wir denken historisch. Unsere Zeit in Gedanken zu erfassen, bedeutet so immer auch, in den Ereignissen der Gegenwart ihr Gewordensein, damit aber auch ihre Vergänglichkeit zu erblicken.

Philosophie ist die Zeit, in Gedanken erfasst. Man könnte diesen Satz auch paraphrasieren: Philosophie ist der Gedanke, der an der Zeit ist. Diese Formulierung ist doppeldeutig. Sie kann sich darauf beziehen, dass gerade die Philosophie ein ausgezeichnetes Sensorium für die Besonderheiten und Eigenheiten einer Zeit, ihr Ohr sozusagen am Puls der Zeit haben sollte – das machte übrigens auch den besonderen öffentlichen Charakter der Philosophie aus. Der Mensch ist ihr nie nur Objekt, sondern immer auch Adressat und Gesprächspartner. Diese Formulierung kann sich aber auch darauf beziehen, dass es auch für Gedanken einen richtigen Zeitpunkt gibt, einen Kairos, in dem sie formuliert, vorgebracht werden müssen. Viele Einsichten, so glauben wir aus der Geschichte zu wissen, sind oft zu spät gekommen. Vieles, was ungemein aktuell und zeitgemäß erscheint, erweist sich schon wenig später als Irrtum, Fehleinschätzung oder Dummheit. Nachher ist man bekanntlich immer klüger. Aber, so formulierte es der Philosoph Günther Anders einmal, auch wer zu früh kommt, kommt nicht zur rechten Zeit. Nur allzu oft wurden und werden brillante Analysen, hellsichtige Warnungen und triftige Prognosen von den Zeitgenossen ignoriert, weil man sie für unzeitgemäß hält – mit manchmal verheerenden Folgen.

Keine Frage: Gedanken, die ein Lebensgefühl, einen historischen Prozess, eine politische Konfliktlage, einen gesellschaftlichen Wandel begreifen wollen, müssen ihrer Zeit gemäß sein. Sie bedürfen eines Mindestmaßes an Aktualität. Sie müssen zur Kenntnis nehmen, was geschieht. Blindheit und Blauäugigkeit sind schlechte Diagnostiker. Wer sich der Realität radikal verweigert, wird so wenig erkennen wie derjenige, der sich schon jetzt im Paradiese wähnt. Heißt das aber, dass wirklich nur das Zeitgemäße philosophisch relevant sein kann? Und wann wird dabei die Grenze zum nur noch Zeitgeistigen und Modischen überschritten? Ist wirklich der am Puls der Zeit, der jeden Trend in irgendeiner Subkultur zum historischen Ereignis aufbläht, genügt es wirklich, um seine Zeit zu begreifen, bei allem mit-

zumachen, was diese Zeit an Events und Sensationen zu bieten hat? Schon Hegel war dem Verdacht ausgesetzt, dass sein Denken, das die Wirklichkeit seiner Zeit erfassen wollte, sich dieser Wirklichkeit gegenüber letztlich affirmativ, willfährig verhalten müsse. Die Wirklichkeit gibt den Takt vor, und das Denken passt sich an. Solch ein Anpassungsdruck mag in der Tat auch hinter zahlreichen Imperativen stehen, mit denen wir in unserer Gegenwart zum Beispiel aufgefordert werden, den Gang der Weltgeschichte, der nun auf den Namen »Globalisierung« hört, endlich zu akzeptieren. Begriffen ist damit aber noch nichts.
Seine ersten philosophischen Abhandlungen publizierte der junge Friedrich Nietzsche unter dem Titel *Unzeitgemäße Betrachtungen*. Der Titel war Programm und Provokation. Er distanziert sich dezidiert vom Anspruch, zeitgemäß sein zu müssen, und intendiert doch, dass das Unzeitgemäße das eigentlich Zeitgemäße sei. Gerade in der Verweigerung des Zeitgeists, in der Absage an die Moden und Trends vermutete der junge Altphilologe jenes kritische Potential, das es dem Denken erlauben sollte, den Wahrheiten der eigenen Zeit auf die Spur zu kommen. Die wichtigste dieser unzeitgemäßen Betrachtungen trug dann auch den Titel »Vom Nutzen und Nachteil der Historie für das Leben«. Nietzsche kritisierte darin ein Übermaß an Geschichtsbewusstsein und plädierte für das Vergessen: »Zu allem Handeln gehört Vergessen: wie zum Leben alles Organischen nicht nur Licht, sondern auch Dunkel gehört. Ein Mensch, der durch und durch nur historisch empfinden wollte, wäre dem ähnlich, der sich des Schlafens zu enthalten gezwungen würde, oder dem Thiere, das nur vom Wiederkäuen und immer wiederholten Wiederkäuen leben sollte. Also: es ist möglich, fast ohne Erinnerung zu leben, ja glücklich zu leben, wie das Thier zeigt; es ist aber ganz und gar unmöglich, ohne Vergessen überhaupt zu leben. Oder, um mich einfacher über mein Thema zu erklären: es giebt einen Grad von Schlaflo-

sigkeit, von Wiederkäuen, von historischem Sinne, bei dem das Lebendige zu Schaden kommt, und zuletzt zu Grunde geht, sei es nun ein Mensch oder ein Volk oder eine Cultur.«
Der Text ist – diese wenigen Zeilen bezeugen es – über die Zeit hinweg unzeitgemäß geblieben – und vielleicht gerade deshalb bis heute ein Stachel und eine Herausforderung.
In seinen unter dem Titel *Die Zerstörung der Welt als Wille und Vorstellung* erschienenen Frankfurter Poetikvorlesungen aus dem Jahre 2005 hat der Schriftsteller Robert Menasse den Begriff des Unzeitgemäßen erneut für die Sache des Denkens reklamiert, allerdings mit einer besonderen Pointe: Das Unzeitgemäße sei das eigentlich Zeitgemäße, da unsere Zeit eine »Unzeit« sei. Mit Seitenblick auf die von ihm geteilte Ansicht, dass der globale Kapitalismus in seinem Siegesrausch genau jene Maßnahmen durchsetzen wolle, die schon einmal, in den Zwanzigerjahren, zu einer Weltwirtschaftskrise, zu Massenarbeitslosigkeit und Massenarmut und damit indirekt zu Faschismus und Weltkrieg geführt haben, schreibt Menasse: »Wenn eine Zeit hinter historisch gemachte Erfahrungen zurückfällt, wenn die Lehren aus historischen Fehlern bei zeitgenössischen Entscheidungen keine Rolle mehr spielen, für überholt gelten, als störend erscheinen und daher die Wiederholung alter Fehler wieder als unschuldiger Pragmatismus gelten kann, dann ist diese Zeit selbst nicht mehr auf ihrer bereits erreichten Höhe, dann fällt oder drängt sie zurück, und das nennt man: Unzeit. Wenn man sich dem stellt, sich damit auseinander setzt, dann ist alles, was man schreibt und vorträgt, natürlich Ausdruck des Unzeitgemäßen, was aber bedeutet, dass man in solchen Unzeiten nur als Unzeitgemäßer als ein reflektierender Zeitgenosse gelten kann.«
Ist das Unzeitgemäße das Denken, das an der Zeit ist? Jede Reflexion der Wirklichkeit muss nah an dieser und gleichzeitig in Distanz zu ihr sein. Ohne Teilhabe am Leben wird man von diesem wenig verstehen; aber aufgesogen von die-

sem, wird man keine Zeit finden, etwas zu erkennen. Und vieles, was uns selbstverständlich erscheint, sieht ganz anders aus, wechselt man einmal die Perspektive. Das Unzeitgemäße scheint einem philosophischen Denken auch insofern inhärent zu sein, als sich die Philosophie einer Jahrtausende alten Tradition verpflichtet weiß, in deren Perspektive vieles, was die Gegenwart als neu, aufregend oder einmalig empfinden mag, relativiert werden muss. Das Philosophicum Lech, das sich nun zum zehnten Mal jährt, wollte zumindest einigen dieser durchaus widersprüchlichen Bestimmungen stets gerecht werden.

Die Fragen, die in Lech am Arlberg gestellt und diskutiert werden, sollen durchaus die brennenden, die beunruhigenden Fragen unserer Zeit sein. Aber die Perspektiven, unter denen diese Fragen behandelt werden, sollen die Möglichkeiten der Distanz, der Reflexion, der Besinnung auf vielleicht vergessene oder verschüttete Einsichten und Zusammenhänge eröffnen. Zeitgemäß, ohne zeitgeistig zu sein, unzeitgemäß, ohne in einem regressiven Sinn vergangenheitsverliebt zu sein: solches könnte als programmatischer Leitfaden für eine Veranstaltung formuliert werden, die sich den Herausforderungen der Gegenwart stellt, aber weiß, dass für deren Bewältigung mitunter eine Perspektive außerhalb der Gegenwart eingenommen werden muss. Ob beim Philosophicum Lech über die Faszination des Bösen oder über die Zukunft des Eros, über die Kanäle der Macht oder den Willen zum Schein, über die Furie des Verschwindens oder über den Wert des Menschen, über den Rausch der Sinne oder über die Sehnsucht nach Unsterblichkeit, über den Krieg oder über die Freiheit referiert und diskutiert wurde – immer waren es Fragen, die von einer manchmal erschreckenden Aktualität gekennzeichnet waren und die sich doch als Fragen erwiesen, mit denen sich die Menschen, wenn auch in unterschiedlicher Weise, seit Jahrtausenden konfrontiert sehen.

Seit Friedrich Nietzsche gehört es zum guten Ton, in luftigen Höhen zu philosophieren. Der Gang ins Gebirge, der Blick von oben, die klare Luft, die Distanz zum Alltag: all das mag eine Atmosphäre schaffen, in der konzentrierter und freier über die Welt, in der wir leben, nachgedacht werden kann als inmitten des Getriebes. Ob wir im Denken aber prinzipiell frei sind, und wie sich Freiheit überhaupt denken lässt, ist eine Frage, die nicht erst durch die modernen Wissenschaften aufgeworfen wird, sondern die die Selbstreflexion des Menschen seit Anbeginn begleitet. Bei einer Tagung, die sich der Freiheit des Denkens widmet, sollte man sich bewusst sein, dass wir damit die geistigen und moralischen Voraussetzungen unserer Kultur verhandeln. Dass die Gedanken frei sein sollen – mit diesem Imperativ begann die Aufklärung ihren Ausgang aus der wie auch immer verschuldeten Unmündigkeit des Menschen. Und die Annahme, dass wir im Denken frei sein können, dass wir mehr und anderes denken können, als es die Wirklichkeit zu gestatten scheint, war und ist die Voraussetzung für jene Vorstellung, nach der sich souveräne Menschen letztlich eine Welt nach ihrem Bilde schaffen sollten.

Freiheit des Denkens bedeutete einmal – und bedeutet vielleicht wieder – nicht mehr, aber auch nicht weniger, als dass sich die Vernunft keinen anderen Instanzen beugen soll als denen ihrer eigenen Gesetze. Der Kampf um die Freiheit des Denkens begann als Kampf gegen die Bevormundungen durch Religionen, durch Traditionen, durch Herrschaftssysteme, durch moralisch verbrämte Denkverbote. Vieles deutet darauf hin, dass dieser Kampf noch nicht zu Ende ist, an manchen Stellen womöglich in neuer Form beginnt. Wer heute etwa aus welchen Motiven auch immer Grenzen für die Gedanken- und Meinungsfreiheit fordert, sollte nicht vergessen, welche Anstrengungen und Opfer Europa dafür auf sich nehmen musste, diese Freiheit überhaupt einklagen zu können.

In einem seiner letzten Bücher, der *Götzen-Dämmerung*, nannte Friedrich Nietzsche ein Kapitel in Erinnerung an seine Jugendschriften »Streifzüge eines Unzeitgemäßen«. Darin findet sich ein Aphorismus mit dem Titel »Mein Begriff von Freiheit«. Dort heißt es: »Denn was ist Freiheit! Dass man den Willen zur Selbstverantwortlichkeit hat.« Freiheit ist etwas, so Nietzsche, das man will, das man erobert. Sie bemisst sich nach dem Widerstand, der überwunden werden muss. Freiheit ist kein Recht, schon gar kein Geschenk. Freiheit muss man sich nehmen, und wenn man sie hat, muss man sie verteidigen. Solch ein Gedanke mag uns vielleicht nicht sonderlich gefallen – aber dort, wo in einem politischen Sinn von Freiheit die Rede ist, sollte man diesen durchaus hin und wieder riskieren.

Möglich allerdings, dass Freiheit, zumindest als anthropologische Bestimmung, eine Illusion ist. Dass auch der Mensch nur ein Tier sei, von Naturgesetzen bestimmt, war in der Philosophie selbst immer eine beunruhigende These gewesen. Dass das Ich eine Illusion sei, Freiheit eine Täuschung und wir selbst bestimmt von unserer Umwelt, unseren Trieben, unseren Genen, war ein Verdacht, der seit den Mechanisten der Aufklärung, seit Schopenhauer und Nietzsche, seit den Empiriokritizisten des Fin de Siècle, seit den Anfängen der Tiefenpsychologie immer wieder und mit Nachdruck geäußert wurde. Das Selbstverständnis des modernen Menschen hat sich dadurch zweifellos geändert. Wir wissen: Wir sind nicht das souveräne, rationale Subjekt, von dem Humanismus und Aufklärung träumten. Aber noch der Wille, zu erforschen und zu erkennen, durch welche Faktoren und Gesetze wir nun in unserem Denken, Fühlen und Handeln bestimmt sind, hat eine Freiheit des Denkens zur Voraussetzung, eines Denkens, das zumindest dem uralten Imperativ der Selbsterkenntnis verpflichtet ist. Ohne diese Freiheit war und ist Wissenschaft nicht möglich.

Wir wollen wissen, wer wir sind. Und wir wollen dies wissen, um vielleicht dann doch etwas zu tun, was all unsere Beschränktheiten wenigstens für einen Moment übersteigt. Möglich, dass nun ein Denken an der Zeit ist, das sich trotz aller Ernüchterung, trotz aller Desillusionierungen, trotz des Verlusts der Utopien, trotz eines grassierenden Fatalismus, trotz der scheinbaren Alternativlosigkeit globaler Entwicklungen genau jener Potentiale versichert, die es auch bislang den Menschen ermöglicht haben, das scheinbar Vorgegebene, Unwiderrufliche und Unabänderliche in Frage zu stellen. Habe Mut, dich deines eigenen Verstandes zu bedienen: Dieser Wahlspruch der Aufklärung stellt im Zeitalter der Medien- und Bilderfluten vielleicht eine noch größere Herausforderung dar als in den finsteren Zeiten des späten Absolutismus. Wie unzeitgemäß uns diese Herausforderung auch immer erscheinen mag: Ich plädiere dafür, sie anzunehmen.

Julian Nida-Rümelin

# Über menschliche Freiheit[1]

## Vorbemerkung

Anknüpfend an die Begrüßungsreden möchte ich eine Vorbemerkung machen zum Verhältnis von Philosophie und Öffentlichkeit. Die Geisteswissenschaften scheinen sich gegenwärtig rechtfertigen zu müssen. Es zeichnet sich ab, dass bestimmte Paradigmen der Forschung beziehungsweise der Beurteilung von Forschung, die aus den Naturwissenschaften oder der Medizin kommen, auf die Geisteswissenschaften übertragen werden, dass etwa die Anzahl der Publikationen in so genannten *reviewed journals*, das heißt in der Regel in amerikanischen Wissenschaftsjournalen, für die Beurteilung des Wissenschaftlers ausschlaggebend wird. Ich denke, dass die Geisteswissenschaft durch die Setzung solcher Beurteilungsstandards verlieren würde. Denn das »große« Buch, das heißt das Buch, das sich bewusst auch an diejenigen wendet, die nicht vom Fach sind, ohne dabei flach und populärwissenschaftlich im schlechten Sinne zu werden, ist für die Geisteswissenschaften nach wie vor wesentlich.

Man könnte nun fragen, warum die Politik und die Gesellschaft beziehungsweise Bürgerschaft Interesse an den Geisteswissenschaften haben sollten. Zum Beispiel deswegen, weil die Geisteswissenschaften dazu beitragen, das kulturelle Erbe zu wahren, weil sie Offenheit für andere Kulturen und Verständnis der eigenen schaffen, weil sie mit dem dichten, in Österreich besonders dichten Netz kultureller Institutionen eng verbunden sind, den Museen, den Theatern, den Bibliotheken – ein Reichtum, der gerade Mitteleuropa auszeichnet. Aber auch, weil die Geisteswissenschaften

in den Feuilletons eine erhebliche Rolle spielen. Um dieser Rolle gerecht zu werden, dürfen sich die Geisteswissenschaften beziehungsweise die Geisteswissenschaftler aber nicht allzu selbstgenügsam mit engen Fachdiskursen unter Spezialisten begnügen. Solch spezifischer Austausch ist zwar hochinteressant und auch erforderlich – aber er darf nicht der einzige Dialog der Geisteswissenschaften sein. Das *Philosophicum Lech* stellt sich gegen diese Tendenzen des gegenwärtigen Wissenschaftsbetriebes und das ist gut. Und es scheint, als seien die Raumgrenzen hier die einzige Einschränkung des Gedankenaustausches. Die Tatsache, dass der Bundespräsident dieses Philosophicum mit eigenen philosophischen Betrachtungen eröffnet hat, zeigt eine bewundernswerte Besonderheit dieses Landes, das sich wie kaum ein zweites mit seiner Kultur identifiziert.
Wenn ich es recht sehe, ist das Publikum gemischt: Ich sehe einige Kolleginnen und Kollegen, aber es gibt unter Ihnen sicherlich auch Interessierte, die nicht Philosophie studiert, geschweige denn sie zu ihrem Beruf gemacht haben. Entsprechend stellt sich die Frage, wie ein Vortrag, speziell ein Eröffnungsvortrag, vor einem solchen Publikum zu gestalten sei. Vor allem, da ich – wie die meisten Referentinnen und Referenten – über das zu bearbeitende Thema jahrelang nachgedacht habe und dadurch die Gefahr groß ist, für den Auftakt einer solchen Woche des Nachdenkens zu spezifisch zu werden. Andererseits kann es auch nicht Sinn eines Einführungsvortrages sein, lediglich eine oberflächliche Beschreibung der Problemlage zu liefern. Daher soll nun der Versuch unternommen werden, Sie – bildlich gesprochen – auf einen Ausflug mitzunehmen durch eine relativ komplexe, vielfältige und auch weit ausgedehnte Landschaft. Dies kann nicht flächendeckend geschehen, dafür fehlt die Zeit. Aber durch bestimmte Einblicke und Ausblicke auf diesem Ausflug will ich eine bestimmte Sichtweise auf die Thematik der Freiheit attraktiv machen.

## I Freiheit in der Lebenswelt

Zunächst soll die Rolle der Freiheit in der Lebenswelt betrachtet werden. In seinem berühmt gewordenen Aufsatz »*Freedom and Resentment*«[2] argumentiert Peter Strawson dafür, dass bestimmte *moral sentiments* oder *reactive attitudes* anderer Personen für uns gar nicht plausibel wären, wenn wir uns nicht wechselseitig Freiheit unterstellten. Dieser Aufsatz hat viele Debatten ausgelöst, die bis heute andauern. Es gibt sehr schöne Untersuchungen dazu, wie man Strawsons Grundargument – diese Strawson'sche Perspektive – ausarbeiten kann, doch auf diese Debatten will ich nicht eingehen. Vielmehr soll zuerst die Stärke dieser Perspektive herausgearbeitet werden, um sie dann zu modifizieren.

Die Stärke von Strawsons Perspektive beruht auf folgender Beobachtung, für die es keiner wissenschaftlichen Analyse bedarf, sondern die uns allen aus unserer Lebenswelt vertraut ist. Wenn wir zum Beispiel jemandem Vorwürfe machen und dann wird uns erklärt, dass die Person, der wir Vorwürfe gemacht haben, gar nicht im vollen Bewusstsein, das heißt in Abwägung der Alternativen und ihrer Konsequenzen wohlbegründet gehandelt hat, sondern zum Beispiel aufgrund einer psychischen Beschädigung festgelegt war, sich in dieser Weise zu verhalten (Traumata können da eine Rolle spielen, in vielen Gerichtsverhandlungen kommt so etwas zur Sprache) – dann scheint es, dass wir geradezu gezwungen sind, unseren moralischen Vorwurf zurückzunehmen. Es hat sich nichts anderes geändert: Das kritisierte Handeln hat nach wie vor jemanden zum Beispiel gekränkt oder geschädigt – vielleicht sogar einen selbst. Aber in dem Moment, in dem wir Gründe dafür hören, dass die Person ihr Verhalten gar nicht kontrolliert hat, dass sie es nicht als eine Person, der man Verantwortung für ihre Handlungen zuschreiben kann, getan hat, verzichten wir auf die moralische Beurteilung dieses Verhaltens. Das kann man durchspielen für eine Vielzahl von moralischen Einstellungen und Empfindungen wie zum Beispiel Dankbarkeit, Sühne, Anerkennung, Kränkung, Vertrauen, Misstrauen und so weiter. An anderer Stelle habe ich hierzu ein Gedankenexperiment angestellt (welches für einige gar kein Experiment ist, sondern aus dem eigenen Umfeld vertraut ist), nämlich zum Umgang mit einem Alzheimer-Patienten.[3] Ich würde nun sagen, die normale und auch angemessene Form, damit umzugehen, ist, dass man zu Beginn der Krankheit die Person verantwortlich macht für das, was sie tut und lässt. Es wird also weiterhin Auseinandersetzungen darüber geben, was richtig und falsch ist. Je weiter die Krankheit aber fortschreitet, umso unangemessener wird die Zuschreibung von Verantwortlichkeit werden. Vielleicht ist der Ärger über die eine oder andere Verhaltensweise noch unvermeidbar; aber er wird unangemessen, wenn er mit Vorwürfen verbunden ist. Das heißt, es entsteht eine andere Einstellung gegenüber der kranken Person, und am Ende, wenn die Krankheit weit fortgeschritten ist, wird man sie überhaupt nicht mehr als moralisch verantwortlich und auch nicht mehr als frei in dem, was sie tut, interpretieren. Man wird lediglich versuchen, größere Probleme zu vermeiden, wie Selbstschädigungen, Fremdschädigungen und so weiter. Nun ist an dieser Stelle in der ursprünglichen Strawson'schen Argumentation ebenso wie in der Argumentation seiner Schüler und Nachfolger ein Fehler, den man sich an diesem Beispiel klarmachen kann. Strawson spricht von zwei Einstellungen, *attitudes*, einer *subjective* und einer *objective attitude*. Er meint, die *subjective attitude* hätte etwas zu tun damit, dass man sich wechselseitig als moralische Akteure wahrnimmt, sich sozusagen selbst in ein Interaktionsverhältnis bringt. Wenn wir dies nicht mehr annehmen könnten, dann würden wir eine objektive, zum Beispiel eine manipulative Haltung einnehmen und uns fragen: »Was muss ich tun, damit ich die Person zu dem bringe, was ich mir vorstelle?« Es ist ein wenig beunruhigend, dass in einem wesentlichen Strang der analytischen Philosophie, aus der ich ja selbst komme, zum Beispiel in der Ethik Moritz Schlicks[4], diese Art der manipulativen Einstellung als Alternative zur Annahme genuiner menschlicher Freiheit gesehen wurde. Moritz Schlick behauptet in seiner Ethik von 1930, dass ethische Rationalität gerade darin bestehe, dass man sich überlege, wie man Menschen über Sanktionen, vielleicht auch über Vorwürfe steuern kann, damit sie das tun, was man sich wünscht. Das ist eine Haltung, die nicht sehr respektvoll umgeht mit anderen; es ist eine Haltung, die andere im Wesentlichen als Gegenstand der Manipulation, der Steuerung und so weiter sieht. Bei Strawson liegt hier ein wesentlicher Fehler in der Argumentation vor. Denn ich glaube, bei dem Alzheimer-Patienten, der einem etwa als enges Familienmitglied vertraut ist, wird man am Ende keine Haltung einnehmen, die mit dem Prädikat *objektiv* richtig charakterisiert ist. Man wird vielmehr mitfühlen. Man wird alles tun, damit es dieser Person gut geht. Erst recht gilt das für sehr kleine Kinder: Eltern haben gegenüber ihren Kindern keine objektive Haltung im beschriebenen Sinn, sondern sie identifizieren sich mit dem Wohl ihrer Kinder. Und diese Identifikation, diese starke emotionale Nähe zwischen Eltern und Kindern ist vielleicht die wesentlichste Voraussetzung für den Erziehungserfolg.

Nun spitze ich das Argument zu. Solange Sie eine voll zurechnungsfähige Person vor sich haben, gibt es zu Recht Auseinandersetzungen. Es stellt sich zum Beispiel die Frage, ob ein bestimmtes Verhalten akzeptabel ist oder nicht. Hier werden Gründe geltend gemacht, und zwar nicht subjektive, sondern – jedenfalls vom Anspruch her – objektive. Die Vorwürfe, die man sich wechselseitig macht, wenn man sich und solange man sich ernst nimmt, besagen ja in etwa: »Das Verhalten, das du hier an den Tag legst, ist nicht akzeptabel«, und nicht etwa: »Ich wünsche mir, dass du dich anders verhältst.« Dies wäre eine völlig falsche Beschreibung der lebensweltlichen moralischen Auseinandersetzung.[5] Stattdessen ist der eine tatsächlich überzeugt davon, ein bestimmtes Verhalten sei falsch, während der andere ebenso davon überzeugt ist, es sei richtig. Dann bringen sie Gründe pro beziehungsweise kontra dieses Verhalten vor. Und diese Gründe könnten wir gar nicht angemessen verstehen, würden diese Gründe nicht normative Überzeugungen, das heißt Überzeugungen, dass es sich so und nicht anders verhält, zum Ausdruck bringen. Auf einmal kippt gewissermaßen das Bild: Es entspricht einer in diesem Sinne objektiven Einstellung, sich wechselseitig Freiheit und Verantwortung zuzuschreiben. In vielen Fällen wird diese Einstellung subjektiv gestärkt durch Emotionen, durch Bindungen, durch Nähe-Gefühle – selbst dann, wenn ich die Zuschreibung von Freiheit und Verantwortung graduell (wie im Falle des Alzheimer-Beispiels) zurückziehen muss. Hier ist schon der erste Hinweis darauf, dass in der philosophischen Klärung der Freiheitsproblematik Gründe die Schlüsselrolle spielen, nicht so sehr Gefühle. Hierauf werden wir zurückkommen.

## II Freiheit zwischen Lebenswelt und Wissenschaft

Wir haben bisher nur von Lebenswelt gesprochen und noch überhaupt nicht von Wissenschaft. Die Freiheitsthematik ist jedoch in der Geschichte der Philosophie meistens durch die Forschungsergebnisse einzelner empirischer Wissenschaften virulent geworden, welche die lebensweltlichen Erfahrungen und Intuitionen bezüglich Freiheit und Verantwortung in Frage zu stellen schienen. Wenn man den Begriff »Wissenschaft« großzügig fasst, dann geht diese bis fast in die Antike zurück. Ein Beispiel hierfür ist die große Auseinandersetzung in der Stoa um die Freiheitsthematik, die zweifellos auf einem sehr hohen Niveau ausgetragen wurde, wie wir etwa den Fragmenten von Chrysipp entnehmen können, die von beeindruckender Differenziertheit sind.[6] Diese Auseinandersetzung war eine Urform des Konfliktes zwischen Lebenswelt und Wissenschaft, denn die Stoa vertrat die Vorstellung, dass die ganze Welt nach strengen Vernunft-Gesetzen geregelt sei. Die Trennung von Vernunft-Gesetzen und kausalen Gesetzen ist für die Stoa noch nicht charakteristisch, vielmehr betrachtet sie diese beiden Elemente als eine Einheit. Die Frage ist nun, welche Rolle dann die persönliche Verantwortung spielt. In der Stoa spitzt sich dieses Problem bereits extrem zu, wie sich an der Rede über die *adiaphora* zeigt, das heißt über die Dinge, gegenüber denen wir indifferent sein sollten, weil wir sie ohnehin nicht beeinflussen können. Die Dinge, die wir beeinflussen können, sind dagegen *eph'hemin*, im Englischen *up to us*, in unserer Verantwortung. Wenn es nur diese zwei großen Kategorien gibt, dann stellt sich die Frage, wie sich Freiheit in die Vorstellung integrieren lässt, dass der gesamte Kosmos – einschließlich der einzelnen Personen in diesem Kosmos – nach strikten naturwissenschaftlichen, dem *logos*, der Vernunft entsprechenden Gesetzmäßigkeiten organisiert, ja determiniert ist?

Eine zweite Offensive deterministischer Metaphysik wird durch den Erfolg der Newton'schen Physik ausgelöst. Immanuel Kant hätte seine Erkenntnistheorie wahrscheinlich nicht so geschrieben, wie er es getan hat, wenn die Newton'sche Physik nicht dieses Faszinosum gewesen wäre. Die klassische Physik ist so wunderschön klar, beeindruckend und geschlossen, dass ich es bedauere, dass sie spätestens Ende der Zwanzigerjahre des letzten Jahrhunderts nicht mehr zu halten war. Diese klassische Physik, die Newton'sche Physik, auch die relativistisch erweiterte klassische Physik, schien nun ein bestimmtes Bild der Welt nahezulegen, in dem Freiheit keinen Platz hat. Nach diesem Bild

existieren lauter Masse-Pünktchen, die mit Wechselwirkung, also Kräften, aufeinander wirken. Dies sind im Wesentlichen Gravitations- und elektrostatische Wirkungen; vor Einstein sprach man zudem noch von magnetischen Kräften, heutzutage zusätzlich von starker und schwacher Kern-Wechselwirkung. Und alles in der Welt besteht aus solchen Teilchen, die sich bewegen, zum Beispiel in Kristallstrukturen schwingen und so weiter. Dieses Bild ist streng deterministisch. Zwar können wir es nicht *en detail* beschreiben, weil uns hierzu die Rechnerkapazitäten und das Gehirn fehlen ebenso wie die Papiermengen, um alle relevanten Daten aufzuschreiben – aber so ist es. Wo bleibt da noch so etwas wie ein Freiheitsspielraum für menschliches Handeln? Folgerichtig stellt dies eine weitere Phase der Auseinandersetzung zwischen Determinismus und Freiheitsintuition dar.
Die darwinistische Biologie des 19. Jahrhunderts schien ebenfalls unsere lebensweltlichen Freiheits- und Verantwortungsintuitionen zu erschüttern, der Sozialdarwinismus beruhte auf einer deterministischen Metaphysik, die Psychoanalyse in einer irrationalistischen Lesart, die die Kunst, besonders die britische und amerikanische Filmkunst inspirierte und natürlich die historistischen und szientistischen Strömungen im Marxismus, und gegenwärtig erleben wir eine vierte oder vielleicht fünfte Offensive deterministischer Metaphysik, diesmal ausgelöst durch die Neurophysiologie beziehungsweise durch die Interpretation neurophysiologischer Ergebnisse durch einige Neurowissenschaftler (denn beileibe nicht alle Neurowissenschaftler teilen diese Ansicht).[7]
Wir haben hier demnach einen Konflikt und ich kann und will diesen Konflikt nicht in diesem Vortrag lösen. Ich will aber den Hinweis geben, dass der bestehende Konflikt sich dadurch in einer unnötigen Weise zuspitzt, dass man eine im Grunde immer noch kartesische Erwartung an die Wis-

senschaft richtet, so wie es Descartes wunderschön in seinen *Meditationes* beschreibt:

»Schon vor Jahren bemerkte ich, wie viel Falsches ich von Jugend auf als wahr hingenommen habe und wie zweifelhaft alles sei, was ich später darauf gründete; darum war ich der Meinung, ich müsse einmal im Leben von Grund auf alles umstürzen und von den ersten Grundlagen an ganz neu anfangen, wenn ich später einmal etwas Festes und Bleibendes in den Wissenschaften errichten wollte.«[8]

Alles Wissen wäre demnach unsicher, denn es könnte ja sein, dass wir es nur träumten. Daher brauchen wir ein sicheres Fundament, das alles neu absichert. Nur dann haben wir methodisch eine neue Begründung und nur in diesem Sinne, das heißt unter Rückgriff auf dieses fundamentum *inconcussum*, kann die Begründung unserer Überzeugungen streng wissenschaftlich sein.

Diese Ansicht, dass alles andere unsicher sei und nur die Wissenschaft auf sicheren Überzeugungen beruhe, existiert nach wie vor. Auch wenn ich diesen Punkt nicht vertiefen will, so muss doch klargestellt werden, dass dies ein sicher falsches Bild von der Wissenschaft ist, schon deswegen, weil eine kartesische, globale Skepsis nicht möglich ist.[9] Natürlich kann man im philosophischen Klassenzimmer eine globale Skepsis versuchen, aber schon der allererste Beginn von Wissenschaft setzt unglaublich viel voraus – logische Inferenzregeln, erkenntnistheoretische und ontologische Präsuppositionen ebenso wie interpersonale Verhältnisse und linguistische Bedingungen: Wir bezweifeln nicht die Existenz der alltäglichen, mittelgroßen, festen, unseren Sinnen zugänglichen Dinge unserer Lebenswelt, wir ordnen unsere Wahrnehmungen gemäß den lebensweltlichen Anschauungsformen von Raum und Zeit, wir halten uns an Schlussregeln, die nicht erst die moderne mathematische Logik erfunden hat, wir schreiben anderen aufgrund ihrer Äußerungen Überzeugungen und Intentionen zu, wir verwenden die Begriffe entsprechend ihrem normalen Gebrauch. Der allererste Schritt in die Wissenschaft ist immer schon lebensweltlich imprägniert, und in der weiteren Entwicklung wissenschaftlicher Theorien kommt es in der Regel nicht zu einem Konflikt zwischen wissenschaftlicher Theorie und lebensweltlicher Überzeugung. Das empirische und normative Orientierungswissen ist nicht aus der Wissenschaft abgeleitet, sondern Konstitutionsbedingung von Wissenschaft und wird zwar gelegentlich im Laufe wissenschaftlicher Erkenntnisprozesse modifiziert, aber nie in toto in Frage gestellt. Dies gilt auch für die moderne Physik: Sie ist zwar unanschaulich und man kann ihre Modell nur schwer nachvollziehen – aber man nenne mir eine einzige lebensweltliche empirische Überzeugung oder Beobachtung, die mit der modernen Physik in Konflikt gerät. Man könnte anführen, dass es zum Beispiel Gleichzeitigkeit bei Einstein nicht mehr gibt; aber dies gilt doch nur unter extremen Bedingungen, die lebensweltlich gar nicht vorkommen. Für die Lebenswelt ist die Relativierung der Gleichzeitigkeit irrelevant, denn wir bewegen uns selten in Geschwindigkeitsbereichen nahe der Lichtgeschwindigkeit. Ebenso sind uns die Mikrovorgänge der Quantenphysik, deren wissenschaftliche Beschreibungsformen sich einer realistischen Interpretation sperren, lebensweltlich nicht zugänglich.

Ich will es noch ein Stück weiter treiben und eine Wissenschaft ansprechen, bei der sich die Situation unklarer darstellt, nämlich beim Verhältnis von lebensweltlichen Überzeugungen und Psychologie. Auch hier könnte man die Meinung vertreten, die Erkenntnisse der Psychologie ersetzten immer mehr unsere lebensweltlichen Überzeugungen bezüglich dessen, was die Menschen für Intentionen haben, was sie antreibt, dieses oder jenes zu tun, und so weiter. Doch selbst im Fall einer Wissenschaft, die nicht die Dignität und Sicherheit der klassischen Physik hat, würde ich behaupten, dass die Theorie ein Beitrag zur Rekonstruktion und zur Systematisierung von Überzeugungen und Beobachtungen ist, die ihren Ausgang in der lebensweltlichen Erfahrung haben. Wir schreiben uns zum Beispiel wechselseitig bestimmte mentale Zustände zu; ohne diese Zuschreibungen kann die Lebenswelt nicht funktionieren, ebenso wenig wie die Psychologie. Dies ist der Beginn. Doch dann kann irgendwo der Bedarf für Korrekturen eintreten. Man wird sehen, dass es bestimmte Inkohärenzen in unseren lebensweltlichen Überzeugungen gibt – und diese kann vielleicht die psychologische Theorie auflösen. Um es auf den Punkt zu bringen: Das, was in der amerikanischen oder englischen Literatur gerne als *folk-psychology* bezeichnet wird, wird nicht ersetzt durch eine andere Disziplin, nämlich die Psychologie, sondern ergänzt und sicher auch modifiziert, bleibt aber in ihrer Substanz unangetastet. Das Verhältnis ist eher eines der Rekonstruktion: Die wissenschaftliche Psychologie rekonstruiert wichtige Elemente der *folk-psychology*, systematisiert diese und erlaubt im günstigen Falle »Tiefenerklärungen« für »Oberflächenphänomene«. Aber die *folk-psychology* bleibt lebensweltlich unverzichtbar und ist Ausgangspunkt und Orientierungsmarke der wissenschaftlichen Psychologie.

Wir haben demnach ein *empirisches Orientierungswissen*, das unsere Lebenswelt prägt und nicht erst durch wissenschaftliche Erkenntnis etabliert wird. Ebenso haben wir ein *normatives* Orientierungswissen, zum Beispiel bezüglich unserer je spezifischen Verantwortlichkeiten, bestimmten Regeln, nach denen wir unsere lebensweltliche Praxis beurteilen und so weiter. Und wir haben ein *anthropologisches* Orientierungswissen – wobei ich mir nicht ganz sicher bin, ob dieses aufzuteilen ist zwischen erster und zweiter Kategorie, so dass ich es als einen dritten Bereich einführe – also ein bestimmtes Selbstbild darüber, was uns und andere als Menschen ausmacht. Unser Selbst- und Menschenbild ist we-

sentlich für unsere Lebenswelt. Gegenüber diesem Orientierungswissen, dessen drei Bereiche eng miteinander verkoppelt und eigentlich gar nicht säuberlich trennbar sind, ist eine globale Skepsis unmöglich. Eine globale Skepsis würde bedeuten, dass wir unsere lebensweltliche Interaktion, Verständigung, Kommunikation zugleich in Zweifel zögen, und damit auch das Fundament des philosophischen Argumentes verlören. Diese Position soll nicht als *philosophischer Quietismus* missverstanden werden; es soll nicht behauptet werden, dass alles, so wie es ist, gut sei.[10] Es gibt genug Inkohärenzen, um unsere lebensweltlichen Intuitionen – vor allem diejenigen, die die Ethik betreffen – kritisch aufzuklären. Zudem treten neue Handlungsbereiche auf, wie etwa die neuen Biotechnologien, die uns nicht vertraut und denen gegenüber wir offenkundig relativ ratlos sind, wie die Diskussion zeigt, die alle paar Wochen in den Zeitungen meist mit den immer gleichen Argumenten ausgetragen wird. Missverstehen Sie daher die dargestellte Position nicht im Sinne eines »Alles ist gut, wie es ist«. Das war vielleicht die Attitüde des späten Wittgenstein. Ich aber teile diese Attitüde nicht.
Die Freiheitsthematik zwischen Lebenswelt und Wissenschaft – markiert dies möglicherweise einen Konflikt, in dem die Philosophie auf der Seite der Lebenswelt steht und die Neurowissenschaft dagegen? Ein Streit der Fakultäten, in dem die Philosophie versucht, unsere Alltagsintuitionen zu verteidigen gegen offenkundige empirische Befunde, die gegen unsere Alltagswahrnehmung sprechen? So ist es sicher nicht, allein schon, weil die Konfliktlinien nicht zwischen, sondern innerhalb der Fakultäten verlaufen. Die Konfliktlinien stecken ein breites Spektrum von Positionen ab, indem man zum einen unterscheiden kann zwischen Kompatibilisten beziehungsweise Non-Kompatibilisten und Anti-Kompatibilisten, also denjenigen, die kein Problem für die Zuschreibung von Freiheit und Verantwor-

tung sehen, selbst wenn die Welt durchgängig deterministischen Gesetzen folgen würde, und ihren Gegnern. Gemäß dieser Position ist eigentlich relevant, dass wir das tun können, was wir tun wollen, aber nicht auch, dass unser Wollen wiederum frei ist. Zum zweiten muss man differenzieren zwischen denjenigen, die behaupten, dass unsere lebensweltlichen Freiheitsintuitionen im Großen und Ganzen korrekt seien, dass wir also frei sind, und denjenigen, die der Ansicht sind, dass die Intuitionen falsch und wir in Wirklichkeit nicht frei seien. Das sind zwei unterschiedliche Unterscheidungen, die entsprechend ein weites Spektrum von Positionen aufspannen. Dieses kann man noch erweitern, wenn man zudem eine weitere Position aufnimmt: nämlich derjenigen, die sagen, dass ein Universal-Determinismus zwar unvereinbar mit Freiheitsintuitionen sei; dass diese Unvereinbarkeit aber nicht zum Konflikt führen muss zwischen einer Naturwissenschaft, die sich auf deterministische Gesetze verlässt, und einer Theorie des Menschen, einschließlich zum Beispiel der Psychologie, die auf anderen Prämissen fußt – denn diese Unvereinbarkeit zeigt sich nicht. Es handelt sich hierbei um eine Kompatibilität auf der Ebene unserer Wissensbestände, der aber keine Kompatibilität auf der Ebene der Sachverhalte, der Tatsachen als solchen entspricht. Nimmt man diese letzte Position hinzu, dann differenziert sich das Spektrum weiter aus.

Die Frage ist, ob es – etwa im Vergleich zum 18. oder 19. Jahrhundert – unterdessen eine neue Situation der naturwissenschaftlichen empirischen Befunde gibt, die eine Herausforderung bislang nicht gekannter Form darstellt für Freiheitsintuitionen beziehungsweise die Theorien, die solche Freiheitsintuitionen systematisieren – wie beispielsweise die Philosophie. Mir scheint Folgendes auf der Hand zu liegen: Das Forschungsprogramm, das sich manche im Bereich der Neurowissenschaft vorgenommen haben, besteht darin, Elemente, die wir in unserer lebensweltlichen Praxis zur Begründung von Handlungen anführen, in der Erklärung dieses Handelns durch eine andere Beschreibung zu ersetzen; nämlich eine, die lediglich Bezug nimmt auf neurophysiologische Prozesse und Gesetzmäßigkeiten. Diese Heuristik der Disziplin muss aber in einen gewissen Konflikt geraten mit unseren lebensweltlichen Freiheitsintuitionen ebenso wie mit den philosophischen Theorien, die diese systematisieren. Denn wenn der Theorierahmen, in dem diese Erklärungen erfolgen, deterministisch ist und – definitionsgemäß – ohne Rekurs auf das Abwägen von Gründen auskommt, da Gründe in naturwissenschaftlichen Disziplinen keinen methodischen Ort haben, scheint das, was für unser Selbstbild und unsere lebensweltliche Praxis so zentral ist, in der wissenschaftlichen Perspektive irrelevant zu werden. Dies kann man als eine Herausforderung in zwei entgegengesetzte Richtungen verstehen. Eine Herausforderung an unsere lebensweltlichen Intuitionen und diejenigen wissenschaftlichen Disziplinen, wie die Ethik, die Handlungstheorie, die Anthropologie, aber auch die sozialwissenschaftlichen, historischen und philologischen Disziplinen, die diesen Intuitionen vertrauen, und eine Herausforderung an die Neurophysiologie, der lebensweltlichen Rolle von Gründen, der Zuschreibung von Freiheit und Verantwortung eine naturwissenschaftliche Beschreibungsform beizugesellen. Es wäre jedenfalls ein Trugschluss, zu meinen, dass allein die gegenwärtige Forschungslage in den hier relevanten Disziplinen, die Freiheitsthematik so (im Sinne eines naturalistischen Determinismus) oder so (im Sinne des freien und verantwortlichen Akteurs) entscheiden könnte.

Eines liegt jedenfalls auf der Hand: Die bisherigen empirischen Befunde sind viel zu schwach, um die These zu tragen, man habe jetzt widerlegt, dass es so etwas gäbe wie Freiheit des Handelns beziehungsweise Freiheit des Willens. Deswegen gibt es keinen Grund, auf der Basis der Befunde der zeitgenössischen neurowissenschaftlichen Forschung zum Beispiel das Strafrecht zu reformieren und ein neues Strafrecht zu entwickeln, das ohne den Verantwortungsbegriff auskommt. Wenn solche Ziele ernsthaft verfolgt werden sollten, dann würde es ernst; dann müssten wir anders mit dieser Thematik umgehen, als wir es bislang auf Tagungen praktizieren. Ein Programm, das in dieser Weise an die Substanz der normativen Ordnung unseres Rechts und unseres Staates geht, stellt auch eine politische Herausforderung dar. Tatsächlich gibt es hier und da Tendenzen, das Strafrecht zu reformieren, und sie sind meistens gut gemeint. Manche sprechen sogar von einer Humanisierung des Strafrechts, selbst wenn nicht recht zu sehen ist, wie aus einer solchen Reform eine Humanisierung resultieren soll. Ausschlaggebend ist jedoch, dass eine solche Tendenz die zentralen Elemente, nämlich Verantwortlichkeit des Akteurs, Würde des Einzelnen – im Sinne einer nicht verrechenbaren Würde, wie Kant sie sehr schön auf den Begriff gebracht hat –, gefährden würde, so dass die Anschlussfähigkeit der Rechtspraxis an unsere lebensweltliche moralische Praxis nicht mehr gegeben wäre. Das wäre sowohl für das Recht, als auch für unsere moralische Praxis ebenso wie für die Gesellschaft insgesamt eine echte Bedrohung.

## III Gründe als Ursachen

Es wurde anfangs angedeutet, dass die Freiheitsthematik aus der von mir vertretenen Perspektive etwas zu tun hat mit der Rolle von Gründen. Dies soll nun näher erläutert werden. Allerdings stellt sich zuerst die Frage, was für eine Rolle Gründe generell haben. Ich hatte die Strawson'sche Perspektive rekonstruiert und dahingehend modifiziert, dass das entscheidende Element das Spiel des Begründens ist. Wir machen den anderen verantwortlich, wir ziehen ihn zur Rechenschaft, indem wir wollen, dass er sein Handeln begründet; und wir bringen Gegengründe und nehmen ihn dadurch ernst, indem wir mit ihm in dieses Spiel des Begründens einsteigen. Erst wenn wir merken, dass der andere an diesem Spiel nicht partizipieren kann, zum Beispiel weil er an Alzheimer erkrankt ist, ist die Zuschreibung von Verantwortlichkeit und Freiheit nicht mehr angemessen. Dies war die These.

Hier stellt sich natürlich sofort die Frage, was gute beziehungsweise schlechte Gründe sind. Diese Frage ist nicht einfach zu beantworten. Denn es gibt zwar im philosophischen Theorieangebot eine Menge konkrete Antworten – etwa seitens des Utilitarismus, des Kantianismus, des Libertarismus oder partikularistischer Theorien; aber alle diese Theorien geraten in einen gewissen Konflikt mit unserer lebensweltlichen Praxis des Begründens, so dass ein Konflikt philosophischer Theorie mit lebensweltlicher Praxis aufscheint. Für unser weiteres Argument hier ist nur Folgendes wesentlich – selbst wenn ich damit eine Minderheitenposition in der aktuellen philosophischen Debatte vertrete: Nämlich dass diese Gründe, die wir anführen für einzelne Handlungen, nicht etwa enden können bei den Wünschen, die der Akteur hat. Die Auffassung, dass Gründe in Wünsche münden, entspricht dem, was manchmal als Hume'sches *desire-belief*-Schema bezeichnet wird. Wobei es sinnvoll ist, die *desires* zuerst zu nennen, weil die *beliefs* lediglich dazu dienen, die *desires* in konkrete Handlungsoptionen zu übersetzen. Wenn ich nun – wie es in der lebensweltlichen Praxis tatsächlich geschieht – behaupte, eine bestimmte Handlung sei gerechtfertigt, weil ich den Wunsch habe, das zu tun, dann findet de facto eine Qualifizierung statt. Denn tatsächlich wird implizit zugleich ausgesagt, dass dieser Wunsch ein legitimer Wunsch sei, das

heißt, dass es sich um einen Wunsch handelt, der nicht mit den Rechten anderer oder mit dem Respekt, den wir gegenüber anderen Menschen haben sollten, kollidiert. Wir nehmen also wertend Stellung zu unseren eigenen Wünschen. Wir sagen nicht, dass ein bestimmter Wunsch eine bestimmte Handlung rechtfertigt, einfach nur, weil es sich um einen *de facto gegebenen* Wunsch handelt – sondern weil es ein *legitimer* Wunsch ist. Zudem scheint mir – wenn man die verschiedenen Begründungsspiele unserer Lebenswelt sichtet –, dass nur ein kleiner Teil von Begründungen diesem Typus angehört. Tatsächlich scheinen viele unserer Begründungsspiele überhaupt nicht an dem, was wir wünschen, anzusetzen, sondern vielmehr an normativen Überzeugungen: Wir haben bestimmte Wünsche und diese Wünsche können wir begründen – aber nicht durch Rückgriff auf grundlegendere Wünsche, aus denen wir diejenigen erster Ordnung ableiten, sondern lediglich aufgrund bestimmter normativer Überzeugungen. Wenn zum Beispiel jemand der Meinung ist, dass die Bestrafung einer Person gerecht sei, so spielen bei der Begründung dieser normativen Überzeugung eigene Wünsche keine große Rolle. Zwar kann jemand, der besagte Überzeugung hat, zugleich den Wunsch ausprägen, dass die betreffende Person bestraft wird. Aber dieser Wunsch ist nicht Ausdruck eines basalen Wunsches, der höchstens modifiziert wird durch bestimmte hinzutretende Überzeugungen – sondern die normative Überzeugung, was gerecht und ungerecht ist, bestimmt diesen Wunsch unmittelbar.[11]
Man könnte versuchen, das *desire-belief*-Schema durch den Hinweis zu retten, dass es dennoch bestimmte Wünsche gibt, die nicht durch Überzeugungen imprägniert sind. So habe ich im Laufe eines Tages immer wieder Hunger und dieser mentale Zustand, Hunger zu haben, tritt immer gemeinsam mit dem Wunsch auf, diesen Hunger zu stillen. Und es ist schwierig, sich jemanden vorzustellen, der Hun-

ger hat und nicht gleichzeitig auch den Wunsch, den Hunger zu stillen. Wenigstens ein Teil unserer Praxis des Begründens scheint demnach auf solche nicht kritisierbaren, basalen Wünsche – das heißt Wünsche, die selbst nicht das Ergebnis von Deliberation sind – Bezug zu nehmen. Tatsächlich wäre die bloße Existenz bestimmter basaler Wünsche jedoch nicht verheerend für mein Argument – aber ich bestreite selbst das. Denn auch diejenigen Wünsche, die meist als Kandidaten für basale Wünsche vorgebracht werden, können noch einer rationalen Kritik – das heißt einer Kritik anhand von Gründen – unterzogen werden. Ein Beispiel hierfür wäre eine übergewichtige Person, die Hunger hat, aber dennoch nicht den Wunsch hat zu essen, weil sie weiß, dass eine weitere Gewichtszunahme ihrer Gesundheit schaden würde.

Was sagt das aus in Bezug auf die Freiheitsthematik? Zuerst einmal, dass wir Freiheit und Verantwortlichkeit zuschreiben, sofern wir die Person im Stande sehen, Gründen zu folgen, Gründe abzuwägen, Gründe vorzubringen, und wir mit der Person anhand von Gründen streiten können, ob etwas angemessen ist oder nicht. Allerdings könnte man fragen, was das Vorbringen von Gründen mit Freiheit zu tun haben soll, da es ja sein könnte, dass die Gründe, die ich vorbringe, alle schon immer präformiert sind. Das heißt, meine Gründe könnten immer schon eindeutig festgelegt sein durch meine Biografie, meine Sozialisation, meine Psychologie und so weiter, so dass ich gar nicht anders kann als die Gründe vorzubringen, die ich vorbringe. So verstanden wäre es eine lebensweltliche Illusion, dass das Hervorbringen von Gründen etwas mit Freiheit zu tun habe. Auch auf diese Frage möchte ich antworten, indem ich an die Lebenswelt anknüpfe: Wenn jemand um die Begründung einer Handlung gebeten wird und sagt, er hätte die betreffende Handlung ausgeführt, weil er bestimmte Traumata in seiner Jugend davongetragen habe, dann würden wir dies nicht als Begründung akzeptieren. Wir würden ihm ins Wort fallen und sagen, er solle keine kausale Erklärung ab-, sondern die Gründe angeben, die seine Handlung rechtfertigen. Als Philosoph kann man natürlich hartnäckig sein und hierauf erwidern, dass es zwar augenscheinlich in unserer lebensweltlichen Praxis zwei unterschiedliche Kategorien der Begründung gibt, von denen eine das Austauschen von rechtfertigenden Gründen ist; aber gleichzeitig könnte man darauf beharren, dass sich die dargestellte Form des Begründens, also des Rechtfertigens von Handlungen, übersetzen lässt in den anderen kausal-erklärenden Modus. Unser Selbstbild und unser Fremdbild gehen davon aus, dass Gründe in der Tat für das, was wir tun, wie wir leben, wie wir interagieren et cetera, eine kausale Rolle spielen und dass diese kausale Rolle von Gründen nicht schon vor der Deliberation feststeht, ansonsten wäre die Deliberation gewissermaßen kausal irrelevant, und es hätte lediglich den Anschein, dass sie relevant ist.

Die entscheidende Frage ist nicht, ob Gründe Ursachen sind, sondern ob Gründe *naturalistische* Ursachen sind oder solche Ursachen, die sich mit den begrifflichen Möglichkeiten der Naturwissenschaften vollständig beschreiben lassen. Meine These, dass Rationalität, Freiheit und Verantwortung eine naturalistische Unterbestimmtheit unserer Begründungsspiele voraussetzen, ist nicht so zu lesen, dass Gründe keine Ursachen seien (sein könnten), sondern dass ihre kausale Rolle eine andere ist als die aus naturwissenschaftlichen Beschreibungen vertraute. Gründe sind, wie ich in *Strukturelle Rationalität* (2001) ausgeführt habe, immer normativ (unabhängig davon, ob es Klugheits- oder Moral-Gründe, ob es gute oder nur vermeintliche Gründe sind) und Handeln ist immer von Gründen gesteuert (dies ist eher [sic] eine begriffliche als eine empirische Behauptung). Ihre normative Rolle kann naturalistisch nicht vollständig erfasst werden.

Nur ein *gradualistisches* Verständnis der Rolle von Gründen scheint mir angemessen zu sein. Es gibt nicht-rationale und irrationale, freie und unfreie, verantwortliche und unverantwortliche Handlungen, Urteile (Überzeugungen) und (nicht-propositionale) Einstellungen (Gefühle oder Bestandteile von Gefühlen, die einer Begründung fähig sind), sondern mehr oder weniger rationale, freie und verantwortliche Handlungen, Urteile und Einstellungen. Das Maß ihrer Begründetheit bestimmt die Kohärenz einer Praxis, einer Lebens- und schließlich einer Gesellschaftsform. Dieses gradualistische Verständnis erlaubt ein komplementäres Verhältnis (unvollständiger) naturalistischer Erklärungen und Handlungsbegründungen. Die Art und Weise, in der wir unser Handeln und Urteilen begründen, uns wechselseitig Freiheit und Verantwortung zuschreiben, schließt eine naturalistische Unterbestimmtheit ein, macht naturalistische Erklärungen aber nicht irrelevant. Der Libertarier muss nicht zum Kartesianer mutieren. Die entscheidende Frage ist, ob unser Selbstbild als Menschen, unsere lebensweltlichen Interaktionen, unsere alltägliche Sprach- und Verständigungspraxis, die *conditio humana* damit vereinbar sind, dass das Ergebnis der Abwägung von Gründen und damit der kausale Einfluss unserer Deliberationen auf unser Verhalten immer schon durch naturalistische Gesetzmäßigkeiten vorab (also vor aller Deliberation) festliegt. Ich meine, dass die Antwort »nein« lauten muss. Das ist kein Beweis dafür, dass es sich nicht doch so verhalten könnte. Wenn es tatsächlich so wäre, lebten wir in einem großen Illusionstheater. Das kann sein, aber wir haben keinen Grund, das anzunehmen: Alte wie neue empirische Befunde und Theorien, von der Newton'schen Physik über die Darwin'sche Biologie und die Freud'sche Psychologie bis zur zeitgenössischen Neurophysiologie, sind mit dieser negativen Antwort verträglich.

## IV Freiheit als naturalistische Unterbestimmtheit

Einige Neurowissenschaftler, darunter besonders markant Wolf Singer, vertreten gegenwärtig allerdings die entgegengesetzte Auffassung. Sie meinen, dass die neurophysiologischen Prozesse im Gehirn keinerlei Indeterminiertheiten aufwiesen, dass die Prozesse im Gehirn, wie komplex auch immer, von einem Laplace'schen Dämon jederzeit vorhergesagt werden könnten und dass damit unsere Freiheits- und Verantwortungsintuitionen eine, allerdings nützliche, Illusion seien. Aus einem wohlbestimmten neurophysiologischen Ausgangszustand folgt naturnotwendig jeweils ein einziger Folgezustand, wobei selbstverständlich genetische und epigenetische sowie Umwelteinflüsse, die über sensorische Stimuli auf das neurophysiologische System Einfluss nehmen, zu berücksichtigen sind. Der vollständig über sein eigenes neurophysiologische System Aufgeklärte kennt also keine Deliberation mehr. Er könnte – als Science-Fiction – alle zukünftigen epistemischen wie konativen Zustände bei jeweils gegebenen sensorischen Stimuli prognostizieren. Wenn sich diese Kenntnis auf andere Individuen der menschlichen Spezies ausdehnt, kann er alle zukünftigen epistemischen und konativen Zustände, alle Handlungen, Urteile und Einstellungen aus der jeweiligen vollständigen Kenntnis zum gegenwärtigen Zeitpunkt deduzieren. Die Frage ist nicht, ob eine solche Vorstellung einen realistischen Gehalt hat. Die Frage ist, ob sie überhaupt kohärent ist. Ich halte sie für inkohärent und mit ihr die Vorstellung einer vollständigen naturalistischen Determiniertheit unserer Handlungs- und Urteilsgründe. Für die Inkohärenz dieser Vorstellung sprechen folgende Argumente:

1. Unsere theoretischen wie praktischen Deliberationen haben in der Regel keinen algorithmischen Charakter (im Sinne von Church/Kleene). Es ist logisch unmöglich, eine Maschine zu konstruieren, die die Frage der Gültigkeit einer

beliebigen prädikatenlogischen Formel feststellen kann. Erst recht gilt das für die höhere Mathematik und die theoretischen Naturwissenschaften. Wenn dieser Typ von theoretischen Deliberationen, zu denen Beweise der Prädikatenlogik erster Stufe gehören, durch einen kausalen, deterministischen, strikten Verlaufsgesetzen gehorchenden, naturwissenschaftlich beschreibbaren neurophysiologischen Prozess vollständig realisierbar wäre, dann müsste dies wohl als Widerlegung des Theorems von Church gelten. Es ist von daher, jedenfalls solange wir die zentralen metamathematischen Resultate von Gödel, Church und Kleene akzeptieren, nicht plausibel anzunehmen, dass unsere Deliberationen vollständig von naturalistischen und deterministischen, strikte Verlaufsgesetze implizierenden, Kausalrelationen determiniert sind.

2. Die Annahme eines solchen naturalistischen Algorithmus würde grundsätzlich alle zukünftigen epistemischen wie konativen mentalen Zustände zu prognostizieren gestatten. In der epistemisch idealen Welt gäbe es keine Argumente, keinen Wissensfortschritt, keine Entscheidungen, keine in unserem Sinne menschliche Existenz mehr. Poppers Überlegungen in *Of Clouds and Clocks*[12] kann man als eine Warnung vor einem allzu naiven, naturalistischen Determinismus ansehen.

3. Die Vorstellung einer vollständigen naturalistischen Determination unserer Deliberationen fiele noch hinter die Psychologismus-Kritik von Frege und Husserl zurück. Wenn logische Relationen keine psychologischen (oder besser: mentalen) Gesetzmäßigkeiten repräsentieren, dann a fortiori keine neurophysiologischen.

4. Nehmen wir an, mein Gehirn sei zu t im Zustand z. Nehmen wir weiter an, dass jede meiner Überzeugungen neurophysiologisch realisiert ist, also auch die Überzeugung, dass mein Gehirn jetzt im Zustand z ist. Dann gibt es zwei Möglichkeiten: Entweder das neurophysiologische Korrelat die-

ser Überzeugung ist in z enthalten, dann ist meine Überzeugung wahr, allerdings wäre dann meine Überzeugung, dass mein Gehirn jetzt nicht im Zustand z ist, ebenfalls wahr, weil diese Überzeugung z ja entsprechend verändern würde. Umgekehrt, wenn das neurophysiologische Korrelat meiner Überzeugung nicht in z enthalten ist, dann wäre meine Überzeugung, dass sich mein Gehirn jetzt im Zustand z befindet, falsch, allerdings auch ihr kontradiktorisches Gegenteil. Überzeugungen, die sich auf eigene Hirnzustände beziehen, haben also merkwürdige Eigenschaften. Die Selbstreferenzialität ist offenbar eine unüberschreitbare Grenze der naturalistischen Determination.[13]

## V Freiheit des Denkens

Damit bin ich beim Titel des Philosophicums, nämlich Freiheit des Denkens. Die vorangegangenen Erörterungen mögen den Eindruck erweckt haben, dass praktische Gründe eigentlich ziemlich theoretisch sind. Hierzu muss noch einiges gesagt werden: Es wurde bereits dargelegt, dass ich Wünsche als legitim und damit als mögliche Instanzen der Rechtfertigung beurteilen kann. Man kann aber noch einen Schritt weiter gehen. In der stoizistischen Tradition findet sich die schöne Formulierung *proheiresis krisis estin*, die übersetzt in etwa bedeutet: Die Entscheidung ist ein Urteil beziehungsweise eine Handlung bringt eine Stellungnahme zum Ausdruck. Dies scheint mir zutreffend zu sein, denn eine Handlung ist immer auch eine Stellungnahme, nämlich, dass diese Handlung unter den jeweils gegebenen Bedingungen angemessen ist. Gegen diese These könnte das Argument vorgebracht werden, dass die Handlung immer nur *angemessen für* eine bestimmte Person gewesen sei und nicht angemessen an sich. Dieses Gegenargument missversteht aber die Bedeutung des Ausdrucks »angemessen für«.

Denn natürlich will man mit obiger These nicht zum Ausdruck bringen, dass eine Handlung »gut für jemanden« war im Sinne von »nur für ihn gut«; sondern man möchte sagen, es sei für ihn gut (und nicht für irgendeinen anderen, der sich in einer anderen Situation befindet), aber aus der Perspektive jeder rationalen Person. Für ihn ist es angesichts seiner Situation, seiner Interessen, seiner Lage gegenüber anderen Personen, seiner Bindungen, seinen Projekten und so weiter gut – aber es ist rationalerweise gut und damit universell rechtfertigbar und legitim. Praktische Gründe sind normative Gründe, und zwar unabhängig davon, ob es sich im engeren Sinne um moralische oder um Gründe der Rationalität, also um so genannte Klugheitsgründe, handelt (wobei ich ohnehin nicht sicher bin, ob man diese zwei Kategorien klar voneinander trennen kann). Mit diesen Gründen nehmen wir Stellung, das heißt, wir behaupten, dass eine bestimmte Handlung gerechtfertigt ist – meine Handlung unter den Umständen, in denen ich mich befinde, ebenso wie seine oder ihre gleichartige Handlung, wenn sie sich unter vergleichbaren Umständen befinden.

Es gibt ein breites Spektrum unterschiedlicher Formen des Austausches von Gründen in der Verständigungspraxis. Die Frage ist, wie weit man die philosophische Analyse treiben kann. Es gibt eine eher sprachphilosophisch ausgerichtete Arbeit von Robert Brandom[14], in der er eine normativistische Fassung einer von Wittgenstein inspirierten Sprachphilosophie entwickelt. Er beschreibt sprachliche Interaktionen als Spiele, in denen die Spieler jeweils zu bestimmten Zügen berechtigt seien. Diese Theorie Brandoms scheint insofern zweifelhaft, als sie ein hohes Maß an Explizitheit der Regelsysteme voraussetzt, und wer sich an Wittgensteins eigene Ausführungen erinnert, der kennt die skeptischen Einwände gegen das Programm einer linguistischen Rekonstruktion der Sprachpraxis. Dennoch lohnt es sich, wenigstens einige Schritte der Analyse mitzugehen und die in unserer lebensweltlichen Verständigungspraxis vorhandenen Inkohärenzen zu klären und diesen gegebenenfalls mit Systematisierung, Linguistik, Erkenntnistheorie und Ethik abzuhelfen. Lebensweltlich kommen wir nicht auf die Idee, dass zu den guten Gründen für eine bestimmte empirisch-deskriptive Überzeugung noch etwas zusätzlich hinzutreten müsse, damit wir ein Motiv haben, uns diese Überzeugung anzueignen. Auf diese Idee ist auch in der Philosophiegeschichte bislang niemand gekommen. Sehr viele sind in der Philosophiegeschichte dagegen auf die Idee gekommen, dass ein gutes Argument für eine Handlung nicht ausreiche, um die Person zu der betreffenden Handlung zu motivieren; damit die Person motiviert sei, müsse noch etwas hinzutreten. So müsse etwa gezeigt werden, dass die betreffende Handlung der Person nütze, in ihrem eigenen Interesse sei, ihren eigenen aktuellen Wünschen entspreche. Ich dagegen plädiere dafür, empirische und normative Überzeugungen weitgehend parallel zu behandeln.[15] Natürlich kann es vorkommen, dass eine Person ein gutes Argument hat für eine bestimmte empirisch-deskriptive Proposition – und es ihr trotzdem nicht gelingt, sich diese Überzeugung zu eigen zu machen. Dies kommt allerdings nur sehr selten vor, und diese seltenen Ausnahmen können auch im Bereich praktischer Überzeugungen auftreten. Es kann vorkommen, dass ich gute Gründe für eine bestimmte Handlung, für eine bestimmte Entscheidung habe und mich trotzdem nicht gemäß diesen Gründen verhalte. In so einem Fall muss man untersuchen, was nicht in Ordnung war, ob beispielsweise ein Problem der Willensschwäche vorgelegen hat. Aber erst einmal erscheint das Ganze weitgehend parallel zu sein. Gründe für Überzeugungen führen zu Überzeugungen, Gründe für Handlungen führen zu Handlungen. Dies ist jedenfalls unsere lebensweltliche Erfahrung. Die Philosophie sollte sich nicht ohne guten Grund von dieser lebensweltlichen Erfahrung entfernen.

Es gibt also eine Freiheit des Denkens, die darin besteht, dass ich Gründe abwäge und mir dann diejenigen Überzeugungen aneigne, für welche die besseren Gründe sprechen. Vieles spricht dafür, dass das Ergebnis dieses Gründe-Abwägens nicht immer schon präformiert ist, auch nicht für den Laplace'schen Dämon. Für diese These der naturalistischen Unterbestimmtheit von theoretischen Gründen spricht schon ihre unglaubliche Komplexität. Im Bereich der theoretischen Gründe müsste demnach Konsens darüber bestehen, dass Gründe naturalistisch unterbestimmt sind, das heißt sich nicht übersetzen lassen in naturwissenschaftlich beschreibbare Gesetzmäßigkeiten. Wer das bestreitet, muss zumindest erläutern, warum wir hinter Frege und Husserl zurück sollten, die beide ja mit ihrer Psychologismus-Kritik die Logik auf ein neues Fundament gestellt haben.[16] Leicht darf man es sich damit jedenfalls nicht machen.[17]

Im Laufe dieses Vortrags habe ich versucht, plausibel zu machen, dass sich das Spiel der praktischen Begründung, also der Begründung von Handlungen, nicht so sehr von dem Spiel der theoretischen Begründung, also der Begründung von Überzeugungen und Theorien empirischer und deskriptiver Art, unterscheidet. Ich habe also die übliche Argumentation gewissermaßen umgedreht: Es ist nicht einfach, Literatur zu finden über die Freiheit des Denkens – dagegen gibt es sehr viel zur Freiheit des Handelns. Vielleicht hätte man die Diskussion in den letzten Jahrzehnten umkehren und zuerst über die Freiheit des Denkens und erst dann über die Freiheit des Handelns sprechen sollen. Denn falls die weitgehende Analogie zwischen theoretischen und praktischen Gründen zutrifft, dann kann die doch recht offenkundige Freiheit des Denkens die Bereitschaft fördern, sich den Argumenten für die Freiheit der Praxis – für die Freiheit des Handelns und des Willens – nicht zu verschließen.

## Schlussbemerkung

Wir schreiben anderen und uns selbst Rationalität zu – theoretische Rationalität im Sinne von Gründen für Überzeugungen und praktische Rationalität im Sinne von Gründen für Handlungen. Mit der Zuschreibung von Rationalität schreiben wir ipso facto auch immer Freiheit zu, ebenso wie Verantwortung. In diesem Bild sind dann drei Aspekte: Rationalität, Freiheit und Verantwortung. Grundlegend scheint mir Rationalität. Wir schreiben demnach Rationalität, Freiheit und Verantwortung immer simultan zu und ich sehe keinen Weg, eines von diesen drei Elementen herauszubrechen, die anderen beiden aber behalten zu wollen. Der heutzutage beliebte Semi-Kompatibilismus[18] besagt, dass Freiheit zwar nicht zu halten sei, das Konzept der Verantwortung aber unbedingt beibehalten werden müsse. Dies kann – auch mit viel Aufwand und sorgfältiger Argumentation – nicht gelingen. Die Verantwortung, die wir Akteuren zuschreiben, ist nie punktuell; vielmehr geht es immer um die Einschätzung der ganzen Person – wie sie über die Zeit argumentiert, handelt, hinreichende Kohärenz an den Tag legt et cetera –, so dass wir ihr bestimmte, sich durchhaltende Überzeugungen und Einstellungen zuschreiben können. Das heißt, Rationalität, Freiheit und Verantwortung sind nie nur auf einen Zeitpunkt und ein Handlungs- oder Überzeugungsereignis bezogen, sondern immer strukturell, über die Zeiten, über die unterschiedlichen Interaktionssituationen, in verschiedenen sozialen und kulturellen Kontexten hinweg. Dies meine ich mit dem Ausdruck *strukturelle Rationalität*. Anders formuliert: Die Einheit der Person äußert sich darin, dass sich über die Zeit und über verschiedene Interaktionssituationen hinweg durchhaltende Gründe erkennen lassen, welche die Person geltend macht für ihre Überzeugungen und Handlungen. Wenn man dieses Bild attraktiv findet, handelt man sich zwar das Problem ein, Freiheit nicht mehr isoliert, sondern nur noch in diesem größeren Kontext diskutieren zu können, aber damit steht dieser gesamte Komplex in Frage, der unser Menschenbild, unser Selbstbild, unsere Interaktions- und Verständigungspraxis, unsere Lebenswelt trägt und der in toto nicht in Zweifel gezogen werden kann.

### Anmerkungen

1 Redigierter Tonbandmitschnitt des frei gehaltenen Festvortrages. Der mündliche Vortragsstil wurde beibehalten. Für diejenigen, die sich näher mit der hier entwickelten Auffassung auseinandersetzen wollen, wurden einige Lektürehinweise beigefügt.

2 Vgl. Peter Strawson: Freedom and Resentment, in: *Proceedings of the British Academy* 48 (1962).

3 Detaillierter ausgeführt in JNR: *Über menschliche Freiheit*, Stuttgart 2005, Kap. I.

4 Vgl. Moritz Schlick: *Fragen der Ethik*. Schriften zur wissenschaftlichen Weltauffassung (Bd. 4), Wien 1930.

5 Diese problematische Intepretation normativer Aussagen als Ausdruck impliziter emotiver Einstellungen (Emotivismus) oder impliziter Vorschriften (Präskriptivismus) charakterisiert den metaethischen Non-Kognitivismus. Vgl. den Klassiker des Emotivismus, Charles L. Stevenson: *Ethics and Language*, New Haven/London 1944, und den des Präskriptivismus, Richard M. Hare: *The Language of Morals*, Oxford 1952.

6 Vgl. Chrysipp von Solon (281–208 v. Chr.), Chrysippus Solensis: *Œuvre philosophique*. Bilingue. Textes traduits et commentés par Richard Dufour, Paris 2004 (zwei Bände).

7 Vgl. K. Köchy/D. Stederoth (Hg.): *Willensfreiheit als interdisziplinäres Problem*, München 2006, sowie die Dokumentation einer interdisziplinären Debatte um Willensfreiheit unter Beteiligung aller Klassen der Berlin-Brandenburgischen Akademie der Wissenschaften, Debatte Heft 1: *Zur Freiheit des Willens*, Berlin 2004, sowie das Streitgespräch zwischen Wolf Singer und dem Verfasser in Debatte Heft 3, Berlin 2006.

8 René Descartes: *Meditationes de prima philosophia*, Paris 1641; Meditationen über die Erste Philosophie. Lateinisch/Deutsch, übersetzt und herausgegeben von Gerhard Schmidt, Stuttgart 2001, S. 63.

9 Vgl. JNR: *Demokratie und Wahrheit*, München 2006, S. 30f.

10 Vgl. JNR: *Demokratie und Wahrheit*, München 2006, S. 35f.

11 Vgl. JNR: *Strukturelle Rationalität. Ein philosophischer Essay über praktische Vernunft*, Stuttgart 2001, Kap. I.

12 Karl Popper: Of Clouds and Clocks, in ders.: *Objective Knowledge*, Oxford 1972, vgl. a. ders.: *The Open Universe – An Argument for Indeterminism*, London 1982.

13 Vgl. JNR: *Über menschliche Freiheit*, Stuttgart 2005, Kap. II, § 4.

14 Vgl. Robert Brandom: *Making it explicit. Reasoning, Representing, and Discursive Commitment*, Cambridge Mass. 1994.

15 Vgl. JNR: *Demokratie und Wahrheit*, 2006, S. 106ff.

16 Vgl. Gottlob Frege: *Begriffsschrift*, Halle 1879; Edmund Husserl: *Logische Untersuchungen, I. Band Prolegomena zur reinen Logik*, Halle 1900.

17 Zur Kontroverse um das Verhältnis von Gründen und Ursachen vgl. Michael Pauen: Ursachen und Gründe, in Information Philosophie 5/2005 vs. Julian Nida-Rümelin: Ursachen und Gründe. Eine Replik, in Information Philosophie Heft 1/2006.

18 Ein prominenter Vertreter dieser Theorie ist Harry Frankfurt. Vgl. Harry Frankfurt: Alternate Possibilities and Moral Responsibility, in: *Journal of Philosophy 66* (1969); ders.: The Importance of What We Care about, New York 1988; ders.: *Necessity, Volition and Love*, Cambridge 1999. Vgl. dazu a. M. Betzler/B. Guckes (Hrsg.): *Autonomes Handeln*, Berlin 2000, sowie M. Betzler/B. Guckes (Hrsg.): *Harry G. Frankfurt. Freiheit und Selbstbestimmung*, Berlin 2001.

Ernst Tugendhat

# Willensfreiheit und Determinismus

Das Problem der Willensfreiheit besteht nicht so sehr darin, ob es Willensfreiheit gibt oder nicht, sondern in der Frage, was man darunter zu verstehen hat. Viele denken es sich so: Ich kann doch tun, was ich will, natürlich innerhalb bestimmter Grenzen, aber immerhin: Meinen Finger zum Beispiel kann ich heben, wenn und wann ich will, und wenn ich es nicht will, hebt er sich nicht. Angenommen, das wäre es, was mit Willensfreiheit gemeint ist, was wäre dann noch mit der Frage gemeint, ob es Willensfreiheit gibt? Scheinbar dies: Ob das Wollen, den Finger zu heben, ein Letztes ist oder ob es seinerseits ursächlich bedingt ist. Die Kontroverse, die seit langem die Gemüter in Atem hält, ist, ob die Willensfreiheit mit dem durchgängigen Kausalzusammenhang der Natur – dem Determinismus – zu vereinbaren ist oder nicht, Kompatibilismus oder Inkompatibilismus.

Diese Frage stellt sich wirklich, aber es ist vorschnell, sie schon im Zusammenhang dieser ersten Vorstellung zu stellen, derzufolge der freie Wille darin bestünde, dass ich etwas tun kann, wenn ich es tun will. Man muss sich hier zwei Dinge klarmachen: Erstens, wenn das Phänomen darin bestünde, dass ich etwas tun kann, wenn ich es will, dann handelte es sich in Wirklichkeit gar nicht um Willensfreiheit, sondern um Handlungsfreiheit: In einem Satz wie »Der Finger bewegt sich, wenn ich es will« wird nur die ursächliche Abhängigkeit meiner Fingerbewegung von meinem Wollen konstatiert, ein gewiss wichtiges Phänomen, in dem jedoch nichts darüber impliziert ist, ob das Wollen seinerseits frei ist. Und daraus folgt nun zweitens: Würde es sich nur um dieses Phänomen handeln, das also besser als Handlungsfreiheit zu bezeichnen ist, dann wäre gar nicht einzusehen, inwiefern denn das Wollen (also zum Beispiel dass ich jetzt meinen Finger heben will) nicht seinerseits verursacht sein soll. Selbst wenn dem Akt des Wollens nicht, wie neuerdings in der Gehirnforschung gezeigt worden ist, ein physiologisches Geschehen voranginge,[1] müsste man allemal annehmen, dass er durch psychologische, motivationale Bedingungen verursacht ist, denn die Alternative wäre, dass ich das Wollen aus dem Nichts herauszaubere, und diese Vorstellung ist ebenso grotesk wie unbegründet, auch wenn es ernsthafte Philosophen gegeben hat, die sie vertreten haben. Wer also glaubt, die Willensfreiheit dadurch zu beweisen, dass er sagt: Bitteschön, ich kann doch meine Hand heben, wann immer ich will, hat es erstens gar nicht mit Willensfreiheit, sondern mit Handlungsfreiheit zu tun, und zweitens beweist er damit nicht, was er beweisen will, dass das Wollen nicht verursacht sei. Solange man unter Willensfreiheit nur Handlungsfreiheit versteht, kann man auf die Frage, ob es Willensfreiheit wirklich gibt, nur antworten: Natürlich sind wir wirklich frei, soweit wir nicht gehindert werden, zu tun, was wir wollen, und das wird nicht dadurch beeinträchtigt, dass es kausal bedingt ist. Man darf nicht Determiniertheit mit Zwang verwechseln. Es gibt also, solange man das Phänomen nur so betrachtet, keinen guten Grund, am Kompatibilismus zu zweifeln, und das wäre auch schon das Ende des Problems.

Aber in Wirklichkeit stehen wir noch nicht einmal an seinem Anfang. Es ist zwar richtig, dass das, was die Philosophen über die Jahrhunderte hinweg an der Willensfreiheit beunruhigt hat, die Frage war, wie sie mit der kausalen Determiniertheit vereinbar ist, aber das Phänomen, das sie dabei im Auge hatten, war nicht das, das man sich am Bewegenkönnen eines Fingers veranschaulichen kann, sondern das der moralischen Verantwortlichkeit. Wie können wir einander für unser Handeln verantwortlich machen, wie kann man einer Person etwas vorwerfen, wenn es nicht an ihr selbst liegt, dass sie so gehandelt hat, und dieses »an ihr selbst« setzt, so scheint es, eine Eigenständigkeit der Person voraus, die mit der kausalen Erklärbarkeit im Widerstreit steht. Man glaubte befürchten zu müssen, dass das Phänomen des moralischen Verantwortlichmachens und damit das moralische Sollen als solches auf einem Schein beruht, wenn es der Fall ist, dass der durchgängige Kausalzusammenhang auch das Personsein durchherrscht.

Aber jetzt wollen wir der Versuchung widerstehen, wieder gleich zu fragen: Gibt es nun diese von der Moral vorausgesetzte Willensfreiheit oder nicht? Denn wieder wissen wir ja noch gar nicht, wie das Phänomen zu verstehen ist. Sogar die seriös scheinende heutige philosophische Diskussion über Willensfreiheit besteht weitgehend darin, Argumente für oder gegen den Kompatibilismus aufzustellen, aber es ist nicht sinnvoll, Partei zu ergreifen, bevor man geklärt hat, worum es sich handelt.

Die Frage lautet also: Wie sieht die Willensfreiheit aus, wenn es möglich sein soll, eine Person zur Verantwortung zu ziehen?[2] Das ist offenbar ein spezifisch anthropologisches Phänomen. Auch bei anderen Tieren meinen wir, dass sie Handlungsfreiheit haben, dass ihr Handeln normalerweise von ihrem Willen verursacht ist oder damit zusammenhängt, aber wir glauben nicht, ihnen Vorwürfe machen zu können, man zieht Tiere nicht zur Verantwortung, offenbar weil das gar keinen Sinn ergäbe, obwohl auch sie ihre Glieder heben können, wenn sie wollen. Was, so müssen wir uns fragen, ist die eigentümliche Komplikation, die bei Menschen in ihr Wollen kommt, so dass es Sinn macht, bei ihnen nicht nur von Handlungsfreiheit, sondern von Willensfreiheit zu sprechen? Dabei werde ich die Verengung, die in der traditionellen Orientierung an der spezifisch moralischen Verantwortung liegt, fallen lassen. Zur Verantwortung gezogen werden zu können und sich selbst und anderen Vorhaltungen zu machen, ist ein allgemeineres Phänomen, das über die Moral hinausreicht, und es kommt darauf an, erstens seine Struktur zu klären und zweitens einen Überblick über seine wesentlichen Varianten zu gewinnen, bevor ich auf die Frage des Kompatibilismus eingehen kann.

Ich will von zwei Bestimmungen ausgehen, die sich bei Kant und bei Locke finden. Kant definiert in der *Kritik der reinen Vernunft* auf B562 Freiheit als »Unabhängigkeit der Willkür von der Nötigung durch Antriebe der Sinnlichkeit«. Auf B830 ergänzt er das, indem er erklärt: »Wir haben ein Vermögen, durch Vorstellungen von dem, was auf entfernte Art nützlich oder schädlich ist, die Eindrücke auf unser sinnliches Begehrungsvermögen zu überwinden«, und dieses Vermögen beruhe auf der »Vernunft«, das heißt auf der Fähigkeit, nicht nur von unmittelbar empfundenen Motiven in seinem Handeln bestimmt zu sein, sondern nach Gründen zu handeln. Locke, im § 48 des Kap. 21 seines *Essay on Human Understanding*, erklärt: »Die Quelle aller Freiheit«, die Menschen haben, besteht im Vermögen, die Ausübung und Befriedigung ihrer Wünsche »suspendieren« zu können, um sie zu prüfen und zu beurteilen, wieweit sie als gut anzusehen sind.

Es ist ein und dasselbe Phänomen, das Kant und Locke mit unterschiedlichen Betonungen beschreiben. Bei Locke steht die Fähigkeit des Einklammernkönnens von Wünschen im Zentrum, Kant hebt die Fähigkeit, nach Gründen und das heißt überlegt, rational zu handeln, hervor. Es ist klar, dass das Überlegen nur handlungswirksam sein kann, wenn man die Fähigkeit zur Suspension der Befriedigung der unmittelbaren Wünsche hat. Kant und Locke beschreiben beide das Überlegen und die Suspension der Befriedigung der unmittelbaren Wünsche als bezogen auf das, was für das eigene künftige Leben als gut und besser beurteilt wird, das heißt, sie beziehen die Einschränkung der unmittelbaren

Motive und das Sichausrichten nach Gründen auf einen ersten grundlegenden Fall, in dem ein heranwachsender Mensch lernt, auf gegenwärtige Befriedigung zugunsten seines künftigen Wohls zu verzichten, beide sehen erst einmal von der Moral ab. Kant hat dann im Zusammenhang der Moral einen engeren Freiheitsbegriff ins Auge gefasst, der ihn in große Schwierigkeiten geführt hat und von dem wir hier ganz absehen können. Es wird vielmehr darauf ankommen, zu sehen, dass die Willensfreiheit in allen ihren Aspekten ausgehend von diesem Ansatz bei den Begriffen von Überlegung, Gründen und Suspension zu verstehen ist. Als Erstes kann man sich klarmachen, dass es diese Struktur der Willensfreiheit ist, die dem merkwürdigen Phänomen des Verantwortlichgemachtwerdenkönnens zugrunde liegt. Wenn Locke hervorhebt, dass es in unserer Macht steht, die Befriedigung aller Wünsche zu suspendieren, so ist das schon das Phänomen, um das es sich handelt, wenn jemandem aus moralischer oder strafrechtlicher Perspektive vorgehalten wird: »Ganz egal, wie sehr deine Motive zu dieser Handlung geführt haben mögen, du hättest sie vermeiden können.« Wie man dieses merkwürdige Phänomen erklären kann, wird natürlich erst noch zu sehen sein; an der jetzigen Stelle des Gedankengangs kommt es nur erst darauf an, zu sehen, dass die Fähigkeit zur Suspension und das Verantwortlichmachen in der Tat zueinander passen, es sind Korrelate.

Wieso kann nun Locke behaupten, dass diese Fähigkeit die Quelle aller Freiheit sei? Weil es in ihr nicht mehr nur um Handlungsfreiheit, sondern um Willensfreiheit geht. Denn die Suspension einer Wunschbefriedigung ist ihrerseits ein Wollen, man bezieht sich willentlich auf das eigene unmittelbare Wollen. Die Person erscheint jetzt als frei nicht nur etwas zu tun, sondern ihr unmittelbares Wollen zu suspendieren. Man kann im Anschluss an Harry Frankfurt von einem Wollen zweiter Ordnung sprechen.[3]

Man kann sich den Unterschied zwischen Handlungs- und Willensfreiheit am Begriff des Zwanges verdeutlichen. Häufig wird betont, dass Freisein nicht nur bedeutet, von äußeren Zwängen frei zu sein, sondern auch von inneren. Aber es handelt sich um durchaus verschiedenartige Phänomene. Wenn man äußerlich gezwungen wird, kann man nicht handeln, wie man will. Mit innerem Zwang hingegen ist gemeint, dass man unfähig ist, das Wollen zu suspendieren (entweder allgemein oder in Bezug auf ein bestimmtes Motiv). Innerer Zwang verhindert die Willensfreiheit. Wieder kann man das im Spiegel des Verantwortlichmachens verdeutlichen. In dem Maße, in dem eine Person die Flexibilität nicht hat, nach Gründen ihr Verhalten zu ändern, heißt das, dass sie zwar durchaus noch tut, was sie will, aber ihr Wollen nicht kontrollieren kann, und im selben Maße erscheint es sinnlos, ihr Vorwürfe zu machen. Mein Wollen läuft, wenn ich unter einem inneren Zwang stehe, auf eine Weise ab, dass ich es nicht steuern kann, das heißt, mein Überlegen und Urteilen, was das Bessere ist, kann darauf keinen Einfluss nehmen. Mein Urteil, was das Bessere ist – darin liegt ein Doppeltes: Erstens, es bin jeweils ich, der sich in der Willensfreiheit zu seinen unmittelbaren Wünschen verhält, und zweitens, das geschieht immer in Bezug auf etwas, was als gut und besser beurteilt wird.
Es wird jetzt darauf ankommen, dieses Phänomen der Willensfreiheit, das sowohl von Locke wie von Kant nur grob anvisiert worden ist, in seiner Struktur genauer verständlich zu machen und uns auch seiner verschiedenen Erscheinungsformen zu versichern, bevor wir uns mit dem Problem des Kompatibilismus konfrontieren können. Dabei wird immer auch das Verantwortlichmachenkönnen im Auge zu behalten sein, da man offenbar immer, wenn man bei einem Subjekt Willensfreiheit voraussetzt, von Verantwortlichkeit sprechen kann und umgekehrt.
Zuletzt zeigte sich: Für das Phänomen der Willensfreiheit

scheinen immer die zwei Pole charakteristisch zu sein, erstens, dass ich mich willentlich zu meinem Wollen verhalte – also ein Ichpol –, und zweitens, dass das immer im Hinblick auf etwas geschieht, was ich für gut halte. Ich will zuerst verständlich zu machen versuchen, wieso das Wort »gut« diese zentrale Bedeutung gewinnt. Offenbar geschieht die Suspension von unmittelbaren Wünschen nicht im luftleeren Raum oder willkürlich, das würde gar keinen Sinn ergeben, sondern immer in Funktion von etwas, was für gesollt oder für gut gehalten wird. Die Willensfreiheit steht also immer in einem normativen Kontext. Wenn wir etwas als gut oder besser bezeichnen, ist in etwa gemeint, es sei begründet, es vorzuziehen. Es gibt offenbar zwei Weisen des Wünschens und Vorziehens: Entweder man will etwas, weil man es unmittelbar vorzieht, oder man will es, weil man Gründe hat, es vorzuziehen. Es sind diese zwei Weisen des Motiviertseins, die Kant an der Stelle, aus der ich zitiert habe, als sinnlich einerseits und rational andererseits anspricht; das ist die auf Aristoteles zurückgehende klassische Unterscheidung zwischen sinnlichem Motiviertsein und überlegtem Wollen. Alles Überlegen hat zu seinem Ziel, was das Bessere ist. Das gilt für alle praktische und sogar für alle theoretische Überlegung. Wenn man vor praktischen Alternativen steht, fragt man sich: Was ist zu wollen und das heißt zu tun, besser oder das Beste; in der theoretischen Überlegung: Welche Meinung ist eher wahr, ist besser begründet? Dem entspricht korrelativ, was man einer Person, die man für verantwortlich hält, vorwirft: Was du getan oder gesagt hast, war nicht gut, du hättest es besser gekonnt.[4]

Aber hier ist noch eine Differenzierung erforderlich. Wenn man sich fragt, welche anthropologische Charakteristik es erforderlich macht, im Unterschied zum Leben anderer Tiere, dass die Menschen diesen voluntativen Selbstbezug haben, den man als Willensfreiheit bezeichnen kann, so ist es einerseits, wie in der Charakterisierung durch Kant deutlich wurde, ihr Vermögen, nach Gründen zu handeln, aber auch, wie ebenfalls sowohl bei Kant wie bei Locke sichtbar wird, ihr Zukunftsbezug, also dass sie ein Zeitbewusstsein haben. Diese zwei anthropologischen Grundcharakteristiken – Rationalität und Zeitbewusstsein – gehören eng zusammen. Wenn unser Handeln nicht auf Zukunft bezogen wäre, hätten wir kaum Anlass, zu überlegen und auf Gründe bezogen zu sein. Es ist der Zukunftsbezug, der für Menschen zur Folge hat, dass sie in Handlungsspielräumen stehen, und dabei ergeben sich zwei Typen von Spielräumen: Der eine ist der Spielraum des Überlegens und der Wahl: Man überlegt, welches der beste Weg ist, der zu einem Ziel führt, und auch, auf welche Ziele man sich ausrichten soll. Ist man einmal auf ein Ziel ausgerichtet, so ergibt sich zweitens ein Spielraum von mehr oder weniger Aufmerksamkeit und Anspannung: Ich muss aktiv an dem Ziel festhalten und die widerstrebenden motivationalen Faktoren unter Kontrolle halten. Dieser zweite Spielraum besteht darin, dass ich an dem Ziel stärker oder schwächer festhalten kann. Beides sind »Ich«-Spielräume, und in beiden bin ich auf Gutes und Besseres ausgerichtet: Im ersten geht es darum, das Bessere zu wählen, im zweiten darum, im Ausgerichtetsein auf das Ziel möglichst gut zu sein. Dass beides »Ich«-Spielräume sind, zeigt sich daran, dass wir in beiden Fällen das Bewusstsein haben: »Es liegt an mir«, im ersten, dass ich richtig wähle, im zweiten, dass ich am Ziel festhalte. Man kann in beiden Fällen von Ichstärke sprechen, im Sichnichtablenkenlassen durch die unmittelbaren Motive; beide Spielräume sind auch Spielräume für Verantwortlichkeit und Vorhaltungen. Andere können mir (und ich kann mir) vorhalten, dass ich falsch gewählt habe oder aber, dass ich in der Verfolgung meines Ziels nachgelassen habe. In beiden Fällen handelt es sich um Willensfreiheit, um wollendes Sichverhalten zum eigenen Wollen.

Der zweite Typus von Spielräumen wird in der Diskussion über Willensfreiheit gewöhnlich nicht beachtet. Ich kann es hier offenlassen, wie die zwei Spielräume sich genauer zueinander verhalten,[5] und wende mich jetzt wieder dem ersten zu, dem Spielraum des Überlegens. Wir müssen innerhalb seiner mehrere Stufen unterscheiden. Ich habe anfangs darauf hingewiesen, dass die traditionelle Diskussion von Willensfreiheit, soweit sie das Phänomen der Verantwortlichkeit berücksichtigt hat, ganz auf den Bereich der Moral fixiert war. Auf der anderen Seite fällt auf, dass Locke und Kant, wo sie ihren allgemeinen Begriff von Willensfreiheit einführen, ihn rein prudentiell verstehen, bezogen auf das eigene künftige Wohl. Wie verhalten sich diese beiden Bezugspunkte des Überlegens – der moralische und der prudentielle – zueinander? Auch hier kann man die Dinge nur in einen richtigen Zusammenhang stellen, wenn man sie im Rahmen einer anthropologischen Fundamentalbetrachtung sieht. Man kommt dann zu einer bestimmten Reihenfolge von Grunddimensionen der Willensfreiheit. In jeder Dimension wird der Bezugspunkt des Guten und damit der Bereich der Gründe, auf den hin die unmittelbaren Motive suspendiert werden, in bestimmter Weise erweitert:

Es leuchtet ein, dass Locke und Kant (und dasselbe finden wir bei Aristoteles[6]) dort, wo sie die Grundstruktur der Willensfreiheit – den Gegensatz von unmittelbaren und überlegten Wünschen – einführen, als Bezugspunkt nur das künftige Wohl nennen. Das ist der elementarste Schritt. Der systematisch gesehen zweite Schritt ist einer, der leicht übersehen wird. Er besteht darin, dass es naheliegt, sobald man die unmittelbaren Wünsche auf die Zukunft hin einschränkt, sich den Inhalt des zukünftigen Lebens und sodann auch des gegenwärtigen Lebens nicht einfach von den unmittelbaren gegenwärtigen und zukünftigen Wünschen vorgeben zu lassen, sondern zu fragen, wie zu leben gut ist. Dieser zweite Schritt betrifft das, was in der antiken Philosophie als Frage nach dem guten Leben bezeichnet wurde; heute spricht man vielfach von Werten.[7] Die Moral können wir als dritten Schritt bezeichnen. Man muss die moralische Einstellung, wie immer man sie näher verstehen will, sei es mehr als eine Disposition, wechselseitige Normen einzuhalten, oder mehr als die Bereitschaft, die Gründe anderer zu meinen eigenen Gründen zu machen, und wie immer das dann näher differenziert wird, als eine bestimmte Ausformung des Selbstverständnisses verstehen. Denn dass die Gründe, die Gründe anderer sind, oder die, die sich aus gemeinsamen Institutionen ergeben, für mich bestimmend sind, heißt, dass ich mich auf sie hin verstehe, sie bilden einen Teil meines Verständnisses vom guten Leben. Schließlich ergibt sich noch ein weiterer Schritt dadurch, dass die Werte-Vorstellungen, die für den zweiten und dritten Schritt maßgebend sind, mehr oder weniger konventionell sein und andererseits daraufhin hinterfragt werden können, ob sie wirklich gut sind.[8] In diesem vierten Schritt erfolgt also nicht eine Erweiterung der Dimension des Guten, er trägt vielmehr einen Aspekt des Theoretischen, in dem es um Wahrheit geht, in die Dimension des Guten hinein. Die zweite und dritte Dimension artikulieren sich in Meinungen, »so und so zu handeln, ist gut«, und eine Meinung kann immer auf ihre Wahrheit hinterfragt werden.

Was hat es nun mit diesen vier Schritten auf sich? Es erscheint sinnvoll, hier von starken Alternativen zu sprechen, im Gegensatz zu den komparativischen Alternativen, die sich im Überlegen innerhalb jeder dieser Dimensionen ergeben. Man steht hier jeweils in einem vertieften Sinn vor einer Alternative; einen entsprechend grundsätzlicheren Sinn gewinnt die Rede von Verantwortlichkeit und Unverantwortlichkeit. »Wie kannst du dich nur« – so kann man einer Person vorhalten – »um die Folgen für dein weiteres Leben nicht kümmern?«, oder dann beim dritten Schritt: »Ist es nicht unverantwortlich, sich nur egoistisch zu verstehen?« Beim vierten Schritt schließlich stehen wir vor der Frage des Sokrates nach dem *lógon didónai (rationem reddere)*: »Ist es nicht unverantwortlich, so dahinzuleben, ohne uns über unsere Werte Rechenschaft zu geben?«

Ich will nur noch anmerken, dass beim dritten und beim vierten Schritt die Willensfreiheit in besonderer, aber scheinbar entgegengesetzter Weise mit den Reaktionen der Umgebung konfrontiert ist. Im dritten Schritt, bei der Moral, gewinnen die Vorwürfe der anderen einen besonderen affektiven Tonus; einen entsprechend affektiven Tonus hat hier der Selbstvorwurf. Eigentlich sollte man erst hier von Vorwürfen sprechen, bei den ersten beiden Dimensionen wäre die Rede von bloßen Vorhaltungen besser. Beim vierten Schritt hingegen, dem Schritt zur Autonomie, geht es darum, sich von der Abhängigkeit von den Vorwürfen und Meinungen unserer Umgebung freizumachen. Wie paradox die Situation erscheinen kann, zeigt sich daran, dass man es einer Person zum Vorwurf machen kann, dass sie sich von den Vorwürfen anderer abhängig macht. Andererseits ist auch ein autonomes Moralverhalten nicht denkbar, das sich nicht auf begründete Vorwerfbarkeit bezieht.

Ein Konzept ungefähr von dieser Art von mehreren starken Alternativen ist also für das Panorama der Willensfreiheit naheliegend, anstelle der traditionellen Neigung, nur eine Alternative anzuerkennen, die dann wie eine absolute erscheint, die zwischen Egoismus und Moral.

Jetzt ist das Phänomen so weit umrissen, dass wir uns mit dem Problem des Determinismus konfrontieren können. Bei der Handlungsfreiheit habe ich darauf aufmerksam gemacht, dass man gar keinen Grund hat, am Verursachtsein des Wollens Anstoß zu nehmen. Bei der Willensfreiheit stehen wir aber vor einer neuen Situation. Wir haben es jetzt nicht nur mit meinem Wollen zu tun, sondern damit, dass ich mich zu meinem Wollen so oder so verhalten kann. Ich kann im Hinblick auf Gründe – auf ein Konzept des Guten auf einer der unterschiedenen vier Ebenen hin – meine unmittelbaren Wünsche suspendieren. Und damit hängt zusammen, dass ich mich und dass andere mich dafür verantwortlich machen können, dass ich sie nicht suspendiert habe. Es zeigte sich dann, dass das immer in einem Spielraum geschieht. Ich stehe in zwei Arten von Spielräumen, erstens in einem Spielraum des Überlegens, des Abwägens von Gründen, zweitens in einem Spielraum von stärkerem oder schwächerem Ausgerichtetsein auf mein Ziel, und habe dabei das Bewusstsein: Es liegt an mir, wie ich abwäge, es liegt an mir, wie stark ich mich auf das Ziel konzentriere. Entsprechend wird mir, wenn man mich verantwortlich macht, vorgehalten: »Du hättest besser abwägen können, du hättest an deinem Ziel stärker festhalten können; es lag an dir.« In diesem »Es lag an dir« ist impliziert, dass der normale Kausalfluss von Motiven zu Handlungen unterbrochen ist und an seine Stelle ich trete: Ich habe das und das getan, und auf die Frage: »Warum ist das geschehen?«, macht man mich verantwortlich statt den motivationalen Bedingungen. Gewiss gab es ursächliche Bedingungen, aber gleichwohl wird die Art, wie ich mich innerhalb des Spielraums verhalten habe, als ausreichend entscheidend angesehen, um mich für verantwortlich zu halten. Dieser »Stopp in der Warumfrage« erscheint merkwürdig genug, so dass wir darauf gefasst sein müssen, dass es sich um einen Schein handelt, aber er ist das, was sowohl in der Zuweisung von Verantwortung als auch in der Selbsterfahrung impliziert ist.

Es ist natürlich dieses Phänomen, das der These des Inkompatibilismus zugrunde liegt. Es sieht so aus, als sei, wenn man zu Recht sagen kann, »es liegt an mir«, so etwas wie das Ich oder das Selbst ein letzter Ausgangspunkt. Diese These ist am unerschrockensten von dem nordamerikanischen Philosophen Roderick Chisholm vertreten worden.[9] Während alle Ereignisse sonst kausal in anderen Ereignissen gründen, gründet nach Chisholm das Ereignis des menschlichen Handelns im Handelnden (»*in the agent*«). Jeder von uns hat, sagt Chisholm, wenn er handelt, ein Prärogativ, das sonst nur Gott zugeschrieben wird, ein erster Beweger zu sein.

Die Kritik an einer Theorie dieses Typs lautet normalerweise so,[10] dass eine solche Auffassung der Struktur von Kausalität widerspricht: Ereignisse können immer nur durch andere Ereignisse verursacht werden, nicht durch ein Etwas, eine Entität. Aber darauf lässt sich antworten (und ist von Chisholm geantwortet worden): Warum soll es nicht auch eine andere Art von Kausalität geben? Das eigentliche Problem liegt vielmehr darin, dass sich vielleicht einige Menschen etwas unter einem ersten Beweger vorstellen können, wenn es sich um einen Schöpfergott handelt (freilich auch diese Vorstellung ist nicht gerade einfach), aber was soll es bei einem Menschen heißen, dass er ein erster Beweger sei? Vom Menschen im Ganzen, diesem psychophysischen Wesen, kann man es gewiss nicht sagen. Dann aber bleibt nur, dass es so etwas wie ein Ich innerhalb dieses Wesens wäre, und so muss es wohl verstanden werden, da man doch von dem Satz »Es liegt an mir« ausgegangen ist. Aber heißt das, dass es in dem Menschen, der ich bin, also in mir, ein zweites Wesen gibt, das man als das Ich oder als das Selbst bezeichnen kann, gewissermaßen ein Kern von mir? Nehmen wir an, es gibt so etwas, so erscheint doch die Idee absurd, dass es ein erster Beweger ist. Es müsste ja dann die einzelnen Willensakte oder Handlungen aus sich herausquellen lassen, und so eine Vorstellung ist schon an und für sich unverständlich, und sie ist allemal weit entfernt von der phänomenologischen Basis, die sie erklären sollte, nämlich dass ich als Abwägen- und Sich-anspannen-Könnender verantwortlich gemacht werden kann.

Der Inkompatibilismus hat seine Attraktivität immer nur durch die Schwierigkeiten gewonnen, die sich im Kompatibilismus ergeben; sobald man ihn, wie Chisholm es tut, positiv aufzubauen versucht, bricht er zusammen. Wir haben aber allen Grund, am Phänomen des »Es liegt an mir« und an dem von ihm implizierten Warumstopp festzuhalten. Ich muss also jetzt, ehe wir uns dem Kompatibilismus zuwenden, einige Aspekte hervorheben, die zum tatsächlichen Phänomen gehören, das im »ich«-Sagen zum Ausdruck kommt: Für Menschen, sobald sie sprechen gelernt haben, ist es charakteristisch, dass sie sich nicht nur in Bewusstseinszuständen wie Fühlen, Wünschen, Meinen und so weiter befinden, wie wir das auch bei anderen Tieren annehmen, sondern dass sie ein Bewusstsein davon haben, dass sie sich in diesen Bewusstseinszuständen befinden. Sie bringen das zum Ausdruck in Sätzen wie: »Ich weiß, dass ich meine oder wünsche, dass p«, oder auch einfach, indem sie nur sagen: »Ich meine und so weiter.« »Ich« ist derjenige Ausdruck, der von einem Menschen verwendet wird, wenn er von sich selbst spricht. Nun kann man sich klarmachen, dass sich in diesem Bewusstsein von mir selbst in mehrfacher Einsicht ein Spielraum ergibt.

Erstens: Ich, der ich weiß, dass ich diesen Wunsch oder diese Meinung habe, weiß auch, dass ich die und die anderen Wünsche und Meinungen habe. Im »ich«-Sagen verbindet sich die Vielfalt meiner subjektiven Zustände zu einem einheitlichen Bewusstsein, und das hat zur Folge, dass ich zum Beispiel einen Wunsch im Lichte meiner anderen Wünsche sehen kann.

Zweitens: Wenn ich meine oder wünsche, dass p, bin ich mir dessen bewusst, dass man auch meinen oder wünschen könnte, dass nicht p. Ich befinde mich latent in einer Schwebe zwischen diesen Möglichkeiten, einer Schwebe, die dann in der Frage, im Zweifel und besonders in der Überlegung explizit wird.

Drittens: Ich habe ein Bewusstsein, der Gleiche jetzt zu sein wie der, der ich nachher sein werde, und ich weiß, dass ich auch nachher Wünsche und so weiter haben werde.

Viertens und darauf aufbauend: Ich kann mich wollend auf Ziele beziehen, die in der Zukunft liegen, und ebenso auf solche, die auf Wertvorstellungen darüber, wie ich sein will, aufbauen. Dadurch ergibt sich jetzt im speziellen Fall der Wünsche der weitere Spielraum, zwischen einerseits dem, was ich die unmittelbaren Wünsche nannte, die ich in der Weise habe, dass ich sie fühle und in mir vorfinde, und andererseits den auf Ziele und Wertvorstellungen ausgerichteten Wünschen, die ich nur habe, weil ich sie mir als Ziel vornehme, weil ich sie für begründet und gut halte. Auf die Ziele muss ich mich ausrichten, sie werden daher in einem betonten Sinn von einem ich »will« getragen, man kann sie als »ich«-Wünsche bezeichnen, während ich die unmittelbaren Wünsche in mir habe in dem Sinn, dass ich sie spüre.
Bei keinem dieser vier Punkte – weder beim Selbstbewusstsein noch beim Einheitsbewusstsein noch beim Bewusstsein, in einem Spielraum des Überlegens zu stehen, noch bei den »ich«-Wünschen im Gegensatz zu den empfundenen Wünschen – ist von einem Ich, »dem« Ich, die Rede, sondern nur von mir als in verschiedenen Verhaltensweisen stehend. Die verschiedenen zusätzlichen Aspekte ergeben sich nicht deduktiv aus dem Selbstbewusstsein, sondern man kann nur phänomenologisch konstatieren, dass wir als »Ich«-Sagende in diesen Strukturen existieren, und die weitere Frage, wie das alles zu erklären ist, reizt natürlich unsere Neugier, aber sie ist in unserem Zusammenhang nicht erforderlich. Jedenfalls fällt auf, dass sich das Bewusstsein bestimmter Spielräume ergibt, Spielräume für jeweils mich, so dass ich mich in einer Schwebe zwischen verschiedenen Faktoren befinde und sich eine mögliche Spannung ergibt, in der ich mich sehe.
Wir stehen wieder vor den zwei Spielräumen, von denen ich schon gesprochen habe, vor dem Spielraum der Gründe und vor der Spannung, die sich für mich ergibt, insofern ich zwischen Wünschen stehe, die mich als empfundene affizieren,

und solchen, auf die ich mich konzentrieren muss. Für diese Spielräume ist nicht nur charakteristisch, dass sie auf Ziele bezogen sind und auf Gutes, auf begründet Vorgezogenes, sondern dass dieser Bezug auf ein eigentümliches »Kann« verweist, das irreduzibel ein »Ich kann« zu sein scheint.
Jeder glaubt von sich und jedem anderen zu wissen, dass er (also jeweils ich) Gründe so oder so gewichten kann, aber auch muss, und dass er sich mehr oder weniger anstrengen kann, aber auch muss. Wir stoßen hier auf einen Aspekt, der immer schon als grundlegend für Willensfreiheit gesehen worden ist, dass man sagen können muss, »ich hätte auch anders können«, aber dieses Kann wird gewöhnlich unterbestimmt, wenn es einfach ontologisch als Möglichkeit gesehen wird: Das Bewusstsein, anders zu können, um das es sich handelt, ist immer ein Bewusstsein, besser zu können, und es ist ein »Ich kann« in dem Sinn, dass es von mir abhängt, ob ich es besser mache oder nicht. Dass die Rede vom Anders-Können und auch die Rede von einer Wahl zu formal ist, kann man sich daran klarmachen, dass sie auch bei Tieren möglich ist.[11] Oder wenn Menschen zum Beispiel zwischen verschiedenen Tortenstücken oder Eisarten wählen, handelt es sich nicht um Willensfreiheit. Bei einer solchen Wahl gibt mein Geschmack den Ausschlag, es bin nicht ich, der gefordert ist, es liegt nicht an mir, und es handelt sich nicht darum, etwas besser zu machen.
Wenn wir uns jetzt auf dieser Basis dem Problem des Determinismus zuwenden, kann man in zwei Schritten vorgehen. In einem ersten Schritt lässt sich sagen: Durch das Ichgeschehen ergibt sich wirklich ein Warumstopp: Anstelle des Kausalflusses der Motive werde ich verantwortlich gemacht; ich habe ja in den Kausalfluss eingegriffen, indem ich die unmittelbaren Motive auf ein Ziel hin suspendierte oder suspendieren konnte. Andererseits liegt es nahe, diese Suspension nun ihrerseits als kausal bedingt anzusehen. Man kann sich zur Veranschaulichung einen Bindfaden

vorstellen, in dem ein Knoten angebracht ist. Der Bindfaden steht für das Fließen der Kausalität. Durch den Knoten, der für das Ichverhalten in den zwei Spielräumen steht, ist die Kausalität tatsächlich unterbrochen und durch meine Tätigkeit ersetzt, und doch besteht auch der Knoten nur aus Bindfaden. Man kann zwar nicht beweisen, dass das Ichgeschehen kausal bestimmt ist, aber es scheint auch keinen Grund zu geben, die Art, wie das Ichgeschehen abläuft, als nicht in sich kausal bestimmt anzusehen. Warum soll die Art, wie ich zwischen den Gründen abwäge, also welches Gewicht ich dem gebe, was ich für gut halte im Gegensatz zu meinen unmittelbaren Motiven, nicht bestimmt sein, und ebenso die Ichstärke, die mir im Festhalten an einem Ziel zur Verfügung steht? Warumstopp und Determiniertsein widersprechen sich also nicht. Man muss nur die Vorstellung vermeiden, als könnte sich die Person sagen: Weil es bestimmt ist, brauche ich nicht abzuwägen oder mich anzustrengen. Das wäre das Missverständnis des Fatalismus, demzufolge das Ergebnis unabhängig von meinem Aufwand determiniert wäre, während die These ist, dass der Kausalzusammenhang so verstanden werden muss, dass er durch das Ichgeschehen hindurchläuft.[12]

Hier drängt sich nun aber als zweiter Schritt auf, dass nicht zu sehen ist, wie es überhaupt möglich sein soll, das Bewusstsein, dass etwas von mir abhängt und dass ich mich anzustrengen habe, in eine objektive Sprache zu übersetzen, in eine Sprache, in der das Wort »ich« nicht vorkommt. Ebenso unklar ist, wie man die Rede von Gründen in eine kausale Sprache übersetzen kann. Gründe scheinen immer Gründe für jemanden, für einen Überlegenden zu sein, also jeweils für mich. Dieses »Für mich« und das »Es liegt an mir« erscheinen als etwas irreduzibel Subjektives. Wir können natürlich auch von anderen sagen, dass sie verantwortlich sind, aber nur, weil wir unterstellen, dass auch sie in einem »ich«-Spielraum stehen. Am Ende der Betrachtung stoßen wir also nicht auf etwas, etwa »das« Ich, das akausal wäre, sondern darauf, dass wir im »ich«-Sagen in einer Perspektive stehen, die überhaupt nicht in eine objektive Sprache übersetzbar ist.

Während der Inkompatibilismus eine dogmatische Aussage enthält, stellt der Kompatibilismus keine eigene positive Aussage auf, er leugnet nur die Notwendigkeit der These des Inkompatibilisten. Zwar gab es innerhalb des Kompatibilismus auch die stärkere Auffassung, dass die Willensfreiheit den Determinismus positiv erfordere, aber dafür ist (schon von Hume) lediglich angeführt worden, dass die Zurechnung einen determinierten Charakter voraussetze,[13] aber dieses Argument ist gar nicht plausibel. Wir fordern voneinander und von uns selbst durchaus auch, uns auf eine Weise zu verhalten, die im Gegensatz zu unserem bisherigen Charakter steht. Man muss zwischen Person und Charakter unterscheiden. Man macht nicht den Charakter verantwortlich, sondern den »ich«-Sager. Wenn der Charakter ein Verhalten notwendig bestimmt, besteht gerade keine Freiheit, sondern Zwangshaftigkeit. Der recht verstandene Kompatibilismus macht keine Aussage über das Determiniertsein, ihm zufolge impliziert Willensfreiheit weder Determinismus noch Indeterminismus. Man muss also, um es in der Metapher vom Knoten im Bindfaden zu formulieren, die Möglichkeit offenlassen, dass das Geschehen innerhalb des Knotens, wenn man es überhaupt in einer objektiven Sprache formulieren kann, sich nicht auf Kausalzusammenhänge reduzieren lässt. Für die Struktur der Willensfreiheit hängt davon nichts ab.

Dass man grundsätzlich am Kausalzusammenhang festhalten möchte, ist nicht ein Dogmatismus, sondern folgt daraus, dass das Einzige, was man sich in der objektiven Welt als Alternative zum Kausalzusammenhang vorstellen kann, der Zufall ist. Was den Inkompatibilismus so uneinsichtig macht, ist, dass er innerhalb der objektiven Welt etwas postuliert, was außerhalb dieser Alternative – entweder Kausalzusammenhang oder Zufall – steht. Während der Kompatibilismus lediglich die Schwierigkeiten anerkennen muss, dass die Sprache der Innenansicht des Handelns in die objektive der Kausalität nicht übersetzbar scheint, ist der Inkompatibilismus als Versuch anzusehen, dieser Sprache der Innenansicht ein objektives Fundament zu geben, das keinen Sinn ergibt.

Was ich hier Innenansicht nenne, ist natürlich eine intersubjektiv geteilte Innenansicht. Wir verhalten uns wechselseitig zueinander in der Weise, dass jeder unterstellt, dass der andere ebenso wie er selbst sich willentlich zu sich verhalten kann und das Vermögen hat, seine Wünsche auf Ziele hin zu suspendieren. Der Bereich der Gründe ist ein intersubjektiver: Wie wir die Sprache intersubjektiv lernen, lernen wir auch intersubjektiv, wie man begründet. Man kann also sagen, dass man durch Vorhaltungen und Vorwürfe lernt, nach Gründen zu handeln. Die Meinung, dass der Kompatibilismus die Praxis der Vorwürfe und des Tadels nicht verständlich machen könne, ist falsch. Den Einwand müsste man vielmehr gegen den Inkompatibilismus erheben, denn inwiefern soll man einem unbewegten Beweger etwas vorwerfen können? Im Vorwurf verbinden sich zwei Dinge: dass man eine Handlung für schlecht erklärt und dass man das der Person auf eine Weise vorhält, die unterstellt, dass sie hätte besser handeln können, und das entspricht genau dem Tatbestand der Willensfreiheit. Der Kritiker meint, dem zweiten Faktor – dass die Person hätte besser handeln können – werde durch den Determinismus die Grundlage entzogen, weil der Kausalzusammenhang es verhindere, dass die Person anders gekonnt hätte. Aber wir haben gesehen: Der Kausalzusammenhang bestimmt die Handlung nicht unmittelbar, hier ergab sich der Warumstopp, die Verantwortung liegt bei dem Ichgeschehen, das lediglich seinerseits kausal fundiert sein soll. Der recht verstandene Determinismus führt nicht dazu zu bezweifeln, dass die Person in einem Spielraum stand und also wirklich anders (besser) hätte handeln können.

Es ist allerdings immer möglich, dass die Person wirklich nicht anders handeln konnte. Dieser Tatbestand ist jedoch dann erfüllt, wenn das Wollen der Person unter einem inneren Zwang stand, und das heißt, wenn sie nicht fähig war, ihr Handeln durch Gründe zu steuern. Das Recht, Vorwürfe zu machen, ist also wirklich begrenzt, aber nicht durch den Determinismus, sondern dadurch, dass eine Person nur in dem Maße verantwortlich zu machen ist, in dem sie wirklich die Fähigkeit hat, ihre unmittelbaren Wünsche zu suspendieren und nach Gründen zu handeln, und ob und wieweit diese Fähigkeit besteht, ist nicht immer klar. Im Einzelfall bleibt, wenn eine Person nicht so handelt, wie sie soll, immer offen, ob sie es nur nicht wollte oder nicht konnte. Dass ein Vermögen besteht, lässt sich immer nur im Allgemeinen erkennen, durch Proben, also in unserem Fall durch Beobachtung, ob und in welchem Maße einer und auch man selbst durch Gründe und Anstrengung sein Verhalten ändern kann. Man muss also zwischen zwei Fragen unterscheiden, der Frage, was in Willensfreiheit impliziert ist, und der Frage, wie weit sie reicht. Sie reicht wohl oft nicht so weit, wie man glaubt, und das kann einen dazu führen, mit dem grausamen Instrument der Vorwürfe und Selbstvorwürfe nicht zu leichtfertig umzugehen.

**Anmerkungen**

1 Vgl. B. Libet: »Do we have a free will?«, Journal of Consciousness Studies 6 (1999) S. 47–57.

2 Ähnlich Ph. Pettit in *A Theory of Freedom*, Oxford 2001, 1. Kapitel.

3 H. Frankfurt, »Freedom of the Will and the Concept of a Person« in: Journal of Philosophy 68 (1971) S. 5–20.

4 Ph. Pettit und M. Smith haben in *Freedom in Belief and Desire* (*Journ. of Philos.* 93 (1996), S. 429–449, gezeigt, dass wir einander und uns selbst

ebenso für unsere Meinungen verantwortlich machen können wie für unsere Handlungen. Ihre nicht weiter differenzierende Parallelisierung der praktischen und der theoretischen Verantwortlichkeit (S. 448) erscheint mir jedoch falsch. Ähnlich wie die Auffassung, die von Susan Wolf vertreten wird (*Freedom within Reason*, Oxford 1990), setzt ihre Position einen ethischen Realismus voraus, in dem das Gute wie ein zweiter Bereich von Tatsachen erscheint. So wird die zentrale Bedeutung des prudentiell Guten übersehen. Auch das moralisch Gute gründet im prudentiell Guten (unten S. 10). Stattdessen tritt bei Pettit und Smith ebenso wie bei Wolf eine einheitliche Dimension »of what it is rational to say and to do«. Smith hat für den ethischen Realismus in seinem Buch *The Moral Problem* (Oxford 1994) argumentiert. Ich meine, dass hier elementare Unterschiede übersehen werden. Meinungen erheben von sich aus einen Wahrheitsanspruch, und sie stehen in einem anonymen intersubjektiven Raum; Wünsche und Handlungen sind rational jeweils für mich; richtige Meinungen stehen nur unrichtigen Meinungen gegenüber, richtiges Handeln auch dem Handeln aus unmittelbaren Motiven.

5 Vgl. dazu *Egozentrizität und Mystik*, S. 53–58.

6 Vgl. *De Anima* III, 10; S. 433b5ff.

7 Vgl. G. Watson, *Free Agency*, in G. Watson (Hrsg.), *Free Will*, Oxford 1982, S. 96–110, ursprünglich in *Journ. of Philos.* 72 (1975), S. 205–220. – In diesem Aufsatz finden sich zwei wichtige Klarstellungen: 1. Man sollte diejenigen Wünsche, die den überlegten gegenüberstehen, nicht, wie das Platon und Aristoteles getan haben (ebenso Kant), als »sinnliche« bezeichnen (S. 1 D 4f.). Die Wünsche, die uns unmittelbar bestimmen, können ihre Quelle ebenso in Schuldgefühlen wie in unseren Trieben haben. Um es in Freuds Terminologie zu erläutern: Die überlegten Ich-Wünsche stehen ebenso den im Es gründenden Wünschen gegenüber wie denen des Überich. Man könnte Freuds bekanntes Diktum (Werke XV, 86) so abwandeln, dass man (gewiss in Übereinstimmung mit Freud) sagt: Wo Es und Überich waren, soll Ich werden. Daher auch meine Verwendung des Terminus »unmittelbar« statt »sinnlich«. 2. Die Gegenüberstellung der rationalen oder überlegten Wünsche gegen die unmittelbaren darf nicht im Sinn eines Votums für Rationalität und gegen Unmittelbarkeit missdeutet werden. Watson schlägt vor, zwischen Inhalt und Quelle von Wünschen zu unterscheiden. Mit unmittelbaren Wünschen sind nicht diejenigen gemeint, die eine Person unabhängig vom eigenen Urteil darüber, was gut ist, bestimmen.

8 S. Wolf verbindet in ihrem Buch (oben S. 7 Anm.) die Schritte zwei und drei mit dem vierten Schritt, indem sie behauptet: »Ein Individuum ist verantwortlich dann und nur dann, wenn es fähig ist,

seine Handlungen auf der Grundlage seiner Werte zu bestimmen, und wenn es fähig ist, seine Werte im Hinblick auf das, was wahr und gut ist, zu bilden« (75). Das ist eine Übertreibung. Es ist durchaus sinnvoll, von Verantwortung auch schon vor dem vierten Schritt zu sprechen. Vielleicht spielt bei Wolf neben dem passiven Sinn von »Verantwortlichkeit«, demzufolge man in einem Spielraum steht, in dem man zur Verantwortung gezogen werden kann, auch der aktive Sinn mit, in dem man eine Person dann als verantwortliche (sich verantwortlich verhaltende) bezeichnet, wenn sie selbst auf die Erfüllung ihrer Verantwortungen ausgerichtet ist. – Eine andere Einseitigkeit liegt dann vor, wenn man die Rede vom Verantwortlichsein auf den dritten Schritt einschränkt. Das ist in der angelsächsischen Literatur sehr verbreitet, besonders prononciert bei R. Jay Wallace, *Responsibility and the Moral Sentiments*, Cambridge (USA) 1996. Diese Verengung mag mit einem Missverständnis des Ausdrucks »moral responsibility« zusammenhängen, der auf einen Gebrauch des Wortes »moral« zurückgeht, demzufolge es auch für menschliches Handeln im Allgemeinen (im Gegensatz zum »Physischen«) verwendet wurde. Diejenige Verantwortlichkeit, die wir vor dem Gesetz haben, ist keine moralische im engeren Sinn. Jemand ist strafrechtlich zurechnungsfähig, wenn er prudentiell verantwortlich ist (im Sinn meines ersten Schrittes), das heißt, wenn er fähig ist, das Risiko des Bestraftwerdens in seine Überlegungen einzubeziehen.

9 R. Chisholm, *The Lindlay Lecture* (Univ. of Kansas), 1964; abgedruckt in G.Watson, *Free Will*, Oxford 1982, S. 24–35.

10 Vgl. C. D. Broad in dem Text, der bei B. Berofsky, *Free Will and Determinism*, New York 1966, abgedruckt ist, S.157.

11 Vgl. A. Kenny, *Will Freedom and Power* (Oxford 1975), S.52 und 143.

12 Kant meinte, dass es innerhalb des Naturgeschehens keine Willensfreiheit geben könne, weil »die vergangene Zeit nicht mehr in meiner Gewalt ist«; »so muss jede Handlung, die ich ausübe, durch bestimmende Gründe, die nicht in meiner Gewalt sind, notwendig sein, d. i. ich bin in dem Zeitpunkte, darin ich handle, niemals frei« (*Kr. d. pr. V.*, Werke V, 94). In diesem Argument, das in modifizierter Weise auch das von P. van Inwagen ist – »The Incompatibility of Free-Will and Determinism«, Philos. Studies 27 (1975), S. 185–199 – wird vorausgesetzt, dass ich mich außerhalb des Kausalflusses befinde und in diesen einzugreifen versuche. Diese Vorstellung erscheint abwegig, wenn das Ichgeschehen (wie in meiner Bindfaden-Metapher) selbst als Teil des Kausalflusses angesehen wird. Dem Kompatibilismus zufolge versuche ich nicht das, was geschehen muss, aufzuhalten, sondern das, was ohne mein Eingreifen geschehen würde, zu verändern, wobei mein Eingreifen selbst ein Teil dessen ist, was geschehen

musste. (Bei Kant bleibt auch unklar, ob er meint, dass sein Argument nur für die moralische Freiheit gilt oder für alles Überlegen, also auch für diejenige Freiheit, von der er auf B562 und B830 der *Kr. d. r. V.* (oben S. 4) spricht. Das Argument in der *Kr. d. pr. V.* ist so allgemein, dass es für alles Überlegen gelten müsste, und dann wäre die Konsequenz, dass entweder alle außermoralische Freiheit ein Schein wäre oder dass das menschliche Leben auch unabhängig von der Moral durch und durch übersinnlich durchsetzt wäre.

13 Hume, *Treatise*, vol. II, part III, sect. 1; R. E. Hobart, *Free Will as Involving Determinisme Inconceivable without it*, in B. Berofsky (oben S. 1 Anm.), S. 63–94, und dagegen Ph. Foot, *Free Will as Involving Determinism*, in Berofsky, S. 95–108.

Reinhard Merkel

# Handlungsfreiheit, Willensfreiheit und strafrechtliche Schuld

## I Einige begriffliche Klärungen

1. Ich beginne, zur ersten Orientierung, mit einer Reihe grundlegender Unterscheidungen. Auseinanderzuhalten sind zunächst das System einer gesellschaftlich institutionalisierten Freiheit und die individuelle Freiheit von Personen. Das Erstere ist nichts anderes als die Rechtsordnung, sofern sie auf freiheitsrechtlichen Prinzipien beruht; in der berühmten Definition Kants: sofern sie organisiert ist als »Inbegriff der Bedingungen, unter denen die Willkür des einen mit der Willkür des anderen nach einem allgemeinen Gesetze der Freiheit zusammen vereinigt werden kann«.[1] Von diesem System äußerer Handlungsfreiheit soll im Folgenden nicht weiter die Rede sein.

Immerhin können wir vor dem Hintergrund der kantischen Definition des Rechts bereits hier eine wichtige Einsicht auch für die Frage nach der individuellen Freiheit festhalten: Selbst wenn sich zeigen sollte, dass die Willens- und Handlungsfreiheit des Menschen nur eine Illusion ist, verlöre eine Rechtsordnung, die sich im Sinne Kants als Institutionalisierung der größtmöglichen gleichen äußeren Freiheit aller Personen versteht, nichts von ihrem Wert. Sie bliebe unvermindert erstrebens- und verteidigenswert. Eine solche Rechtsordnung gäbe sich – um ein anderes Diktum Kants zu zitieren – nicht nur »ein Volk von Teufeln (wenn sie nur Verstand haben)«[2], sondern unter der gleichen Bedingung auch ein Volk von Wesen, deren individueller Wille ein Produkt kausaler Determination wäre (was immer das genau bedeuten mag). Der Grund liegt auf der Hand: Wenn mein Wille determiniert sein sollte, so lege ich dennoch großen Wert darauf, dass es *mein* Wille ist und bleibt. Dass also die Quelle der Determination etwas in mir selber ist (zum Beispiel mein Gehirn) und nicht etwas im Tun oder Lassen meiner Mitmenschen. Kurz: Die Freiheit von externer Nötigung durch andere bliebe auch dann wertvoll für das individuelle Leben, wenn es eine Freiheit von interner Nötigung, nämlich von kausal determinierenden Prozessen der Willensentstehung, nicht geben sollte. Ein Satz John Deweys aus dem Jahr 1894 macht den Gedanken anschaulich: »What men have esteemed and fought for in the name of liberty is varied and complex – but certainly it has never been metaphysical freedom of the will.«[3]

2. Damit ist die wichtigste Unterscheidung im Bereich der individuellen Freiheit der Person ebenfalls bereits benannt: die zwischen Handlungs- und Willensfreiheit. Beide scheinen auf eine durchaus unklare Weise zusammenzuhängen, zwar nicht logisch (oder semantisch)[4], aber ontologisch (metaphysisch). Zwingend erscheint dieser Zusammenhang aber nicht, oder jedenfalls nicht in allen Hinsichten. Dass Willensfreiheit ohne Handlungsfreiheit denkbar ist, sofern nämlich die äußere Verwirklichung des Willens durch irgendwelche Umstände gehindert wird, ist trivial. Aber umgekehrt ist auch Handlungsfreiheit ohne Willensfreiheit denkbar – freilich nur, wenn man ihren Gegenstand auf den bloß äußeren Handlungsvollzug beschränkt. Danach ist eine Handlung dann frei, wenn sie dem Willen des Handelnden entspricht; ob der Wille seinerseits frei ist oder nicht, spielt keine Rolle. Ein solcher Begriff von Handlungsfreiheit erscheint allerdings wenig befriedigend. Wenn eine Handlung frei ist, falls sie mit unserem Willen übereinstimmt, was ist dann mit dem Willen selbst? »Sind wir darin frei zu wollen, was wir wollen?«[5] Frei wären wir mit einer solchen »Nur-Handlungsfreiheit« ersichtlich nur in einem

beschränkten Sinn. Ein emphatischer (starker) Begriff des freien Handelns, so lässt sich schon hier festhalten, kann auf die Bedingung auch eines (irgendwie) freien Willens nicht verzichten.

3. Ebenfalls bereits angedeutet ist damit eine dritte wichtige Unterscheidung. Sie betrifft die Hindernisse der Freiheit, also die Frage des »frei wovon?« Als solche Hindernisse lassen sich externe und interne Zwänge unterscheiden. »Extern« ist ein Zwang, wenn er als Außenweltbedingung die Freiheit des Wollens und/oder des Handelns hindert; »intern« ein solcher, der in irgendeinem Sinn seinen Ursprung im Handelnden selbst hat. Oder genauer: der als determinierendes Prinzip schon in den Entstehungsbedingungen des Willens beziehungsweise der Handlung wirkt und beide nur in den Bahnen der Zwangsläufigkeit sich entwickeln lässt. Den beiden Begriffen »externer« und »interner Zwang« entsprechen als Kehrseiten die der »negativen« und der »positiven Freiheit«.[6] Auch sie können beide sowohl auf die Willens-, als auch auf die Handlungsfreiheit bezogen werden. Freilich ist der Begriff einer »positiven Handlungsfreiheit« inhaltsarm und farblos. Was er über die »negative Freiheit«, also das Handelnkönnen ohne externen Zwang, hinaus bezeichnen kann, ist kaum mehr als die Möglichkeit, eben so zu handeln, wie man handeln *will*. Interessant ist die Frage der positiven Freiheit daher vor allem im Hinblick auf diesen Willen selbst.

Hier wird jedoch die Abgrenzung zwischen positiver und negativer Freiheit beziehungsweise externem und internem Zwang vage und schwierig. Ist eine Zwangsneurose, die ihren Inhaber in viertelstündlichen Abständen unwiderstehlich zum Händewaschen drängt, ein externer oder ein interner Zwang? Beeinträchtigt sie die negative oder bereits die positive Freiheit? Man möchte vielleicht zunächst das Letztere annehmen, denn der Zwang scheint aus dem seelischen Inneren des Handelnden zu stammen und damit den

Willen gewissermaßen schon in seinem Ursprung zu infizieren und nur als unfreien entstehen zu lassen. Freilich bedarf nach unserem heutigen Wissen der mentale Zustand eines solchen zwangsneurotischen »Wollens« irgendeiner neuronalen Grundlage im Gehirn. Und da die Vorgänge im Gehirn der physikalischen Welt angehören, lässt sich dieser neuronale Zustand vielleicht doch plausibler als externer Zwangsfaktor und daher eher als Störung der negativen Freiheit begreifen, und zwar selbst dann, wenn er nicht als handfester hirnphysiologischer Defekt zu identifizieren ist.[7]

Die damit angeschnittene Frage führt bereits über das Problem der Willensfreiheit im engeren Sinne hinaus. Sie berührt das allgemeinere Thema des sogenannten Leib-Seele-Problems, also des Verhältnisses von Geist und Gehirn. Darauf komme ich zurück. Für meine begriffliche Klärung will ich an dieser Stelle nur und jedenfalls die Möglichkeit einer allgemeinen und prinzipiellen Unterscheidung von positiver und negativer Freiheit (beziehungsweise externen und internen Freiheitshindernissen) festhalten. Die meisten nötigenden Zwänge, die psychisch wirksamen eingeschlossen, dürften sich dabei als Beeinträchtigung der negativen Freiheit (die eben *Abwesenheit* von Zwang bedeutet) darstellen lassen. Für den Begriff der positiven Freiheit bleibt übrig, was klassisch »Autonomie« heißt: die genuine Selbstbestimmung (Selbsterzeugung) des Willens. In der gegenwärtigen philosophischen Debatte zur Willensfreiheit firmiert sie unter dem Titel »agent causation«. Der Wille als Initiator des Handelns ist danach seinerseits nicht verursacht durch irgendwelche Bedingungen der Welt. Das genau ist seine positive Freiheit. Sie sei es, was den Akteur selbst zum letzten und wirklichen Ursprung seines Handelns macht. Dass er dabei sehr wohl durch Gründe oder auch die Neigungen seines Charakters motiviert sein kann, stehe dem nicht entgegen. Denn Gründe, so das Argument,

sind etwas anderes als Ursachen. Sie mögen zu einer Handlung disponieren, zwingen aber nicht dazu.
4. Versucht man vor dem Hintergrund dieser Unterscheidungen, den Begriff der Freiheit des Handelns beziehungsweise des Willens genauer zu erfassen, so kommt man auf so etwas wie die folgende Formel; sie spiegelt im Übrigen ganz die geläufige alltagssprachliche Bedeutung wider:

PAM: »Frei« ist eine Handlung (allenfalls) dann, wenn der Handelnde auch anders hätte handeln oder einfach jedes Handeln hätte unterlassen können.

»PAM« steht als Kürzel für »Prinzip der alternativen Möglichkeiten«; so soll diese vorläufige Bestimmung im Folgenden bezeichnet werden.[8] Für die Freiheit des *Willens* ist die Formulierung nur entsprechend zu modifizieren. Zweckmäßig erscheint es dabei allerdings, den schwer durchschaubaren Begriff des Willens zu vermeiden und ihn durch den einfacheren der *Entscheidung* zu einem bestimmten Handeln (oder Nichthandeln) zu ersetzen.[9] PAM scheint eine jedenfalls notwendige, wenn auch nicht hinreichende Bedingung für freie Handlungen zu sein. Denn allein der Umstand, dass ein Akteur A im Zeitpunkt seines Handelns die Möglichkeit des Anders- oder des Nichthandelns gehabt hätte, genügt nicht, um seine Handlung als »frei« zu kennzeichnen. So würden wir sie allenfalls nennen, wenn A zur Vornahme von Handlungen genau des Typs, zu dem die fragliche einzelne Handlung gehört hat, *generell* in der Lage ist, wenn er also Handlungen dieses Typs im Prinzip wiederholen könnte.[10] Tippt A im Lotto sechs Richtige und gewinnt damit zehn Millionen, so war zwar sein Ankreuzen der Zahlen (möglicherweise) eine freie Handlung, aber nicht das Gewinnen der Millionen. Sie verdankt er nicht seiner Freiheit, sondern seinem Glück.[11]
Nun können wir PAM präzisieren und einen genaueren

alltagssprachlichen Begriff der freien Handlung formulieren:

$PAM_S$: Frei im starken Sinne ist eine individuelle Handlung X (oder ihr Unterlassen),

(1) wenn der Handelnde dabei die Fähigkeit hatte, generell Handlungen des Typs X auszuführen (oder zu unterlassen),

(2) wenn er auch anders handeln (oder jedes Handeln hätte unterlassen) können und ihm auch dies Andershandeln (beziehungsweise Unterlassen) generell möglich ist,

(3) und wenn er die konkrete Handlung X aus einem Grund ausführt beziehungsweise unterlässt, der sein eigener ist,

(4) wenn also der Entschluss zu handeln durch nichts anderes (zwingend) determiniert ist als seinen eigenen Willen.

Diesem starken Begriff der Handlungsfreiheit dürften die meisten Alltagsauffassungen der menschlichen Handlungs- und Willensfreiheit ungefähr entsprechen. Auch in den Diskussionen des Strafrechts spielt er eine wichtige Rolle. Viele rechnen ihn zu den Voraussetzungen des strafrechtlichen Schuldbegriffs. Möglicherweise tut das implizit auch § 20 des deutschen Strafgesetzbuchs (StGB), der die Voraussetzungen der Schuldunfähigkeit – jedenfalls prima facie – als Mängel der Freiheit des Handelns bestimmt. Bevor ich mich jedoch dieser Frage zuwende, will ich untersuchen, ob ein solcher Freiheitsbegriff plausibel sein kann. Das ist in mehr als einer Hinsicht zweifelhaft.

## II Zum Verhältnis Determinismus, Freiheit und Verantwortlichkeit: Drei Grundpositionen

1. Definiert man Verantwortlichkeit als die Möglichkeit des Andershandeln-Könnens, dann scheint sie in einer unbefangenen Betrachtung Handlungsfreiheit im Sinne unseres starken Prinzips $PAM_S$ zu fordern; und dieses wiederum scheint als ebenfalls notwendige Bedingung vorauszuset-

zen, dass nicht alle Ereignisse der Welt vollständig determiniert sind, nämlich zumindest manche menschlichen Handlungen nicht. Ich will nicht den aussichtslosen Versuch unternehmen zu klären, was der Ausdruck »determiniert« genau bedeutet.[12] Vielmehr verwende ich den Begriff vorderhand in einem geläufigen Alltagssinn. Danach soll er (erstens) nur auf die physische Welt bezogen werden und (zweitens) ungefähr das Folgende besagen:

(1) Alle Veränderungen der physischen Welt sind vollständig naturgesetzlich bedingt.

(2) Deshalb folgt jeder Weltzustand mit zwingender (nicht aber logischer) Notwendigkeit aus dem vorangegangenen Zustand.

(3) Die Linien, durch die einzelne Ereignisse in der Zeit mit nachfolgenden Ereignissen verknüpft sind, sind die einer naturgesetzlichen Kausalität.[13]

Diese Interpretation ist ohne weiteres vereinbar mit der geläufigeren, an Laplace' berühmte Definition angelehnten, wonach der Kausaldeterminismus die These ist, dass zu jeder gegebenen Zeit eine vollständige Kenntnis aller Gegenstände und Tatsachen der Welt zusammen mit einer vollständigen Kenntnis aller Naturgesetze jede wahre Aussage über jeden künftigen (oder vergangenen) Weltzustand einschließt, also im Prinzip deduzierbar macht. Oder knapp: Durch den gegenwärtigen Zustand der Welt ist ihr Zustand für alle vergangenen und alle zukünftigen Zeitpunkte eindeutig festgelegt.[14] Auf die Frage, wie sich ein so verstandener Determinismus einerseits zur Willens- und Handlungsfreiheit und andererseits zur Möglichkeit von strafrechtlicher Verantwortlichkeit und Schuld verhält, sind drei grundsätzliche Antworten möglich. Oder genauer: drei Typen von Antworten, denn zu jedem dieser Typen sind zahlreiche Einzelvarianten mit jeweils mehr oder weniger markanten Besonderheiten entwickelt worden:

(1) Der physikalische Determinismus beziehungsweise eine

streng deterministisch aufgebaute physische Welt ist weder mit Willens- und Handlungsfreiheit, noch mit individueller Schuld vereinbar.
(2) Er beziehungsweise sie ist sehr wohl mit Freiheit, und zwar (a) jedenfalls mit der Handlungsfreiheit, möglicherweise auch (b) mit der Willensfreiheit und daher in jedem Fall auch mit der Zuschreibung von Verantwortlichkeit und Schuld vereinbar.
(3) Er/sie ist zwar weder mit Willens-, noch mit Handlungsfreiheit vereinbar, sehr wohl aber mit persönlicher Schuld oder Verantwortlichkeit.[15]
2. Die Position (1) ist die des sogenannten Inkompatibilismus. Sie scheint der »natürlichen«, unbefangenen Auffassung des Problems ziemlich genau zu entsprechen: Wenn alle Ereignisse der Welt vorherbestimmt sind, dann auch alle menschlichen Handlungen (denn Handlungen sind, was immer sie sonst noch sein mögen, jedenfalls auch Ereignisse)[16]. Und wenn sie vorherbestimmt sind, dann können sie nicht frei im Sinne unseres starken Prinzips $PAM_S$ sein. Das gleiche lässt sich auch von der Willensfreiheit sagen, beziehungsweise von der Freiheit der Entscheidung zu einer Handlung. Die inkompatibilistische Position kann ersichtlich gleichermaßen von Befürwortern wie von Gegnern eines strikten physikalischen Determinismus bezogen werden. Und die jeweils stärkeren Formen einer solchen Zustimmung oder Ablehnung treten auch regelmäßig als inkompatibilistische Theorien auf.[17] Für beide Seiten ist die Frage: »Sind menschlicher Wille und menschliches Handeln im Sinne von $PAM_S$ frei *oder* ist die Welt determiniert?« nur als strikt ausschließende Alternative sinnvoll. Daher muss diese Frage, will man eine Lösung des Freiheitsproblems, eindeutig beantwortet werden.
3. Das genau bestreiten jedoch die beiden anderen Positionen (2) und (3). In den von ihnen bezeichneten Lagern sammeln sich kompatibilistische, also Vereinbarkeitstheorien.

Manche Anhänger solcher Theorien lassen die Frage des physischen Determinismus der Welt ausdrücklich offen und geben gleichwohl eindeutig bejahende Antworten auf die Freiheits- und/oder die Schuldfrage.[18] Andere bekennen sich zum Determinismus der Welt und dennoch ebenfalls zur Möglichkeit von Freiheit und Schuld. Auch von diesen Theorien gibt es eine Vielzahl einzelner Varianten. Theoretiker der Gruppe (3) schließlich halten zwar keine der beiden Freiheitsannahmen für vereinbar mit dem Determinismus. Gleichwohl erscheint ihnen die Zuschreibung individueller Verantwortlichkeit und Schuld auch in einer deterministischen Welt ohne echte Freiheit möglich.
Im Folgenden seien einige der grundlegenden Argumente, aber auch der prinzipiellen Schwierigkeiten beider Seiten, der Vereinbarkeits- wie der inkompatibilistischen Theorien (und bei den Letzteren der deterministischen wie der libertären Position), wenigstens im Überblick erörtert.

## III Die inkompatibilistischen Positionen: Prinzipielle Argumente und Grenzen

Ein Inkompatibilist kann also Determinist oder Indeterminist sein. Beide Positionen gründen auf starken Intuitionen, nämlich auf allgemeinen Erfahrungen des Menschen mit sich und der Welt.

### 1. Determinismus

Der Determinismus verweist auf unsere Erfahrung von der Regelhaftigkeit aller Ereignisse der physischen Welt. Das ist jedenfalls im Hinblick auf unbelebte und wohl auch auf außermenschliche belebte Vorgänge eine weithin akzeptierte Position. Problematisch wird sie, wenn man die ihr zugrunde liegende Erfahrung auch auf menschliche Handlungen bezieht. Gibt es zu jeder Handlung eine bestimmte Menge vorausliegender Umstände, aus denen sie nomologisch, das heißt nach einer empirischen Gesetzmäßigkeit erfolgen muss?[19]

Grundlage für die Plausibilität des kosmologischen Determinismus waren bis ins 20. Jahrhundert die Naturwissenschaften, vor allem die klassische Physik. Man hielt es für zweifelsfrei, dass alle Vorgänge der physischen Welt von einem universalen nomologischen Kausalprinzip beherrscht seien. Auch Verteidiger der Willensfreiheit haben das im Allgemeinen nicht bezweifelt. Bis ins 20. Jahrhundert sind deshalb die meisten von ihnen entweder Kompatibilisten gewesen[20] oder haben irgendeine Form des Interaktionismus (Dualismus) von Gehirn und Geist postuliert.[21]

Die physikalische Basis des universalen Determinismus ist aber im 20. Jahrhundert mit der Entdeckung der quantenphysikalischen Phänomene, insbesondere der sogenannten Heisenberg'schen Unbestimmtheitsrelationen, hinfällig geworden.[22] Heute sind die meisten Physiker und Wissenschaftsphilosophen der Auffassung, die Resultate der modernen Physik deuteten jedenfalls für den mikrophysikalischen, subatomaren Bereich auf einen ontologischen Indeterminismus der Welt. Berühmte Physiker und Philosophen des 20. Jahrhunderts, vor allem Arthur H. Compton, Pascual Jordan und Sir Karl Popper, haben aus dieser Einsicht Konsequenzen für die Frage der menschlichen Willensfreiheit abgeleitet: nicht zwar im Sinne eines Beweises unserer positiven Freiheit, aber doch im Sinne eines Beweises ihrer realen Möglichkeit, die von keinem physikalischen Gesetz ausgeschlossen werde.[23]

Freilich ist schon die indeterministische Deutung der Quantenmechanik umstritten, und erst recht, welche Bedeutung sie gegebenenfalls für die Vorgänge der makrophysikalischen Welt hätte, also etwa für die im menschlichen Gehirn. Es sieht so aus, als sei es für philosophische Beweis-

führungen jederlei Provenienz und Richtung riskant geworden, ein klares »Weltbild der Physik« als Grundlage zu reklamieren.[24] Das hängt gewiss nicht nur mit den Lücken der naturwissenschaftlichen Kenntnisse zusammen, sondern auch mit deren Grundbegriffen, soweit sie für unsere Debatte bedeutsam sind (zum Beispiel Naturgesetz, Kausalität, Determinismus et cetera): Denn sie alle enthalten einen erheblichen Anteil ungeklärter Metaphysik. Schon deshalb dürfte im Streit um die Willensfreiheit schwerlich der Physik die Zuständigkeit für letztverbindliche Ergebnisse zukommen. Wenn sich den Debatten der Physiker für diesen Streit etwas Belangvolles entnehmen lässt, dann wohl ein für dessen beide Seiten beruhigender Befund. Erstens scheint es kein Naturgesetz zu geben, das die Möglichkeit eines (sogar indeterminierten) freien Willens strikt ausschlösse. Zweitens (und sozusagen umgekehrt): Wären es quantenmechanisch indeterminierte physische Vorgänge, die unseren Entscheidungen und Handlungen zugrunde liegen, so wäre damit für den Nachweis eines freien Willens nichts gewonnen. Quantenphänomene sind diesseits ihrer statistischen Regelmäßigkeit Zufall. Zufällig zustande gekommene Entscheidungen sind aber gewiss nicht das, was wir mit Willensfreiheit meinen, und schon gar nicht etwas, worauf Schuld und Verantwortung zu gründen wären.[25]
Beide Einsichten sind seit langem geläufig. Gegen Veränderungen in den Weltbildern der Physik scheinen sie weitgehend immun zu sein. Deshalb dürfen wir die Diskussionen der Physiker an dieser Stelle wieder verlassen – unbelehrt und dennoch guten Gewissens. Für unsere Diskussion scheinen sie nicht ergiebig zu sein. Der heute in Fragen der Willensfreiheit vertretene Determinismus stützt sich ohnehin nicht mehr auf eine riskante kosmologische These. Vielmehr beruft er sich auf den Umstand, dass der »Geist«, also auch unser Wille, in einem naturgesetzlichen Zusammenhang mit Vorgängen im Gehirn stehe und von diesen ab-

hänge. Auf diese These und ihre Schwierigkeiten komme ich zurück. Hier genügt der Hinweis, dass ein solcher »naturgesetzlicher Zusammenhang« keineswegs einen strikten Begriff von »Kausaldeterminismus« (mitsamt seinen metaphysischen Dunkelheiten) in Anspruch nehmen muss. Er kann sich vielmehr, ohne seine Grundthese preiszugeben, auf die schwächere Behauptung zurückziehen, dass dieser Zusammenhang als ein ausschließlich physisch vermittelter jedenfalls Regularitäten gehorche, die jenseits menschlicher Verfügbarkeit lägen.[26]

## 2. Indeterminismus

Ausgangspunkt des Indeterminismus ist die Erfahrung von Entscheidungsmacht und damit die subjektive Gewissheit der Urheberschaft an den eigenen Handlungen. Auf dieser Grundposition lassen sich drei Argument- oder Theorietypen unterscheiden, die für den Indeterminismus beziehungsweise gegen den Determinismus vorgebracht werden: begrifflich-logische, metaphysisch-ontologische und empirische. Manche der dazu entwickelten Einzelpositionen gehören mehreren dieser drei Sphären gleichzeitig an. In allen dreien formuliert der Indeterminismus aber nicht nur seine Einwände gegen den Determinismus, sondern begegnet er selber profunden Schwierigkeiten. Einige der wichtigsten Argumente seien im Folgenden erwogen.
Weit verbreitet und alt ist ein begriffliches Argument, das auf eine *reductio ad absurdum* des strikten Kausaldeterminismus zielt: Er sei »self defeating« und daher nicht kohärent formulierbar. Der Grundgedanke ist dieser: Wer behauptet, alle Vorgänge der Welt seien kausal determiniert, müsse auch diese seine Behauptung für determiniert halten. Damit begebe er sich aber jedes Anspruchs auf Zustimmung zu ihr. Denn warum sollte man einen Satz für wahr halten, der nicht aus guten Gründen seiner Richtigkeit, sondern als Re-

sultat »blinder« naturkausaler Abläufe entstanden ist? Auch müsse der strenge Determinist natürlich das Zustandekommen der gegenteiligen Meinung, der des Indeterministen, für ganz genauso determiniert erklären. Entstünden aber beide Behauptungen gleichermaßen kausal determiniert und nicht auf der Basis guter Gründe, dann sei nicht verständlich, warum man der einen und nicht der anderen zustimmen sollte (und vice versa), oder warum überhaupt einer, zumal ja auch Zustimmung wie Ablehnung bloß kausal determiniert wären. Kurz: Wer ernsthaft ein bestimmtes Urteil übernehme und dieses Übernehmen zugleich für kausal determiniert halte, der zerstöre das Fundament jedes vernünftigen (begründeten) Urteilens, also auch seines eigenen, das dann ebenfalls grundlos sei.

Das Argument, dessen Wurzeln schon bei Kant auszumachen sind, überzeugt freilich nicht.[27] Schon generell liegt auf der Hand, dass die Frage, ob eine bestimmte Auffassung wahr ist, von der Frage, wie sie zustande gekommen ist, nicht berührt wird. Denn die Wahrheit einer Theorie ist eine Eigenschaft, die das Verhältnis der Theorie zu dem Ausschnitt der Welt betrifft, auf den sie sich bezieht, und nicht die Bedingungen ihres individuellen Enstehens oder Für-wahr-gehalten-Werdens. Zu wahren Sätzen kann man auch durch Träume oder grundloses Phantasieren gelangen. Was der »self defeating«-Einwand gegen den Determinismus zeigen könnte, wäre also allenfalls, dass es keine vernünftigen Gründe gibt, die Determinismus-These zu akzeptieren, nicht dagegen, dass sie falsch ist.[28] In Wahrheit wird aber auch die Plausibilität einer These durch ihr möglicherweise determiniertes Zustandekommen nicht berührt. Nur eine *unangemessen* kausale Verursachung, etwa mittels *brain-washing*, nimmt einer Überzeugung ihre Dignität (wahr sein kann sie auch dann noch). Welche prinzipielle Schwierigkeit es aber bedeuten sollte, eine Überzeugung für wahr zu halten, die auf angemessene Weise kausal verursacht worden ist, ist nicht zu sehen. Dass man *subjektiv* sein eigenes Denken und jedenfalls viele der eigenen Entscheidungen nicht als determiniert erleben *kann*, ist eine andere Frage. Darauf komme ich später zurück.

Eng mit dem »self defeating«-Einwand hängt ein anderes Argument gegen den Determinismus zusammen, das ebenfalls primär begrifflicher Art ist, aber bereits in die metaphysische beziehungsweise ontologische Sphäre reicht. Es knüpft an den Unterschied zwischen Ursachen und Gründen an. Handlungen sind in rein kausalen Begriffen regelmäßig nicht verständlich zu machen. Man braucht für ihre Erklärung vielmehr mentalistische Begriffe, mitsamt der Annahme, dass die von ihnen bezeichneten mentalen Zustände beim Handelnden gegeben sind beziehungsweise waren: Wünsche, Absichten, Gefühle, Überzeugungen, Überlegungen und ähnliche. Solche mentalen Zustände[29] haben aber Eigenschaften, die es ausschließen, sie als unmittelbare Ursachen (anstatt als Gründe) aufzufassen. Die wichtigste dieser Eigenschaften ist ihre Intentionalität, ihr Gerichtetsein auf etwas außerhalb ihrer beziehungsweise des Handelnden selbst. Diese Intentionalität verknüpft den in einem solchen intentionalen Bewusstseinszustand Handelnden beziehungsweise dessen Handlungsentschluss mit einer externen symbolischen Welt, die aber keineswegs weniger (vielmehr nur anders) real ist als die physische – zum Beispiel mit anerkannten moralischen Normen, geläufigen Verkehrsformen, verbreiteten Meinungen, gesetzlichen Anordnungen oder kulturellen Bedeutungen von Gegenständen und Sachverhalten. Sie alle sind einem Handelnden, soweit er sie kennt, auf eine bestimmte Weise als Orientierung für seine Handlungen verfügbar: Er kann sie in seine subjektive Motivation aufnehmen (internalisieren) und den Handlungsvollzug davon leiten lassen. Ein Handeln, das sich an solchen externen symbolischen Entitäten orientiert, ist ohne deren Berücksichtigung nicht verständlich. Berücksichtigen könne man sie, so das Argument, aber nicht als Kausalfaktoren; denn sie seien einfach keine.[30]

Gehen wir der Frage an einem einfachen Beispiel nach: Schiedsrichter S produziert im Spiel der X-Mannschaft gegen die Y-Mannschaft auf seiner Trillerpfeife einen Pfiff. Warum tat er das? Fragt man nach der Ursache des Pfiffs, so könnte die Antwort so lauten: »Im Körper des S fanden diverse physiologische Vorgänge statt, die zu einem Luftstoß aus dessen Lungen in ein kleines Instrument führten, aus dem dann bestimmte Luftschwingungen austraten, die als Pfiff hörbar wurden.« Das ist unbestreitbar; aber danach fragt die Warum-Frage ersichtlich nicht. Die Antwort, die uns zufriedenstellen könnte, muss anders ausehen, etwa so: »*Grund* für den Pfiff war, dass der Stürmer A des X-Teams im Abseits stand. *Motiv* des Pfiffs war, dass S den Angriff des X-Teams stoppen und dem Y-Team einen Freistoß zusprechen wollte. Die *Bedeutung* des Pfiffs war, dass eben dieser Freistoß tatsächlich gegeben wurde.«

Nur Grund, Motiv und Bedeutung des Pfiffs erklären die Handlung, ihr »Warum«. Nichts davon könne, so das Argument, eine *Ursache* des Pfiffs genannt werden, und zwar aus mehreren Gründen. Für eine nomologische Kausalauffassung, wie sie etwa im Strafrecht vorherrschend ist, läge dieser nahe: Es gibt kein Naturgesetz, das als Folge einer bestimmten örtlichen Relation zwischen diversen Menschen auf einem Rasen kausal und nomologisch eine Pfeif-Handlung bei einem von ihnen hervorbrächte. Das gilt auch dann, wenn man diese Lage genauer beschreibt, etwa die Regeln des Fußballspiels einbezieht et cetera. Denn in Fußballspielen werden Abseitspositionen (selbst vom Schiedsrichter erkannte) keineswegs immer und schon gar nicht naturnotwendig gepfiffen.

Nun sind Gründe aber nicht bloß deshalb keine Ursachen, weil sie nicht mit der gleichen »zwingenden Notwendigkeit« wie diese zu bestimmten Folgen führen. Sie sind vielmehr *kategorial* etwas anderes als Ursachen. Sie sind aus einem anderen Stoff als die kausal relevanten Eigenschaften der physischen Welt und gehören deshalb ontologisch nicht zu dieser. Nur dort finden aber kausale Verknüpfungen statt. Gründe sind dagegen immer auch mit externen immateriellen Sphären verknüpft: mit Normen, Werten, Überzeugungen, Wünschen (von etwas) et cetera. Und genau deshalb befinden sich auch individuelle Gründe nicht räumlich »im Kopf« dessen, der sie »hat«, nämlich aus ihnen das Motiv seines Handelns bezieht.

Alles das ist einleuchtend.[31] Aber daraus folgt nicht, dass »Willensentschlüsse« und die zugehörigen Handlungen nicht kausal determiniert sind. Die Erfassung von Handlungen und Handlungsentscheidungen unter Gründen ist eine Form ihrer Beschreibung; nur so werden sie uns verständlich. Aber kein denkbares begriffliches Schema ihrer Deutung könnte etwas daran ändern, dass sie auch ganz einfach physische Naturvorgänge sind oder solche involvieren: neuro- und andere physiologische Prozesse im Körper des Handelnden. Solche Vorgänge sind in ihrer Existenz und ihren physischen Eigenschaften offensichtlich ontologisch unabhängig von jeder möglichen Form ihrer Beschreibung. Damit wird nun die Kehrseite des »Gründe versus Ursachen«-Arguments sichtbar: Gerade weil Gründe kategorial etwas anderes sind als Ursachen, berühren sie die physische Welt von Ursachen und Wirkungen überhaupt nicht. Aber dieser Welt gehören Handlungen und Handlungsentscheidungen ebenfalls an. Es wäre mehr als seltsam, hinge das physische So-sein der natürlichen Welt von dem begrifflichen Modus ab, in dem wir sie allenfalls begreifen können.

Jeder konkreten Handlungsbeschreibung unter Gründen lässt sich deshalb prinzipiell ein exaktes Pendant unter Kausalbegriffen beistellen.[32] Wie kommt denn, so lautet dann die Frage, der Grund einer Handlung in Verbindung mit deren physischem Substrat, der Körperbewegung? Nehmen wir die einfache ethische Norm: »Hilf (in Grenzen der Zumutbarkeit) Menschen, die in Not sind!« Wie kommt diese Norm (Pflicht) als Handlungsgrund zu ihrer Wirkung als funktionale Bewegerin buchstäblich von Nervenzellen und Muskeln eines Handelnden, der sie befolgt? Das lässt sich nur beantworten, wenn man zu einer ganz anderen Form der Beschreibung übergeht: der der Neurobiologen. Grob (und laienhaft[33]) mag man sie so skizzieren:

(1) Gründe (zum Beispiel eine Pflicht) müssen, um handlungswirksam zu werden, »übersetzt« werden in das physische Substrat der Handlung: irgendein körperliches Verhalten.

(2) Dazu muss der Grund zunächst zum subjektiven Motiv des Handelnden werden. Das geschieht über eine neuronale Realisierung dessen, was wir »Motiv« nennen. Zustande kommt diese durch (1) die Bewusstwerdung der tatsächlichen Anwendungsbedingungen des Grundes (der Pflicht)[34] und durch (2) den Antrieb zum entsprechenden Handeln.

(3) Die Bedingungen dieses Handlungsantriebs müssen, um Körperbewegungen als den physiologischen »Rohstoff« einer Handlung erzeugen zu können, ebenfalls neuronal realisiert sein – was auch immer zu ihnen gehören mag: neuronale Residuen von Ererbtem, Gelerntem, Erinnertem, Gefühltem et cetera.

(4) Nur so wird die Verbindung zwischen Grund und Handlung erklärbar – und *sie* ist nun freilich eine zwischen Ursache und Wirkung.

Oder so ähnlich. Hier kommt es nur auf Folgendes an: Alle diese Abläufe sind *im Prinzip* (nicht de facto!) vollständig als kausale Sequenzen physischer Vorgänge beschreibbar. Gewiss setzt diese Behauptung eine prinzipielle Hypothese voraus: das, was heute in der Philosophie unter dem Titel »Supervenienz« firmiert. Knapp und sloganhaft: »Keine Änderung im Mentalen ohne eine Änderung im Neuronalen.«

Freilich ist diese Annahme bei weitem plausibler, als es ihre Verneinung wäre: die Annahme, es könne mentale Vorgänge geben, denen neurophysiologisch schlechterdings nichts entspricht. Setzen wir also diese Existenz korrespondierender neuronaler Vorgänge und damit auch deren prinzipielle Beschreibbarkeit voraus. In einer vollständigen Beschreibung dieser Art wäre für jedes noch so winzige Segment der mentalistischen, auf Gründe gestützten Beschreibung eine physiologische Parallelbeschreibung verfügbar. Das heißt nicht, dass jene mentalistische Beschreibung auf die physiologische reduzierbar wäre. Vielmehr ist das keineswegs der Fall. (Darauf komme ich zurück.) Es bedeutet nur, dass nach dem Erkenntnisstand der zuständigen Wissenschaften zu jedem identifizierbaren Element jeder mentalistischen, an Gründen orientierten Beschreibung prinzipiell eine parallele Beschreibung in physikalistischen Begriffen existiert, in der allein von Ursachen und Wirkungen die Rede ist. Die Welt der Letzteren unterliegt aber naturgesetzlichen Regularitäten. Sie sind, was immer sie genau sein mögen, jedenfalls unserem Zugriff entzogen. Damit stellt sich das Problem »Freiheit oder Determinismus« erneut, auf einer höheren Ebene zwar, aber gänzlich ungelöst. Für eine solche Lösung gibt die Unterscheidung von Gründen und Ursachen nichts das mindeste her.

Nun drängt sich die Frage nach der Natur des Zusammenhangs jener beiden Sphären auf: derjenigen, die physikalisch-kausalistisch, und derjenigen, die allein mentalistisch beschreibbar ist. Damit berühren wir erneut das traditionelle »Leib-Seele«-Problem.

## IV Das Gehirn-Geist-Problem und seine dreifache Bedeutung für die Frage der Willensfreiheit / Erklärungslücken auf allen Seiten

Die These, dass »der Geist«, nämlich alle mentalen Phänomene, in irgendeiner Weise vom Funktionieren des Gehirns abhängig ist, gehört, jedenfalls in dieser Abstraktheit, zu den wenigen Annahmen im Bereich unseres Themas, über die (nahezu) Konsens besteht. Akzeptiert man sie, so stellen sich im Hinblick auf Willensentscheidungen zwei prinzipielle Fragen:

*(1) Das Problem der autonomen Urheberschaft (Akteurskausalität)*: Wie kann man sich das Zustandekommen einer solchen Entscheidung als unabhängig (oder doch als irgendwie emanzipiert) vom physikalischen System des Gehirns vorstellen – als »frei« im starken Sinne einer positiven Freiheit?

*(2) Das Problem der mentalen Verursachung*: Wie kann ein solches *geistiges* Phänomen wie der Wille (oder die Entscheidung) auf die *physische* Welt des eigenen Körpers Wirkungen ausüben?

1. Manche Theoretiker bringen diese Fragen mit der Annahme einer – wie auch immer zu verstehenden – Identität von Geist und Gehirn im Wesentlichen zum Verschwinden. Einige halten dabei die die mentalen Eigenschaften selber für empirisch und/oder metaphysisch rückführbar auf Eigenschaften des Gehirns, andere auch die mentalistischen Begriffe für logisch (semantisch) reduzierbar auf neurophysiologische Beschreibungen.[35] Das Lager der prinzipiellen Gegenposition lehnt einen solchen Reduktionismus ab: Es gebe einen kategorialen Unterschied des Mentalen vom Neurophysischen. Die Behauptung einer Identität wie auch die einer semantischen, metaphysischen oder empirischen Rückführbarkeit des Geistigen auf das Physische sei falsch. Für eine solche nicht-reduktionistische und nicht-identitäre Position sprechen gute Gründe. Der australische Philo-

soph Frank Jackson hat 1982 zu ihrer Bekräftigung ein berühmtes Gedankenexperiment entwickelt. Es soll zeigen, dass selbst eine (imaginierte) *vollständige* Kenntnis aller neurophysiologischen Mikro- und Makrovorgänge, die einem bestimmten mentalen Phänomen zugrunde liegen, im Vergleich zum subjektiven Erleben dieses Phänomens eine nicht zu schließende Differenz (Erklärungslücke) offenlasse, also prinzipiell unvollständig sei. Hier Jacksons Überlegung:

Mary, eine exzellente Neurowissenschaftlerin, ist von Geburt an gezwungen, subjektiv in einer schwarz-weißen Welt zu leben. Denn sie hat einen Augendefekt, der jedes farbliche Sehen ausschließt. Sie verfügt nach langen Studien über – so sei unterstellt – *alle* physikalischen und neurobiologischen Informationen über *sämtliche* Vorgänge, die in einem Menschenkopf beim Sehen der Farbe Rot stattfinden: von der Reaktion der Retina bis zu den neuronalmolekularen Vorgängen und den »feuernden« Synapsen im Gehirn. Alle diese Vorgänge kennt sie auch aus zigfacher Beobachtung in Experimenten. Irgendwann kann Marys Augendefekt durch ein neues medizinisches Verfahren behoben werden. Nun *sieht* sie zum erstenmal die Farbe Rot. Jacksons Pointe ist, dass sie nun etwas *prinzipiell* Neues lernt, etwas, das ihr kein noch so vollständiges Wissen über alle neurophysiologischen Vorgänge des Rotsehens vorher habe vermitteln können.[36] Dieses kategorial Neue sind subjektive Phänomene, die nur mit dem Haben des mentalen Zustands selber, aber mit keinem Wissen über dessen neuronale Grundlagen verbunden sein können. In der philosophischen Debatte firmieren sie meist unter dem Terminus »Qualia«.

Gegen dieses Gedankenexperiment und die daraus abgeleitete Grundthese sind zahlreiche Einwände erhoben worden.[37] Im Grundsatz halte ich Jacksons Argument aber für in hohem Grade einleuchtend. Und in ebendiesem Grad ist es deshalb die Grundidee aller Identitäts- und reduktionistischen Theorien nicht mehr. Die besseren Gründe sprechen dafür, mentale Phänomene weder als identisch mit den ihnen zugrunde liegenden neuronalen Vorgängen zu beurteilen, noch sie durch Reduktion auf diese für ontologisch eliminierbar zu halten. Alle *nur* physikalistischen Beschreibungen der Welt sehen sich deshalb im Hinblick auf die Existenz von Qualia mit einer prinzipiellen Erklärungslücke, einem »explanatory gap« konfrontiert.

Bejaht man dagegen den ontologisch selbständigen Status der Qualia, dann stellt sich die Frage, wie ihr Zusammenhang mit ihren neuronalen Grundlagen beschaffen ist. Unbeschadet zahlreicher Streitfragen lassen sich dazu mehrheitlich zwei gemeinsame Überzeugungen ausmachen. Erstens: Dieser Zusammenhang ist keiner, den wir plausibel als »kausal« bezeichnen könnten. Denn Qualia gehören als mentale Phänomene schon kategorial nicht zu der Art von Entitäten, die kausal aus physischen Vorgängen hervorgehen könnten. Auch ist der Zusammenhang nur als ein permanent stabiler vorstellbar, und solche Zusammenhänge wird man (wie etwa die Gravitationsbewegungen der Planeten im Verhältnis zueinander) eher als funktionale denn als kausale bezeichnen.[38] Und zweitens hat dieser Zusammenhang, salopp gesprochen, gleichwohl eine »Richtung«: »vom Gehirn zum Geist«, nicht aber umgekehrt. Damit scheint er irgendeinen ontologischen »Vorrang« des Gehirns vor dem Mentalen auszudrücken. Jedenfalls sprechen alle verfügbaren empirischen Evidenzen dafür.

Wie ist das genau zu denken? Hier klafft nun umgekehrt für die Verteidiger einer ontologischen Selbständigkeit der Qualia eine Erklärungslücke. Es ist in der Sache dieselbe, die vor über 130 Jahren Emil Du Bois-Reymonds in den berühmten skeptischen Slogan »Ignorabimus« gefasst hat.[39] Gewiss gibt es inzwischen höchst raffinierte begriffliche Strategien zur Verdeutlichung dieses Zusammenhangs.

Meist werden sie mit dem Titel »Supervenienz« überschrieben: Mentale Phänomene, sagt man, »supervenieren« über neurophysischen Zuständen. Doch wie das – jenseits der formalen Grundthese: »Keine Änderung im Mentalen ohne Änderung im Physischen« – sachlich zu denken wäre, ist wenig klar.[40] »Supervenienzen« gibt es freilich in zahlreichen anderen Lebens- und Theoriezusammenhängen auch, und einige davon lassen sich einfach und plastisch veranschaulichen: Wenn Sokrates im Gefängnis am Gift des Schierlingsbechers stirbt, wird Xanthippe im selben Moment zur Witwe. Der Tod des Sokrates ist aber weder kausal für das Zur-Witwe-Werden der Xanthippe, noch ist er damit identisch. Vielmehr »superveniert« Xantippes Zur-Witwe-Werden (begifflich) über dem Tod des Sokrates. Die Nichtidentität folgt schon daraus, dass beide Ereignisse nicht *räumlich* identisch sind: Sokrates stirbt im Gefängnis; während Xanthippe entweder genau da zur Witwe wird, wo sie sich in diesem Moment befindet oder, wenn man will, im gesamten Universum. Zwischen beiden Ereignissen gibt es aber eine »Richtung«, einen Vorrang des Sterbens des S. vor dem Zur-Witwe-Werden der X.: *Indem* er stirbt, wird sie zur Witwe. Nicht dagegen gilt umgekehrt: Indem X. zur Witwe wird, stirbt S. Eine andere Art von Supervenienzen sind die physikalisch-empirischen: Die makrophysikalischen Eigenschaften meines Schreibtisches (Härte, Ausdehnung et cetera) supervenieren über den mikrophysikalischen (atomaren) Eigenschaften des Materials, aus dem er besteht.[41]

Mit keiner dieser verfügbaren Analogien lässt sich freilich die Supervenienz des Bewusstseins deutlich erfassen. Das liegt einfach daran, dass Qualia eine vollkommen andere Kategorie von Makroeigenschaften sind als physische Eigenschaften materieller Dinge oder logische Eigenschaften von Begriffen. »Supervenienz«, möchte man sagen, ist ein Wort, das dem Nachdenken über das Gehirn-Geist-Problem irgendwie aus einem begrifflichen Starrkrampf hilft. Aber dass es eine deutliche Einsicht in diesen Zusammenhang ermöglichte, kann man nicht behaupten. Wichtig ist allerdings, dass »Supervenienz« stets und jedenfalls ein »Gerichtetsein« des fraglichen Zusammenhangs ausdrückt. Für unser Problem: »vom Gehirn zum Geist«. Das bedeutet, dass sie eine Art ontologischen Vorrangs des Gehirns vor dem Mentalen statuiert. So wie Xanthippe zur Witwe wird, *indem* Sokrates stirbt, nicht aber umgekehrt, so entstehen mentale Phänomene *dadurch*, dass neuronale Vorgänge im Gehirn stattfinden – und eben nicht umgekehrt.

2. Was dies alles mit dem Problem der Willensfreiheit zu tun hat, liegt auf der Hand: Zwar ist das mentale Ereignis beziehungsweise der mentale Zustand einer Handlungsentscheidung (eines »Willensentschlusses«) etwas anderes, weitaus Komplexeres als das »Haben« einer Farbempfindung. Aber wie dieses ist es (jedenfalls vorrangig) ein mentales Phänomen. Deshalb steht es ebenfalls in einer Relation der Supervenienz, also einer bestimmten ontologischen Subordination, zu den neurophysiologischen Vorgängen, auf denen es beruht. Diese Vorgänge unterliegen aber, nach allem, was derzeit dazu gesagt und gewusst werden kann, als makrophysikalische Ereignisse den fundamentalen Gesetzen der Natur, sind also kausal determiniert.[42] Wie kann dann das darüber superveniente mentale Phänomen einer Handlungsentscheidung als »frei« gedacht werden? Wie könnte ein solcher »Wille« die Macht haben, der erste und der letzte Schöpfer seiner eigenen Absichten und Zwecke zu sein? Trotz Dutzender, im Einzelnen höchst raffinierter Begriffs- und Argumentstrategien, die in den vergangenen Jahrzehnten entwickelt worden sind, gibt es dazu, soweit ich sehe, nicht den Schatten einer überzeugenden Lösung. Die meisten Argumente scheinen sich zuletzt in den wenig durchschauten Raum der Supervenienz zurückzuziehen und irgendwo dort die Möglichkeit jener Freiheit unterzu-

bringen. Solche Lösungen sind manchmal durchaus beeindruckend, bleiben aber zuletzt spekulativ. Exemplarisch dafür: Kants Postulat einer Doppelnatur des Menschen als Mitglied einer phänomenalen und einer noumenalen Welt, und damit die Identifikation einer im noumenalen Reich der Zwecke wurzelnden letzt-kausalen Funktion der praktischen Vernunft selber, nämlich des Sittengesetzes, sowie der »Beweis« dieser Konstruktion aus der Überlegung, dass andernfalls die Existenz des Sittengesetzes nicht intelligibel wäre (was sie aber sei). Das ist unbeschadet seiner gedanklichen Kraft an so starke metaphysische Voraussetzungen gebunden und in so hohem Grade spekulativ, dass in der Gegenwartsphilosophie, wenn ich recht sehe, kaum jemand noch ernsthaft diese Lösung vertritt.[43]

Damit stehen wir vor einer weiteren, der nunmehr profundesten Erklärungslücke. Ohne Antwort bleibt die Frage, wie die Verursacherrolle eines freien Willens für seine eigenen Entschlüsse zu denken wäre, und zwar unabhängig von seiner Supervenienz-Relation zu neuronalen Vorgängen im Gehirn, und auch nur als Frage nach einer kohärenten metaphysischen *Möglichkeit* formuliert. Und das genau ist das Problem einer im emphatischen Sinne *positiven* Freiheit des Willens: seiner Autonomie. Eine überzeugende Lösung dafür sehe ich nicht.

3. Eine letzte und ebenfalls fundamentale Erklärungslücke öffnet sich, wenn man die zweite unserer oben gestellten Fragen erwägt: Wie kann der *mentale* Zustand des Wollens (mag es »frei« oder determiniert zustande kommen) den *physischen* Vorgang des Handelns auslösen? In der internationalen philosophischen Diskussion firmiert das Problem unter dem Titel »mental causation«.[44] In der gesamten strafrechtlichen Diskussion zur Willensfreiheit wird es dagegen seltsamerweise bislang nicht einmal zur Kenntnis genommen. Dabei ist diese Frage mindestens ebenso rätselhaft wie die soeben erwogene der autonomen Urheberschaft des

Willens für seine Entschlüsse. Jedenfalls und ganz offenbar können die körperlichen Bewegungen, die das physische Grundelement, sozusagen der Rohstoff von Handlungen sind, nicht unmittelbar von Willensentschlüssen ausgelöst werden. Vielmehr scheinen diese unabdingbar auf den »Umweg« einer Verursachung über das Gehirn verwiesen zu sein. Dieses ist, so viel steht empirisch außer Zweifel, der unmittelbare Letztverursacher körperlicher Bewegungen.
Das verschiebt die Frage nur ein wenig, macht sie aber noch einmal schwieriger: Wie steuert der mentale Wille das physische Gehirn? Schwieriger als die Vorstellung des groben Modells »Wille – Körperbewegung« ist diese Frage deshalb, weil uns seit Jahren die Neurowissenschaften immer weiter darüber aufklären, welche höchst komplexen, buchstäblich Milliarden neurophysikalischer Mikrovorgänge umfassenden Ereignisse in ganz verschiedenen Regionen des Gehirns stattfinden und koordiniert werden müssen, damit ein so simpler Makrovorgang wie, sagen wir, das absichtliche Drücken eines Knopfes zur Auslösung einer Bombe stattfinden kann. Stellt man sich den Willen als unabhängigen Auslöser und Dirigenten dieser Milliarden von Gehirnereignissen vor, dann wird die Frage rätselhaft, wie er diese übermäßige Komplexität der Auslöservorgänge sollte bewältigen können. Das alles mochte Descartes noch kurzerhand ins Dunkel der Zirbeldrüse verbannen. Auf dem Hintergrund der heutigen neurobiologischen Kenntnisse erscheinen Antworten auf diese Fragen hoffnungslos.[45]
Man mag vor diesen Fragen durchaus erneut und mit vielleicht gewichtigeren Gründen als Du Bois-Reymond dessen »Ignorabimus« wiederholen. Aber das immerhin sollte man vielleicht ehrlicherweise tun, statt eine Willensfreiheit im emphatischen Sinne von $PAM_S$ zu propagieren und dabei die hier gestellten Fragen (und zahlreiche weitere) zu überspringen. Für die Überlegenheit einer solchen stark indeterministischen Freiheitskonzeption spricht nach allem

Dargelegten wenig. Verbindet man diese außerdem mit einer inkompatibilistischen Haltung zum Problem von Schuld und Verantwortung, so gerät man in Gefahr, dessen Lösung entweder zu blockieren oder zu dogmatisieren.
Die herrschende Meinung im Strafrecht verfährt übrigens durchaus anders. Sie erklärt das Freiheitsproblem für unlösbar und eine bejahende Antwort auf die Schuldfrage für gleichwohl nicht gefährdet. Das ist die Position des Kompatibilismus. Auch er hat freilich seine Probleme.

## V Strafrecht I: § 20 des (deutschen) Strafgesetzbuchs: Die Zuschreibung persönlicher Schuld

1. Im Strafrecht wird die Schuld eines rechtswidrig Handelnden als Normalfall grundsätzlich vorausgesetzt. Daher regelt das Strafgesetzbuch (StGB) nicht die Schuldfähigkeit, sondern allein deren Ausschluss. Im deutschen StGB geschieht das in § 20. Er hat den folgenden Wortlaut:
»Ohne Schuld handelt, wer bei Begehung der Tat wegen einer krankhaften seelischen Störung, wegen einer tiefgreifenden Bewusstseinsstörung oder wegen Schwachsinns oder einer schweren anderen seelischen Abartigkeit *unfähig ist, das Unrecht der Tat einzusehen oder nach dieser Einsicht zu handeln.*«
Der erste der beiden genannten (und hier kursiv hervorgehobenen) Defekte, der kognitive, ist problemlos und unstreitig: Wer nicht wissen *kann*, dass er so, wie er handelt, nicht handeln darf, handelt ohne Schuld. Problematisch ist dagegen der zweite, der sogenannte motivationale oder Steuerungsdefekt. Er berührt ersichtlich das Problem der Willensfreiheit. Gedeutet werden kann er auf zweierlei Weise:
(1) »Der Täter ist jemand, von dem wir wissen, das er sich *generell* normgemäß verhalten kann, also ›normtreu‹ moti-

vierbar ist. Somit ist er jemand, der im Sinn des § 20 fähig ist, ›nach seiner Einsicht‹ (nämlich in den Normbefehl) zu handeln. Bei Begehung der Tat lag keiner der in § 20 genannten Umstände vor (krankhafte seelische Störung et cetera). Also ist der Täter schuldfähig.«

(2) »Der Täter ist jemand, von dem wir genau wissen, dass er unmittelbar bei Begehung seiner ganz konkreten Tat nach seiner normativen Einsicht, also *anders* hätte handeln können, als er es getan hat. Somit ist er schuldfähig.«

Die erste Lesart hat keinerlei Probleme mit der Annahme eines neuronalen Determinismus. Mag die generelle Motivierbarkeit durch Normen determiniert sein oder nicht: sie muss nur feststellbar sein. Dann ist der Handelnde genau zu dem »fähig«, was § 20 voraussetzt: sich normtreu zu verhalten. Ob er in der *konkreten* Situation seines (strafbaren) Handelns *auch* dazu fähig gewesen wäre, ist irrelevant. (Zur Illustration: Ein Pianist ist auch dann *gegenwärtig* »fähig«, Klavier zu spielen, wenn er gerade im Schwimmbad seine Bahnen zieht und weit und breit kein Klavier vorhanden ist.)[46] Diese Deutung ist mit dem Wortlaut des § 20 vereinbar. Sie hat aber ersichtlich ein gravierendes Legitimationsproblem für die Zuschreibung von Schuld, also ein Problem der Gerechtigkeit. Dass jemand vierzig Jahre lang keine einzige der sich bietenden Gelegenheiten benützt hat, einen anderen zu berauben, beweist nicht, dass er im einundvierzigsten Jahr, in dem er's unversehens getan hat, diese konkrete Tat auch hätte vermeiden können. Dürfen wir ihn dann bestrafen?

Die zweite Lesart hat, wenn sie wahr ist, keinerlei Legitimationsproblem. Freilich ist ihre Wahrheit alles andere als überzeugend. Sie begegnet sämtlichen Schwierigkeiten, die wir in unserer Analyse bislang erwogen haben. Hinzuzufügen ist aber, dass eben diese zweite Lesart der im Strafrecht ganz herrschenden Auffassung entspricht. Auch die klassischen juristischen Methoden der Gesetzesauslegung des

§ 20 führen zu diesem Ergebnis: *So* ist das »können« in der Vorschrift gemeint. Im Moment der konkreten Tat muss der Täter fähig gewesen sein, anders zu handeln. Unschwer ist das Postulat als unser Prinzip PAM erkennbar.

2. Ist es aber in der Sache plausibel? Können wir wirklich nur jemandem einen Vorwurf machen, der im Moment seines falschen Handelns auch anders hätte handeln können? Oder präziser auf unser Problem der Willensfreiheit zugeschnitten: der sich auch anders hätte entscheiden können? Das bestreitet mit einem berühmt gewordenen Gedankenexperiment der amerikanische Philosoph Harry G. Frankfurt. Seinen Grundgedanken verdeutlicht er am Szenario eines Gedankenexperiments. Ich übernehme hier die bei Frankfurt nur abstrakt skizzierte Struktur dieses Szenarios und fülle sie mit einem eigenen Fallbeispiel aus[47]:

A rollt mit seinem PKW eine steile Straße hinab, den rechten Fuß neben dem Gaspedal auf dem Boden, als ihm betrunken sein Feind B vors Auto läuft. A hält das Lenkrad und seine Füße unverändert und überfährt, wie beabsichtigt, B tödlich. Was A nicht weiß: X, der auf jeden Fall sicherstellen will, dass A den B überfährt, hat zuvor A's Auto präpariert. Er beobachtet das ganze Geschehen über einen Monitor und hält sich bereit, per installierter Fernsteuerung Bremsen und Lenkung des PKW des A sofort zu blockieren, sollte dieser sich anschicken zu bremsen oder um B herumzulenken. A kommt jedoch gar nicht auf diese Idee; er will B tödlich überfahren und tut das auch. Er könnte jedoch auch dann nichts anderes tun, wenn er das wollte und versuchte; denn X würde es verhindern. Freilich muss X nicht eingreifen; denn A tut von sich aus, was X will.

Es stehe außer Frage, so Frankfurt, dass A für sein Handeln genauso verantwortlich sei, wie er es ohne Überwachung durch X wäre. X habe ja keinerlei Beitrag zu dem Geschehen geleistet. Gleichwohl hätte A wegen der Überwachung durch X nicht anders handeln, sein konkretes Handeln nicht vermeiden können. Dieser Umstand sei zwar eine hinreichende Bedingung dafür, dass er so gehandelt hat, wie er's hat, spiele aber dennoch keine Rolle in der Erklärung, *warum* er so gehandelt hat. Dass er nicht anders hätte handeln können, sei daher irrelevant. Auch wenn er's gekonnt hätte, hätte er nicht anders gehandelt. Also müsse PAM aufgegeben werden.[48]

Beispiel und Erläuterung haben zunächst eine hohe Suggestivität. Freilich könnte man bei schärferem Hinsehen Folgendes sagen: A hätte sehr wohl anders handeln können. Hätte er pflichtgemäß *versucht* zu bremsen oder auszuweichen, so hätte er sofort festgestellt, dass ihm das unmöglich war. Wohl hätte er B dann ebenfalls und auf genau dieselbe Weise tödlich überfahren, doch wäre ihm dieses Überfahren nicht einmal mehr als Handlung, sein Nichtbremsen et cetera nicht als Unterlassen *zuzurechnen* gewesen. A hätte also durch sein *Anderswollen* und den Versuch, dieses handelnd umzusetzen, sich zu einem Nichthandelnden gemacht. Ein Nichthandeln ist aber im Vergleich zum Handeln ein Andershandeln, und zwar auch dann (wie gerade dieser Fall zeigt), wenn beide äußerlich völlig identisch sind.[49]

Damit wäre jedenfalls durch Fallkonstellationen wie diese das Definiens des Anders-handeln-Könnens für den Freiheitsbegriff nicht bedroht. Freilich lässt diese Lösung unser altes, bekanntes Problem ungelöst zurück: das der Willensfreiheit. Hätte A sich denn auch anders entscheiden können?

Nun lässt sich die Kontrollinstanz in Frankfurts Gedankenexperiment unschwer sozusagen bis ins Gehirn des handelnden A zurück »verlängern«: X würde dann über von ihm kontrollierte feinste Sensoren im Schädel des A so etwas wie den Aufbau des (berühmten) »Bereitschaftspotentials« zum Bremsen oder Herumlenken beobachten und sofort korrigierend eingreifen, also ein gegenläufiges Bereitschaftspotential (zum Überfahren) erzeugen, noch bevor A selbst das mindeste von diesen Vorgängen in seinem Gehirn bewusst geworden wäre.[50] Erneut soll aber gelten: X muss gar nicht eingreifen; A baut sozusagen von Anfang an das gewünschte »bösartige Bereitschaftspotential« auf. In diesem Fall hätte A aber buchstäblich auch nicht anders »wollen«, sich nicht anders entscheiden können. Und dennoch würden wir ihn für verantwortlich halten (strafrechtlich gesprochen: jedenfalls als Versuchstäter). Er hätte eben zumindest mit dem Aufbau eines anderen (»guten«) Bereitschaftspotentials *beginnen* müssen, hat sich aber von Anfang für das Böse entschieden.

Und nun wird die Grenze der Beweiskraft von Frankfurts Beispiel deutlich: Wie weit ins Innere des Gehirns eines Handelnden wir die externe Kontrollinstanz auch immer verlegen: stets führt sie nur dazu, dass die *negative* Freiheit des Andershandeln- oder Anderswollenkönnens ausgeschlossen wird. Er wird sozusagen von den engen Wänden eines Tunnels für das weitere Geschehen eingerahmt, aus dem er selbst dann nicht ausbrechen könnte, wenn er das wollte und versuchte – er will und versucht es aber gar nicht. Von diesem Tunnel bleibt seine *positive* Freiheit (so es sie denn gibt) aber gänzlich unberührt: Den Ursprung seines Wollens (etwa das »Bereitschaftspotential«) gewissermaßen anders in Gang setzen – das könnte der Handelnde gegebenenfalls noch immer. Und nun sieht man deutlich, dass es eben dies ist, was den wirklichen Kern eines Schuldvorwurfs nach § 20 StGB und damit auch ein genauer verstandenes $PAM_S$ ausmacht: die genuin ursprüngliche Erzeugung des eigenen Willens als eines bösen. Zu diesem Zentralproblem von Schuld und Verantwortung sagt Frankfurts Gedankenexperiment nichts: Es fragt nicht danach.

Damit stehen wir erneut vor der nun genauer durchschauten Frage: Hätte der Handelnde positiv anders »wollen« können? Nach allem, was wir bislang analysiert haben, gibt es darauf keine auch nur halbwegs beglaubigte Antwort.

Kant hat geglaubt, eine positive zu haben: Die Fähigkeit zur praktischen Vernunft, das a priori gültige und einsehbare Sittengesetz sei eben jener Ursprung der Freiheit. Nach unserer Grundthese der unausweichlichen Supervenienz des Mentalen über dem Physischen beruht freilich auch das Vernunftvermögen in jedem konkreten Einzelfall auf dem Funktionieren neuronaler Strukturen des Gehirns. Sie scheinen daher der unbedingte Sieger in einer Art Hase-und-Igel-Wettlauf zu sein: Auf welchen metaphysischen Wegen immer der Hase des Mentalen (der Vernunft, der Freiheit, des Sittengesetzes) an seinem Zielort ankommt: der Igel des Neuronalen scheint immer schon dazusitzen und ihn sozusagen ex post in Empfang zu nehmen.

Möglicherweise verhält sich das alles ja ganz anders. Aber dafür gilt, zumindest derzeit, ganz gewiss: Ignoramus. Jedenfalls für das Strafrecht könnte dies von einschneidender Bedeutung sein. Denn im Strafverfahren gilt das fundamentale grund- und menschenrechtliche Prinzip des »in dubio pro reo«. Es folgt aus der sogenannten Unschuldvermutung, die in Art. 6 Abs. 2 der Europäischen Menschenrechtskonvention festgelegt und für Deutschland wie für Österreich bindend ist. Gewiss bezieht sich dieser Grundsatz nur auf Zweifel im Bereich des Tatsächlichen, nicht dagegen auf normative oder auf rein metaphyische Zweifel oder Unwissenheiten. Das Problem der Willensfreiheit hat, wie wir gesehen haben, eine unaufhebbar metaphysische Komponente. Akzeptiert man freilich die Supervenienzthese – und ich sehe keinen vernünftigen und redlichen Weg, der daran vorbeiführte –, so hat es auch eine unaufhebbare empirische Komponente. Und die beweist nach allen heutigen Kenntnissen gewiss keine positive Willensfreiheit im Sinne einer Akteurskausalität. Das reicht aber, um den »in dubio«-Grundsatz auf den Plan zu rufen. Müssen wir also mit jenem unbehebbaren Rest an Zweifel in jedem konkreten Strafverfahren »für den Angeklagten« entscheiden und seine Schuld verneinen? Muss das strafrechtliche Schuldprinzip abgeschafft werden?

## VI Strafrecht II: Die Verteidigung eines vernünftigen Schuldprinzips

Die Antwort lautet: nein. In zwei entscheidenden Hinsichten verlangt sie eine Begründung: (1) mit Blick auf die subjektive Selbstwahrnehmung, in der der Handelnde sein eigenes Tun erlebt; und (2) im Hinblick auf die objektiven Aufgaben, die das Strafrecht in unserer Gesellschaft zu erfüllen hat und die es (mit allen faktischen Mängeln) *legitimerweise* erfüllt.

Zu (1): 1960 erschien ein Aufsatz des Neurowissenschaftlers und Philosophen Donald MacKay mit dem Titel »On the Logical Indeterminacy of a Free Choice«.[51] Für sein Argument unterstellt der Autor die Wahrheit eines universalen Kausaldeterminismus der physischen Welt. Ein alleswissender Beobachter, ein »Laplace'scher Dämon« L, der alle Vorgänge im Gehirn eines Akteurs A vollständig kennt, wäre dann in der Lage, die künftigen Entscheidungen und das künftige Handeln des A ebenfalls vollständig zu deduzieren und vorherzusagen. MacKay zeigt nun, dass diese Perspektive des Alleswissens und daher Alles-vorher-Wissens mit begrifflicher Notwendigkeit nicht von dem Beobachteten (A) selber übernommen werden kann, ohne den Determinismus des Beobachterstandpunkts aufzuheben. Denn erführe A, was der alleswissende L über ihn und sein künftiges Verhalten weiß, so ginge diese Information in A's künftiges Entscheidungsverhalten mit ein, würde also die Ausgangsbasis der deterministischen Prognose verändern und damit diese selbst. Nun könnte natürlich L diese neue Wissensbasis – den neuen, über das eigene künftige Entscheiden informierten Gehirnzustand des A – zum Ausgangspunkt einer neuen sicheren Prognose nehmen; er könnte diese aber wieder dem A nicht mitteilen, ohne sie notwendig falsch oder unsicher zu machen, nämlich mit ihr die Informationsbasis der Prognose erneut aufzuheben. Kurz: Wohl könnte ein Laplace'scher Dämon in einer deterministischen Welt vorher genau wissen, wie ein Akteur entscheiden und handeln wird; aus logischen Gründen könnte dies aber niemals der Handelnde selbst.[52] Bevor eine Entscheidung gefallen sei, *könne* sie also vom Entscheidenden nicht gekannt werden; denn erführe er vorher von ihr, würde die sie voraussagende Prognose unrichtig. Gewiss, nur möglicherweise unrichtig (denn der Entscheidende könnte ja auf seiner neuen Wissensbasis gleichwohl die ursprünglich prognostizierte Entscheidung treffen). Aber diese Möglichkeit des Unrichtigen tritt *notwendig* ein. Das schließt in der Perspektive des Entscheiders zugleich eine deterministische Prognose logisch aus.

Zur Veranschaulichung: A geht hungrig zum Bäcker, um mit den letzten zwei Euro, die er noch hat, ein Stück Kuchen zu kaufen. Von weitem sieht er vor dem Eingang des Ladens eine alte Bettlerin und sagt sich: »Aus moralischen Gründen müsste ich ihr eigentlich das Geld geben; andererseits habe ich gerade jetzt großen Hunger. Bin mir irgendwie noch nicht klar, was ich tun werde.« Auch wenn A als überzeugter Determinist nach seiner Entscheidung keinen Zweifel haben wird, dass sie vollständig determiniert war, und auch wenn dies wahr ist, kann er sie nicht kennen, bevor er sie getroffen hat. Sehr wohl kann das dann freilich der allwissende Beobachter.

Es gibt also offensichtlich zwei logisch unabhängige Perspektiven auf die Situation. Beide lassen für ihren jeweiligen Inhaber keinerlei Lücke in dessen möglichem Wissen über die Welt offen. Es ist nicht etwa so, dass bei A im Vergleich zu seinem Beobachter ein Wissensdefizit bestünde. Denn was der Beobachter über A's künftiges Verhalten weiß, kann (darf) aus logischen Gründen nicht von diesem gewusst werden, ohne dass der Status dieser Information als *Wissen* verlorenginge, nämlich diese (potentiell) falsch würde. Daher kann keine der beiden Perspektiven auf die Welt beanspruchen, die allein wahre Sicht der Dinge zu sein. Beide sind wahr und vollständig. Für die 1. Person Singular mag daher zwar die externe Welt vollständig determiniert sein; die interne des eigenen Entscheidens kann es ex ante aus logischen Gründen nicht sein.

Außerhalb von Beeinträchtigungen seiner *negativen* Freiheit, zu denen etwa auch Suchtphänomene und andere externe oder interne Nötigungseffekte zählen, erlebt ein Handelnder somit seinen eigenen Handlungsentschluss subjektiv notwendig indeterminiert und in diesem Sinne »frei«. Damit ist ihm immerhin psychologisch das Festgehaltenwerden an einer Verantwortlichkeit dafür plausibel zu machen, plausibler vermutlich als das Gegenteil: die Auskunft, er habe zwar dies und das getan, sei auch weder krank noch unter Nötigungsdruck gewesen, habe aber dennoch wegen der neuronal determinierenden Vorgänge in seinem Gehirn nicht anders handeln können.

Als Legitimationsbasis für eine Bestrafung reicht das freilich nicht. Manche Handelnde erleben ihr Tun subjektiv als von ihrem eigenen Willen gesteuert, während der spätere externe Beurteiler das besser weiß. Ist er ein zuständiger Strafrichter, so muss er die Feststellung der Schuld ablehnen, die Strafbarkeit verneinen. Das gilt etwa für ein Verhalten von Epileptikern während eines Anfalls, das äußerlich einen Straftatbestand (zum Beispiel den der fahrlässigen Körperverletzung) verwirklicht.[53]

2. Schuld und Strafe müssen daher auch auf einem objektiv beglaubigten Grund stehen. Zu finden ist dieser, so meine ich, allein in der grundsätzlichen gesellschaftlichen Aufgabe des Strafrechts. Anders als viele juristische Laien glauben (und manche Strafrechtler auch), liegt die Primärfunk-

tion des Strafrechts nicht im Schutz konkret individueller Lebensgüter (Leib, Leben, Eigentum, Freiheit et cetera). Sie liegt vielmehr im Schutz der jeweiligen gesellschaftlichen *Normen*, die den Übergriff des einen in solche geschützten Rechtsphären des anderen verbieten. Natürlich schützt das Recht damit mittelbar auch die von diesen rechtlichen Sphären umschlossenen Güter von Personen. Es kommt ihm aber dabei keineswegs auf die Unversehrtheit oder Fortexistenz dieser Güter an: Wer sich selbst schädigen, ja umbringen möchte, darf dies ohne weiteres. Doch darf dies kein anderer. Denn er verletzt die Norm, die die rechtliche Sphäre des anderen von seiner eigenen abgrenzt. Beispielhaft: Geht A soeben dran, sich durch den Sprung von einer Brücke das Leben zu nehmen, so darf er gleichwohl seinen anstürmenden Feind B, der ihn ebendort hinunterstürzen will, mit tödlicher physischer Gewalt abwehren (Notwehr), auch wenn er sofort danach genau das tut, was B ihm anzutun beabsichtigt hat.

Daraus folgt, dass die Strafe nach einer verbotenen Tat nicht die Primäraufgabe einer Vergeltung und ebenfalls nicht die der (individuellen oder generellen) Prävention hat. Wohl mögen diese Elemente in einer Konzeption rationalen Strafens ebenfalls ihren Platz haben. Es ist aber ein nachrangiger Platz. Der primäre legitime Strafzweck lautet dagegen: Wiederherstellung der verletzten Normgeltung – salopp: »Reparatur« der gebrochenen Norm. Ohne eine solche glaubhafte Wiederherstellung ihrer Geltung müssten gebrochene Normen allmählich erodieren, ihre handlungsleitende und -begrenzende Kraft verlieren, müsste ihre Wirksamkeit aus der Gesellschaft verschwinden. Wir kennen keine Gesellschaft, die Handlungsfreiheit garantiert, ohne ein halbwegs funktionierendes System ihrer Verbotsnormen zu verteidigen. Und wir können uns für die Gegenwart wie für die Zukunft schwerlich eine vorstellen.

Was dies zeigt, ist das Folgende: Der symbolische erste Adressat einer verhängten Strafe ist nicht der Täter selbst; es ist nicht einmal das von ihm verletzte Opfer. Vielmehr sind es alle anderen Bürger. Ihnen hat die Strafe zu demonstrieren, dass an der Geltung der Norm festgehalten wird. Denn nur dadurch *wird* an dieser Geltung festgehalten. Eine solche Demonstration ist, nach allem, was wir heute wissen, nicht glaubhaft denkbar, ohne den Täter einer Straftat für die von ihm erforderlich gemachte »Reparatur« der gebrochenen Norm »bezahlen« zu lassen.[54] Verzichten kann die Gesellschaft darauf nur, wenn sie die Tat gewissermaßen plausibel am Täter vorbei erklären kann: mit dem Verweis auf seine Geisteskrankheit etwa, oder mit den anderen Umständen, die § 20 StGB als faktischen Ausgangspunkt eines Schuldausschlusses anerkennt.

Ist das dem Täter gegenüber fair, sofern wir (in dubio pro reo!) von seiner Unfähigkeit, anders handeln zu können auch dann ausgehen müssen, wenn er keinen der in § 20 genannten Defekte aufweist? Darüber kann man lange streiten. Aber das ist ein neues Thema. Wovon ich aber überzeugt bin, ist dies: Für eine komplexe (handlungs-)freiheitliche Gesellschaft ist diese Form der symbolischen Normverteidigung ohne jede denkbare Alternative. Möglicherweise lässt das Strafrecht damit einen verurteilten Täter am Ende für sein schieres So-sein haften. Aber für die Fortexistenz der Normenordnung selber gibt es dazu keine Alternative. Der Täter hat zuvor, wie alle anderen, im Schutz dieser Normenordnung gelebt und davon profitiert. Daher mag der Rest an Unfairness, der in seiner Verurteilung möglicherweise liegt, hinnehmbar sein. Sieht man die Dinge so, dann wird verständlich, warum die Legitimation der Strafe ein hoffnungslos umstrittenes Ewigkeitsthema der Strafrechtstheorie ist und bleiben wird und dennoch ein völliges Abschaffen des Strafens nicht ernsthaft erwogen wird und, rebus sic stantibus, schwerlich werden kann.

Vielleicht lässt sich das, ein wenig metaphorisch, so zusammenfassen: Die Straftat bringt einen Riss in die normative Welt. Die Strafe kann die Welt nicht wirklich heilen (so als hätte es den Riss nicht gegeben). Aber sie kann den Fortbestand der normativen Welt sichern: durch »Reparatur« der gebrochenen Norm. Und deshalb darf das Recht für die Kosten der unvermeidlichen Reparatur dieses Risses den »bezahlen« lassen, der ihn erzeugt hat. Das ist auch dann nicht unfair, wenn der Täter möglicherweise nichts für seine Tat konnte und deshalb im strikten Sinne einer »Letztverantwortung« die Belastung mit der Strafe nicht verdient hat. Freilich lässt das einen erheblichen Rest an legitimatorischem Unbehagen zurück. Mit Goethe möchte man sagen: »Uns bleibt ein Erdenrest / Zu tragen peinlich / und wär' er von Asbest / Er ist nicht reinlich.«[55] Oder an einen profunden Satz des Strafrechtlers und Rechtsphilosophen Gustav Radbruch erinnernd: »Ein guter Strafrichter kann nur sein, wer es mit einem schlechten Gewissen ist.«

**Anmerkungen**

1 *Kant*, MdS/RL, Einleitung in die Rechtslehre, § B, AA Bd. VI, 1907, S. 230; »Willkür« bedeutet bei Kant allein die Freiheit des äußeren Handelns (vgl. a.a.O., S. 226); von Willensfreiheit ist dabei nicht die Rede.

2 *Kant*, Zum ewigen Frieden, AA Bd. VIII, 1912, S. 366.

3 *Dewey*, Human Nature and Conduct, 1957, S. 303.

4 Das ist nicht unstreitig; im Anschluss an den späten Wittgenstein hat insbesondere Gilbert Ryle bestritten, dass man von sogenannten Willensakten (und anderen mentalistischen Begriffen) getrennt vom Verhalten, in dem sie sich realisieren, sinnvoll sprechen könne; vielmehr bezeichneten mentale Ausdrücke einfach Verhaltensdispositionen von Personen; das sogenannte »Geistige«, auch der »Wille«, sei nichts anderes als der Modus, in dem Handlungen vorbereitet und ausgeführt würden, und daher mit diesen *begrifflich* verbunden; vgl. *Ryle*, The Concept of Mind, dt.: Der Begriff des Geistes, 1969, S. 78ff. – Ich halte Ryles Auffassung des Mentalen für deutlich zu eng und schwerlich überzeugend.

5 So fragt ironisch (wie bereits Schopenhauer und vor ihm Reid) *von*

*Wright*, Die menschliche Freiheit, in: *ders.*, Normen, Werte, Handlungen, 1994, S. 210. – Kant nennt diese Art der Nur-Handlungsfreiheit abschätzig einen »elenden Behelf« und »Freiheit eines Bratenwenders«; s. *ders.*, KpV, AA Bd. V. 1908, S. 96f.

6 S. schon *Kant*, KrV, A 534/B 562: negativ = »Unabhängigkeit von der Nötigung durch Antriebe der Sinnlichkeit«; positiv = »Vermögen ... eine Reihe von Begebenheiten *ganz von selbst* anzufangen« (Hervorhebung ebda.); sachlich verändert, aber mit denselben Begriffen *Kant*, GMS, AA Bd. IV, 1903, S. 447; vgl. auch die Differenzierung in Schopenhauers scharfsinniger »Preisschrift über die Freiheit des Willens«, in: *ders.*, Sämtl. Werke, hg. von A. *Hübscher*, Bd. IV: Die beiden Grundprobleme der Ethik, 1938, S. 3f., 7f.

7 Ähnliche Überlegungen wohl bei *Schopenhauer* (Anm. 6), S. 7, der freilich nicht auf den Zusammenhang Gehirn-Geist, sondern auf den Begriff der Freiheit als »Abwesenheit aller Nothwendigkeit« abstellt und daher Beeinträchtigungen der positiven Freiheit für grds. reduzierbar auf solche der negativen Freiheit erklärt.

8 Entsprechend dem geläufigen Topos in der internationalen Diskussion: »Principle of alternative possibilities« (»PAP«); s. dazu die Beiträge in *Kane* (Ed.), The Oxford Handbook of Free Will, 2002, Part V, S. 281ff.

9 Statt »Entscheidung« könnte man auch die »Intentionalität« des Handelns heranziehen; doch könnte dies auch einen bloßen (sekundären) Modus des Handelns bezeichnen (wie etwa bei *Ryle*, vgl. Anm. 4). Mir kommt es aber v.a. auf den subjektiven Akt des »Willensentschlusses« selber an. Statt seiner auf die Handlungsentscheidung abzustellen, erscheint zulässig, weil diese ihrerseits nur dann frei sein kann, wenn es der sie hervorbringende Wille ebenfalls ist.

10 *von Wright* (Anm. 5, S. 213) nennt solche abstrakten Handlungstypen »generische Handlungen« im Unterschied zu den »individuellen«, die zu bestimmten Gelegenheiten ausgeführt werden; die geläufige Unterscheidung von »type« und »token« meint etwas Ähnliches. – Für »unfreie« Handlungen (erzwungene Unterlassungen von Alternativen!) gilt reziprok das Gleiche: Unfrei sind sie allenfalls, wenn die denkbare, aber nicht verwirklichte Handlungsalternative einem Typus zugehört hätte, den der Unterlassende generell beherrscht. Wer ertrinkt, weil er nicht schwimmen kann, stirbt nicht, weil er unfrei ist, sondern eben weil er nicht schwimmen kann.

11 Das Beispiel zeigt übrigens, dass es auf die in der Sprachphilosophie wie in der Ethik diskutierte Frage, ob jemand, der Y tut, *indem* er X tut – etwa eine Tür öffnet, indem er einen Schlüssel dreht –, eigentlich zwei Handlungen vornimmt oder (unter zwei verschiedenen Beschreibungen) nur eine, keine einheitliche Antwort gibt. Kann man

zwar von X, nicht aber von Y sinnvoll sagen, dass es mittels einer freien Handlung herbeigeführt wurde, so liegt es nahe, von zwei Handlungen zu sprechen. Im Lottobeispiel: sechs Felder ankreuzen: frei; sechs Richtige tippen: nicht frei. Im Beispiel des Schlüsseldrehens und Türöffnens verhält sich das umgekehrt. – Strafrechtler behandeln solche Fragen unter dem Titel »objektive Zurechnung« und differenzieren ganz ähnlich.

12 Grob lassen sich physischer (beziehungsweise physikalischer), logischer, psychologischer, metaphysischer und theologischer Determinismus unterscheiden, und zu jedem dieser Grundformen zahlreiche Varianten. *Sobel*, Puzzles for the Will, 1998, S. 77–166, unterscheidet abstrakt rund neunzig Varianten des Determinismus. Zu den Schwierigkeiten des Determinismus- und des Kausalitätsbegriffs klassisch *Russell*, On the Notion of Cause, with Applications to the Free-Will Problem (1912), in: Our Knowledge of the External World, 1929, S. 247ff.

13 Die hier verwendeten zentralen Begriffe – »Naturgesetz«, »nichtlogisch zwingende Notwendigkeit«, »Kausalität« – sind sämtlich vage, unklar und umstritten. Unter Strafrechtlern ist die Auffassung verbreitet, es handle sich um rein naturwissenschaftliche Grundbegriffe. Das ist aber irrig (dazu schon *Russell* [Anm. 12]). Sie sind zunächst metaphysischer Natur und insofern keiner rein empirischen Klärung zugänglich. Überblick zum Ganzen in: *Crane/Farkas* (Eds.), Metaphysics, 2004, Chap. VI: Causation, S. 369ff.

14 Vgl. zum Beispiel *van Inwagen*, The Incompatibility of Free Will and Determinism (1975), abgedr. in: *Crane/Farkas* (Anm. 13), 695ff.; zum Laplace'schen »Dämon« *Frank*, Das Kausalgesetz und seine Grenzen, hg. von *A. Knox*, 1988, S. 59ff.

15 Eine vierte Antwort – Determinismus vereinbar mit Willens- und Handlungsfreiheit, nicht aber mit Verantwortlichkeit – ist zwar logisch möglich, aber sachlich unsinnig.

16 Hiervon ist die Frage zu unterscheiden, ob auch die *Ursachen* (zum Beispiel von Handlungen) stets Ereignisse sind. Das wird seit David Hume oft behauptet, ist aber nicht überzeugend. Auch Zustände, Dispositionen und Tatsachen (die Letzteren sind entgegen einer landläufigen Redeweise nicht dasselbe wie Ereignisse) können Ursachen sein. Das bedarf hier keiner weiteren Klärung. – Dass Handlungen Ereignisse sind, ist im Übrigen nicht unbestritten (vgl. etwa *Bach*, Actions are not Events, in: Mind 89 [1980], 114ff.), aber plausibel.

17 Die »starken« Indeterministen firmieren in der internationalen Debatte als »libertarians«; für die Vertreter eines »harten« Determinismus gibt es keine spezielle Kennmarke.

18 Dass eine solche agnostische Haltung zur Determinismus-Frage dem

*Inkompatibilisten* logisch nur um den Preis offensteht, dann auch auf die Freiheits- und auf die Schuldfrage keine Antwort geben zu können, ist offensichtlich.

19 Die Frage, welche Ereignisse der Welt Handlungen sind, kann nicht unabhängig davon beantwortet werden, wie die fraglichen Vorgänge beschrieben werden. Eine universale Ontologie des Handelns gibt es nicht.

20 Berühmtestes Beispiel ist Kant, für den die Willensfreiheit kompatibel ist mit einer kausal geschlossenen physischen Welt. Die Zuordnung Kants zum Kompatibilismus ist freilich nicht zwingend; denn er stützt die Willensfreiheit (u. a.) auf das metaphysische Postulat der Existenz zweier Welten, von denen nur eine, die der »Erscheinungen«, kausal geschlossen und determiniert sei; s. seine spätere (mit der früheren in KrV *nicht* konsistente!) Freiheitskonzeption in KpV, AA Bd. V, 1908, S. 93ff., 97f., sowie in GMS, AA Bd. IV, 1903, S. 446ff. – Eine andere Form des Kompatibilismus bei *Schopenhauer* (Anm. 6), S. 93ff.: Einzelne Handlungen beruhten nie auf einem freien Willen; es gebe aber eine »moralische Freiheit ... höherer Art« im Charakter des Menschen – nicht in seinem empirischen, aber in seinem »intelligiblen Charakter«; Freiheit finde man daher »nicht in unseren einzelnen Handlungen, sondern im ganzen Sein und Wesen«.

21 Locus classicus dafür *Descartes*, Meditationes de prima philosophia, dt.-lat. hrsg. von *L. Gäbe*, 1977, VI. Med., S. 128ff.: der Geist als »res cogitans« außerhalb der »res extensa« der materiellen Welt und von dieser unabhängig, aber mit ihr wechselwirkend.

22 Allgemeinverständliche Einführung bei *Max Planck*, Das Weltbild der neuen Physik, in: *ders.*, Vorträge und Erinnerungen, 5. Aufl., 1949, S. 206 ff., 214ff.

23 Vgl. *Compton*, The Freedom of Man, 1935; *Jordan*, Die Quantenmechanik und die Grundprobleme der Biologie und Psychologie, in: Naturwissenschaften 20 (1932), 815ff.; vorsichtiger *Popper*, Über Uhren und Wolken, in: Objektive Erkenntnis, 2. Aufl. 1974, Kap. VI, S. 230ff; *ders./Eccles*, Das Ich und sein Gehirn, 1977, S. 56ff.; 637ff.; *ders.*, Das offene Universum. Aus dem Postskript zur Logik der Forschung (II), hg. von *W.W. Bartley*, 2001, S. 128ff., 132. Heute – ähnlich minimalistisch wie Popper – *J. Nida-Rümelin*, Über menschliche Freiheit (2005), S. 69ff.

24 Zu den zahlreichen möglichen und ungeklärten Weltbild-Varianten der gegenwärtigen Physik *Greene*, Der Stoff, aus dem der Kosmos ist, 2004; erhellend auch *Scheibe*, Die Philosophie der Physiker (2006).

25 Dass schlechterdings indeterminierte (»absolut freie«) Handlungen keine Grundlage für Schuldzurechnungen böten, wird auch von Strafrechtlern betont; vgl. *Arth. Kaufmann*, Strafrecht und Freiheit, in:

*ders.*, Über Gerechtigkeit, 1993, S. 66; *Bockelmann*, Zeitschrift für die ges. Strafrechtswissenschaft 75 (1963), 372 ff. (385f.); ähnlich schon *Binding*, Die Normen und ihre Übertretung Bd. II/1, 2. Aufl. 1914, S. 18f.

26 Ich werde im Folgenden der Kürze halber weiterhin von »Determinismus« sprechen; es sollte aber deutlich sein, dass damit keine metaphysisch-kosmologische These gemeint ist, sondern lediglich der Hinweis auf jene »Regularitäten« der physischen Welt, die – beruhten sie auf »Naturgesetzen«, »Kausalgesetzen« oder irgendetwas anderem, was wir noch nicht klar verstehen – jedenfalls außerhalb unserer Verfügungsmacht liegen.

27 *Kant*, GMS, AA Bd. IV, 1903, S. 448: »Nun kann man sich unmöglich eine Vernunft denken, die mit ihrem eigenen Bewusstsein in Ansehung ihrer Urtheile anderwärts her eine Lenkung empfinge, denn alsdann würde das Subjekt nicht seiner Vernunft, sondern einem Antriebe die Bestimmung der Urtheilskraft zuschreiben.«

28 Zutr. *Mackie*, Ethics. Inventing Right and Wrong, 1977, dt.: Ethik. Auf der Suche nach dem Richtigen und Falschen, 1983,, S. 279.

29 Ich bleibe der Kürze halber bei dem Begriff »Zustand«; für manche der hierher gehörenden Phänomene wären andere wohl passender, etwa »mentale Sachverhalte« für Motive, Neigungen, Überzeugungen.

30 In der neueren philosophischen Diskussion in diesem Sinne *von Wright*, Explanation and Understanding of Actions, in: Revue Internationale de Philosophie 35 (1981), 127ff.; *Melden*, Free Action, 1961. Grundgedanken dieser Theorie sind auch in der Strafrechtsdogmatik formuliert worden, etwa (unter Bezug auf Nicolai Hartmann und Rickert) von *Welzel*, Das neue Bild des Strafrechtssystems, 3. Aufl. 1957.

31 Wenngleich die Behauptung, Gründe seien keine Ursachen, in der philosophischen Handlungstheorie umstritten ist; s. etwa *Davidson*, Handlungen, Gründe, Ursachen, in: *ders.*, Handlung und Ereignis, 1985, insbes. S. 27ff.

32 *Allein* die letztere Beschreibung könnte uns, wie dargelegt, die Handlung nicht verständlich machen. Aber zu jeder aus Gründen erklärten Handlung gibt es auch eine solche Beschreibung im Kausalschema.

33 Von dieser für Neurowissenschaftler naiven Terminologie hängt nichts ab. Auf die darin skizzierte Perspektive kommt es an. Eine Expertenbeschreibung der Zusammenhänge klänge natürlich anders.

34 Also, in unserem Beispiel, durch die Wahrnehmung, dass ein Mensch in Not geraten ist.

35 Überblick über die zahlreichen reduktionistischen und nicht-reduktionistischen Varianten bei *Horgan*, Physicalism, in: *Guttenplan* (Ed.), A Companion to the Philosophy of Mind, 1994, S. 471ff.

36 *Jackson*, Epiphenomenal Qualia, in: Philos. Quarterly 32 (1982), 127ff.; ich habe das Szenario des Gedankenexperiments etwas verändert; das Jackson'sche ist im Tatsächlichen noch bizarrer als die hier gewählte Version (Mary wird in einer schwarz-weißen Umgebung gefangengehalten et cetera); die gedankliche Pointe ist identisch. Vgl. auch *Jackson*, What Mary Didn't Know, in: J. of Philos. 83 (1986), 567ff.

37 Umfassende Diskussion in *Ludlow/Nagasawa/Stoljar* (Eds.), There's Something About Mary. Essays on Phenomenal Consciousness and Frank Jackson's Knowledge Argument (2004); eingehend (und im Ergebnis pro Jackson) auch M. *Nida-Rümelin*, Was Mary nicht wissen konnte, in: *Metzinger*, (Hg.), Bewußtsein. Beiträge aus der Gegenwartsphilosophie, 3. Aufl., 1996, S. 259ff.

38 S. *Keil*, Handeln und Verursachen, 2000, S. 7.

39 *Du Bois-Reymonds*, Über die Grenzen des Naturerkennens. Die sieben Welträtsel, 1880, 85, 88f.

40 S. aber *Kim*, Supervenience and Mind, 1993; guter Überblick bei *Beckermann*, Analytische Einführung in die Philosophie des Geistes, 2. Aufl., 2000, S. 203ff. – Vertreten werden auch Konzeptionen der »Emergenz« mentaler Eigenschaften *aus* oder ihres »Realisiertseins« *in* den neurophysischen Vorgängen; manche Philosophen sprechen auch nach wie vor von »Kausalität« des Gehirns für das Mentale.

41 Für diesen empirischen Zusammenhang werden auch andere Konzeptionen, ähnlich den in Anm. 40 genannten, vertreten.

42 In dem oben (Anm. 26) formulierten Sinn und unbeschadet zahlloser Probleme des Begriffs »determiniert«.

43 Erstaunlicherweise aber eine wachsende Zahl deutscher Strafrechtler. Überprüft wird das Modell dabei nicht; die gesamte Diskussion der Gegenwartsphilosophie wird regelmäßig ignoriert; stattdessen wird der gänzlich leere Kant'sche Begriff einer »Kausalität aus Freiheit«, der offensichtlich nur das Problem formuliert, ohne weiteres für dessen Lösung gehalten.

44 S. v.a. *Heil/Mele* (Ed.), Mental Causation, 1995.

45 Die Identitäts- und die reduktionistischen Theorien haben damit kein Problem, weil für sie der mentale Wille identisch ist mit den neuronalen Vorgängen und deshalb ohne Schwierigkeit diesen die kausale Arbeit zugeschrieben werden kann. Gegen diese Theorien sprechen aber die dargelegten grundsätzlichen Einwände.

46 So verstehe ich Ansgar Beckermanns Lesart des § 20; vgl. *Beckermann*, Freier Wille – alles Illusion?, in: *Barton* (Hg.), »... weil er für die Allgemeinheit gefährlich ist!« (2006), S. 293–307.

47 *Frankfurt*, Alternate Possibilities and Moral Responsibility, J. of Philos. 66 (1969), 829ff. – Das abstrakte Szenarium Frankfurts hat in der anschließenden Diskussion seiner Gedanken die Produktion einer Viel-

zahl analoger oder variierter Fallbeispiele bei anderen Autoren angeregt; der Ausdruck »Frankfurt-Style« oder »Frankfurt-Type Examples« ist inzwischen eine geläufige Kennmarke; vgl. etwa *Betzler/Guckes* (Hrsg.), Autonomes Handeln. Beiträge zur Philosophie Harry G. Frankfurts (2000).

48 *Frankfurt* (Anm. 47), S. 7f.

49 Unser Beispiel könnte problemlos so modifiziert werden, dass ceteris paribus nicht ein kontrollierender X, sondern ein natürlicher Umstand, etwa ein Ausfall der Elektronik in A's PKW jede Möglichkeit des Bremsens oder Lenkens ausgeschlossen hätte, aber ebenfalls ohne Relevanz geblieben wäre, weil A keine Sekunde daran dachte, zu bremsen oder zu lenken. Nach Frankfurt ändert das für die Zurechnungs-/Schuldfrage nichts. Das ist zweifelhaft. Im Strafrecht würde in dieser Variante jedenfalls nur wegen *Versuchs* bestraft, weil A hinsichtlich des *Tötungshandelns* tatsächlich nicht »anders handeln«, nämlich den Tod unter keinen Umständen hätte vermeiden können. Sein »böser *Wille*« würde ihm dabei allerdings als »frei« ebenfalls zugerechnet, nur eben der Tod nicht. Die Finessen der Strafrechtsdogmatik müssen hier freilich auf sich beruhen.

50 Zu diesen (und anderen) Zusammenhängen mit dem »Bereitschaftspotential« statt vieler *Libet*, The neural time factor in conscious and unconscious events, in: Ciba Foundation Symposium 174: Experimental and Theoretical Studies of Consciousness (1993), S. 123ff.; ebda. auch eine ausführliche kritische Debatte mit zahlreichen Philosophen und Neurowissenschaftlern.

51 *MacKay*, Mind 69 (1960), 31ff. MacKay beruft sich (plausibel) auf bestimmte Vorüberlegungen Karl Poppers in dessen Aufsatz »Indeterminism in Quantum Physics and in Classical Physics«, Brit. J. of the Philos. of Science 1 (1951), 117ff., 173ff.

52 MacKay nennt diese »Verneinung der Transferabilität« der prognostischen Wissensbasis auf den Handelnden ein »philosophisches Relativitätsprinzip« (a.a.O., S. 39).

53 Ein solcher Fall lag der Entscheidung des deutschen Bundesgerichtshofs, BGHSt 40, 341, zugrunde.

54 Damit ist der Grundgedanke des berühmten Aufsatzes von *Peter Strawson*, Freedom and Resentment, Proc. of the Brit. Acad. 48 (1961), 1–25 angesprochen; eingehend darstellen und auf meine Konzeption anwenden kann ich ihn hier nicht mehr; gründlich zu Strawson *Wallace*, Responsibility and the Moral Sentiments (1994).

55 Faust II, V. 11954–11957.

WOLF SINGER

# Zum Problem der Willensfreiheit

## Selbsterfahrung und neurobiologische Fremdbeschreibung: Zwei sich widersprechende Erkenntnisquellen

Es mutet eigentümlich an, dass unsere Intuition Annahmen über die Organisation unseres Gehirnes macht – also jenes Organs, das diese Intuition hervorbringt –, die den Erkenntnissen, welche die Naturwissenschaften zutage fördern, widersprechen. Uns ist, als ob es in unserem Gehirn ein Zentrum gäbe, in dem alle Informationen über die Geschehen in unserem Körper und die Bedingungen der Umwelt zusammengefasst werden. Wir vermuten, dass dies der Ort sein müsste, an dem die Sinnessignale zu Wahrnehmungen werden, an dem Entscheidungen fallen und Vorsätze gefasst werden, an dem Handlungsentwürfe entstehen, und schließlich wäre dies der Ort, an dem das intentionale Ich sich konstituiert und seiner selbst bewusst wird. Wir empfinden uns als fähig, jederzeit, losgelöst von äußeren und inneren Bedingtheiten, Bestimmtes zu wollen und uns frei für oder gegen etwas zu entscheiden. Die moderne Hirnforschung entwirft ein gänzlich anderes Bild. Ihr stellt sich das Gehirn als ein System dar, das in extremer Weise distributiv organisiert ist und sich selbst organisiert. Es findet sich kein singuläres Zentrum, das die vielen, an unterschiedlichen Orten gleichzeitig erfolgenden Verarbeitungsschritte koordinieren und deren Ergebnisse zusammenfassen könnte. Dies wirft die Frage auf, warum ein erkennendes Organ zu unterschiedlichen Schlussfolgerungen kommen kann, je nachdem, ob es sich bei seiner Erforschung auf die Selbsterfahrung oder auf die Fremdbeschreibung durch naturwissenschaftliche Vorgehensweise verlässt. Es ergibt sich daraus zudem eine Fülle äußerst anspruchsvoller wissenschaftlicher Fragestellungen, da es die Organisationsprinzipien zu erforschen gilt, die es möglich machen, dass ein System, das aus $10^{11}$ Einzelelementen, den Neuronen, besteht, sich so zu organisieren vermag, dass es trotz seiner dezentralen Struktur in der Lage ist, kohärente Interpretationen seiner Umwelt zu liefern, Entscheidungen zu treffen, angepasste Handlungsentwürfe zu erstellen, komplexe motorische Reaktionen zu programmieren und sich dieser Eigenleistungen zudem gewahr zu werden und darüber berichten zu können. Sich mit diesen Fragen zu befassen und die neuronalen Mechanismen zu identifizieren, die diesen Leistungen zugrunde liegen, gehört zum Alltagsgeschäft der Hirnforschung. Hierbei wird das Gehirn als ein Organ wie jedes andere betrachtet. Die Grundannahme ist, dass sich seine Funktionen in naturwissenschaftlichen Beschreibungssystemen darstellen lassen müssen, da neuronale Prozesse den bekannten Naturgesetzen unterworfen sind. Diese Annahme basiert auf ganz unterschiedlichen, jedoch konvergierenden Argumentationslinien. Zum einen scheint gesichert, dass sich Gehirne, ebenso wie der sie beherbergende Organismus, einem kontinuierlichen evolutionären Prozess verdanken, der zu immer komplexeren Strukturen führte und keine ontologischen Brüche aufweist. Ähnlich kontinuierlich vollzieht sich die Individualentwicklung von der Befruchtung bis hin zur Ausdifferenzierung des reifen Organismus, wobei die Differenzierungsprozesse vollständig im Rahmen naturwissenschaftlicher Beschreibungssysteme erfasst werden können. Bemerkenswert ist dabei, dass sich sehr enge Korrelationen herstellen lassen zwischen der Ausreifung bestimmter Hirnfunktionen und dem sukzessiven Auftreten immer höherer kognitiver Leistungen. Diese Evidenzen legen die Schlussfolgerung nahe, dass alle Verhaltensleistungen, also auch die höchsten kognitiven Funktionen, mit ihren psychischen und mentalen

Konnotationen, auf den neuronalen Prozessen im Gehirn beruhen müssen. Bislang sind alle Befunde, die diese Schlussfolgerung nahelegen, widerspruchsfrei geblieben. Noch ist es jedes Mal gelungen, für eine definierte kognitive Funktion das entsprechende neuronale Korrelat zu identifizieren. Auch wenn die zugrunde liegenden Mechanismen noch längst nicht vollständig aufgeklärt sind, gibt es keinen Grund zur Annahme, mentale Vorgänge könnten auf anderen als neuronalen Prozessen beruhen. Dies aber impliziert, dass mentale Prozesse wie das Bewerten von Situationen, das Treffen von Entscheidungen und das Planen des je nächsten Handlungsschrittes auf neuronalen Wechselwirkungen beruhen, die ihrer Natur nach deterministisch sind. Auch wenn es sich bei Gehirnzuständen, die den verschiedenen kognitiven Akten zugrunde liegen, um dynamische Zustände eines hoch nicht-linearen Systems handeln sollte – was wahrscheinlich ist –, gälte nach wie vor, dass der jeweils nächste Zustand die notwendige Folge des jeweils unmittelbar Vorausgegangenen ist. Sollte sich das Gesamtsystem in einem Zustand befinden, für den es mehrere Folgezustände gibt, die eine gleich hohe Übergangswahrscheinlichkeit aufweisen, so können minimale Schwankungen der Systemdynamik den einen oder anderen favorisieren. Es kann dann wegen der unübersehbaren Zahl der determinierenden Variablen nicht vorausgesagt werden, für welche Entwicklungstrajektorie sich das System »entscheiden« wird. Das System ist aufgrund seiner Komplexität und nicht-linearen Dynamik hinsichtlich seiner zukünftigen Entwicklung offen. Es kann völlig neue, bislang noch nie aufgesuchte Orte in einem hochdimensionalen Zustandsraum besetzen, was dann als kreativer Akt in Erscheinung tritt. Hierzu mögen zufällige, systemimmanente Fluktuationen durchaus beitragen, die sich thermischem Rauschen oder gar probabilistischen, quantenmechanischen Prozessen verdanken. All dies ändert aber nichts daran, dass jeder

der kleinen Schritte, die aneinandergefügt die Entwicklungstrajektorien des Gesamtsystems ausmachen, auf neuronalen Wechselwirkungen beruht, die im Prinzip deterministischen Naturgesetzen folgen.
Diese Sicht steht im Widerspruch zu unserer Intuition, zu jedem Zeitpunkt frei darüber befinden zu können, was wir als je Nächstes tun oder lassen sollen. Da gemeinhin angenommen wird, dass die Zuschreibung von Schuld, und damit einer der Grundpfeiler unserer Rechtssysteme, mit der Existenz dieser Freiheit verbunden seien, werden die Grundthesen der modernen Hirnforschung mit großer Besorgnis rezipiert. Mein Anliegen ist es, einen kleinen Beitrag dazu zu leisten, diese Sorgen zu zerstreuen.

## Warum die Diskrepanz zwischen Erster- und Dritter-Person-Perspektive?

Falls zutrifft, was die Hirnforschung über die neuronalen Grundlagen unserer kognitiven Leistungen behauptet, stellt sich die Frage, wie es sein kann, dass sich unsere Intuition irrt, wenn sie sich auf das Organ richtet, dem sie sich verdankt, wenn sie zu ergründen sucht, wie unsere Gehirne organisiert sind und nach welchen Prinzipien sie ihre erstaunlichen Leistungen erbringen. Wie kann es sein, dass die Selbstauskunft, die ein kognitives System über sich gibt, nicht übereinstimmt mit den Ergebnissen, die es erzielt, wenn es sich mit naturwissenschaftlichen Methoden daran macht, seine Bedingungen zu erforschen? Warum haben wir kein rechtes Gefühl für die Funktionsabläufe in unserem Gehirn, die dieses Gefühl hervorbringen? Wie eingangs erwähnt, scheint es uns, als gäbe es in unserem Kopf eine zentrale Instanz, die wir mit unserem bewussten Ich gleichsetzen und die über all die wunderbaren Fähigkeiten verfügt, die uns Menschen ausmachen. Offenbar vermag es diese Instanz, sich der Signale unserer Sinnesorgane zu bedienen, um ein kohärentes Bild der Welt zu entwerfen und sich als autonom agierendes Wesen in einer als lückenlos wahrgenommenen Welt zu erleben. Sie vermag die Objekte der Welt zu benennen und in Kategorien zu ordnen, Wissen über die Welt zu erlangen und zu speichern, die Gesetzmäßigkeiten von Wechselwirkungen zu erfassen, daraus Schlüsse zu ziehen, Voraussagen zu formulieren, Entscheidungen zu treffen, Handlungen zu planen und auszuführen, diese Prozesse mit wertenden emotionalen Konnotationen zu versehen und sich all dieser Vorgänge zudem bewusst zu sein, sie sich vor dem inneren Auge zu gewärtigen. Weil diese Intuition so evident ist, nimmt es nicht wunder, dass im Laufe der Kulturgeschichte immer wieder Spekulationen darüber angestellt wurden, wo im Gehirn diese allmächtige und alles kontrollierende Instanz sich konstituieren könnte. Es müsse dies, so die plausible Annahme, ein singulärer Ort sein, an dem alle Informationen über die inneren und äußeren Bedingungen verfügbar sind, an dem Entscheidungen getroffen werden und von wo aus alle Handlungen initiiert werden. Selbst Descartes, der die mentalen Prozesse als nicht an die materiellen Vorgänge im Gehirn gebunden, sondern diesen vorgängig sah, der also für die frei schwebende »res cogitans« eigentlich keiner Verortung bedurft hätte, selbst Descartes glaubte, nicht ohne eine singuläre lokalisierbare Instanz auskommen zu können. Zumindest die an neuronales Substrat gebundenen materiellen Prozesse im Gehirn bedürften einer zentralistischen Organisation, bedürften eines Zentrums, in dem alle sensorischen und exekutiven Funktionen miteinander verbunden werden können.

Wie oben angedeutet, könnte der Gegensatz zwischen dieser, aus der Intuition gespeisten, Vorstellung über die Organisation unseres Gehirns und den heute verfügbaren wissenschaftlichen Erkenntnissen kaum drastischer sein. Da aus der Intuition gespeiste Vorstellungen allen Menschen gleichermaßen zugänglich sind, neurobiologische Erkenntnisse aber gemeinhin als Expertenwissen gewertet werden, soll auf Letztere hier etwas ausführlicher eingegangen werden. Untersuchungen der strukturellen und funktionellen Organisation unseres Gehirns belegen, dass es sich hierbei um ein Organ handelt, das in hohem Maße dezentral organisiert ist, dass in ihm eine Vielzahl von unterschiedlichen Prozessen parallel in sensorischen und motorischen Subsystemen ablaufen und dass es kein singuläres Zentrum gibt, welches diese verteilten Prozesse verwaltet. An der funktionellen Organisation der Großhirnrinde lässt sich dies besonders gut veranschaulichen. Die Hirnrinde ist die letzte große Erfindung in der Evolution von Gehirnen, denn seit ihrem ersten Auftreten bei niederen Wirbeltieren gab es keine wesentlichen strukturellen Neuerungen. Im Laufe der Evolution nimmt das Volumen der Hirnrinde kontinuierlich zu, wodurch sich die Komplexität der Vernetzungsmöglichkeiten dramatisch erhöht, aber die interne Verschaltung der neuen Areale bleibt unverändert. Es bestätigt dies aufs Neue, wie konservativ die Evolution ist. Nicht nur, dass die molekularen Bausteine von Nervenzellen und die Mechanismen der Signalübertragung seit dem Auftreten einfacher Nervennetze bei Mollusken nahezu unverändert erhalten geblieben sind, auch die Regeln, nach denen Nervennetze Information verarbeiten und speichern, haben sich seither nur wenig verändert. Die bestimmenden Entwicklungsschritte beruhten im Wesentlichen auf einer ungeheuren Zunahme der Komplexität der Vernetzung von Nervenzellen, die in der Großhirnrinde des Menschen ihren vielleicht nur vorläufigen, vielleicht aber auch endgültigen Höhepunkt erreicht hat. Die Großhirnrinde ist modular aufgebaut, wobei ein Modul einem Gewebezylinder mit einem Radius von einem halben Millimeter und einer Länge von etwa zwei Millimetern – also der Dicke der Großhirnrinde – entspricht. In einer solchen Gewebesäule, in der Fachsprache nennen wir sie Kolumne, drängen sich, in sechs Schichten angeordnet, etwa 100 000 Nervenzellen, von denen jede mit durchschnittlich 20 000 anderen kommuniziert. Die Gesprächspartner können dabei in unmittelbar benachbarten Kolumnen, aber auch in weit entfernten Hirnstrukturen liegen. Bemerkenswert ist bei dieser astronomisch anmutenden Komplexität, die in ihrer Dimensionalität der des Universums nicht nachsteht, die globale Gleichförmigkeit. Die Verschaltung der Nervenzellen innerhalb solcher Kolumnen ist naturgemäß von außerordentlicher Komplexität und nur im Groben aufgeklärt, aber sie folgt festen Regeln, und diese sind für alle Kolumnen gleich. Da die Verarbeitungsprozesse in Nervennetzen anders als in Computern nicht von getrennten Programmen gesteuert werden, sondern ausschließlich durch die Verschaltung der Nervenzellen determiniert werden, folgt, dass die von diesen Modulen erbrachten Rechenoperationen für alle Hirnrindenareale dieselben sind, ob sie sich mit der Verarbeitung von visuellen, akustischen oder taktilen Signalen befassen oder der Analyse von Sprache oder der Programmierung von Bewegungen. Der Evolution ist hier offensichtlich die Realisierung eines informationsverarbeitenden Prinzips gelungen, das sich zur Bewältigung unterschiedlichster Aufgaben gleichermaßen eignet. Dies stellt uns vor zwei noch nicht befriedigend beantwortbare Fragen: Erstens, welches mächtige und universelle Prinzip ist hier verwirklicht? Und zweitens, wie kann es sein, dass durch die Vermehrung solcher universeller Module all die neuen Phänomene in die Welt kamen, die wir mit mentalen Prozessen verbinden und die uns so nachhaltig von anderen Primaten unterscheiden; Qualitäten, die es uns Menschen erlaubten, der biologischen Evolution die kulturelle hinzuzufügen? Dass komplexe Systeme fähig sind, durch quantitative Vermehrung ihrer Komponenten Phasenübergänge

zu neuen Aggregatzuständen zu durchlaufen und dabei Eigenschaften hervorzubringen, die sich qualitativ nicht nur von den Komponenten, sondern auch von bisherigen Zuständen unterscheiden, ist uns geläufig. Aber wie ist vorstellbar, dass allein die Vermehrung von Großhirnrinde und der dazugehörigen Servicestrukturen zur Emergenz von Leistungen führte, die es uns erlaubten, der materiellen Welt eine geistige Dimension hinzuzufügen, uns unserer Wahrnehmungen und Gefühle gewahr zu werden, eine Innensicht unserer psychischen Verfasstheit zu gewinnen und diese Fähigkeit auch unserem Gegenüber zuzuschreiben? Wir erfahren diese mentalen Phänomene als ebenso real wie die greifbaren Phänomene der dinglichen Welt, wir können sie sprachlich fassen und uns in diesen Konstrukten als autonome Wesen, die über eine geistige Dimension verfügen, der materiellen Welt gegenüberstellen. In dieser Dimension existieren benennbare Phänomene, die in der materiellen Welt keine Entsprechung haben und die traditionell Forschungsgegenstand der Geisteswissenschaften sind: Empfindungen, Wertungen, Moral, Intentionalität, Schuld, ästhetische Kategorien, kurzum, all das, was erst durch den Menschen in die Welt kam. Was also ist geschehen?
Die Evolution hat die Module der Hirnrinde hervorgebracht und einen genialen Weg entdeckt, diese so miteinander zu verschalten, dass durch deren Vermehrung immer differenziertere kognitive Leistungen realisiert werden konnten. In Gehirnen mit vergleichsweise niedriger Komplexität finden sich diese Module zu einigen wenigen sensorischen und motorischen Rindenarealen zusammengefasst. Diesen Arealen obliegt es, die Signale aus den verschiedenen Sinnesorganen zu verarbeiten, sie mit der in ihnen gespeicherten Information zu vergleichen und so aufzubereiten, dass die motorischen Areale daraus angepasste Verhaltensreaktionen ableiten können. Dabei kommunizieren die verschiedenen Sinnessysteme mit den exe-

kutiven Strukturen über kurze Wege und vermitteln ihre Botschaften parallel und weitestgehend unabhängig voneinander. Dies ist der Grund, warum niedere Tiere nicht gut generalisieren, nicht gut vom einen aufs andere schließen können. In komplexeren Gehirnen kommen immer mehr Areale hinzu, die sich nicht mehr direkt mit der Verarbeitung sensorischer Signale befassen, sondern vorwiegend mit der Weiterverarbeitung und Rekombination der Ergebnisse, die in den vorgelagerten, evolutionär älteren Arealen erarbeitet wurden. Bei Primaten widmen sich allein etwa dreißig verschiedene, vorwiegend parallel arbeitende und eng miteinander vernetzte Areale den verschiedenen Aspekten der von den Augen erfassten und in der primären Sehrinde aufbereiteten visuellen Signale. Ein ventraler Teil analysiert Aspekte, die der Identifikation und Klassifikation von Objekten dienen, Konturlinien, Formmerkmale, Texturen, Farbwerte und viele mehr. Ein dorsaler Teil befasst sich mit Merkmalen, die erfasst werden müssen, um Objekte zielsicher greifen und manipulieren zu können, also deren äußere Form, Position und Bewegung. Verletzungen der ventralen Areale führen entsprechend zu Ausfällen der Formwahrnehmung: Objekte verlieren ihre Farbe oder Gesichter, können nicht mehr erkannt werden, und in extremen Fällen wird es unmöglich, Objekte überhaupt zu identifizieren und zu benennen. Man spricht dann von visueller Agnosie. Erhalten bleibt dabei die Fähigkeit, Bewegungen wahrzunehmen oder Objekte zu greifen und ihrer Funktion entsprechend zu manipulieren. Umgekehrt verlieren Patienten mit Läsionen im dorsalen Verarbeitungspfad die Fähigkeit, Objekte zu ergreifen und zu manipulieren, haben jedoch kein Problem, sie zu erkennen und zu benennen. Man spricht dann von visueller Ataxie.

Parallel zur Vermehrung dieser höheren sensorischen Areale, die sich in allen Sinnesmodalitäten vollzieht, treten Areale hinzu, die sich mit der Vermittlung zwischen den

Modalitäten befassen, die Assoziationsareale. Ihnen obliegt es, Gleiches im Verschiedenen herauszuarbeiten und modalitätsunabhängige, abstraktere Repräsentationen von Wahrnehmungsobjekten zu erstellen. In den Sprachearealen des Menschen erreicht diese symbolhafte, abstrakte Repräsentation des Wahrgenommenen seine höchste Ausprägung. Hinzu kommen Areale im Frontalhirn, die sich mit der Abspeicherung und Bearbeitung vorverarbeiteter, hochabstrahierter Inhalte befassen wie sozialen Wertesystemen und Verhaltenscodices. Benachbarten Arealen obliegt es, die Ergebnisse der vielen gleichzeitig ablaufenden Prozesse gegeneinander abzuwägen, ausgewählte mit Aufmerksamkeit zu belegen und so lange in Kurzzeitspeichern abzulegen, bis sie entweder nicht mehr gebraucht oder in die Langzeitspeicher verschoben werden. Und schließlich hat sich in den Stirn- und Schläfenlappen ein Netzwerk von Arealen herausgebildet, das uns befähigt, uns als mit uns identisch zu begreifen. Dieses Netzwerk reift auch in der Individualentwicklung spät aus, weshalb kleine Kinder noch keine Vorstellung von ihrer Identität entfalten können.

Die gegenwärtig plausibelste Annahme ist, dass sich die hohen, spezifisch menschlichen kognitiven Leistungen dem Auftreten von Hirnrindenarealen verdanken, deren Aufgabe es ist, die Verarbeitungsergebnisse aus bereits vorhandenen Arealen in vielfältigen Rekombinationen erneut zu bearbeiten – und zwar nach den gleichen Algorithmen, die von sensorischen Arealen bei der Bearbeitung von Sinnessignalen angewandt werden. Diese Iteration von kognitiven Operationen immer gleichen Grundmusters befähigt uns offenbar, über hirninterne Vorgänge Protokoll zu führen, uns unserer eigenen sensorischen Prozesse gewahr zu werden, sie zu benennen und uns der Entscheidungen und Handlungsentwürfe, die sich im System konstituieren, zumindest zum Teil bewusst zu werden.

Faszinierend ist dabei die Geschlossenheit der hochentwickelten Gehirne. Nervenzellen in evolutionsgeschichtlich jungen Arealen kommunizieren ausschließlich mit ihresgleichen. Im Vergleich zu den Myriaden von Verbindungen zwischen den zig Milliarden von Hirnrindenneuronen spielen die Verbindungen mit den Sinnesorganen und den Effektoren nur mehr eine marginale Rolle. So machen die Verbindungen zwischen den Augen und den Neuronen in der primären Sehrinde gerade einmal ein Prozent der Synapsen, der Kontakte zwischen Nervenzellen, aus. Hochentwickelte Gehirne beschäftigen sich also vorwiegend mit sich selbst und verhandeln die ungeheure Menge von Informationen über die Welt, die in ihrer Architektur gespeichert ist. So kommt es, dass sich die Aktivitätsmuster, die auftreten, wenn sich Menschen etwas vorstellen oder das Vorgestellte tatsächlich vor Augen haben, kaum unterscheiden. Im Traum und bei Halluzinationen verschwinden diese Unterschiede gänzlich, weshalb dann Imagination und Realität eins werden.

Wenn es im Gehirn keine zentrale, allen Subprozessen übergeordnete Instanz gibt, wie wird dann die Zusammenarbeit der Milliarden von Zellen in den mit verschiedenen Aufgaben betrauten Arealen der Großhirnrinde koordiniert, wie kann das Gehirn als Ganzes stabile Aktivitätsmuster ausbilden, wie können sich die verteilten Verarbeitungsprozesse zur Grundlage kohärenter Wahrnehmungen formieren, wie findet ein so distributiv organisiertes System zu Entscheidungen, woher weiß es, wann die verteilten Verarbeitungsprozesse ein Ergebnis erzielt haben, wie beurteilt es die Verlässlichkeit des jeweiligen Ergebnisses, und wie vermag es fein aufeinander abgestimmte Bewegungen zu steuern? Auf irgendeine Weise müssen die Ergebnisse der verteilten sensorischen Prozesse zusammengebunden werden, weil unsere Wahrnehmungen kohärent und nicht fragmentiert sind; und auch für die Steuerung des Gesamtsystems und die Koordination von Handlungen scheint eine zentrale Instanz unerlässlich. Wie bereits angedeutet, gibt es aber weder einen singulären Ort, zu dem alle sensorischen Systeme ihre Ergebnisse senden könnten, noch gibt es eine zentrale Lenkungs- und Entscheidungsinstanz. Offensichtlich hat die Evolution das Gehirn mit Mechanismen zur Selbstorganisation ausgestattet, die in der Lage sind, auch ohne eine zentrale koordinierende Instanz Subprozesse zu binden und globale Ordnungszustände herzustellen. Der Vergleich mit Superorganismen liegt nahe. Auch Ameisenstaaten kommen ohne Zentralregierung aus. Die Mitglieder des Staates kommunizieren über ein eng gewebtes Netzwerk von Signalsystemen und passen ihr individuelles Verhalten entsprechend der lokal verfügbaren Information an. Auch hier hat die Evolution eine geniale Interaktionsarchitektur entwickelt, die sicherstellt, dass sich die Myriaden der lokalen Wechselwirkungen zu global geordneten Systemzuständen fügen.

## Die Struktur von Repräsentationen

Wir sind vermutlich noch weit davon entfernt, die Prinzipien zu verstehen, nach denen sich die verteilten Prozesse im Gehirn zu kohärenten Zuständen verbinden, die dann als Substrat von Wahrnehmungen, Vorstellungen, Entscheidungen und Handlungssequenzen dienen könnten. Wir verfügen jedoch über eine experimentell überprüfbare Hypothese, die sich am Beispiel von Bindungsproblemen verdeutlichen lässt, die bei der Verarbeitung sensorischer Signale auftreten. Aufgrund ihrer spezifischen Verschaltung reagieren die Nervenzellen in der Sehrinde selektiv auf elementare Merkmale visueller Objekte: auf Konturen, Texturen, Farbkontraste und Bewegungen. Da sich auf höheren Verarbeitungsstufen Neuronen finden, die auf relativ komplexe Kombination solcher elementaren Merkmale ansprechen, wurde vermutet, dass die Bindung elementarer Merkmale zu Repräsentationen ganzer Objekte dadurch erfolgen könnte, dass die Antworten der elementaren Merkmalsdetektoren in Zellen höherer Ordnung so integriert werden, dass diese Zellen selektiv auf die Merkmalskonstellation einzelner Objekte reagieren. Es müsste dann für jedes wahrgenommene Objekt eine spezialisierte Nervenzelle geben, deren Antwort das Vorhandensein eben dieses Objektes signalisiert. Diese Erwartung ließ sich experimentell nicht bestätigen, und es gibt gute Gründe, warum die Natur diese Option zur Bindung verteilter neuronaler Signale nur für die Repräsentation sehr häufig vorkommender oder sehr bedeutsamer Objekte gewählt hat. Es würde diese Strategie eine astronomisch große Zahl hochspezialisierter Zellen erfordern, um alle wahrnehmbaren Objekte in all ihren unterschiedlichen Erscheinungsformen zu repräsentieren. Zudem wäre es unmöglich, neue, noch nie gesehene Objekte zu repräsentieren und wahrzunehmen, da schwer vorstellbar ist, dass sich im Laufe der Evolution für alle möglichen Objekte entsprechend spezialisierte Zellen ausgebildet haben. Hochentwickelte Gehirne wenden deshalb eine komplementäre, wesentlich flexiblere Strategie an. Objekte der Wahrnehmung, gleich ob es sich um visuell, akustisch oder taktil erfasste handelt, werden durch eine Vielzahl von gleichzeitig aktiven Neuronen repräsentiert, wobei jedes Einzelne nur einen Teilaspekt des gesamten Objektes kodiert.

Die nicht weiter reduzierbare neuronale Entsprechung eines kognitiven Objektes wäre demnach ein raumzeitlich strukturiertes Erregungsmuster in der Großhirnrinde, an dessen Erzeugung sich jeweils eine große Zahl von Zellen beteiligt. Ähnlich wie mit einer begrenzten Zahl von Buchstaben durch Rekombination nahezu unendlich viele Wörter und Sätze gebildet werden können, lassen sich durch Rekombination von Neuronen, die lediglich elementare

Merkmale kodieren, nahezu unendlich viele Objekte der Wahrnehmung repräsentieren, selbst solche, die noch nie zuvor gesehen wurden. An der Repräsentation eines freudig bellenden, mit dem Schwanz wedelnden, gerade getätschelten Hundes müssen sich Neuronen aus weit entfernten Hirnrindenarealen zu einem kohärenten Ensemble zusammenschließen: Zellen des Sehsystems, die visuelle Attribute des Hundes kodieren, müssen mit Zellen des auditorischen Systems kooperieren, welche sich an der Kodierung des Gebells beteiligen, Zellen des taktilen Systems müssen Informationen über die Beschaffenheit des Fells beisteuern und Zellen des limbischen Systems werden benötigt, um emotionale Bewertungen hinzuzufügen, um anzugeben, ob das Gebell freudig oder bedrohlich ist. All diese verteilten Informationen müssen zu einem kohärenten Gesamteindruck zusammengebunden werden, ohne sich an einem bestimmten Ort zu vereinen. Ferner muss dafür gesorgt werden, dass nur die Signale miteinander verbunden werden, die vom gleichen Objekt herrühren, dass die Signale vom Hund getrennt bleiben von Signalen, die von anderen, gleichzeitig wahrgenommenen Objekten herrühren, von Kindern etwa, die sich an der Streichelaktion beteiligen, und einer miauenden Katze, die ebenfalls Zuwendung sucht. Bei dieser Kodierungsstrategie müssen die Erregungsmuster der Neuronen demnach zwei Botschaften gleichzeitig vermitteln. Zusätzlich zu der Botschaft, dass das Merkmal, für welches sie kodieren, vorhanden ist, müssen sie angeben, mit welchen anderen Neuronen sie gerade gemeinsame Sache machen. Einigkeit besteht, dass die Amplitude der Erregung eines Neurons Auskunft darüber gibt, mit welcher Wahrscheinlichkeit ein bestimmtes Merkmal vorhanden ist. Heftig diskutiert wird jedoch die Frage, worin die Signatur bestehen könnte, die angibt, welche Neuronen jeweils gerade miteinander verbunden sind und ein kohärentes Ensemble bilden.

Wir haben vor mehr als einer Dekade beobachtet, dass Neuronen in der Sehrinde ihre Aktivitäten mit einer Präzision von einigen tausendstel Sekunden synchronisieren können, wobei sie meist eine rhythmisch oszillierende Aktivität in einem Frequenzbereich um vierzig Hertz annehmen. Wichtig war dabei die Beobachtung, dass Zellen vor allem dann ihre Aktivität synchronisieren, wenn sie sich an der Kodierung des gleichen Objektes beteiligen. Wir leiteten daraus die Hypothese ab, dass die präzise Synchronisierung von neuronalen Aktivitäten die Signatur dafür sein könnte, welche Zellen sich temporär zu funktionell kohärenten Ensembles gebunden haben. Wie so oft erweist es sich, dass die ursprüngliche Beobachtung nur die Spitze des Eisbergs war und dass die funktionellen Bedeutungen der beobachteten Synchronisationsphänomene weit über die zunächst vermuteten hinausgehen. Die vielleicht spannendsten Implikationen könnten die jüngsten Untersuchungen an schizophrenen Patienten haben. Sie verweisen darauf, dass in den Gehirnen dieser Patienten die Synchronisation neuronaler Aktivitäten gestört und unpräzise ist. Wenn zutrifft, dass Synchronisation der Koordination von parallel erfolgenden, räumlich verteilten neuronalen Operationen dient, könnte dies manche der dissoziativen Phänomene erklären, welche diese geheimnisvolle Krankheit charakterisieren. Die Befunde könnten dann tatsächlich Hinweise für eine gezielte Suche nach den pathophysiologischen Mechanismen liefern, die zu dieser Erkrankung führen.

Vieles spricht also dafür, dass wir uns als neuronales Korrelat von Wahrnehmungen komplexe, raumzeitliche Erregungsmuster vorstellen müssen, an denen sich jeweils eine große Zahl von Nervenzellen in wechselnden Konstellationen beteiligen. Je nach der Struktur des Wahrgenommenen können solche koordinierten Zustände weite Bereiche der Großhirnrinde umfassen. Da wir in der Regel mehrere Objekte gleichzeitig wahrnehmen, zwischen ihnen Bezüge herstellen und diese im Kontext der einbettenden Umgebung erfahren, müssen sich zudem in den Nervennetzen der Großhirnrinde mehrere unterschiedliche Ensembles ausbilden können, die zwar voneinander getrennt sein, aber doch in Wechselwirkung stehen müssen. Noch wissen wir nicht, wie dies bewerkstelligt wird. Eine Möglichkeit wäre, dass Ensembles, die unterschiedliche Objekte repräsentieren, in unterschiedlichen Frequenzbereichen synchron schwingen. Wie immer auch die Lösungen für die vielfältigen Koordinationsprobleme in unseren dezentral organisierten Gehirnen aussehen werden, fest steht schon jetzt, dass die dynamischen Zustände der vielen Milliarden miteinander wechselwirkenden Neuronen der Großhirnrinde ein Maß an Komplexität aufweisen, das unser Vorstellungsvermögen übersteigt. Dies bedeutet nicht, dass es uns nicht gelingen kann, analytische Verfahren zu entwickeln, mit denen sich diese Systemzustände erfassen und in ihrer zeitlichen Entwicklung verfolgen lassen. Aber die Beschreibungen dieser Zustände werden abstrakt und unanschaulich sein. Sie werden keine Ähnlichkeit aufweisen mit den Wahrnehmungen und Vorstellungen, die auf diesen neuronalen Zuständen beruhen.

Intuitiv nachvollziehbar ist uns vielleicht noch, dass die Wahrnehmung komplexer dynamischer Strukturen wie Sprache oder Musik auf einer Abfolge ebenfalls komplexer, sich ständig wandelnder Erregungsmuster beruhen muss. Doch selbst hier wird es sich keinesfalls um isomorphe Abbildungen handeln. Tonhöhen werden nicht einfach in neuronale Schwingungen unterschiedlicher Frequenz umgesetzt, sondern sie werden wie Merkmale behandelt, für deren Kodierung Nervenzellen vorgesehen sind. Gänzlich kontraintuitiv ist die Vorstellung, dass das neuronale Korrelat der Wahrnehmung eines taktil oder visuell erfassten soliden Objekts ebenfalls ein hoch abstraktes räumlich und zeitlich strukturiertes Erregungsmuster sein könnte und dass die Repräsentation eines dreidimensionalen, greifbaren Objektes auf die gleiche Weise erfolgen könnte wie die Repräsentation eines Geruches, einer Emotion oder einer Handlungsintention. Immer wird es sich um einen von nahezu unendlich vielen möglichen Zuständen handeln, den ein komplexes System mit hochgradig nicht-linearer Dynamik einzunehmen in der Lage ist. Anders ausgedrückt könnte man sagen, das System bewege sich fortwährend von einem Punkt zum nächsten in einem unvorstellbar hochdimensionalen Raum möglicher Zustände, wobei die Trajektorie dieser Bewegung von der Gesamtheit aller inneren und äußeren Einwirkungen abhängt, denen das System ausgesetzt ist. Auf dieser Wanderung verändert sich das System fortwährend, weil seine funktionelle Architektur durch die dabei gemachten Erfahrungen ständig verändert wird. Es kann deshalb niemals je an den gleichen Ort zurückkehren, und dies ist der Grund dafür, dass wir Zeit als nicht umkehrbar erleben. Das gleiche Objekt wird, wenn es zum zweiten Mal gesehen wird, einen anderen dynamischen Zustand bewirken als beim ersten Mal, es wird zwar als das Gleiche erkannt werden, aber in dem neuen Zustand wird mitkodiert, dass es schon einmal gesehen wurde.

Diese Überlegungen lassen erahnen, mit welch abstrakten Beschreibungen von Systemzuständen wir es zu tun haben werden, wenn wir tiefer in die funktionellen Abläufe unserer Gehirne eindringen, und sie bringen uns zurück zu der eingangs gestellten Frage, warum unser Vorstellungsvermögen so wenig geeignet ist, über die Vorgänge im Gehirn Auskunft zu geben, die diesem Vermögen zugrunde liegen.

Ich vermute, dass es an der evolutionären Anpassung unserer kognitiven Leistungen an eine Welt liegt, in der es keinen Vorteil brachte, sich mit nicht-linearen, hochdimensionalen dynamischen Prozessen zu befassen. Eine der wichtigsten Funktionen von Nervensystemen ist, lebensnotwendige Information aus der Umwelt aufzunehmen, Gesetzmäßigkeiten ausfindig zu machen, daraus zutreffende Modelle abzuleiten und aufgrund dieses Wissens optimal angepasste Verhaltensstrategien zu entwerfen. All dies dient der Sicherung des Überlebens in einer gefährlichen, sich stetig wandelnden Welt. Die Größe von Tieren, die Nervensysteme entwickelt haben, variiert im Bereich von Millimetern bis wenigen Metern. Folglich haben sich die kognitiven und exekutiven Funktionen der Nervensysteme an Prozesse angepasst, die für Interaktionen von Objekten dieser Größenordnung charakteristisch sind. Es ist das die Welt, in der die Gesetze der klassischen Physik gelten – weshalb wir diese und nicht jene der Quantenmechanik zuerst entdeckten. Es ist die Welt der soliden Gegenstände, der kausalen Wechselwirkungen, der nicht relativierbaren Koordinaten von Raum und Zeit, und es ist die Welt, in der vorwiegend lineare Modelle hinreichen, um den Großteil der für unser Überleben wichtigen Prozesse zu verstehen. Wir beobachten zwar Vorgänge, die eine andere Dynamik aufweisen und unseren Vorstellungen von Kausalität und Linearität zu widersprechen scheinen, aber wir haben Schwierigkeiten, die Gesetzmäßigkeiten intuitiv zu erfassen, die diesen Prozessen zugrunde liegen. Dies gilt zum Beispiel für alle Prozesse mit hoch nicht-linearer Dynamik, und hierzu gehören unter anderem die Resonanzphänomene, die zu unerwarteten Verstärkungen von Schwingungen führen, das Aufschaukeln von extremen Wetterlagen und die scheinbar völlig unvoraussagbaren Phasenübergänge in chaotischen Systemen. Der Grund, warum wir Schwierigkeiten haben, uns die Gesetzmäßigkeiten vorzustellen, die solche Prozesse hervorbringen, der Grund, warum wir kein rechtes Gefühl für solche nicht-linearen Wechselwirkungen haben, ist vermutlich, dass uns die Ausbildung dieses Vorstellungsvermögens nicht viel weitergebracht hätte. Modelle von Vorgängen und deren Gesetzmäßigkeiten zu erstellen, ist für Organismen nur dann von Vorteil, wenn sich aus diesen zutreffende Voraussagen ableiten lassen. Für die Entwicklungsdynamik hoch nicht-linearer Systeme ist diese Bedingung nicht erfüllt. Selbst bei Kenntnis der herrschenden Ausgangsbedingungen ist es meist unmöglich vorauszusagen, wie sich das System in Zukunft weiter entwickeln wird. Es bringt also kaum Vorteile, sich mit der Analyse der Interaktionsdynamik hoch nicht-linearer Systeme zu befassen, wenn es darum geht, Modelle von der Welt zu erstellen, von denen zutreffende Voraussagen abgeleitet werden können. Es gab also vermutlich keinen Selektionsdruck für die Ausbildung kognitiver Funktionen zur Erfassung nicht-linearer dynamischer Prozesse – und dies könnte der Grund dafür sein, warum es uns so schwer fällt, uns solche Prozesse vorzustellen. Den gleichen Grund könnte unser Unvermögen haben, die Vorgänge in der Quantenwelt intuitiv zu erfassen. Diese Prozesse spielen beim Entwurf von Überlebensstrategien keine Rolle. Wir haben vermutlich deshalb für deren Wahrnehmung keine Sinnessysteme entwickelt. Unsere Nervensysteme haben sich vielmehr darauf spezialisiert, einige der in unserer makroskopischen Lebenswelt relevanten Signale aufzunehmen und diese auf Gesetzmäßigkeiten hin zu untersuchen, die es erlauben, Voraussagen zu machen.

Diese Beschränkung unserer kognitiven Fähigkeiten könnte eine Erklärung dafür sein, warum unsere Intuition Vorstellungen über die Organisation unseres Gehirns entwickelt hat, die mit der naturwissenschaftlichen Beschreibung dieses Organs nicht übereinstimmen. Das menschliche Gehirn ist fraglos das komplexeste System in dem uns bekannten Universum, wobei komplex nicht einfach für kompliziert steht, sondern im Sinne der Komplexitätstheorie als Terminus technicus spezifische Eigenschaften eines Systems benennt, das aus sehr vielen aktiven, miteinander auf besondere Weise interagierenden Einzelelementen besteht. Solche Systeme zeichnen sich durch eine hoch nicht-lineare Dynamik aus und sind deshalb in der Lage, Qualitäten hervorzubringen, die aus den Eigenschaften der Komponenten nicht ableitbar sind. Sie können nahezu unendlich viele Zustände in hochdimensionalen Räumen einnehmen und dabei neue, prinzipiell unvorhersehbare Muster ausbilden. Sie vermögen dies, weil sie in der Lage sind, sich selbst zu organisieren und ohne den koordinierenden Einfluss einer übergeordneten Instanz hochgeordnete, metastabile Zustände einzunehmen. Somit sind sie hinsichtlich ihrer Entwicklungstrajektorien grundsätzlich offen. Sie sind kreativ. Warum aber hat die Natur Gehirne mit diesen Eigenschaften ausgestattet, wenn es doch vornehmlich um die Analyse linearer Prozesse geht? Die Antwort auf die Frage muss unvollständig bleiben, weil wir die Organisationsprinzipien nur im Ansatz verstanden haben. Erkennbar ist jedoch bereits, dass die Versatilität komplexer, nicht-linearer Systeme genutzt werden kann, um Probleme der Informationsverarbeitung sehr viel eleganter zu bewältigen, als dies mit linearen Operationen möglich wäre, selbst wenn es sich bei diesen Problemen um die Analyse vorwiegend linearer Prozesse handelt. Beispiele sind die Mustererkennung, die Bildung von Kategorien, die assoziative Verknüpfung sehr großer Mengen von Variablen, das Treffen von Entscheidungen und die kreative Anpassung an sich ständig ändernde Bedingungen. Der geniale Trick scheint darin zu bestehen, die niedrigdimensionalen Signale, die von den Sinnesorganen geliefert werden, in hochdimensionale Zustandsräume zu transponieren, dort zu verarbeiten und die Ergebnisse dann rückzutransformieren auf den niedrigdimensionalen Raum, in dem die Verhaltensreaktionen stattfinden. Offensichtlich haben wir aber keine Einsicht in die hochdimensionalen, nicht-linearen Prozesse, auf denen unsere kognitiven Leistungen beruhen, sondern nehmen nur die niedrigdimensionalen Ergebnisse wahr. Und da wir kein Sensorium für die in unserem Gehirn ablaufenden Vorgänge haben, stellen wir uns offenbar vor, es müssten in ihm die gleichen linearen Vorgänge ablaufen, die wir den beobachtbaren Phänomenen in der Welt draußen unterstellen. Und dies ist vermutlich der Grund, warum wir glauben, dass es in unserem Gehirn eine zentrale Instanz geben müsse, einen autonomen Beweger, der über die Richtung zukünftiger Entwicklungstrajektorien entscheidet. Lineare Systeme können sich nicht selbst organisieren, sie sind nicht kreativ. Ihre Dynamik bewegt sich in unveränderlichen Zirkeln und wenn in ihnen Neues entstehen soll, dann müssen strukturierende Einflüsse von außen auf sie einwirken. Anders als selbstorganisierende Systeme bedürfen sie eines Bewegers. Weil wir Linearität annehmen, uns und unser Gegenüber aber als kreativ und intentional erleben, kommt unsere Intuition zu dem falschen Schluss, in unserem Gehirn müsse es eine übergeordnete, lenkende Instanz geben, welche die vielfältigen verteilten Prozesse koordiniert, Impulse für Neues gibt und den neuronalen Prozessen vorgängig über deren zukünftige Ausrichtung entscheidet. Und da wir diese virtuelle Instanz nicht zu fassen vermögen, schreiben wir ihr all die immateriellen Attribute zu, die wir mit dem Begriff des »Selbst« verbinden: die Fähigkeit, initiativ zu sein, zu wollen, zu entscheiden und Neues zu erfinden.

Diese Begrenzung unseres Vorstellungsvermögens erklärt vielleicht, warum unsere Intuition über die Vorgänge in unserem Gehirn nicht mit dem übereinstimmt, was die Hirnforschung über diese in Erfahrung gebracht hat. Die Einsicht in diese Begrenzung mag uns auch Warnung sein, die aus unserer Intuition abgeleiteten Vorstellungen von uns und der uns umgebenden Welt nicht zur alleinigen Grundlage zu machen für unser Urteilen und Handeln. Dies gilt vor allem dann, wenn wir absichtlich oder gezwungenermaßen in die Dynamik komplexer Systeme der Außenwelt eingreifen. Hierzu zählen sämtliche Systeme unserer Lebenswelt, die aus einer Vielzahl miteinander wechselwirkender aktiver Komponenten bestehen, also soziale und politische Systeme ebenso wie Wirtschaftssysteme und Biotope. All diese Systeme weisen eine hoch nicht-lineare Dynamik auf: Sie organisieren sich selbst, erzeugen fortwährend neue Muster, sind hinsichtlich ihrer zukünftigen Entwicklung nicht festgelegt und warten deshalb mit Überraschungen auf, die nicht prognostizierbar sind.

## Freiheit und neuronaler Determinismus

Aus dem bisher Gesagten geht hervor, dass alle kognitiven Leistungen, auch unsere als frei empfundenen Entscheidungen, auf sich selbst organisierenden neuronalen Prozessen beruhen müssen, die nach deterministischen Gesetzen ablaufen. Dies widerspricht unserer Intuition von Freiheit und bedarf deshalb der Diskussion.

Vielleicht nützt es, sich zunächst zu fragen, was wir meinen, wenn wir sagen, wir hätten frei entschieden. Dabei bedarf der Klärung, wovon wir uns frei wähnen. Vielleicht meinen wir nur, dass wir uns frei entschieden hätten, wenn wir frei von äußeren und inneren Zwängen entschieden haben, wobei nicht weiter hinterfragt werden muss, welchem Mechanismus sich der Entscheidungsprozess selbst verdankt. Wir sagen gemeinhin, eine Person hätte sich frei entschieden, wenn sie die Entscheidung durch bewusstes Abwägen von Argumenten herbeigeführt hat und kein Hinweis auf das Vorliegen besonderer äußerer oder innerer Zwänge besteht, wenn der Ausgang der Entscheidung nicht durch Bedrohung oder soziale Abhängigkeiten, durch neurotische Zwänge oder pathologische Triebstrukturen beeinflusst wurde. Wir gehen also offenbar davon aus, dass Entscheidungen dann frei sind, wenn sie über die bewusste Deliberation von Argumenten herbeigeführt werden und ohne den Einfluss von Faktoren erfolgen konnten, die diesen bewussten Akt von vornherein in seinem normalen Ablauf hätten behindern können. Aus ebendiesem Grund gelten nicht nur äußere und innere Zwänge, sondern auch Zustände eingeschränkten Bewusstseins als mildernde Umstände.

In der alltäglichen Praxis stellen wir demnach eine enge Verbindung her zwischen »frei sein« und »bewusst sein«. Wir attribuieren das Prädikat »frei« jenen Entscheidungsprozessen, die bewusst erfolgen und sich somit auf jene Variablen stützen, die bewusstseinsfähig sind. Dies können jedoch nur die Variablen sein, die im Kurzzeitspeicher des Gehirns und/oder im so genannten deklarativen Gedächtnis abgelegt wurden. Beides ist nur für Inhalte möglich, die zum Zeitpunkt der Abspeicherung mit Aufmerksamkeit belegt wurden. Nur die Variablen, die während ihrer Erfassung mit Aufmerksamkeit belegt und ins Bewusstsein gehoben wurden, gelangen in das deklarative Gedächtnis und können später wieder ins Bewusstsein gehoben werden. Ausgeschlossen bleiben dabei all die Variablen, welche Entscheidungen mit beeinflussen, doch im Augenblick der Entscheidungsfindung nicht den Weg ins Bewusstsein gefunden haben. Dies gilt für all das Wissen über die Welt, das während der Evolution erworben wurde und sich in der funktionellen Architektur unserer Gehirne manifestiert. Und es gilt auch für die Lebenserfahrungen, die vor dem dritten bis vierten Lebensjahr gewonnen wurden, da diese wegen des noch nicht ausgebildeten deklarativen Gedächtnisses nicht bewusst erinnert werden können. Dazu zählen ferner die vielen grundsätzlich nicht bewusstseinsfähigen Variablen, die innere, unbewusste Bedürfnisse in den Entscheidungsprozess mit einbringen. Hierzu zählen unter anderem die Dispositionen, welche die Struktur einer Persönlichkeit ausmachen. Sie haben nachhaltigen Einfluss auf unser Verhalten, wir sind uns ihrer aber nur in den seltensten Fällen bewusst. Dann sind es all die im Prinzip bewusstseinsfähigen Variablen, die jedoch im Augenblick der Entscheidungssuche nicht ins Bewusstsein gelangten, weil sie nicht mit der dafür notwendigen Aufmerksamkeit belegt wurden. Denn was von den im Prinzip bewusstseinsfähigen Variablen tatsächlich ins Bewusstsein gelangt, hängt wiederum ab von einer Fülle unbewusster Motive, von Verdrängungsmechanismen, von der Art der assoziativen Einbettung der abgespeicherten Inhalte, und schließlich vom Ablauf des gerade anstehenden Entscheidungsprozesses, der die selektive Aufmerksamkeit je nach Bedarf auf ganz bestimmte Inhalte richtet. Nicht zuletzt wird die Zahl der jeweils gleichzeitig verhandelbaren Argumente durch die Kapazität des Arbeitsgedächtnisses begrenzt. Diese wiederum weist starke interindividuelle Variabilität auf und ändert sich zudem in Abhängigkeit von schwankender Konzentrationsfähigkeit und Wachheit. Daraus folgt, dass die bewussten, als frei bewerteten Entscheidungen in aller Regel auf einer begrenzten Zahl von Variablen beruhen, deren Verfügbarkeit von einer Fülle unbewusster Prozesse gesteuert wird.

Ferner gilt, dass natürlich auch die bewussten Deliberationen selbst, wie alle anderen kognitiven Leistungen, auf neuronalen Prozessen beruhen – in diesem Fall auf solchen, die vorwiegend in der Großhirnrinde ablaufen. Zu welchem Ergebnis der jeweilige Abwägungsprozess konvergiert, hängt damit von einer Vielzahl unterschiedlicher Faktoren ab. Zum einen sind das die Regeln, nach denen der Abwägungsprozess selbst erfolgt. Diese werden durch die funktionelle Architektur der Nervennetze, also durch die Verschaltungsweise der Nervenzellen, vorgegeben. Determinanten dieser Verschaltung wiederum sind zum einen genetische Faktoren, über welche das während der Evolution erworbene Wissen über die Bedingungen der Welt in Hirnarchitekturen übersetzt wird. Hinzu kommen die erfahrungsabhängigen frühkindlichen Prägungen, die nachhaltige Modifikationen der genetisch vorgegebenen Verschaltung bewirken, und schließlich die vorangegangenen Lernprozesse, die über Veränderungen der Effizienz der Verbindungen die neuronalen Netzwerke und damit die von ihnen getragenen Funktionen bleibend verändern. Zudem hängt der Ablauf und damit der Ausgang des jeweiligen Abwägungsprozesses natürlich von der Aktivitätskonstellation ab, die sich im Netzwerk entwickelt hat. Diese Konstellation muss ein gewisses Maß an Instabilität erreicht haben, um den Prozess in Gang zu bringen, der für den Beobachter als Entscheidungsprozess in Erscheinung tritt. Auf der Ebene der neuronalen Netzwerke sind solche instabilen Zustände dadurch charakterisiert, dass unterschiedliche, sich ausschließende Aktivierungsmuster miteinander in Kompetition geraten. Dabei durchläuft das System eine Folge wechselnder Zustände, wobei aufgrund der nicht-linearen Dynamik solcher Trajektorien völlig neue Zustände auftreten können, bis sich schließlich wieder ein stabiler Zustand einschwingt, eine »Lösung« gefunden wurde, eine »Entscheidung« stattgefunden hat. Die dynamischen Zustände des Gesamtsystems hängen dabei nicht nur von der jeweiligen Vorgeschichte ab, sondern werden fortwährend von der Summe aller sensorischen Einwirkungen beeinflusst. Auch ein eben gehörtes Argument zählt zu diesen Einflüssen. Nach seiner Verarbeitung in den Sprachzentren bestimmt dieses als neuronales Erregungsmuster die Entwicklungstrajektorie des Systems in gleicher Weise wie etwa eine frühere Erfahrung, die in der Architektur des Netzwerkes gespeichert wurde. Ersteres wird als bewusst wahrgenommenes Argument erfahren, die Wirkung früher Prägung entzieht sich unserer Wahrnehmung und entfaltet sich als unbewusster Prozess.

Oft ist die Behauptung zu hören, unsere Entscheidungen seien frei, weil sie von Argumenten abhängig sind, also von Variablen, die auf der Ebene des Bewusstseins verhandelt werden können. Dies bestätigt die oben formulierte Vermutung, dass »frei sein« mit »bewusst sein« gleichgesetzt wird; denn sprachlich gefasste Argumente sind Variablen, die grundsätzlich bewusstseinsfähig sind und in der Regel bewusst verarbeitet werden. Doch kann es sein, dass selbst früher gehörte, bewusst abgespeicherte Argumente im Augenblick der Entscheidungsfindung nicht den Weg ins Bewusstsein finden. Sie können dann im rationalen Abwägungsprozess nicht mitverhandelt werden. Dennoch werden sie an den gleichzeitig ablaufenden, unbewussten Abwägungen teilhaben und den bewussten Deliberationsprozess »unbemerkt« beeinflussen.

Weil auch die Verarbeitungsprozesse, die uns bewusst werden, auf neuronalen Wechselwirkungen beruhen, folgen sie Regeln, die durch die funktionelle Architektur der beteiligten Hirnregionen festgelegt sind. Wäre dem nicht so, würden diese Prozesse also nicht determiniert, sondern lediglich die Folge aleatorischer Zustandsänderungen sein, dann könnte ein Gehirn keine an die Bedingungen angepassten Entscheidungen fällen, könnte sich nicht auf Vorwissen verlassen und der aktuellen Situation Rechnung tragen. Ein Organismus, der auf diese Weise frei und ungebunden Entscheidungen träfe, würde am Leben scheitern. Bleibt also die Schlussfolgerung, dass auch die bewussten Entscheidungen, die sich vorwiegend auf deklaratives Wissen stützen, also auf meist sprachlich vermitteltes Kulturwissen, nach wie vor auf deterministischen Prozessen beruhen, die von einer kaum überschaubaren Vielfalt von Bedingungen abhängen, inneren und von außen herangetragenen. Dort wo die Entscheidung vorbereitet und gefällt wird, in den entsprechenden Nervennetzen, verwandeln sich all diese Einflüsse in raumzeitlich strukturierte neuronale Erregungsmuster. Diese sind kompetitiven Selbstorganisationsprozessen unterworfen, deren Dynamik von der Systemarchitektur vorgegeben ist. Diese Prozesse bewirken, dass sich von vielen möglichen das jeweils stabilste, man könnte auch sagen, das jeweils konsistenteste beziehungsweise widerspruchsfreieste Erregungsmuster durchsetzt.

## Die Verwechslung von Freiheit mit Optionenraum

Wie also kann es sein, dass wir dennoch von freien und weniger freien Entscheidungen sprechen, und Letzteren, wenn sie als Fehlentscheidungen gewertet werden, mildernde Umstände zuschreiben? Ich vermute, dass der Grund hierfür darin liegt, dass wir Freiheit mit Spielraum verwechseln oder gleichsetzen und wissen, dass der Raum für Optionen unterschiedlich groß sein kann. Unsere Selbsterfahrung lehrt, dass an unseren Entscheidungen noch mehr Variablen teilhaben als solche, die uns jeweils bewusst werden. Diese im Unbewussten wirkenden Variablen stehen miteinander ebenso in Wettbewerb wie die bewussten, nach rationalen Regeln abwägbaren Argumente. Weil sie nicht im Bewusstsein aufscheinen, vermögen wir deren Wirken nicht zu benennen, sie beeinflussen Entscheidungen jedoch in hohem Maße. Einmal bestimmen sie mit, welche der »frei« verhandelbaren Argumente jeweils ins Bewusstsein gelangen, weil sie die Aufmerksamkeitsmechanismen steuern. Diese Aufmerksamkeit steuernde Wirkung der unbewussten Prozesse wird besonders deutlich, wenn man nach einem bestimmten Inhalt des deklarativen Gedächtnisses sucht, etwa einem Wort, und dieser bewusste Suchvorgang ergebnislos verläuft. Wir vertrauen es dann unbewussten Suchprozessen an, den entsprechenden Speicherinhalt zu suchen und ins Bewusstsein zu heben. Ferner nehmen wir die Wirkung unbewusster Abwägungsprozesse als Intuition wahr, als gutes oder schlechtes Gefühl, als angenehme oder unangenehme vegetative Begleiterscheinung des unbewussten Wettstreits. Diese unbewussten Abwägungsprozesse laufen vermutlich nach anderen, einfacheren Regeln ab als die bewussten, die sich auf kulturell vereinbarte, in der Sprachlogik fixierte Regeln stützen. Dafür können aber im Unterbewusstsein sehr viel mehr Variablen gleichzeitig miteinander verrechnet werden, als dies im Bewusstsein möglich wäre, weil die Kapazität des Bewusstseins in hohem Maße beschränkt ist. Der klinische Blick ist hierfür das adäquate Beispiel. Der erfahrene Arzt erfasst eine Fülle von beobachtbaren Variablen, von denen ihm jeweils nur ein kleiner Teil wirklich bewusst wird, und vergleicht diese mit einem ungeheuren Erfahrungsschatz, von dem auch nur ein Bruchteil jeweils im Bewusstsein explizit ist, und urteilt nach, wie er sagt, seinem »Gefühl«. Meist ist er dabei ebenso treffsicher, als wenn er Laborwerte explizit mit gespeicherten Normwerten vergleicht und daraus seine Schlussfolgerungen zieht. Ähnlich lassen wir uns von unbewussten Entscheidungsprozessen leiten, wenn wir in großer zeitlicher Bedrängnis, etwa in einer gefährlichen Verkehrssituation, sehr schnell eine große Zahl von Variablen mit gespeichertem Wissen über mögliche Lösungen verrechnen müssen. Hier gelingt es allenfalls im Nachhinein, im Bewusstsein zu rekonstruieren, welche Variablen unsere Entscheidung determiniert haben und warum wir so und nicht anders gehandelt haben – wobei es durchaus sein kann, dass diese im Bewusstsein aufscheinenden Begründungen unzutreffend sind.

Wir verfügen also über zwei parallel agierende Entscheidungsmechanismen, die sich gegenseitig beeinflussen, die aber nicht notwendig zu dem gleichen Ergebnis führen müssen. Im Fall von Widersprüchen sagen wir, wenn die unbewussten, sich in Intuitionen ausdrückenden Entscheidungsmechanismen über die expliziten, bewussten siegen, wir hätten uns wider besseres Wissen entschieden. Im umgekehrten Fall sagen wir, wir hätten gegen unser Gespür entschieden. In beiden Fällen haben wir das Gefühl, nicht ganz frei entschieden zu haben, und sind mit der Entscheidung nicht zufrieden. Dies verweist darauf, dass wir von einer wirklich freien Entscheidung noch mehr verlangen als nur, dass sie auf der Verhandlung bewusstseinsfähiger Argumente beruht. Wir wollen die Entscheidung auch frei wissen von Widersprüchen, die nicht selten als Zwang erlebt werden, die aus der Dissonanz zwischen unbewussten und bewussten Motiven entstehen. So betrachtet, gibt es dann quantitative Abstufungen hinsichtlich der Erfahrung von Freiheit. Gänzlich frei und im Sinne der Zurechenbarkeit von allen mildernden Umständen ausgenommen würden demnach Entscheidungen empfunden, die unter Heranziehung aller bewusstseinsfähigen Argumente frei von äußeren und inneren Zwängen getroffen werden. Unter äußeren Zwängen wären dabei alle Bedrohungen zu verstehen, die als Konsequenz einer bestimmten Entscheidung antizipiert werden. Zu den inneren Zwängen wären zu rechnen all die Faktoren, welche die Rekrutierung von bewusstseinsfähigen Argumenten einschränken, aber auch die unbewussten Motive, welche bewusste Entscheidungen in bestimmte Richtungen lenken. Ferner wäre Voraussetzung für so definierte »freie« Entscheidungen, dass zum Zeitpunkt der Entscheidung keine das Bewusstsein und dessen Kapazität einschränkenden Bedingungen herrschen dürfen.

Ich denke, dass bei dieser Betrachtungsweise deutlich wird, wie fragwürdig der Versuch ist, jeweils im Nachhinein festzustellen, wie frei eine bestimmte Entscheidung war, wobei mit »frei« nur gemeint ist, wie unbehindert von äußeren und inneren Zwängen der bewusste Deliberationsprozess ablaufen konnte, auch wenn dieser selbst sich natürlich deterministischen neuronalen Prozessen in der Großhirnrinde verdankt. Es scheint also weniger darum zu gehen, ob der Prozess der Entscheidung nach deterministischen Regeln ablief – und rationales Folgern ist ein deterministischer Vorgang –, sondern wie stark dieser Prozess noch von anderen Faktoren beeinflusst wurde. Offenbar wird mit der Qualität »frei« lediglich bezeichnet, wie ungehindert die rationale Abwägung erfolgte und wie groß der jeweilige Optionenraum war. Es geht also nicht darum, ob Wollen determiniert ist oder frei, sondern es geht um Spielräume.

## Freiheit und Schuld

Gemeinhin wird angeführt, Freiheit sei Voraussetzung für Schuldfähigkeit, und diese wiederum diene der Strafbemessung. Entsprechend bemühen Richter den forensischen Psychiater, um zu beurteilen, wie »frei« der Angeklagte zum Zeitpunkt der Tat war. Hierzu wird ein Katalog etablierter Kriterien zur Abgrenzung von normalen und pathologischen psychischen Konstellationen herangezogen. Der Arzt kann dem Richter Auskunft darüber geben, ob die Hirnfunktionen des Täters hinsichtlich bestimmter Eigenschaften der Norm entsprechen. Dabei wird offensichtlich vor allem geprüft, ob der Delinquent in der Lage war, in vollem Besitz seines Bewusstseins zu entscheiden. Was aber ist damit gewonnen, wenn auch der bewusste Deliberationsprozess auf neuronalen Vorgängen beruht, die ihrerseits durch genetische Dispositionen, frühe Prägungen und erlernte Routinen in idiosynkratischer Weise, in einer für das Individuum spezifischen Weise ablaufen. Es lässt sich dann lediglich die Feststellung machen, dass der bewusste Deliberationsprozess, der zu der fatalen, strafwürdigen Entscheidung führte, zwar frei von sichtlichen äußeren und inneren Zwängen ablaufen konnte, dass er also unbehindert war und der Optionenraum weit, dass die Entscheidung aber den bekannten Ausgang nahm, weil die den neuronalen Abwägungsprozess determinierenden Bedingungen so ausgelegt waren, dass eben diese und keine andere Entscheidung fallen konnte.

Folgendes Beispiel macht die Problematik des Versuchs deutlich, das Maß der jeweils verfügbaren »Freiheit« und damit die Größe der subjektiven »Schuld« zu objektivieren. Findet sich bei einem Delinquenten, der ganz offensichtlich bei vollem Bewusstsein und ohne Zeitdruck eine fatale Aktion ausgeführt hat, durch Zufall im Nachhinein eine Läsion im Präfrontalhirn, welche die Bahnen unterbrochen hat, die den Ort, wo ethische Normen gespeichert sind, mit den Zentren verbinden, deren Aktivierung erforderlich ist, um Handlungen zu unterdrücken, so würden dem Delinquenten im Nachhinein mildernde Umstände zugesprochen. Den gleichen Effekt wie makroskopisch feststellbare Läsionen können jedoch unsichtbare Fehlverschaltungen haben, die ihrerseits auf vielfältigste Ursachen zurückgehen können. Hierzu zählen genetische Dispositionen, fehlerhaft verlaufene Entwicklungs- und Prägungsprozesse und die ungenügende oder falsche Einschreibung von Lerninhalten. Ferner muss mit ebenfalls unsichtbaren und im Nachhinein nicht mehr nachvollziehbaren Veränderungen im Gleichgewicht neurochemischer Prozesse gerechnet werden oder mit akzidentellen Entgleisungen der Systemdynamik. Es muss also davon ausgegangen werden, dass jemand tat, was er tat, weil just in dem Augenblick sein Gehirn zu keiner anderen Entscheidung kommen konnte, gleichgültig, wie viel bewusste oder unbewusste Faktoren tatsächlich beigetragen haben. Beurteilt wird also, wie sich ein Täter unter gewissen Bedingungen entschieden hat und somit, wie ein bestimmtes Gehirn sich unter gegebenen Ausgangsbedingungen verhält. Es geht nicht darum, ob der Wille oder die Entscheidungen frei oder determiniert sind, sondern wie ein bestimmter Mensch sich verhält. Und da Verhalten auf neuronalen Prozessen beruht, die durch die funktionelle Architektur des Gehirns determiniert sind, beurteilen wir im Grunde die Normabweichung von Hirnfunktionen. Wenn einer unter Zwängen tut, was die meisten unter gleichen äußeren oder inneren Zwängen auch getan hätten, ist die Normabweichung gering. Es geht also nicht um die Beurteilung von Freiheit und aus ihr abgeleiteter Schuld, sondern um die Feststellung der Normabweichung und – wie die Strafbemessung nahelegt – um die Schwere der Tatfolge, die mit der subjektiven Freiheit beziehungsweise Schuld nur sehr bedingt korreliert. Übersieht jemand ein Rotlicht, verursacht aber keinen Schaden, wird diese Lässlichkeit mit Bußgeld und Punkten im Register geahndet. Führt jedoch die gleiche Lässlichkeit, ein Moment abgelenkter Aufmerksamkeit, zu einem Unfall mit Todesfolge und lebenslanger Behinderung, so wird das Strafmaß wesentlich höher ausfallen.

Daraus folgt selbstverständlich nicht, dass abweichendes Verhalten nicht sanktioniert werden darf und muss. Denn dann dürften wir auch unsere Kinder für das, was sie tun, weder bestrafen noch belobigen. Denn wir sprechen ihnen Schuldfähigkeit ab, weil sie nur über einen begrenzten Optionenraum verfügen, stark eingeschränkte deklarative Kompetenzen haben und weniger als Erwachsene zur bewussten Verarbeitung von Argumenten fähig sind. Wir ziehen die Kinder zur Rechenschaft für das, was sie tun, selbst wenn wir ihnen nur begrenzte Schuldfähigkeit zuschreiben, denn wir machen sie verantwortlich für das, was sie tun. Wir bestrafen und belohnen das Kind in der Absicht, seine Hirnarchitektur so zu prägen, dass es später Entscheidungen treffen wird, die mit den sozialen Normen der Gesellschaft, in welche es integriert werden soll, konform sind.

Und so stellt sich die Frage, ob es nicht zur Klarheit beitrüge, wenn man andere Terminologien verwendete. Selbstverständlich bleibt die Notwendigkeit zur Zuschreibung von Verantwortung unberührt, denn wer sonst als das handelnde Individuum könnte die Tat verantworten. Nachdem sich das, was mit »Freiheit« gemeint ist, offensichtlich nur auf einen kleinen Teil der kognitiven Leistungen von Gehirnen bezieht, nämlich auf die Fähigkeit zur bewussten Abwägung von Argumenten, also Inhalten des deklarativen Gedächtnisses, wäre es vielleicht tunlicher, von Mündigkeit zu sprechen. Je mündiger eine Person ist, umso mehr ist sie in der Lage, sich Argumente bewusst zu machen und diese nach sprachlogischen Regeln, welche die jeweilige Gesellschaft vorgibt, abzuwägen und dabei jenes Wissen heranzuziehen, das im deklarativen Gedächtnis gespeichert ist. Dabei handelt es sich ganz vorwiegend um explizites, sprachlich fassbares Wissen, Mündigkeit, verstanden im Sinne von Sagbarkeit. Was also geschähe, wenn wir den diffusen und mit unterschiedlichsten Konnotationen befrachteten Begriff der Freiheit aufgäben und stattdessen sprächen von der Kohärenz oder Inkohärenz bewusster und unbewusster Prozesse, von der interindividuell stark schwankenden Fähigkeit zur rationalen Verhandlung bewusstseinsfähiger Inhalte (diese Fähigkeit könnte man als Mündigkeit bezeichnen) und von Strafe als Sanktion für abweichendes Verhalten, die sich nicht an der Schwere der subjektiven Schuld orientiert, sondern lediglich an der Normabweichung der Handlung? Zumindest im akademischen Bereich könnte diese Begriffsklärung hilfreich sein. Gleichwohl kann es sich als zweckmäßig erweisen, im Rechtsalltag und im Selbstverständnis der Gesellschaft an den Begriffen »Freiheit«, »Schuld« und »Strafe für Schuld« festzuhalten, weil jeder, der in unserem Kulturkreis erzogen wurde, damit zwar vage, aber zumindest konsensfähige Inhalte seiner Selbsterfahrung benannt findet.

Michael Pauen

# Freiheit – Natur – Vernunft

## Rationale Gründe und selbstbestimmte Entscheidungen in einer naturgesetzlich bestimmten Welt

### 1. Einleitung

Die Zeiten, in denen die Wissenschaftsgeschichte als eine Kette von Erfolgen und Fortschritten betrachtet wurde, sind schon lange vorbei. Spätestens seit dem Ende des 19. Jahrhunderts tritt auch der Preis des Fortschritts immer deutlicher ins Bewusstsein, ja es kommt zu einem regelrechten Umschlag in der Bewertung. Hierzu tragen insbesondere die Wissenschafts- und Kulturkritik bei, die sich mit den negativen Seiten des Fortschritts befassen. Schon der Übergang vom geozentrischen zum heliozentrischen Weltbild ließ sich als eine Degradierung des Menschen lesen, der damit aus der Mitte des Alls vertrieben wurde. Stärker noch wurden diese Konsequenzen offenbar dort sichtbar, wo sich die Wissenschaften mit dem Menschen selbst befassten. Noch im 18. Jahrhundert schien die herausgehobene Rolle des Menschen in der Ordnung der Dinge einigermaßen sicher: Diese Rolle ließ sich auf einen besonderen göttlichen Schöpfungsakt zurückführen, wie ihn die Genesis beschrieb. Darüber hinaus war der Mensch gegenüber den Tieren durch seine immaterielle Seele, gegenüber der nichtbelebten Natur durch eine besondere Lebenskraft ausgezeichnet, die in physischen Kategorien nicht zu erfassen war. Alle diese Auffassungen müssen während des 19. Jahrhunderts revidiert werden, bis kurz nach der Wende zum 20. Jahrhundert sogar die Rolle des bewussten Geistes in Frage gestellt wird: Die Psychoanalyse scheint zu zeigen, dass unser Verhalten nicht nur von unseren bewussten Entschlüssen, sondern zu einem großen Teil von unbewussten Trieben und Traumata bestimmt wird. Die Befürchtungen, die sich angesichts dieser Entwicklung einstellen mussten, hat denn auch niemand besser formuliert als Freud, der im Anschluss an Nietzsche und Du Bois-Reymond von den drei großen »Kränkungen« des Menschen spricht:

»Zwei große Kränkungen ihrer naiven Eigenliebe hat die Menschheit im Laufe der Zeiten von der Wissenschaft erdulden müssen. Die erste, als sie erfuhr, dass unsere Erde nicht der Mittelpunkt des Weltalls ist, sondern ein winziges Teilchen eines in seiner Größe kaum vorstellbaren Weltsystems. Sie knüpft sich für uns an den Namen Kopernikus, obwohl schon die alexandrinische Wissenschaft ähnliches verkündet hatte. Die zweite dann, als die biologische Forschung das angebliche Schöpfungsvorrecht des Menschen zunichte machte ... Die dritte und empfindlichste Kränkung aber soll die menschliche Größensucht durch die heutige psychologische Forschung erfahren, welche dem Ich nachweisen will, dass es nicht einmal Herr im eigenen Hause ist.«[1]

Freuds Bemerkung wird bis heute immer wieder aufgegriffen. Dabei treten vor allem die Neurowissenschaften an die Stelle der Psychoanalyse: Die Ergebnisse der modernen Neurobiologie scheinen das tradierte Menschenbild gründlich in Frage zu stellen und damit zu einer weiteren Degradierung des Menschen in der Ordnung der Dinge zu führen. Eine besondere Rolle hat dabei in den letzten Jahren vor allem des Problem der Freiheit gespielt. Ohne Zweifel stellt die Fähigkeit zu freiem und verantwortlichem Handeln einen konstitutiven Bestandteil unseres Selbstverständnisses dar. Während es schwer zu bestreiten ist, dass viele Tiere ebenso wie Menschen über Bewusstsein verfügen und es bei einigen nicht-menschlichen Primaten sogar Indizien für

Selbstbewusstsein gibt, scheint die Fähigkeit zu freiem und verantwortlichem Handeln dem Menschen vorbehalten. Zur Debatte steht hier jedoch nicht nur ein theoretisches Konstrukt wie unser Menschenbild. Vielmehr geht es auch um ganz handfeste praktische Konsequenzen. Dies gilt zum einen für die Rechtswissenschaften, die sich bei der Legitimation von Strafe und der Zuschreibung von Schuld in der Regel auf die Annahme stützen, dass Menschen zu freiem und verantwortlichem Handeln fähig sind. Betroffen ist zweitens auch unser ganz normaler Alltag. Tatsächlich legen wir nicht nur ganz ähnliche Annahmen zugrunde, wenn wir einen gesunden Erwachsenen üblicherweise für sein Handeln verantwortlich machen und ihn folglich loben und tadeln – je nachdem, ob er bestimmte Erwartungen erfüllt oder verletzt hat. Viel wichtiger sind diese Annahmen, wenn wir einer Person gewisse Kompetenzen übertragen. Dies geschieht ja nicht in der Hoffnung, die Person zur Rechenschaft ziehen zu können, sondern vielmehr in der Erwartung, dass es gar nicht nötig ist, die Person zur Rechenschaft zu ziehen, da sie ihrer Verantwortung gerecht werden wird.

Sollten wir uns also so gründlich täuschen, wenn wir Menschen die Fähigkeit zu freiem und verantwortlichem Handeln zuschreiben, dann hätte dies einschneidende praktische Konsequenzen, ja es ist schwer vorstellbar, wie eine Gesellschaft aussehen könnte, in der es die Fähigkeit zu freiem und verantwortlichem Handeln nicht gibt. Im Gegensatz zu einem Argument von Peter F. Strawson, das sich in den letzten Jahren wieder steigender Beliebtheit erfreut,[2] bin ich nicht der Ansicht, dass sich aus den Mängeln unseres Vorstellungsvermögens Grenzen der Reichweite wissenschaftlicher Theorien ergeben – zu oft mussten wir in der Vergangenheit Theorien akzeptieren, die das Vorstellungsvermögen vergangener Generationen, häufig sogar das der eigenen Zeitgenossen überforderten. *Wenn* solche Ergebnisse vorlägen, würden wir sie also kaum zurückweisen, doch sind solche Ergebnisse zu *erwarten*? Gerade die große praktische Bedeutung unserer Fähigkeit zu freiem und verantwortlichem Handeln spricht sehr stark dagegen. Sollten wir nämlich wirklich *nicht* in der Lage sein, frei und verantwortlich zu handeln, dann müssten wir immer wieder scheitern, wenn wir einer Person Verantwortung übertragen. Autoritäre oder traditionelle Gesellschaften, in denen die Eigenverantwortlichkeit des Individuums eine geringere Rolle spielt, müssten also im Vorteil sein, weil sie diese Fehlschläge vermeiden. Der Augenschein spricht gegen diese Annahme: In den letzten Jahren hat sich die Verlagerung der Verantwortung von der gesellschaftlichen auf die individuelle Ebene noch verstärkt. Man muss dies nicht gutheißen, doch diese Tendenz hätte sich kaum durchgesetzt, wären menschliche Individuen nicht in der Lage, Verantwortung zu übernehmen. Tatsächlich müssen auch die Kritiker des traditionellen Menschenbildes ihren Adressaten implizit die Fähigkeit unterstellen, verantwortlich zu handeln. Sie versuchen ja zu zeigen, dass es nicht zu *verantworten* ist, Menschen für die Folgen ihres Tuns zur Rechenschaft zu ziehen, weil die dafür notwendigen Voraussetzungen prinzipiell nicht gegeben sind. Doch wenn niemand diese Voraussetzungen erfüllt, dann eben auch nicht die Adressaten dieses Appells.

Ich möchte im Folgenden zeigen, dass zur Zeit und vermutlich auf Dauer kein Anlass für eine fundamentale Revision unseres Menschenbildes und damit auch unserer Praxis besteht. Zu diesem Zweck werde ich im ersten Teil des vorliegenden Papiers zeigen, dass der wissenschaftliche Fortschritt zumindest in der Vergangenheit nicht zu einer Degradierung des Menschen geführt hat – ganz im Gegenteil. Vor allem die immer wieder beschworene »Kopernikanische Kränkung« ist ein reiner Mythos, doch auch die Entwicklung im 19. Jahrhundert hat nicht das damalige

Menschenbild zerstört, sondern zu einer Verbesserung des Verständnisses derjenigen Eigenschaften geführt, die die besondere Rolle des Menschen begründen.
Natürlich kann man nicht einfach davon ausgehen, dass dies auch in Zukunft so bleiben wird. Selbstverständlich wäre es denkbar, dass der Konflikt zwischen Wissenschaft und Menschenbild, der bislang immer nur fälschlicherweise behauptet wurde, bei dem Problem der Freiheit tatsächlich auftritt. Ich werde jedoch im zweiten Teil zeigen, dass auch dies nicht der Fall ist. Meine These wird lauten, dass man Freiheit und Verantwortlichkeit als natürliche Eigenschaften verstehen kann, die, so wie andere menschliche Fähigkeiten eben auch, mit wissenschaftlichen Methoden untersucht werden können – ein prinzipieller Konflikt liegt hier also nicht vor. Ich werde in diesem Zusammenhang insbesondere auf die Frage eingehen, inwiefern man auch im Rahmen eines naturalistischen Weltbildes davon sprechen kann, dass menschliches Handeln von Gründen geleitet wird. Meine grundsätzliche These wird lauten, dass ein prinzipieller Konflikt von Naturalismus und Menschenbild einfach deshalb nicht zu erwarten ist, weil sich unser Menschenbild nicht in neurowissenschaftlichen Untersuchungen, sondern im Alltag bewähren muss. Aufgabe der Neurowissenschaften ist es also nicht, unser Menschenbild zu bestätigen oder zu widerlegen, sondern vielmehr die natürlichen Grundlagen derjenigen Fähigkeiten zu klären, die unserem Menschenbild zugrunde liegen.

## 2. Der Mythos von der Kopernikanischen Kränkung

Die obigen Überlegungen sollten bereits den Verdacht aufgeworfen haben, dass mit den spektakulären Prognosen über die bevorstehende Revision unseres Menschenbildes und den Verzicht auf Freiheit und Verantwortung etwas nicht stimmen kann. Tatsächlich glaube ich, dass wir es hier mit einer Gemengelage zu tun haben, in der sich verfehlte Freiheitsvorstellungen mit überzogenen Erwartungen an die Naturwissenschaften und Ängsten bezüglich ihrer Konsequenzen mischen.

Beginnen wir mit der »Kopernikanischen Kränkung«. Es ist mittlerweile bestens belegt, dass es eine solche Kränkung niemals gegeben hat. Die Kopernikanische Kränkung ist ein Mythos, der sich nur aufgrund einer offenbar verbreiteten Unkenntnis über die mittelalterliche Kosmologie etablieren konnte. Entscheidend ist hier, dass die Erde innerhalb des auf Aristoteles zurückgehenden mittelalterlichen Weltbildes keineswegs eine herausgehobene Stellung innehatte – im Gegenteil! Sie hat ihren Ort in der sublunarischen Sphäre, also auf der niedersten Stufe der kosmischen Hierarchie. Über ihr stehen – so wie es auch der Perspektive des irdischen Beobachters entspricht – die Planeten, darüber befinden sich die Fixsterne und schließlich die höchste, göttliche Sphäre, das Empyreum. Macrobius etwa bezeichnet die Erde als den Bodensatz der Welt,[3] die »Lauteren Brüder« von Basra, die im 10. Jahrhundert eine Summe der zeitgenössischen Bildung ziehen, schreiben der Erde die »gröbste und finsterste Substanz aller Körper« zu,[4] und Albertus Magnus vergleicht sie sogar mit einem Exkrement.[5] Remy Brague resümiert: »In der vorkopernikanischen Weltanschauung ist die zentrale Stelle der Erde das genaue Gegenteil eines Ehrenplatzes. … In diesem Zusammenhang ist das Zentrum ein bescheidener Platz, ja der allerbescheidenste.«[6]

Unter diesen Voraussetzungen führt der Kopernikanismus nicht zu einer Degradierung, sondern zu einer Erhöhung der Erde. So lässt etwa Kopernikus am Beginn von *De Revolutionibus* ein an ihn gerichtetes Schreiben des Kardinals Nicholas Schönberg abdrucken, in dem dieser, also ein Mann der Kirche, Kopernikus nicht nur zur Publikation seiner Erkenntnisse auffordert, sondern auch betont, dass innerhalb des kopernikanischen Weltbildes der niederste Platz in der kosmischen Hierarchie der Sonne zufalle.[7] Auch Galilei betont mehrfach, dass die Erde im heliozentrischen System »in den Himmel erhoben« werde.[8] Mit einem klaren Bezug auf die untergeordnete Stellung der Erde im ptolemäischen System heißt es zum Beispiel im *Sidereus Nuncius:*

»Ich werde nämlich beweisen, dass sie [die Erde; M. P.] sich bewegt und dass sie den Mond an Glanz übertrifft, nicht aber eine Jauche aus Schmutz und Bodensatz der Welt ist, und ich werde das auch mit Hunderten von Gründen aus der Natur untermauern.«[9]

Nicht viel besser begründet sind Freuds Aussagen über die Darwin'sche Kränkung. Zwar kommt es im 19. Jahrhundert in der Tat zu einer Zurückweisung von Merkmalen, die bislang eine zentrale Rolle bei der Begründung der besonderen Rolle des Menschen in der kosmischen Hierarchie gespielt hatten. So tritt die Evolutionstheorie an die Stelle der noch von Kant vertretenen Vorstellung, der Mensch sei das Produkt eines eigenen göttlichen Schöpfungsaktes – eine Vorstellung, die der Göttinger Physiologe Rudolf Wagner im sogenannten Materialismusstreit, also in der Mitte des 19. Jahrhunderts vehement verteidigt. Die biologischen Erklärungen organischer Prozesse verdrängen die Theorie der Lebenskraft, die noch zu Beginn des 19. Jahrhunderts eine zentrale Rolle bei der Begründung des Unterschieds zwischen der belebten und der unbelebten Natur gespielt hatte. Schließlich verliert in dieser Zeit auch die Vorstellung einer immateriellen Seelensubstanz an Bedeutung. Während das Gehirn zu Beginn des 19. Jahrhunderts auch noch von den meisten Physiologen als ein bloßes »Organ der Seele«[10] betrachtet wird, dem selbst keine entscheidende funktionale Bedeutung zukommt, kann der Neukantianer F. A. Lange gegen Ende des Jahrhunderts eine »Psychologie ohne Seele« propagieren; Ernst Haeckel hat für die Vorstellung einer Seelensubstanz wenige Jahre später nur noch Spott übrig: Hätten die Anhänger traditioneller Seelenvorstellungen Recht, dann könne man »die Seele, welche im Momente des Todes ›ausgehaucht‹ wird, auffangen, unter sehr hohem Druck bei niederer Temperatur kondensieren und in einer Gasflasche als ›unsterbliche Flüssigkeit‹ aufbewahren.«[11]

Auf den ersten Blick könnte man meinen, diese Entwicklung müsse zu einer Degradierung des Menschen und damit zu einer Bestätigung der Freud'schen Behauptungen führen. Tatsächlich erwecken einige der Diskussionen, die die Fortschritte von Biologie und Hirnforschung begleiten, diesen Eindruck. Dies gilt für die Auseinandersetzungen um den Darwinismus ebenso wie für den bereits erwähnten Materialismusstreit, in dem die Vertreter traditionalistischer Vorstellungen die moralischen Grundlagen der Gesellschaft in Gefahr wähnen.

Betrachtet man diese Entwicklungen aus der Distanz der heutigen Perspektive, dann wird man festhalten können, dass die düsteren Prognosen sich nicht bewahrheitet haben. Die moralischen Grundlagen des Abendlandes haben den Abschied von Lebenskraft und Seelensubstanz ebenso gut überstanden wie die Etablierung des Darwinismus. Auch unsere Vorstellungen von Menschenwürde und Individualität haben unter dieser Entwicklung nicht spürbar gelitten, ja man wird sagen dürfen, dass sich das Bewusstsein für die besondere menschliche Würde durch die Abschaffung der Sklaverei, Sozialgesetzgebung und die Institutionalisierung der Menschenrechte eher fester etabliert hat – so gravierend die verbleibenden Mängel ohne Zweifel sind.

Diese Entwicklung ist kein Zufall, sie lässt sich auch nicht darauf zurückführen, dass die Bedeutung der wissenschaftlichen Erkenntnisse für unser Menschenbild vielleicht ignoriert worden wären. Wenn zum Beispiel die Zurückweisung der Lebenskraft durch die Biologie im 19. Jahrhundert keine Nivellierung der Unterschiede zwischen der belebten und der unbelebten Natur zur Folge hat, dann liegt dies daran, dass die Biologie die Unterschiede zwischen der belebten und der unbelebten Natur wesentlich besser erklären kann als die Theorie der Lebenskraft. Genauso bietet der Darwinismus wesentlich bessere Aufschlüsse über die Entstehung des Menschen als der Verweis auf einen göttlichen Schöpfungsakt, und neurobiologische Theorien über kognitive Prozesse haben einen höheren Erklärungswert als der Rückgriff auf eine immaterielle Seelensubstanz. Es gibt also überhaupt keinen Grund, die Unterscheidung zwischen der menschlichen und der nicht-menschlichen Natur zu relativieren oder gar die besondere menschliche Würde in Frage zu stellen.

Was hier passiert, ist letztlich nur die Ersetzung tradierter, übernatürlicher Erklärungen für bestimmte menschliche Fähigkeiten durch neue, natürliche Erklärungen für ebendiese Fähigkeiten. Nur dadurch ist zu erklären, dass unser Menschenbild in seinen Grundzügen über sehr lange Zeiten erstaunlich stabil geblieben ist, obwohl sich gerade die Wissenschaften vom Menschen in einigen Bereichen geradezu spektakulär entwickelt haben: An der Grundüberzeugung, dass Menschen bewusste, selbstbewusste und verantwortungsfähige Lebewesen sind, hat sich seit der Antike, ja seit dem Alten Ägypten nichts geändert.[12]

Diese Beobachtungen erlauben eine prinzipielle Feststellung: Offenbar geht es in naturwissenschaftlichen Theorien über menschliche Fähigkeiten nicht etwa darum, unser Menschenbild zu bestätigen oder zu widerlegen. Aufgabe dieser Theorien ist es vielmehr, die natürlichen Grundlagen der Fähigkeiten aufzuklären, die diesem Menschenbild zugrunde liegen, also zum Beispiel von Bewusstsein, Selbstbewusstsein oder der Fähigkeit, frei und verantwortlich zu handeln. Nach solchen Erklärungen fragen wir im Allgemeinen erst dann, wenn wir uns im Alltag von der Existenz der zu erklärenden Fähigkeiten überzeugt haben: Wir würden keine teuren psychologischen oder neurowissenschaftlichen Forschungsprogramme zu Willensakten oder Handlungsprozessen starten, wenn wir nicht sicher wären, dass es solche Prozesse wirklich gibt. Das schließt nicht aus, dass wir uns in unserer ursprünglichen Einschätzung getäuscht haben, macht es jedoch sehr unwahrscheinlich. In jedem Falle wird die Existenz einer Fähigkeit nicht einfach dadurch in Frage gestellt, dass man sie erklärt: Auch die Eisbildung von Wasser verschwindet nicht dadurch, dass man sie auf die Kristallgitterstrukturen von $H_2O$-Molekülen zurückführt. Sollte sich also die Annahme bestätigen, dass unsere geistigen Prozesse durch neuronale Aktivitäten realisiert sind, dann hieße dies nicht mehr und nicht weniger, als dass wir nunmehr zumindest einen Ansatz für die Erklärung geistiger Prozesse besäßen. Die Existenz dieser Prozesse wäre damit in keiner Weise in Frage gestellt.

## 3. Willensfreiheit

### Freiheit als natürliche Fähigkeit

Dies könnte eigentlich bedeuten, dass wir auch der weiteren Entwicklung der Neurowissenschaften in unseren Tagen mit einiger Gelassenheit entgegensehen können. Tatsächlich ist von einer solchen Gelassenheit jedoch nichts zu sehen. Sehr viele Autoren gehen davon aus, dass die Forschung in den Neurowissenschaften und der Psychologie zentrale menschliche Eigenschaften in Frage stellt; dies gilt insbesondere für die Willensfreiheit und das Selbstbewusstsein. Bei den qualitativen Eigenschaften zum Beispiel von bewussten Schmerzen oder Farbempfindungen, den sogenannten Qualia, wird zudem vermutet, dass Erklärungen hier prinzipiell scheitern müssen. Zwischen diesen Vorstellungen besteht eine prinzipielle Gemeinsamkeit: Es geht nicht nur in allen Fällen um Fähigkeiten und Eigenschaften, die von konstitutiver Bedeutung für unser Selbstverständnis und unser Menschenbild sind, vielmehr wird auch angenommen, dass zwischen unserem Menschenbild und dem naturwissenschaftlichen Forschungsprogramm ein prinzipieller Gegensatz besteht: Erweist sich das Forschungsprogramm als erfolgreich, dann müssen wir unser Menschenbild revidieren, dann verfügen wir also zumindest nicht in dem bislang angenommenen Maße über Selbstbewusstsein, Willensfreiheit und Qualia; wollen wir jedoch an diesen Fähigkeiten festhalten, dann müssen wir unterstellen, dass dieses Programm irgendwann einmal an unüberwindbare Grenzen stößt.

Die Alternative besteht in dem Nachweis, dass sich Qualia, Selbstbewusstsein und Willensfreiheit als natürliche Eigenschaften beziehungsweise Fähigkeiten explizieren lassen. Gemeint ist damit, dass diese Fähigkeiten so verstanden werden können, dass sie auf natürliche Prozesse und Regularitäten zurückzuführen sind, so wie sie sich auch in der unbelebten Natur finden. Um Missverständnisse zu vermeiden: Dies bedeutet erstens nicht, dass diese Eigenschaften und Fähigkeiten tatsächlich durch natürliche Prozesse realisiert sind. Es heißt nur, dass sich an diesen Fähigkeiten nichts ändert, *wenn* sie neuronal realisiert sind. Wir müssen also nicht die Willensfreiheit in Frage stellen, wenn sich herausstellt, dass Entscheidungsprozesse auf physischen Prozessen in unserem Gehirn basieren. Zweitens wird damit naturwissenschaftlichen Theorien nicht etwa ein Erklärungsmonopol zugestanden. Es wird also nicht behauptet, dass zum Beispiel mentale Prozesse »in Wirklichkeit« physische Prozesse seien, es wird auch nicht behauptet, dass man alle interessanten Aussagen zum Beispiel über menschliche Handlungen auf Aussagen der Neurowissenschaften oder auch nur der Psychologie zurückführen kann. Gerade die *Bewertung* von Handlungen und Aussagen ist einer neurowissenschaftlichen, aber auch einer psychologischen Perspektive prinzipiell entzogen.

Ich bin in der Tat der Auffassung, dass sich phänomenales Bewusstsein, Selbstbewusstsein und Willensfreiheit in diesem Sinne als natürliche Fähigkeiten explizieren lassen. Dies würde bedeuten, dass es keinen prinzipiellen Gegensatz von Naturalismus und Menschenbild gibt. Im Folgenden werde ich mich auf die Willensfreiheit konzentrieren, die hier unter anderem deshalb ein sehr gutes Beispiel bietet, weil die zentralen Fragen und Intuitionen, aber auch die Argumente, die man zu ihrer Verteidigung anführen kann, vergleichsweise klar sind.

Um Freiheit als eine natürliche Fähigkeit zu explizieren, muss man zeigen, dass eine Handlung auch dann frei sein könnte, wenn wir über eine »vollständige« neurowissenschaftliche oder psychologische Theorie verfügten, die erklären würde, warum genau diese Handlung zu genau diesem Zeitpunkt vollzogen worden ist. Es versteht sich von selbst, dass dieses Szenario hoffnungslos unrealistisch ist. Wir werden also niemals in der Lage sein, eine derartige Erklärungen zu liefern. Meine Behauptung ist jedoch, dass, selbst *wenn* wir sie liefern könnten, damit weder etwas über die Freiheit der Handlung noch etwas darüber gesagt wäre, ob die Handlung von Gründen geleitet ist. Auch eine ganze Reihe anderer Fragen würde damit offenbleiben: Selbst wenn wir wüssten, warum eine Person eine bestimmte Handlung zu einer bestimmten Zeit vollzogen hat, wüssten wir insbesondere nicht, ob die Handlung gerechtfertigt war oder nicht. Solche normativen Fragen lassen sich nur klären, wenn wir die geltenden moralischen Konventionen berücksichtigen. Dies übersteigt aber nicht nur den Gegenstandsbereich der Neurowissenschaften, sondern auch den der Psychologie.

Die entgegengesetzte Position, derzufolge sich Freiheit nicht als natürliche Eigenschaft verstehen lässt, wird heute nicht nur von Philosophen, sondern auch von Psychologen und Neurowissenschaftlern wie Wolf Singer oder Wolfgang Prinz vertreten:

»Die Idee eines freien menschlichen Willens ist mit wissenschaftlichen Überlegungen prinzipiell nicht zu vereinbaren. Wissenschaft geht davon aus, dass alles, was geschieht, seine Ursachen hat und dass man diese Ursachen finden kann. Für mich ist unverständlich, dass jemand, der empirische Wissenschaft betreibt, glauben kann, dass freies, also nichtdeterminiertes Handeln denkbar ist.«[13]

Unter den genannten Autoren besteht also Einigkeit darüber, dass es einen Gegensatz von Freiheit und Naturalismus gibt. Gegensätzliche Auffassungen herrschen jedoch bezüglich der Konsequenzen dieser Befunde. Während die philosophischen Vertreter dieser Auffassung üblicherweise unterstellen, dass die Unverzichtbarkeit der Freiheit der neurowissenschaftlichen Forschung Grenzen setze, gehen die Neurowissenschaftler davon aus, dass ihr Programm erfolgreich sein und daher den illusionären Charakter unserer Freiheitsvorstellungen erweisen werde.

Ich glaube, dass diese Auffassung verfehlt ist. Um dies zu zeigen, werde ich zunächst einige grundsätzliche Überlegungen zum Verhältnis von Freiheit und Determination anstellen. Dabei wird sich herausstellen, dass man Freiheit am sinnvollsten als Selbstbestimmung verstehen kann. Anschließend werde ich mich der Frage widmen, ob es auch in einer determinierten Welt alternative Handlungsoptionen gibt. Zum Abschluss werde ich untersuchen, inwieweit man noch davon sprechen kann, dass sich Personen von Gründen leiten lassen können, wenn man andererseits eine vollständige naturalistische Kausalerklärung menschlichen Handelns zumindest für theoretisch möglich hält.

## Freiheit und Determination

Die Behauptung, Determination und Freiheit schlössen einander aus, erscheint auf den ersten Blick sehr plausibel. Die Determination unseres Handelns durch Naturgesetze scheint den Handelnden festzulegen und insbesondere die Existenz von echten Handlungsalternativen auszuschließen. Doch gerade solche Handlungsalternativen sind konstitutiv für unsere vorwissenschaftliche Vorstellung von Freiheit. Dies ist deshalb wichtig, weil die Aufgabe einer philosophischen Analyse von Freiheit im Wesentlichen darin besteht, aus den unklaren und zum Teil sogar widersprüchlichen vorwissenschaftlichen Intuitionen in Bezug auf Freiheit eine Position zu entwickeln, die einerseits die wesentlichen Momente dieser vorwissenschaftlichen Vorstellungen erfasst, auf der anderen Seite jedoch philosophischen Maßstäben genügt, was ihre Klarheit und Kohärenz angeht.

Die Aufgabe einer philosophischen Konzeption von Freiheit besteht also offenbar in einer Bestimmung der Kriterien, die eine freie Handlung zu erfüllen hat. Dies schließt insbesondere eine Antwort auf die Frage ein, ob das Nichtbestehen von Determination unter diesen Kriterien ist. Inkompatibilisten sind der Ansicht, dass dies so ist, Freiheit und Determination also einander ausschließen. Kompatibilisten sind dagegen der Auffassung, dass Freiheit und Determination miteinander kompatibel oder vereinbar sind. Keine der beiden Positionen kann von sich aus Wesentliches zu der Frage beisteuern, ob unsere Welt *faktisch* determiniert ist oder ob geistige Prozesse *faktisch* durch neuronale Prozesse realisiert werden. Zwar müssen Philosophen sich auch für diese Fragen interessieren, die Antwort geben jedoch nicht sie, sondern die empirischen Wissenschaften. Ich werde daher im Folgenden keine Aussagen darüber machen, ob unsere Welt faktisch determiniert ist beziehungsweise ob geistige Prozesse faktisch neuronale Prozesse sind.

Kommen wir zurück zu der Annahme, dass Freiheit und Determination einander ausschließen. Zur Stützung dieser Annahme kann man sich zunächst vor Augen halten, was durch die Aufhebung der Determination zu gewinnen wäre. Entgegen dem ersten Eindruck zeigt sich bei näherer Betrachtung allerdings, dass dies erstaunlich wenig ist.

Ein oft zu hörender Einwand gegen die Vereinbarkeit von Freiheit und Determination lautet, dass Handlungen in einer determinierten Welt ja von Ereignissen abhängig seien, die sich lange vor der Geburt des Handelnden zugetragen hätten und daher seinem Einfluss entzogen seien. Schon allein dies sei Grund genug zu bestreiten, dass der Handelnde sein eigenes Tun unter Kontrolle habe. In Wirklichkeit sei es abhängig von dem Einfluss von Naturgesetzen und lang vergangenen Ereignissen. Dies zeige sich schon daran, dass ein alles wissender Laplace'scher Geist schon lange vor der Geburt des Handelnden prognostizieren könne, wie dieser handeln werde. Dann aber sei doch eigentlich schon alles entschieden, bevor der Handelnde überhaupt seinen ersten Atemzug getan habe.

Dieses Argument erscheint sehr überzeugend, doch es ist offensichtlich verfehlt. Wenn unsere Freiheit wirklich dadurch eingeschränkt würde, dass unsere Handlungen durch Ereignisse in der Vergangenheit festgelegt werden, dann müssten wir an Freiheit gewinnen, wenn diese Festlegung aufgehoben wäre. Dies ist jedoch ganz offensichtlich nicht der Fall. Würde es einen Moment der Indetermination kurz vor der Geburt des Handelnden geben, dann würde dies zwar dem Laplace'schen Geist einen Strich durch die Rechnung machen, ein Gewinn an Freiheit für den Handelnden würde daraus allerdings nicht resultieren: Trivialerweise kann dieser eventuell zusätzlich entstehende Freiheitsspielräume in diesem Falle einfach deshalb nicht ausnützen, weil diese vor seiner eigenen Geburt lägen.

Zumindest an dieser Stelle führt das Auftreten von Indetermination also nicht zu mehr Freiheit – das Fortbestehen der Determination kann sie daher auch nicht einschränken. Selbstverständlich ist der Inkompatibilist nicht auf diesen Zeitpunkt festgelegt. Wenn das Auftreten von Indetermination *vor* der Geburt des Handelnden keinen Gewinn bringt, dann liegt die Annahme nahe, Indetermination *nach* der Geburt könne zu einem Mehr an Freiheit führen. Dies könnte zum Beispiel geschehen, nachdem der Handelnde schon eine Reihe von Überzeugungen erworben hat, jedoch bevor er eine bestimmte Handlung vollzieht. Nehmen wir an, ein ehemaliger Raucher sei zu der Überzeugung gelangt, dass das Rauchen für ihn und seine Umwelt schädlich ist. In einem längere Zeit andauernden Prozess sei es ihm dann tatsächlich gelungen, seine Überzeugungen in die Tat umzusetzen und sich das Rauchen abzugewöhnen. Nehmen wir weiterhin an, dass die Überzeugung, die er dabei erworben hat, so stark ist, dass sie ihm in einer determinierten Welt erlaubt, einer bestimmten Versuchung zu widerstehen. Würde nun eine Weile bevor der Handelnde wieder dieser Versuchung ausgesetzt wird, ein Moment der Indetermination auftreten, dann könnten sich seine Einstellungen plötzlich so ändern, dass er diese Fähigkeit verliert. Es wäre dann möglich, dass er doch wieder eine Zigarette nimmt, und zwar im Gegensatz zu seinen eigentlichen Überzeugungen.

Ob dies geschieht oder nicht, hängt dabei nicht vom Handelnden selbst ab: Das ist ja gerade das Wesen indeterminierter Ereignisse, dass sie sich der Festlegung durch vorangegangene Geschehnisse entziehen. Das aber bedeutet, dass sich zumindest die fragliche Veränderung der Präferenzen der Kontrolle des Handelnden entzieht. Anders als in einer determinierten Welt könnte die Person ein solches Szenario also auch nicht einfach dadurch ausschließen, dass sie ihre Überzeugungen in einer Art Selbsttraining festigt – die Möglichkeit einer Handlung, die ihren Überzeugungen widerspricht, wäre prinzipiell nicht auszuschließen.

Auch auf diese Weise ist also kein Gewinn an Freiheit zu erzielen. Doch der Inkompatibilist hat noch weitere Möglichkeiten. Er kann die Freiheit zum Beispiel davon abhängig machen, dass ein Moment von Indetermination *während* des Entscheidungsprozesses auftritt. Gefordert würde also, dass es während dieses Prozesses einen Zeitpunkt gibt, an dem völlig offen ist, ob sich der Handelnde für die Option A oder für die Option B entscheidet, ob er also die Zigarette nimmt oder sie ablehnt.

Es dürfte einleuchten, dass unter diesen Bedingungen alle Einwände erhalten bleiben, die gegen das letzte Beispiel geäußert wurden. Mit anderen Worten: Was der Handelnde tun wird, würde nicht mehr durch seine bisherigen Überzeugungen festgelegt, auch wenn er überhaupt keinen Grund hatte, diese Überzeugungen in Frage zu stellen. Es kommt hinzu, dass sich die Bedingungen für einen rationalen Entscheidungsablauf unter diesen Voraussetzungen dramatisch verschlechtern. Sämtliche Gesichtspunkte, die in der Phase des Entscheidungsprozesses erörtert werden, die *vor* der Unterbrechung lag, würden nämlich ihren Einfluss auf die Entscheidung verlieren. Wenn die Person also zu Beginn des Entscheidungsprozesses die Gesichtspunkte bedenkt, die dagegen sprechen, eine Zigarette zu rauchen, in der zweiten Hälfte sich dagegen diejenigen Motive vor Augen hält, die dafür sprechen, dann wird sie vermutlich eine Zigarette rauchen, auch wenn ihre Einstellungen insgesamt gegen das Rauchen sprechen.

Von einem Zugewinn an Freiheit kann daher auch in diesem Falle keine Rede sein; die Unterbrechung der Determination führt nur dazu, dass sich der Einfluss der Überzeugungen und Wünsche der Person auf die Handlung verringert. Im Umkehrschluss heißt dies wiederum, dass das Fortbestehen der Determination nicht zu einer Einschränkung der Freiheit führen kann.

## Zwei Einwände

Zwei mögliche Einwände von Seiten des Inkompatibilisten möchte ich zumindest kurz erwähnen: Zum einen könnte behauptet werden, dass all dies nur für eine physikalistische Position gelte. Ein metaphysischer Dualist sei von den genannten Argumenten nicht betroffen. Dies ist jedoch klarerweise unzutreffend. Auch eine immaterielle Seele hat keinen Einfluss auf zufällige Ereignisse, vor allem aber kann sie vor dem Beginn ihrer eigenen Existenz keine Entscheidungsspielräume nutzen. Genauso wenig gewinnt eine solche Seele dadurch an Freiheit, dass sich ihre Präferenzen ohne ihr Zutun ändern oder dass eine Unterbrechung der Determination während des Entscheidungsprozesses die Person plötzlich gegen ihre eigenen Überzeugungen handeln lässt: Dass eine Person bestimmte Überzeugungen und Wünsche hat, gilt ja unabhängig davon, wie man sich die materielle oder eben immaterielle Grundlage dieser Wünsche und Überzeugungen vorstellt. Selbstverständlich stellt sich auch bei einer immateriellen Seele die Frage nach ihrer Entstehung und damit die Frage, ob die willentlichen Handlungen und Entscheidungen der Person nicht abhängig sind von vorherigen Festlegungen, Festlegungen also, die dem Willen der Person entzogen sein müssen. Die Antwort entspricht daher derjenigen, die man geben muss, wenn es um materiell realisierte geistige Prozesse geht: Eine Unterbrechung der Determination vor der Geburt oder Existenz der Person kann einfach zu keiner Ausweitung von Freiheitsspielräumen führen, weil die Person zu diesem

Zeitpunkt noch nicht existiert: Dies gilt für Dualisten und Naturalisten gleichermaßen.
Zweifellos wird das Handeln einer Person in einer gewissen Weise durch Faktoren bestimmt, die mit der Geburt festgelegt werden, doch viele dieser Faktoren sind völlig unwichtig, wenn es um die Frage geht, ob ich frei handeln kann oder nicht. Ob meine genetische Ausstattung zusammen mit meiner Erziehung mich eher zu einem Wein- oder einem Biertrinker disponieren, ist für meine Fähigkeit, frei zu handeln, von keinem großen Belang. Sollte die Festlegung auf diese Disposition so stark sein, dass sie keine Änderung zulässt, dann wäre meine Wahl zwischen Wein und Bier nicht frei – auch dies wäre vermutlich eine zu verschmerzende Einschränkung meiner Freiheit, vorausgesetzt, meine genetische und soziale Ausstattung gibt mir *überhaupt* die Möglichkeit, frei zu handeln. Ich werde auf die hier relevanten Kriterien noch zu sprechen kommen.
Zuvor möchte ich jedoch noch einen zweiten möglichen Einwand gegen die obigen Ausführungen diskutieren. Natürlich muss sich ein Inkompatibilist nicht auf die Forderung nach einer vollständigen Aufhebung der Determination festlegen, er muss also nicht behaupten, dass Freiheit davon abhängt, dass die eine Handlungsoption genauso gut eintreten kann wie die andere. Auf den ersten Blick sieht es so aus, als könnte man damit das Dilemma von Freiheit und Zufall umgehen. Auf der einen Seite verschafft mir die Aufhebung der Determination eine gewisse Unabhängigkeit von der Festlegung durch Naturgesetze, auf der anderen Seite würde es unter diesen Voraussetzungen offenbar nicht mehr einfach vom Zufall abhängen, welche der beiden Optionen tatsächlich eintritt.
Dies ist jedoch offensichtlich eine Fehleinschätzung. Nehmen wir an, es sei sehr wahrscheinlich, dass die Option A eintritt, die meinen Wünschen und Bedürfnissen entspricht, und nicht die Option B, die im Widerspruch zu

meinen Wünschen steht. Auch dann hängt die Entscheidung zwischen diesen beiden Optionen nicht von mir ab. Wenn man sich vorstellt, dass ich die gleiche Situation mehrfach erlebe, dann können jeweils beide Optionen eintreten: Auch wenn Option A wesentlich häufiger eintritt als Option B: Ob es in einem gegebenen Fall die eine oder andere sein wird, liegt dann nicht an mir. Sofern die Wahrscheinlichkeit für die meinen Interessen entsprechende Handlung hoch genug ist, mag dies bedeutungslos sein, doch ein Zugewinn an Freiheit ist auch auf diese Weise ganz offensichtlich nicht zu erreichen. Vielmehr wird der Einfluss der Wünsche und Überzeugung der Person umso größer sein, je geringer die Zufallswahrscheinlichkeit ist: Wenn die eine Option unter gegebenen Bedingungen immer oder fast immer eintritt, dann kann die Person diesen Erfolg erzielen, indem sie diese Bedingungen herstellt, also zum Beispiel ihre Widerstandskraft gegen die Verlockungen des Rauchens trainiert; ihr Einfluss ist unter diesen Bedingungen daher am höchsten. Hängt der Ausgang dagegen vom Zufall ab, dann wären die Überzeugungen und Wünsche der Person für die Entscheidung bedeutungslos: Egal, welche Bedingungen die Person herstellt, es wäre ihr nicht möglich, den Entscheidungsverlauf damit im Sinne ihrer Überzeugungen zu beeinflussen. Dies zeigt noch einmal, dass die Abwesenheit von Determination keinen Zugewinn an Freiheit bringt.

## Freiheit als Selbstbestimmung

Gezeigt ist damit nur, wie Freiheit *nicht* zu erreichen ist, offen bleibt damit noch, wie man sich eine freie Handlung *positiv* vorstellen kann, ja ob es freie Handlungen *überhaupt* gibt.

Die bisherigen Überlegungen lassen jedoch bereits zwei wesentliche Merkmale erkennen, die konstitutiv für die Fähigkeit zu freiem Handeln sind. Am besten lassen sie sich als negative Bedingungen formulieren, also als Ausschlusskriterien, die festlegen, was Freiheit *nicht* ist. Von Freiheit kann zum einen dann nicht die Rede sein, wenn eine Handlung von äußeren Einflüssen oder gar durch einen Zwang festgelegt wird. Freie Handlungen dürfen also nicht *fremdbestimmt* sein. Genauso wenig, das haben die obigen Überlegungen besonders deutlich gezeigt, ist Freiheit mit Zufall vereinbar. Dies gilt auch deshalb, weil Freiheit Verantwortung begründet – doch wie sollten wir eine Person für eine Handlung verantwortlich machen, die nicht von ihr selbst, sondern vom Zufall abhängt? Freie Handlungen dürfen also auch nicht *unbestimmt* sein. Beiden Kriterien kann man sehr leicht gerecht werden, wenn man Freiheit als *Selbstbestimmung* versteht. Für diesen Vorschlag spricht, dass wir Freiheit und Selbstbestimmung auch im Alltag häufig als gleichbedeutend behandeln. So sprechen wir häufig davon, dass Befreiungsbewegungen um die Selbstbestimmung oder Autonomie einer bestimmten Region kämpfen.

Doch was heißt Selbstbestimmung? Natürlich reicht es nicht aus, dass eine Handlung einfach nur auf einen Willensakt zurückzuführen ist, den eine Person faktisch vollzogen hat. Auch Rauschgiftsüchtige handeln oft so, wie sie wollen, wenn sie ihrer Sucht nachgehen, dennoch würden wir sie nicht als selbstbestimmt oder frei bezeichnen.

Zieht man in Betracht, dass es hier um die Selbstbestimmung einer Person in ihren Handlungen und Entscheidungen geht, dann kann man folgern, dass von Selbstbestimmung dann die Rede sein kann, wenn die Handlung durch diejenigen Überzeugungen, Wünsche und Charaktermerkmale bestimmt wird, die man der Person selbst zurechnen kann. Doch welche Überzeugungen und Wünsche kann man einer Person zurechnen? Das Beispiel des Rauschgiftsüchtigen zeigt, dass eine Person Wünsche haben kann, die ihre Fähigkeit zu freiem und selbstbestimmtem Handeln beeinträchtigen. Notwendig ist also ein systematisches Kriterium zur Unterscheidung zwischen solchen Wünschen und Überzeugungen, die man einer Person zurechnen kann, und solchen Wünschen und Überzeugungen, für die das nicht gilt. Ich habe an anderer Stelle gezeigt, dass das beste Kriterium in der Fähigkeit einer Person besteht, die fragliche Überzeugung gegebenenfalls zu revidieren.[14] Konkret wird damit gefordert, dass die Person eine Überzeugung oder einen Wunsch aufgeben kann, wenn sie dies will. Für die Rauschgiftsucht gilt das nicht: Eine Sucht zeichnet sich gerade dadurch aus, dass ihr Fortbestehen dem Willen der Person entzogen ist. Für den Wunsch, nicht zu rauchen, kann dies sehr wohl gelten: In der Regel sind wir imstande, einen solchen Wunsch aufzugeben. Wünsche und Überzeugungen, die dieses Kriterium erfüllen, bezeichne ich als »personale Präferenzen«. Eine Handlung wäre daher frei und selbstbestimmt, wenn sie sich auf die personalen Präferenzen einer Person zurückführen lässt. Sie wäre nicht frei und selbstbestimmt, wenn sie auf andere Faktoren zurückzuführen wäre.

Wenn man Freiheit als Selbstbestimmung versteht, dann wird in der Tat deutlich, warum das Auftreten von Indetermination keinen Gewinn an Freiheit bringt: Indetermination verringert nämlich den Einfluss, den eine Person auf die Handlung selbst oder – je nachdem wann sie auftritt – auf die Vorgeschichte einer Handlung hat. Indetermination verringert also das Ausmaß an Selbstbestimmung, weil sie die Wahrscheinlichkeit einer Handlung erhöht, die den Wünschen, Überzeugungen und Bedürfnissen der Person widerspricht.

Zieht man nur die bisher genannten Kriterien zu Rate, dann ist es unerheblich für die Frage nach der Selbstbestimmung, ob die geistigen Prozesse, die den Entscheidungen der Person zugrunde liegen, physisch realisiert sind oder nicht. Solange das Handeln einer Person von den Überzeugungen bestimmt wird, die man der Person wirklich zuschreiben kann, sind die oben genannten Kriterien erfüllt, und die Handlung muss als selbstbestimmt und frei gelten.

## Alternative Handlungsmöglichkeiten

Auf den ersten Blick scheint dies ein klares Argument *für* den Naturalismus zu liefern: Selbst wenn sich unsere Welt als determiniert herausstellen würde und selbst wenn geistige Prozesse physisch realisiert wären, könnten wir immer noch davon sprechen, dass Menschen frei und verantwortlich in dem skizzierten Sinne zu handeln vermögen.
Tatsächlich kann man hieraus aber auch ein Argument *gegen* die vorgelegte Konzeption ableiten: Wenn die Konzeption es zulässt, dass eine determinierte, physisch realisierte Handlung als frei und selbstbestimmt bezeichnet wird, dann muss mit dieser Konzeption irgendetwas nicht stimmen. Wenn unsere Entscheidungen nämlich determiniert sind, dann fehlt uns ganz offenbar die Möglichkeit, gegebenenfalls anders zu handeln. Da man ohne die Fähigkeit, gegebenenfalls auch anders zu handeln, nicht von echter Freiheit reden kann, ist der hier entwickelte Begriff von Freiheit viel zu schwach.
Dies scheint durch einen zweiten Einwand bestätigt zu werden. Wenn unsere Entscheidungen nämlich auf determinierte physische Prozesse zurückzuführen wären, dann wären sie vollkommen durch natürliche Ursachen bestimmt. Da Ursachen keine Gründe sind, wären unsere Handlungen unter den genannten Bedingungen nicht durch Gründe bestimmt. Damit aber wäre ein weiteres für unsere Freiheitsintuitionen zentrales Kriterium verletzt. Auch dies scheint zu zeigen, dass physisch determinierte Handlungen nicht frei sein können. Wenn die skizzierte Konzeption dies trotzdem zulässt, dann erweist sie sich eben als unzulänglich.

Betrachten wir zunächst den ersten Einwand. Offenbar liegt in einer determinierten Welt der Ablauf aller Ereignisketten von jeher fest – alternative Möglichkeiten scheinen daher prinzipiell ausgeschlossen. Wenn ich also meine, ich könne mich in einer determinierten Welt sowohl für wie auch gegen eine Option A entscheiden, dann täusche ich mich eben: Welche Option ich auch immer wählen werde – in einer determinierten Welt hat dieser Ausgang immer schon festgestanden, alternative Handlungsmöglichkeiten existieren also nicht und sie existieren offenbar deshalb nicht, *weil* Handlungen und Entscheidungen determiniert sind. Diese Argumentation hat auch viele Kompatibilisten überzeugt. Sie haben daher versucht zu zeigen, dass Freiheit nicht auf die Existenz alternativer Handlungsmöglichkeiten angewiesen ist.[15]

Eine nähere Analyse liefert jedoch wieder das bereits bekannte Bild: So plausibel die inkompatibilistische Position auf den ersten Blick erscheinen mag, so wenig hält sie doch einer näheren Betrachtung stand. Wenn man davon spricht, dass eine Person etwas anderes hätte tun können, als sie tatsächlich getan hat, dann geht man natürlich davon aus, dass es von der Person abhängt, ob die eine oder die andere Handlung zustande kommt. Genau dies ist in einer indeterminierten Welt jedoch gerade nicht der Fall: Wenn es nicht determiniert ist, ob A statt B oder B statt A zustande kommt, dann kann es eben auch nicht durch den Handelnden determiniert sein. Dann aber haben wir keinerlei Anlass, die Handlung der Person zuzuschreiben: Wir könnten also nicht davon sprechen, dass es die Person war, die A getan hat, aber auch B hätte tun können, vielmehr müssten wir sagen, dass etwas anderes hätte passieren können. Doch ob dies passierte oder nicht, hing nicht von der Person, sondern vom Zufall ab.

Im Prinzip treten hier also wieder die für den Inkompatibilismus typischen Probleme auf. Diese werden auch nicht dadurch beseitigt, dass man an die Stelle völliger Indetermination stochastische Abfolgen setzt, so dass es sehr wahrscheinlich, aber eben nicht determiniert ist, dass eine mit den Überzeugungen der Person übereinstimmende Option A zustande kommt und nicht eine Option B, die den Wünschen und Überzeugungen der Person widerspricht. Es ist nicht schwer zu erkennen, dass dies keinen Fortschritt bringen würde. Nehmen wir an, dass die Wünsche und Überzeugungen der Person eine nichtdeterministische Erklärung dafür liefern, dass die Person in einer bestimmten Situation A statt B getan hat, also zum Beispiel die angebotene Zigarette zurückgewiesen und nicht angenommen hat. Dies würde bedeuten, dass wir es nicht auf dieselben Wünsche und Überzeugungen der Person zurückführen könnten, wenn die Person unter denselben Umständen B statt A getan, also die angebotene Zigarette angenommen und nicht zurückgewiesen hätte. Solche abweichenden Handlungsverläufe mögen vorkommen, doch wenn dies geschieht, dann wird man nicht von einer zuschreibungsfähigen Handlung sprechen, sondern von einem unwahrscheinlichen Zufall, der ganz im Widerspruch zu den erklärten Wünschen und Absichten der Person eingetreten ist. Mit anderen Worten: Auch wenn die geringe Wahrscheinlichkeit bestand, dass eine Person, die faktisch A getan hat, auch B hätte tun können, wird man nur A als eine Handlung der Person bezeichnen können; B wäre dagegen keine alternative Handlungsmöglichkeit, sondern ein gegen die Intentionen der Person zustande gekommener Zufall. Wiederum führt die Forderung nach Indetermination also nur zu einer Einschränkung der Selbstbestimmung. Diese Einschränkung ist offenbar umso größer, je höher der Grad der Indetermination ist.

Kann man dann überhaupt sinnvoll davon sprechen, dass eine Person etwas anderes hätte tun können, als sie faktisch getan hat? Man kann! Die folgenden Ausführungen zielen dabei nicht auf die Tatsachenbehauptungen ab, dass es in einer determinierten Welt kleine Reste von Indetermination gibt, die Spielraum für alternative Handlungsmöglichkeiten lassen. Vielmehr geht es mir auch hier wieder um die begriffliche Frage, wie man die Forderung nach alternativen Handlungsmöglichkeiten sinnvollerweise verstehen kann. Es wird sich herausstellen, dass ein solches sinnvolles Verständnis mit der Existenz von Determination vereinbar ist.

Um dies zu sehen, ist es nötig, noch einmal auf die obige Konzeption von Freiheit als Selbstbestimmung zurückzukommen. Es hatte sich herausgestellt, dass es prinzipiell auch in einer determinierten Welt möglich ist, von Selbstbestimmung zu sprechen. Konkret bedeutet dies, dass es von der *Person selbst* abhängen muss, ob sie A oder B tun wird. Dies impliziert bereits, dass die Person A und B tun *kann*. Könnte sie B nämlich nicht tun, dann hinge es nicht von ihr selbst ab, ob sie A oder B tut, vielmehr hätten äußere Umstände festgelegt, dass sie nur noch A tun kann. Wenn man also davon spricht, dass es von einer Person abhängt, ob sie die Zigarette nehmen wird oder nicht, dann bedeutet dies, dass sie sowohl die Zigarette nehmen wie auch nicht nehmen *kann*. Und wenn es vor der Handlung richtig ist zu sagen, dass die Person sowohl die eine wie auch die andere Option wählen kann, dann ist es nach der Handlung richtig zu sagen, dass sie die andere Option hätte wählen können, selbst wenn sie die eine gewählt hat.

Dieses Verständnis von »können« wird auch durch unseren alltäglichen Sprachgebrauch gestützt. Ganz unabhängig von der Diskussion über die Willensfreiheit meint man mit der Behauptung, eine Person *könne* etwas tun, offenbar nicht, dass es vom Zufall abhängt, ob die Person die Handlung ausführen wird oder nicht. Gemeint ist damit im Allgemeinen nur, dass es von der Person abhängt, ob sie handelt oder nicht. Häufig bedeutet dies nur, dass die Person die *Fähigkeit* hat, die Handlung auszuführen: Dieses Verständnis ist zum Beispiel relevant, wenn wir sagen, dass eine Person Klavier spielen *kann*. Wenn es um Willensfreiheit geht, dann haben wir offenbar ein spezifischeres Verständnis im Blick. Wir meinen dann, dass es nur auf die selbstbestimmte Entscheidung der Person und nicht auf äußere Umstände ankommt, ob die Person die eine oder die andere Option wählen wird.

All dies bedeutet, dass man aus der – legitimen – Forderung nach alternativen Handlungsmöglichkeiten keinen Einwand gegen einen kompatibilistischen Freiheitsbegriff ableiten kann: Selbstbestimmung impliziert bereits die Existenz von Handlungsalternativen. Und da wir in einer determinierten Welt selbstbestimmt handeln können, besitzen wir in einer determinierten Welt auch echte Handlungsalternativen. Indetermination würde keine zusätzlichen Handlungsalternativen bieten, sondern einfach die Kontrolle des Handelnden über seine Handlung verringern. Dies zeigt noch einmal, dass ein kompatibilistischer Begriff von Freiheit keineswegs schwächer ist als ein inkompatibilistischer Begriff.

## Ursachen und Gründe

Voraussetzung dieser Argumentation ist jedoch, dass man auch in einer determinierten Welt davon sprechen kann, dass eine Person selbstbestimmt zu handeln vermag. Diese Voraussetzung wäre jedoch in Frage gestellt, wenn sich herausstellen sollte, dass Personen sich in ihrem Handeln und Überlegen nicht von Gründen leiten lassen könnten. Natürlich ist es nicht sinnvoll zu fordern, dass unser Handeln stets von Gründen geleitet wird; es scheint mir auch nicht sinnvoll, die Orientierung an Gründen zur notwendigen Bedingung für die Freiheit einer Handlung zu machen. Doch wenn wir *prinzipiell* nicht in der Lage wären, uns an Gründen zu orientieren, dann könnte man mit Recht die

Frage stellen, ob wir nicht eine prinzipielle Bedingung für die Fähigkeit zu freiem und verantwortlichem Handeln verletzen. In jedem Falle müssten wir unsere Vorstellungen von den Fähigkeiten menschlicher Personen in einem ganz zentralen Punkt revidieren.

Wenn die oben skizzierte Position also keinen Platz mehr ließe für die Fähigkeit von Personen, sich an Gründen zu orientieren, dann wäre sie in jedem Falle unzulänglich. Die Behauptung, Selbstbestimmung und die Fähigkeit, anders zu handeln, gebe es auch in einer determinierten Welt, würde dann offenbar nur so lange gelten, wie man sich mit einem viel zu schwachen Begriff von Selbstbestimmung zufrieden gibt. In diesem Sinne haben in letzter Zeit Jürgen Habermas, Julian Nida-Rümelin und Rafael Ferber argumentiert.[16] Alle diese Autoren unterstellen, dass die Fähigkeit, nach Gründen zu handeln, unvereinbar ist entweder mit dem Naturalismus generell oder mit einem deterministischen Naturalismus. Ferber geht dabei so weit, eine Selbstwidersprüchlichkeit universeller Determinismusbehauptungen zu postulieren: Da der Determinismus keine Freiheit und damit kein Handeln nach Gründen zulasse, entzieht sich jede Determinismusbehauptung automatisch die rationale Grundlage, auf der solche Behauptungen überhaupt erst sinnvoll zu formulieren sind:

»Wenn der Determinismus wahr ist, dann kann er seine Wahrheit nicht begründen. Denn der Determinist wird nicht durch Gründe, sondern durch Wirkursachen dazu bestimmt, seine Ansicht für wahr zu halten. Begründung aber setzt Freiheit voraus.«[17]

Ferbers Position basiert – ähnlich wie die Nida-Rümelins – offenbar auf der Annahme, dass eine vollständige Determination durch Ursachen einen Einfluss durch Gründe ausschließe. Ferber begründet dies zum einen damit, dass es in einer determinierten Welt keine Freiheit gebe, Freiheit aber eine Voraussetzung für die Orientierung an Gründen sei. Zum zweiten scheint aber auch angenommen zu werden, dass die Determination durch Ursachen keinen Platz für eine Bestimmung durch Gründe lasse und damit die Fähigkeit zu freiem Handeln untergraben werde.

Die erste Annahme lässt sich sehr leicht widerlegen. Aus ihr leitet sich nämlich kein neuer Einwand gegen die oben skizzierte Freiheitskonzeption ab; vielmehr wird nur aus der inkompatibilistischen Annahme der Unvereinbarkeit von Freiheit und Determination gefolgert, dass dann auch die Fähigkeit, nach Gründen zu handeln, in einer determinierten Welt keinen Ort habe, schließlich sei Freiheit eine Bedingung für diese Fähigkeit. Wie oben gezeigt, kann diese Bedingung jedoch in einer determinierten Welt erfüllt werden. Damit entfiele auch der Einwand gegen die Rationalität von determinierten Personen. Wer die Wahrheit des Determinismus behauptet, könnte einen Selbstwiderspruch schon allein dadurch vermeiden, dass er sich zum Kompatibilismus bekennt.

Doch auch ganz abgesehen von der Frage eines möglichen Selbstwiderspruchs scheint mir diese Lesart des Einwands wenig plausibel zu sein. In vielen Fällen, in denen wir uns von Gründen leiten lassen, spielen freie Entscheidungen sicherlich keine Rolle, sofern man an irgendeinem interessanten Begriff von freier Entscheidung festhalten will. Wenn ich zum Beispiel eine Mathematikaufgabe löse, lasse ich mich sicherlich von Gründen leiten, nämlich von den Regeln der Arithmetik, doch es wäre abwegig, davon zu sprechen, dass ich eine freie Entscheidung treffe, ob zwei plus zwei nun vier oder fünf ist, vor allem wäre es abwegig, nicht von einer begründeten Antwort zu sprechen, wenn man feststellen müsste, dass eine solche Entscheidung nicht stattgefunden hat. Abgesehen davon: Wovon sollte sich eine freie Entscheidung zwischen diesen Optionen leiten lassen?

Wenn sie wiederum von Gründen geleitet wäre, müssten diese Gründe auf eine weitere freie Entscheidung zurückzuführen sein, bei der sich dann dasselbe Problem wiederholen würde: Hier droht also zweifellos ein Regress. Wäre sie nicht von Gründen geleitet, dann entginge man zwar dem Regress, doch nur um den Preis, dass man den Verzicht auf eine begründete Entscheidung zur Bedingung für die Orientierung an Gründen machte – eine nicht sehr plausible Alternative.

Die zweite Annahme erscheint mir daher sehr viel sinnvoller. Freiheit wird hier nicht als Bedingung für das Handeln nach Gründen verstanden, sondern umgekehrt: Wenn eine Person prinzipiell fähig sein soll, frei zu handeln, dann muss sie auch fähig sein, sich an Gründen zu orientieren. Diese Annahme dürfte einem Kompatibilisten erheblich mehr Kopfzerbrechen bereiten, denn wie sollten von materiellen Ursachen determinierte Entscheidungsprozesse im menschlichen Gehirn gleichzeitig auch von Gründen geleitet werden? Der naheliegende Ausweg, Gründe mit Ursachen zu identifizieren, ist offensichtlich nicht gangbar: Dafür sind die prinzipiellen Unterschiede zwischen Gründen und Ursachen einfach zu groß.

Ursachen sind normalerweise Ereignisse, die etwas bewirken. So kann zum Beispiel das Platzen eines Reifens dazu führen, dass ein Auto von der Straße abkommt. Solche Ereignisse lassen sich ebenso wie ihre Wirkungen üblicherweise räumlich und zeitlich verorten. Wenn an einem anderen Ort oder zu einer anderen Zeit ein Reifen platzt, dann haben wir es folglich mit einem anderen Ereignis zu tun.

Von Gründen sprechen wir dagegen dann, wenn eine Person eine bestimmte Überzeugung, einen bestimmten Wunsch oder eine Hoffnung hat, die eine Handlung oder eine Aussage rechtfertigen. Wer glaubt, dass alle Menschen sterblich sind, und glaubt, dass Sokrates ein Mensch ist, der hat einen Grund zu der Annahme, dass Sokrates sterblich ist. Solche Gründe haben keinen festen Ort und keinen feste Zeit. Gründe sind Abstrakta, genauso wie mathematische Regeln oder die Gesetze der Logik. Es wäre sinnlos, sich Gedanken darüber zu machen, wo sich derzeit die Binomischen Formeln befinden oder wann der Satz vom Widerspruch existiert hat. Aufgrund dieses abstrakten Charakters können unterschiedliche Personen zu unterschiedlichen Zeiten an unterschiedlichen Orten dieselbe Formel anwenden, demselben logischen Gesetz folgen oder eben dieselben Gründe haben. Dies ist eine wesentliche Voraussetzung für eine rationale Verständigung: Andernfalls würden wir nämlich in Wirklichkeit von unterschiedlichen Dingen sprechen, wenn wir uns über *eine* Formel, *ein* Argument oder *eine* mathematische Regel zu einigen versuchen.

Schon dieser abstrakte Charakter von Gründen lässt die Identifikation mit den neuronalen Ursachen von Handlungen und sprachlichen Äußerungen, so wie sie sich im Gehirn einer Person finden, nicht zu. Mehrere Personen können nämlich ein und denselben Grund dafür haben, ein bestimmtes Argument zu akzeptieren oder eine Handlung zu vollziehen, aber sicherlich laufen in ihren Gehirnen unterschiedliche neuronale Prozesse ab. Dies scheint den Kritikern des Naturalismus Recht zu geben: Ursachen sind keine Gründe, und geistige Prozesse, die ausschließlich von Ursachen bestimmt sind, können nicht von Gründen bestimmt sein.

Doch bedeutet dies, dass eine Person sich nicht von Gründen leiten lässt, wenn sie aufgrund der – neuronal realisierten – Überlegung, dass alle Menschen sterblich sind und Sokrates ein Mensch ist, zu dem Schluss kommt, dass Sokrates sterblich ist? Dies erscheint nicht sonderlich plausibel. Man mag hieraus den Schluss ziehen, dass der Naturalismus eben falsch sein muss, doch vielleicht enthalten die obigen Überlegungen auch noch einen anderen Fehler. Natürlich sind Ursachen keine Gründe und Gründe keine Ursachen.

Doch können Gründe nur dadurch wirksam werden, dass sie den neuronalen Determinismus durchbrechen und einen unmittelbaren Einfluss auf neuronale Prozesse nehmen? Dass dies nicht der Fall ist, wird schnell klar, wenn man sich das Zustandekommen von begründeten Entscheidungen und Handlungen vor Augen hält. So könnte mir zum Beispiel die Wahrnehmung, dass draußen die Sonne scheint, einen Grund liefern, schwimmen zu fahren. Konkret würde die Wahrnehmung bei mir zu bestimmten Überlegungen führen, und diese Überlegungen könnten in der Entscheidung resultieren, schwimmen zu fahren.

Alles spricht dafür, dass ich einen Grund habe, schwimmen zu fahren, doch dies setzt offenbar keinen Bruch mit naturalistischen Prinzipien voraus: Der Naturalist kann natürlich zugeben, dass Wahrnehmungen, vermittelt über bestimmte kognitive Prozesse, zu Handlungsentscheidungen führen können. In einem anderen Fall würde mich die Überzeugung, dass Sokrates ein Mensch ist, zu der begründeten Annahme führen, dass Sokrates sterblich sein muss. In beiden Fällen hätten wir es mit kognitiven Prozessen zu tun, die physisch realisiert sein können. Gleichzeitig können diese Prozesse aber auch auf ihre Übereinstimmung mit bestimmten rationalen Normen hin untersucht werden. Dies bedeutet, dass die Wirksamkeit von Gründen aus Sicht des Naturalismus nicht davon abhängt, dass man Gründe mit Ursachen identifiziert. Vorausgesetzt werden muss nur, dass die Überlegungen, in denen Gründe wirksam werden, durch neuronale Prozesse realisiert werden. Das erscheint jedoch unproblematisch.

Wir haben hier also zwei Perspektiven, die ohne weiteres miteinander kompatibel sind: Wenn wir die mentalistisch-normative Perspektive einnehmen, sprechen wir von Gründen, die eine bestimmte Handlung oder Aussage rechtfertigen, sofern sie bestimmten Rationalitätsstandards gerecht werden, zum Beispiel denen eines guten Arguments.

Gleichzeitig können wir jedoch die naturalistische Perspektive einnehmen, um die physische Grundlage dieser kognitiven Prozesse zu untersuchen. Es versteht sich von selbst, dass wir nichts darüber sagen können, ob eine Handlung gerechtfertigt ist, solange wir uns auf diese Perspektive beschränken, schließlich werden keine Naturgesetze gebrochen, wenn man bei schlechtem Wetter baden geht oder Sokrates für unsterblich hält. Doch nichts spricht dagegen, dass man denselben Vorgang als eine gerechtfertigte Handlung oder Aussage beschreiben kann, sobald man die mentalistische Perspektive einnimmt. Ob eine Handlung gerechtfertigt ist oder nicht, hängt also nicht davon ab, ob sie physisch realisiert ist, sondern davon, ob sie bestimmten Rationalitätsstandards entspricht. Wenn dies aus der Perspektive der Neurobiologie nicht feststellbar ist, bedeutet das nicht, dass neuronal realisierte Überlegungen nicht von Gründen geleitet sein können, es bedeutet nur, dass die Perspektive der Neurobiologie die mentalistische Perspektive nicht ersetzen kann. Und das sollte einen Philosophen eigentlich nicht überraschen.

## 4. Fazit

Festzuhalten bleibt daher, dass es auch in einer determinierten Welt, in der alle geistigen Prozesse neuronal realisiert sind, freie Handlungen geben kann, die von Gründen geleitet sein mögen. Soweit es um die Fähigkeit zu freiem und verantwortlichem Handeln geht, gibt es also offenbar keinen Konflikt von Naturalismus und Menschenbild.

Selbstverständlich muss hier offenbleiben, ob das naturalistische Programm letztlich erfolgreich sein wird, ob unsere Welt determiniert ist und ob Naturgesetze auch für geistige Prozesse gelten. Entscheidend ist jedoch, dass dies auch offenbleiben *kann*, weil die menschliche Fähigkeit, frei, verantwortlich und rational zu handeln, nicht von dem Erfolg, genauer von dem Misserfolg dieses Programms abhängt. Ähnlich wie dies oben für die bisherige Geschichte der wissenschaftlichen Auseinandersetzung mit den zentralen menschlichen Fähigkeiten gezeigt wurde, ist daher auch weiterhin zu erwarten, dass der Fortschritt der Wissenschaften vom Menschen diese Fähigkeiten nicht in Frage stellt oder gar widerlegt, sondern vielmehr unser Verständnis für diese Fähigkeiten und ihre natürlichen Grundlagen erweitert. Die Freiheit und Vernunft stehen also nicht etwa in einem Spannungsverhältnis zur Natur, vielmehr spricht sehr viel dafür, dass die Natur uns überhaupt erst in die Lage versetzt, frei und verantwortlich zu handeln; in keinem Falle aber steht sie diesen Fähigkeiten im Wege. Rationale Gründe und selbstbestimmtes Handeln haben also in der Tat Platz in einer naturgesetzlich bestimmten Welt.

**Literatur**


Assmann, Jan. 1991. *Stein und Zeit. Mensch und Gesellschaft im alten Ägypten.* München: Fink.

Brague, Rémi. 1994. »Geozentrismus als Demütigung des Menschen.« *Internationale Zeitschrift für Philosophie* 1: S. 2–25.

Dennett, Daniel C. 2002. »I Could Not Have Done Otherwise – So What?« In: *Free Will*, hrsg. v. R. Kane. Oxford: Blackwell, S. 83–94.

Ferber, Rafael. 2003. *Philosophische Grundbegriffe* 2. München: Beck.

Frankfurt, Harry G. 1969. »Alternate Possibilities and Moral Responsibility.« *The Journal of Philosophy* 64: S. 828–839.

Freud, Sigmund. 1977. *Vorlesungen zur Einführung in die Psychoanalyse.* Frankfurt a. M.: Fischer.

Galilei, Galileo. 1967. *Dialogue Concerning the Two Chief World Systems.* Berkeley, Los Angeles, London: University of California Press.

–. 1980. *Sidereus Nuncius. Nachricht von den Sternen. Herausgegeben und eingeleitet von Hans Blumenberg.* Frankfurt a. M.

Habermas, Jürgen. 2004. »Freiheit und Determinismus.« *Deutsche Zeitschrift für Philosophie* 52 (6): S. 871–890.

Haeckel, Ernst. 1984. *Die Welträtsel. Gemeinverständliche Studien über monistische Philosophie (Repr. d. 11. Aufl., Leipzig 1919, zuerst Leipzig 1899).* Stuttgart.

Kopernikus, Nicholas. 1992. *Complete Works*. Baltimore: Johns Hopkins Press.
Nida-Rümelin, Julian. 2005. *Über menschliche Freiheit*. Stuttgart: Reclam.
Pauen, Michael. 2004. *Illusion Freiheit? Mögliche und unmögliche Konsequenzen der Hirnforschung*. Frankfurt a. M.: S. Fischer.
Prinz, Wolfgang. 2003. »Der Mensch ist nicht frei« (Interview). *Das Magazin* 2: S. 18–20.
Sömmerring, Samuel Thomas. 1796. *Über das Organ der Seele*. Königsberg: Nicolovius.
Strawson, Peter F. 1982. »Freedom and Resentment.« In: *Free Will*, hrsg. v. G. Watson. Oxford: Oxford University Press, S. 59–80.
Wildung, Dietrich (Hrsg.). 2000. *Ägypten 2000 v. Chr. Die Geburt des Individuums*. München: Hirmer.

## Anmerkungen

1 Freud 1977, 226.
2 Strawson 1982.
3 Macrobius, z.n. Brague 1994, 17.
4 Lautere Brüder, z.n. ebda.
5 Albertus Magnus, z.n. ebda., 19.
6 Ebda., 6.
7 Kopernikus 1992, XXI.
8 Galilei 1967, 37.
9 Galilei 1980, 105.
10 Sömmerring 1796.
11 Haeckel 1984, 258.
12 Vgl. hierzu Wildung 2000; Assmann 1991. Ich verdanke den Hinweis auf Wildung Birgit Recki.
13 Prinz 2003, 19.
14 Pauen 2004.
15 Frankfurt 1969; Dennett 2002.
16 Habermas 2004; Nida-Rümelin 2005; Ferber 2003.
17 Ferber 2003, 185.

Michael Schmidt-Salomon

# Von der illusorischen zur realen Freiheit

## Autonome Humanität jenseits von Schuld und Sühne

Die Geschichte der Menschheit, insbesondere die europäische Geschichte, ist von einer merkwürdigen Ambivalenz geprägt: Einerseits kämpften die Menschen mit größtem Einsatz und unter enormen Verlusten für eine Erweiterung ihrer Freiheitsspielräume, andererseits ließen sie jedoch oftmals nichts unversucht, um den errungenen Freiheiten wieder zu entfliehen. In der Tat war die von Erich Fromm beschriebene »Furcht vor der Freiheit«[1] kaum geringer ausgeprägt als der »Wille zur Freiheit«. Man denke etwa an die Dreißigerjahre des 20. Jahrhunderts, als sich ein Großteil der deutschen Bevölkerung geradezu enthusiastisch von den Freiheiten der Demokratie verabschiedete, um »dem großen Führer« Adolf Hitler in blindem Gehorsam ins Verderben zu folgen.

Für ein solches Umkippen des Freiheitsstrebens gibt es viele, miteinander in komplexer Weise interagierende Wirkursachen. So verwundert es nicht, dass Historiker, Politologen, Soziologen, Ökonomen, Psychologen, Soziobiologen et cetera für dieses Phänomen höchst unterschiedliche und doch einleuchtende Erklärungsmuster geliefert haben. Ein Aspekt jedoch scheint mir bislang nur unzureichend reflektiert worden zu sein, nämlich der Aspekt der *psychischen Entlastungsfunktion, die mit der Befreiung vom Anspruch des eigenverantwortlichen Denkens einhergeht.*

Meine Vermutung ist, dass die Ambivalenz des Freiheitsstrebens in der europäischen Geschichte unter anderem auch daher rührt, dass unsere fundamentalen Freiheitskonzepte, nämlich »Willensfreiheit« und »Handlungsfreiheit«, in der Regel als »untrennbares siamesisches Zwillingspaar« aufgetreten sind. So beglückend die Erweiterung unserer Handlungsfreiheiten empfunden wird (»Endlich kann ich tun, was ich will!«), so belastend kann der psychische Druck sein, der durch den Anspruch eines freien, angeblich von äußeren Faktoren unabhängigen Willens erzeugt wird (»Was ist, wenn ich als selbstverantwortliches Individuum das Falsche will, wenn ich versage und die anderen über mich und meine Unfähigkeit spotten?«). Im Extremfall, so scheint es, folgen Menschen lieber den Fußstapfen eines größenwahnsinnigen Diktators, als dass sie sich einer solchen psychischen Belastung stellen und nach eigenen Wegen im »Dschungel des Lebens« suchen.

Fraglich ist, ob die Erweiterung der Handlungsfreiheiten wirklich notwendigerweise über eine Erhöhung des psychischen Drucks, der aus dem Willensfreiheitskonzept resultiert, erkauft werden muss. Ich meine: Dieser Eindruck entsteht nur, wenn man vom Konstrukt der »Freiheit als siamesischem Zwillingspärchen« ausgeht. Wie ich zu zeigen gedenke, wären wir gut beraten, wenn wir »Handlungsfreiheit« und »Willensfreiheit« sorgsamer voneinander trennen würden. *Denn gerade die Befreiung von der illusorischen Freiheit (nämlich der Willensfreiheit im strengen Sinne) kann zu einer Stärkung realer Freiheiten (das heißt individuell erfahrbarer und gesellschaftlich bedeutsamer Handlungsfreiheiten) beitragen.*

Insgesamt kann man meine Ausführungen durchaus als Kontrapunkt zur aktuellen Debatte über die Willensfreiheit verstehen. Während nämlich die meisten heutigen Autoren meinen, man müsse die Idee der Willensfreiheit aus praktischen Gründen aufrechterhalten – selbst dann, wenn sie mit den empirischen Fakten kollidiere –, so behaupte ich, dass es sinnvoll wäre, die Idee der Willensfreiheit selbst dann fallen zu lassen, wenn sie als theoretisches Konzept noch irgendwie vorstellbar wäre (wovon ich als naturalistisch denkender Philosoph[2] allerdings keineswegs ausgehe).

Vor vielen Jahrzehnten schon hat Albert Einstein das, worum es mir hier geht, in einigen wenigen Sätzen ausgedrückt: »An Freiheit des Menschen im philosophischen Sinne glaube ich keineswegs. Jeder handelt nicht nur unter äußerem Zwang, sondern auch gemäß innerer Notwendigkeit. Schopenhauers Spruch: ›Der Mensch kann zwar tun, was er will, aber nicht wollen, was er will‹, hat mich seit meiner Jugend lebendig erfüllt und ist mir beim Anblick und beim Erleiden der Härten meines Lebens immer ein Trost gewesen und eine unerschöpfliche Quelle der Toleranz. Dieses Bewusstsein mildert in wohltuender Weise das leicht lähmend wirkende Verantwortungsgefühl und macht, dass wir uns selbst und die andern nicht gar zu ernst nehmen; es führt zu einer Lebensauffassung, die auch besonders dem Humor sein Recht lässt.«[3]

Meines Erachtens sind die hier von Einstein angedeuteten *positiven Aspekte*, die mit der Suspendierung des freien Willens verbunden sind, bislang weitgehend aus der Debatte ausgeblendet worden.[4] Viel Energie ist stattdessen darauf verwendet worden, die Idee der Willensfreiheit philosophisch irgendwie noch zu retten. Warum nur? Weil man offenbar dachte, nur auf diese Weise ein humanistisches Menschenbild retten zu können.[5] Dabei wäre ein konsequenter Abschied von diesem »Folter-Instrument«, wie Nietzsche den »freien Willen« bezeichnete[6], nicht nur theoretisch, sondern auch lebenspraktisch der verheißungsvollere Weg. Einstein hatte hier, wie ich meine, das richtige Gespür: Bei genauerer Betrachtung ist die Preisgabe der Willensfreiheitsidee keineswegs eine Bedrohung für das humanistische Menschenbild, sondern vielmehr eine wunderbare Ergänzung desselben. Denn in der Tat finden wir hier eine »unerschöpfliche Quelle« der »Toleranz«, des »Trostes« und des »Humors«.

Ich werde meine Überlegungen in fünf Teile untergliedern, im ersten Kapitel werde ich einige Merkwürdigkeiten der Willensfreiheitsdebatte herausarbeiten, im zweiten Kapitel die Unterschiede zwischen Handlungs- und Willensfreiheit erläutern, im dritten Kapitel möchte ich aufzeigen, warum die Unterstellung von Willensfreiheit de facto Handlungsfreiheit untergräbt, im vierten Kapitel wird es darum gehen, die Intuition zu widerlegen, dass der Abschied von der Willensfreiheit mit einem wie auch immer gearteten Schicksalsglauben erkauft werden muss, im abschließenden fünften Kapitel soll das Konzept einer »autonomen Humanität jenseits von Schuld und Sühne« als ein Modell präsentiert werden, das die »Weisheit des Ostens« mit der des Westens verbindet.

## 1. Die Kunst des eloquenten »Aneinander-vorbei-Redens« – Merkwürdigkeiten der Willensfreiheitsdebatte

Die Hirnforschung hat die alte Diskussion um die Möglichkeit oder Unmöglichkeit eines freien Willens bekanntlich enorm befruchtet. Selten zuvor wurde so breit über die Frage der Willensfreiheit diskutiert wie in unseren Tagen.[7] Leider jedoch litt die Debatte – insbesondere im Feuilleton – unter einer *dreifachen Verengung der Perspektive*: Erstens wurden die berühmten Versuche Libets viel zu sehr in den Mittelpunkt der Diskussion gerückt, wodurch die eigentlich entscheidende Entzauberungsleistung der neurobiologischen Forschung in den Hintergrund geriet, zweitens wurde der falsche Eindruck erweckt, die Neurowissenschaftler stünden mit ihrer Negierung des freien Willens allein auf weiter Flur, und drittens wurde die weitreichende Bedeutung der Widerlegung des Willensfreiheitspostulats dadurch ausgeblendet, dass flugs alternative Definitionen von Willensfreiheit aus dem Hut gezaubert wurden, die mit dem traditionellen Verständnis des Begriffs kaum etwas zu tun haben.

## 1.1 Die verkürzte Rezeption der neurowissenschaftlichen Forschung

Die klassischen Versuche des Neurophysiologen Benjamin Libet sind mittlerweile so berühmt, dass man sie kaum noch zu erläutern braucht. Natürlich lag es auf der Hand, in diesen Untersuchungen den ultimativen Beweis für die Unfreiheit des Willens, nämlich dessen Abhängigkeit von nicht-bewussten, neuronalen Steuerungsaktivitäten zu sehen. Kritiker zeigten jedoch mit guten Argumenten auf, dass eine solche Interpretation der Libet-Versuche höchst problematisch ist.[8]
Nun dürfen Libets Experimente oder die diversen Nachfolgeuntersuchungen beispielsweise von Haggard und Eimer aber nicht isoliert betrachtet werden, sondern vielmehr im Kontext der zahlreichen anderen neurowissenschaftlichen Studien, die in den letzten Jahren vorgelegt wurden – Studien, die auf den ersten Blick vielleicht nicht einmal direkt die Frage des freien oder unfreien Willens zu berühren scheinen, die aber dennoch auf indirekte Weise der klassischen Idee der Willensfreiheit den theoretischen Nährboden entzogen haben. Hier finden wir den wohl fundamentalsten Beitrag, den die Hirnforschung zur wissenschaftlichen Anthropologie geliefert hat, nämlich *die durch sie erfolgte konsequente, empirisch gestützte Widerlegung des alten cartesianischen Dualismus von Körper und Geist.*[9]
Die Beweislast *gegen* diesen Dualismus und *für* ein monistisches, naturalistisches Menschenbild[10] ist wahrlich erdrückend – da helfen alle verzweifelten Versuche einer philosophischen Entschärfung nichts:[11] Wer das für rationale Forschung unabdingbare *Prinzip der wissenschaftlichen Eleganz*, auch bekannt als »*Ockhams Rasiermesser*«, ernst nimmt

(dieses besagt, dass man zur Erklärung eines Phänomens nicht *mehr* unbewiesene Annahmen einführen sollte, als dafür unbedingt erforderlich sind), der ist gezwungen, sich heute von der Idee einer von körperlichen Prozessen auch nur partiell unabhängigen Vernunft zu verabschieden. Zwar ist die Vorstellung eines körperlosen Geistes weiterhin prinzipiell möglich – aber *möglich* ist ja so vieles, auch die Vorstellung, dass unsere Welt von einem »fliegenden Spaghettimonster« erschaffen wurde.[12]

Allerdings: Für eine rationale Debatte ist es nicht entscheidend, ob derartig anspruchsvolle Annahmen prinzipiell *möglich* sind, relevant ist, ob sie *notwendig* sind, um von uns beobachtbare Phänomene zu erklären. Und hier muss man konstatieren, dass die Idee eines körperunabhängigen Geistes nach unserem heutigen Wissensstand ebenso wenig zur Erklärung empirischer Tatsachen beiträgt wie die Annahme eines kosmischen Spaghettimonsters. Beide Ideen müssen daher – zumindest vorläufig, solange keine neuen Fakten auftauchen (wie zum Beispiel Pastasauce im Mittelpunkt der Erde) – das gleiche Schicksal teilen: *Sie fallen Ockhams Rasiermesser zum Opfer*.

Inwiefern nun ist die Widerlegung des cartesianischen Dualismus von Körper und Geist relevant für die Frage des freien Willens? Antwort: *Weil die traditionelle Idee der Willensfreiheit den Dualismus von Körper und Geist voraussetzt.* Nur auf der Basis dieses Dualismus konnte es als möglich erscheinen, dass die »höheren menschlichen Geistesfunktionen« von jenen Naturkausalitäten unberührt bleiben könnten, die auf der Ebene des Körpers unbestreitbar wirkmächtig sind.

Da für materielle Körper (oberhalb der Quantenebene) gilt, dass identische Ursachen notwendigerweise identische Folgen haben, können wir nicht mehr davon ausgehen, dass eine Person A sich zum Zeitpunkt X wundersamerweise anders hätte verhalten können, als sie sich de facto verhalten hat. Damit jedoch wird die klassische Definition von Willensfreiheit aufgehoben, die gerade ein solches »Anders-Können« unterstellte. Soweit ich sehe, wird diese althergebrachte Position, die weiterhin das Alltagsverständnis von Willensfreiheit prägt, heute von kaum einem philosophischen Verteidiger der Idee noch ins Feld geführt. Eine Ausnahme bildet hier vielleicht Julian Nida-Rümelin, der von einer »naturalistischen Unterbestimmtheit unserer Handlungs- und Urteilsgründe«[13] spricht. Die meisten anderen Autoren hingegen – im deutschen Sprachraum etwa Michael Pauen[14], Peter Bieri[15] oder Detlev Linke[16] – haben sich vom »Prinzip der alternativen Möglichkeiten« verabschiedet. Dass sie dennoch am Begriff der »Willensfreiheit« festhalten, ist etwas verwirrend. Ich werde darauf zurückkommen.

### 1.2 Die fehlerhafte Reduktion der Willensfreiheitsdebatte auf neurowissenschaftliche Erkenntnisse

In der öffentlichen Debatte um die Willensfreiheit konnte für Nichteingeweihte der Eindruck entstehen, dass Neurowissenschaftler wie Wolf Singer und Gerhard Roth mit ihrer These von der Widerlegung der Willensfreiheit allein auf weiter Flur stünden, während die Verteidiger des freien Willens gewissermaßen den Status quo der Sozialwissenschaften gegen die Ansprüche der Hirnforschung verteidigten. *In Wahrheit jedoch sind die Verhältnisse eher umgedreht.* Denn weder in der Soziologie noch in der Psychologie ist der »freie Wille« ein forschungsrelevantes theoretisches Konstrukt. So sehr sich Freud, der Begründer der Psychoanalyse, und Skinner, der Begründer des Behaviorismus, in ihren theoretischen Konzepten unterschieden, in *einem* Punkt waren sie stets *einer* Meinung, nämlich in der Einschätzung, dass es so etwas Merkwürdiges wie einen »freien Willen« nicht geben könne. Ähnlich verhielt es sich auch auf dem Gebiet der Soziologie etwa bei Karl Marx oder Max Weber. Trotz aller Unterschiede konnten beide mit dem Begriff der Willensfreiheit nichts anfangen.

Nicht anders geht es heutigen empirischen Sozialforschern. Wenn Sie etwa nach Studien suchen, die die Persönlichkeitsunterschiede zwischen Geschwistern zum Thema haben[17], so werden Sie in diesen Untersuchungen zahlreiche Tabellen finden, in denen die diversen Determinanten aus Anlage und Umwelt pedantisch miteinander verrechnet werden, Sie werden dabei etwas über genetische Prädispositionen und auch über die Prägung durch Peergroups erfahren, nichts aber über den »freien Willen«. Dieses angeblich so wichtige Konzept taucht in empirischen Untersuchungen schlichtweg nicht auf, weshalb Wolfgang Prinz völlig zu Recht darauf hingewiesen hat, dass »für Willensfreiheit als theoretisches Konstrukt im Rahmen der wissenschaftlichen Psychologie kein Platz ist«.[18]

Warum das so ist, ja: sein muss, hat Arthur Schopenhauer in seiner »Preisschrift über die Freiheit des Willens« begründet.[19] Nach Schopenhauer ist die Idee des freien Willens, wenn man diese erst einmal kritisch analysiert, nicht einmal *denkbar*, da Denken notwendigerweise bedeutet, Kausalitäten in Betracht zu ziehen. Solche Kausalitäten aber werden im Falle der klassischen Willensfreiheitsdefinition kategorisch ausgeschlossen, weil ein kausal bedingter Wille nach traditioneller Auffassung nicht frei sein kann. Anders formuliert: *Wer im klassischen Sinne von einem freien Willen ausgeht, der unterstellt ein permanentes Wunder – eine Wirkung ohne Ursache*. Dass die wissenschaftliche Forschung mit einem solch abenteuerlichen Konzept nichts anfangen kann, muss uns nicht erstaunen.

Halten wir fest: Anders als es in der öffentlichen Debatte mitunter suggeriert wurde, stellten Roth und Singer mit ihrer Leugnung der Willensfreiheit nicht die etablierte wissenschaftliche Denktradition auf den Kopf, sie lieferten bloß weitere Belege für eine Auffassung, die im Rahmen der empirischen Natur- und Sozialwissenschaften längst etabliert ist. Vielleicht entstand der öffentliche Wirbel um die Thesen der Neurobiologen dadurch, dass sie diese stillschweigend akzeptierte, in der Regel kaum reflektierte Übereinkunft der empirischen Forscher bewusst machten. Eines jedoch steht fest: Wer wie Roth oder Singer Thesen vertritt, die auf durchaus ähnliche Weise schon bei Freud und Skinner, bei Marx und Weber, bei Darwin, Haeckel und Einstein – und nicht zu vergessen: auch bei Spinoza, La Mettrie, Hume, Schopenhauer und Nietzsche – zu finden sind, der kämpft ganz gewiss nicht auf verlorenem Posten – auch wenn so mancher diesen Eindruck gerne vermitteln wollte.

### 1.3 Die Verdrängung des eigentlichen Problems nach der scheinbar gelungenen philosophischen Rekonstruktion des freien Willens

Das vielleicht größte Manko der Debatte bestand darin, dass in ihr *zwei grundverschiedene Begriffe von Willensfreiheit* auftauchten, was dazu führte, dass die Diskutanten aneinander vorbeiredeten. Während die Neurobiologen hartnäckig die klassische Willensfreiheitsthese attackierten, operierten viele Philosophen längst schon mit einem alternativen Willensfreiheitsbegriff, der eben nicht auf akausaler Freiheit beruhte und damit auch keineswegs das antinaturalistische »Prinzip der alternativen Möglichkeiten« ins Feld führte. Für Vertreter eines »Minimalkonzepts der Freiheit« wie Michael Pauen[20] gilt es nämlich bereits als ein Zeichen von »Willensfreiheit«, *wenn eine Person im Einklang mit ihren personalen Präferenzen oder Gründen handelt.* Diese Möglichkeit aber hatte kein Hirnforscher je bestritten. Warum sollte man auch etwas derart Offensichtliches in Frage stellen? Was Hirnforscher völlig zu Recht kritisierten, war, dass diese »personalen Präferenzen« oder »Gründe« eine nichtnaturalistische Basis haben könnten. *Denn selbstverständlich sind auch diese abhängig von neuronalen Prozessen, die ihrerseits nicht bewusst erfahrbar sind.*

Inwiefern nun führte der alternative Willensfreiheitsbegriff der Philosophen zu einer Verengung der Perspektive? Antwort: Weil dadurch die weitreichenden Folgen aus dem Blick gerieten, die durch einen konsequenten Abschied von der klassischen Willensfreiheitsidee erfolgen müssten. »Willensfreiheit« schien nach der Rekonstruktion der Philosophen plötzlich doch irgendwie möglich zu sein, was die erregten Gemüter einigermaßen beruhigte. Doch diese allgemeine Erleichterung wurde über einen Trugschluss erkauft. *Denn das, was die Philosophen rekonstruierten, war nicht die Willensfreiheit, sondern eine spezifische Eigenschaft des menschlichen Gehirns, die bloß mit dem Begriff der »Willensfreiheit« etikettiert wurde.*

Ich will nicht bestreiten, dass diese spezifische Eigenschaft unseres Gehirns für unser Denken, Erleben und Handeln, für Ethik und Politik von großer Bedeutung ist. Aber: Wir sollten uns davor hüten, durch die *identische Bezeichnung von Nicht-Identischem* Unterschiede zu eliminieren, die, wie ich noch zeigen werde, für unser Leben von höchster Relevanz sind. Ich schlage daher vor, dass wir für das philosophisch rekonstruierte Minimalkonzept der Freiheit nicht mehr den missverständlichen Begriff der »Willensfreiheit« benutzen, weil dieser ursprünglich eben weit mehr noch meinte, als wir heute aufrechterhalten können. Wir sollten stattdessen einen Begriff verwenden, der das, worum es den Verteidigern der Freiheit eigentlich geht, exakter trifft und der zudem, wie schon David Hume zeigte[21], den Vorteil hat, dass er vom antinaturalistischen Begriff der Willensfreiheit trennscharf abgegrenzt werden kann: den Begriff der »Handlungsfreiheit«.

## 2. Sinnlich erfahrbare und übersinnlich konstruierte Freiheit: Warum man Handlungsfreiheit nicht mit Willensfreiheit verwechseln sollte

Worin bestehen die Unterschiede zwischen Willens- und Handlungsfreiheit? In Schopenhauers berühmtem Ausspruch: »Der Mensch kann tun, was er will, aber nicht wollen, was er will«, wird es auf den Punkt gebracht. Wir besitzen Handlungsfreiheit, *wenn wir das tun können, was wir tun wollen.* Momente, in denen uns solche Handlungsfreiheit plötzlich ermöglicht wird, werden von uns in der Regel als höchst beglückend erlebt. Erinnern Sie sich beispielsweise an den Klang der Pausenklingel in Ihrer Schulzeit oder an den Beginn eines Konzertes, auf das Sie sich im Vorfeld lange gefreut haben.

Willensfreiheit hingegen meint etwas völlig anderes. Es ist die Vorstellung, *wir könnten beliebig wollen, was wir wollen.* Damit ist kein »Wille zweiter Ordnung«[22] gemeint, sondern die in sich widersprüchliche und doch höchst folgenreiche Auffassung, wir wären göttergleiche Wesen, die sich unbeeinflusst von inneren und äußeren Determinanten »frei« entscheiden könnten.

Wenn man die Möglichkeit einer solchen Willensfreiheit leugnet, so heißt das natürlich nicht, dass man auch die Möglichkeit der Handlungsfreiheit in Frage stellt. *Auch nach dem Abschied vom Konzept der Willensfreiheit bleibt es dabei, dass Menschen unter günstigen Umständen das tun können, was sie tun wollen.* Nur: Wir können nicht mehr unterstellen, dass Menschen auch beliebig wollen könnten, was sie wollen. Vielmehr müssen wir davon ausgehen, dass Menschen zu einem bestimmten Zeitpunkt stets nur *das wollen können*, was sie aufgrund ihrer jeweiligen Eigenschaften und Erfahrungen in eben diesem Moment *wollen müssen.* Was wir wollen, was wir können, auf welche Weise wir denken, wie wir handeln, ja: alle Eigenschaften, die unser »Selbst« ausmachen – all das

ist nicht *frei, beliebig, unbegründet*, es ist vielmehr das *notwendige Resultat hochkomplexer, chaotisch-deterministischer Wechselwirkungsbeziehungen.*
Handlungsfreiheit ist, so könnte man es formulieren, *sinnlich erfahrbare*, Willensfreiheit hingegen *übersinnlich konstruierte Freiheit.* Während wir die Zwänge, die unsere Handlungsfreiheit beschneiden, sehr deutlich spüren, ist Gleiches im Falle der fiktiv unterstellen Willensfreiheit nicht möglich. Wir haben kein emotionales Sensorium für die Determinanten, die uns zu dem gemacht haben, was wir sind: Dass beispielsweise unsere Vorliebe für Brecht dadurch gefördert wurde, dass Tante Erna beim Zubereiten des leckeren Vanillepuddings immer »Mackie Messer« trällerte, dass wir Bayern München nie leiden konnten, weil uns die Nase von Uli Hoeneß fatal an den fiesen Nachbarn von nebenan erinnerte, oder dass wir uns im Netz der Philosophie mit ihren rationalen Argumentationsmustern verfingen, weil sich in unserem Gehirn die fixe Idee etablierte, dass derartige Gedankenakrobatik Eindruck auf potentielle SexualpartnerInnen machen könnte[23] – vielleicht nicht den gleichen Eindruck wie das Spielen in einer Rockband, aber immerhin …
Sie könnten an dieser Stelle vielleicht einwenden, dass das hier vorgestellte Konzept die Menschen unzulässig »über einen Kamm« schere. Ist es nicht so, dass es doch ganz beträchtliche Unterschiede zwischen den Menschen gibt, beispielsweise zwischen einer psychisch gesunden Person A, die sich nach rationaler Erwägung der verschiedenen Handlungsalternativen mit Freunden im Kino trifft, und einer Person B, die sich eigentlich das Gleiche wünscht, aber aufgrund einer massiven Angststörung die eigenen vier Wände nicht verlassen kann?
Nun, ich wäre der Letzte, der solche lebenspraktisch höchst bedeutsamen Unterschiede bestreiten wollte. Nur: Die hier angesprochenen Unterschiede betreffen keineswegs das Gebiet der *Willensfreiheit.* Weder Person A noch Person B kann

sich von den offensichtlich höchst unterschiedlichen Determinanten der jeweiligen Lebensgeschichte abkoppeln, A ist also keineswegs »willensfreier« als B. Der markante Unterschied zwischen beiden liegt im Bereich der *Handlungsfreiheit*, genauer der »*inneren Handlungsfreiheit*«, über die A im Vergleich zu B verfügt. Während Person A eben das tut, was sie will (nämlich sich im Kino mit Freunden treffen), kann B genau dies aufgrund widerstrebender *innerer Zwänge* nicht.
Wir Menschen unterscheiden uns also nicht darin, dass die einen über Willensfreiheit verfügen, die anderen nicht, wir unterscheiden uns in dem Ausmaß, inwieweit wir *Handlungsfreiheit* besitzen. Handlungsfreiheit umfasst zwei Dimensionen: *Äußere Handlungsfreiheit liegt vor, wenn wir nicht durch äußere Zwänge davon abgehalten werden, das zu tun, was wir wollen (beispielsweise weil wir in einer Diktatur leben, die die von uns angestrebte freie Meinungsäußerung unterdrückt), innere Handlungsfreiheit, wenn wir nicht durch innere Zwänge (beispielsweise irrationale Ängste) daran gehindert werden, unseren Willen in die Tat umzusetzen.* Fallen innere und äußere Handlungsfreiheit zusammen, liegt bereits das Optimum menschlichen Freiheitsvermögens vor: *Wahrhaft frei sind wir, wenn wir weder innere noch äußere Zwänge wahrnehmen, die die Realisierung unseres Willens verhindern können.*
Wohlgemerkt: Es sind keineswegs, wie das Konzept der Willensfreiheit unterstellt, die Determinanten unseres Verhaltens *per se*, die unsere Freiheit begrenzen. Als *Zwang* werden von uns nur jene Determinanten empfunden, die im Widerspruch zu unserem jeweiligen Willen stehen. So sehe ich es durchaus nicht als Zwang, als Begrenzung meiner Freiheit, an, dass ich hier einen Vortrag halten muss und nicht etwa Jazz-Dance-Übungen vorführen darf. Würde man mir jedoch statt theoretischer Überlegungen rhythmische Tanzdarbietungen abverlangen, so würde ich dies sehr wohl als Zwang erleben – ganz im Gegensatz zu meiner sechzehnjährigen Tochter, bei der der Wille zum Tanz ungleich stär-

ker ausgeprägt ist als der Wille zum akademischen Vortrag. Vielleicht werden Sie an dieser Stelle einwenden, dass Ihnen der Wille in diesem Konzept allzu statisch erscheint. Kann man denn nicht auch an sich und seinem eigenen Willen arbeiten? Und ist die Möglichkeit zur *Selbstveränderung*, zur bewussten Steuerung unserer eigenen Willensbestrebungen nicht doch ein menschliches Vermögen, das man mit dem Begriff »Willensfreiheit« umschreiben müsste?

Auch an dieser Stelle sollten wir die Begriffe sauber voneinander trennen. Niemand bestreitet, dass wir an uns und unseren Willensbestrebungen arbeiten können. Wir können uns beispielsweise vornehmen, unseren »Willen zur Zigarette« oder unseren »Willen zum Halten von endlosen Monologen auf Diskussionsveranstaltungen« aufzuheben. Aber: Damit wir Derartiges tun, muss bereits ein entsprechender Wille vorhanden sein, der unsere Energie in diese Richtung lenkt – und ein solcher »Meta-Wille« zur Veränderung des eigenen Willens ist selbstverständlich ebenso determiniert wie jeder einfache Wille erster Ordnung. Wenn es uns gelingt, kraft eines solchen Meta-Willens unseren eigenen Willen zu verändern, so kann man dies zweifellos als ein Zeichen von *innerer Handlungsfreiheit* verstehen (wir haben es ja geschafft, das zu tun, was wir wollten, nämlich unseren Willen zu verändern), wir besitzen aber selbst in diesem glücklichen Falle immer noch keinen »freien«, der Naturkausalität enthobenen, sondern bloß einen *von bestimmten Determinanten befreiten Willen, der selbstverständlich wiederum durch Determinanten (letztlich durch entsprechende neuronale Muster) bestimmt ist.*

Indem wir auf diese Weise den klassischen Begriff der Willensfreiheit verabschieden und dessen abgemilderte Version durch den Begriff der inneren Handlungsfreiheit ersetzen, gewinnen wir vor allem eines: *gedankliche Klarheit*. Jetzt, da wir den Begriff der Willensfreiheit nicht mehr brauchen, um etwas real Existentes (nämlich *innere Handlungsfreiheit*) zu beschreiben, können wir uns darauf konzentrieren, welche Folgen es hätte, wenn wir in unserem Leben auf das Konzept des freien Willens tatsächlich verzichten würden.

### 3. Willensfreiheit als »produktiver Irrtum«? – Warum die Unterstellung von Willensfreiheit Handlungsfreiheit eher behindert als fördert

Wer Willensfreiheit als *empirisches Phänomen* ablehnt, der muss deshalb noch lange nicht die *lebenspraktisch wirksame Zuschreibung von Willensfreiheit* kritisieren. Im Moment scheint es eher so zu sein, dass sich die Gelehrten im Falle der Willensfreiheit auf die Akzeptanz eines *»produktiven Irrtums«* geeinigt haben: Zwar könne man die Idee des freien Willens empirisch nicht mehr aufrechterhalten, heißt es hierzu in einschlägigen Veröffentlichungen, aber in der Lebenspraxis müsse man wohl doch an dieser Idee festhalten, weil die Annahme der Willensfreiheit sowohl für das Individuum als auch für das Gemeinwohl ungemein nützlich sei.
Diese Haltung ist einigermaßen erstaunlich. Es kommt, wie man sich denken kann, nicht gerade häufig vor, dass gestandene Wissenschaftler wie beispielsweise Wolfgang Prinz behaupten, man solle *praktisch an etwas glauben*, was *theoretisch längst widerlegt* ist.[24] Aus welchen Gründen sollten wir uns ausgerechnet bezogen auf die Frage, ob unser Wille »frei« oder natürlich verursacht ist – zweifellos eine der ganz zentralen Fragen unserer Existenz! –, einem »produktiven Irrtum« unterwerfen?
Um diese Frage beantworten zu können, müssen wir uns zunächst vergegenwärtigen, was der Begriff »produktiver Irrtum« meint. Das Phänomen des »produktiven Irrtums« ist uns aus der Motivationsforschung bekannt: Manche Sportler bringen besondere Leistungen, wenn sie ihren »Talisman« in der Nähe wissen, und versagen, wenn dieser ver-

schwunden ist. Fußballtrainer tragen mitunter wochenlang das gleiche Hemd, das sie zufällig am Tag eines großen Sieges aus dem Schrank gezogen hatten. Und obwohl es selbstverständlich keinen direkten kausalen Zusammenhang zwischen der abergläubisch-monotonen Kleiderwahl eines Trainers und dem Torerfolg seines Mittelstürmers gibt, kann ein »Erfolgshemd« durchaus das Selbstvertrauen und das Engagement einer Mannschaft fördern.
Sollten wir den »freien Willen« demnach als »Talisman des modernen Menschen« begreifen? Stachelt uns der Glaube an die Idee der Willensfreiheit, so haltlos er im empirischen Sinne auch sein mag, in unserer Lebenspraxis zu besonderen Leistungen an? Macht uns dieser Glaube zu besseren, glücklicheren Menschen? Nutzt er tatsächlich so sehr dem Gemeinwohl, wie dies in der Diskussion immer wieder behauptet wird? Ist er tatsächlich unverzichtbar für ein humanistisches Menschenbild und für eine freie, humane Ethik und Politik?
Ich bin da entschieden anderer Meinung. Ich denke, dass die Idee der Willensfreiheit das Projekt einer humanen Entwicklung von Individuum und Gesellschaft eher *behindert*, als dass sie es *fördert*. Welche Gründe sprechen für eine solch kritische Einschätzung des Willensfreiheits-Glaubens? Schauen wir uns an, was der Glaube an den freien Willen als *weltbildgenerierende Determinante* auf den *drei Ebenen des menschlichen Lebens* bewirkt, also erstens auf der Ebene des Individuums (Mikrokosmos), zweitens auf der Ebene der individuellen Interaktion (Mesokosmos) sowie drittens auf gesellschaftlicher Ebene (Makrokosmos).

### 3.1 Die Ebene des Individuums (Mikrokosmos)

Welche Folgen hat das Konzept der Willensfreiheit, wenn es als individuelle Selbstzuschreibungsstrategie dient? Versetzen wir uns in die Lage eines an den freien Willen glaubenden Individuums:

Wenn das, was ich erreicht habe, in letzter Instanz nur von mir und meinem freien Willen abhängt, so bin ICH als »unbewegter Beweger« allein verantwortlich für das, was ich tue und getan habe. Wenn ich es zu etwas gebracht habe, dann deshalb, weil ICH es zu etwas bringe. Wenn ich versagt habe, so nur deshalb, weil ICH ein Versager bin. Da ich das gleiche Verantwortungsprinzip auf die anderen anwenden muss, bedeutet das, dass derjenige, der es zu mehr bringt als ich, nicht nur ein glücklicherer, sondern auch ein besserer Mensch ist, weil ER oder SIE es ja »aus freien Stücken« zu mehr bringt, während derjenige, der es zu weniger bringt, ein (noch größerer) Versager ist, weil ER beziehungsweise SIE es nicht schafft, das zu erreichen, was ICH kraft meines freien Willens bereits verwirklicht habe.

Fällt mein Vergleich mit den anderen negativ aus, so provoziert das bei mir ein ganzes Arsenal von Minderwertigkeits-, Scham-, Schuld- und Peinlichkeitsgefühlen. Sieht meine Bilanz hingegen positiv aus, so bin ich erfüllt mit Stolz und mustere die anderen arrogant und überheblich, denn schließlich hätten sie es ja auch zu mehr bringen können, *wenn sie nur gewollt hätten.* Das Problem: Sowohl die negative (schuldbeladene) als auch die positive (stolzgeschwängerte) Bilanzierung eigener Leistungen hemmt die anzustrebende Veränderung des Individuums hin zu größerer Humanität. Das Individuum bleibt Ich-*fixiert*, gefangen in selbstwertdienlichen Wahrnehmungsverzerrungen in Bezug auf die Umwelt und die eigene Person.

Was würde sich nun an diesem Bild ändern, wenn das Individuum sich keinen freien Willen, wohl aber die Möglichkeit von Handlungsfreiheit attestieren würde? Nun, wenn ich davon ausgehe, dass das, was ich erreicht habe, nur ein Produkt meiner genetischen Veranlagung sowie der zufällig angetroffenen äußeren Umstände ist, so fällt meine Bilanz völlig anders aus. Wenn ich etwas in besonderer Weise können sollte, so gibt es keinen Grund für Überheblichkeit, da ich ja weiß, dass meine Leistungen nicht auf mich als »unbewegten Beweger« zurückzuführen sind, sondern auf ein ungeheuer komplexes Netzwerk von Ursachenfaktoren. Gleichermaßen muss ich mich bei einer negativen Leistungsbilanz auch nicht mit Minderwertigkeits-, Scham-, Schuld- und Peinlichkeitsgefühlen herumplagen. Schließlich *kann ich nicht mehr können*, als ich vor dem Hintergrund der mich bestimmenden, ja mein ICH erst erzeugenden Determinanten *können kann*.

Hier finden wir den Grund dafür, weshalb Einstein meinte, dass die Aufhebung der Willensfreiheitsidee dazu führe, dass wir uns selbst und die anderen nicht mehr »gar zu ernst« nehmen würden. In der Tat: Die meist mit heiligem Ernst vorgetragene Ego-Fixierung, die seltsame Eigenart von Menschen, sich mit stolzgeschwängerter Brust etwas auf so genannte »eigene Leistungen« einzubilden und im nächsten Moment schlimm darunter zu leiden, falls sie in irgendeiner Hinsicht versagt haben sollten, erhält nach dem Abschied vom freien Willen eine durchaus komische Note.

Wie kann man beispielsweise auf eigene Schönheit stolz sein, wenn man weiß, dass diese doch nicht zuletzt abhängig ist von einer zufälligen Anordnung von Adenin, Thymin, Guanin und Cytosin (den vier Basen der DNA), die zu einem Zeitpunkt zusammengewürfelt wurden, als das nun so stolzgeschwängerte ICH noch gar nicht existierte? Und wie könnte ich etwa stolz darauf sein, diesen Vortrag hier in Lech halten zu dürfen? Auch dies ist doch nicht auf mich als »unbewegtem Beweger« zurückzuführen, sondern auf Trilliarden von Faktoren, genetischer Ausstattung etwa oder schulischer Förderung, vor allem aber auch auf die unzähligen kleinen Zufälle in meiner Lebensgeschichte. So war es beispielsweise purer Zufall, dass ich im Alter von fünfzehn Jahren eine extrem preiswerte Ausgabe der Schopenhauer-Werke im Antiquariat erstand, was mein Denken nachhaltig prägte. Eigentlich wollte ich damals nämlich gar keinen

Schopenhauer erwerben, doch die parallel angebotene Hegel-Ausgabe war mir schlichtweg zu teuer. Nicht auszudenken, wie mein Leben verlaufen wäre, wenn ich damals mehr Geld gehabt und zu Hegel gegriffen hätte! Folgt man Schopenhauers bissigen Hegel-Verrissen[25], stünde ich heute gewiss nicht hier …

Scherz beiseite, worum es mir geht, ist Folgendes: Auch wenn es ganz sicher nicht leicht ist, die Idee des freien Willens aufzugeben, da uns diese Zuschreibung von Kindesbeinen an antrainiert wird und sie zudem auch noch der Intuition des »naiven Realismus« entspricht[26] – wem dies in umfassendem Maße gelingt, der entwickelt in Bezug auf die immer wieder auftretende Selbstwertproblematik eine *ungeheuere Gelassenheit.* Das heißt nicht, dass er deshalb zu kritischer Selbstanalyse oder -veränderung nicht fähig oder willens wäre. Im Gegenteil: Wer es nicht mehr nötig hat, sich selbst etwas vorzumachen, der kann weit wirksamer an sich selber arbeiten – und eben dies führt zu einer Steigerung der Möglichkeiten *innerer Handlungsfreiheit.* Gerade jene, so meine These, die sich von der Willensfreiheit verabschiedet haben, können sich in ihrer Lebenspraxis mehr »Freiheiten« herausnehmen. Sie sind in der Regel unabhängiger, origineller, flexibler, weniger opportunistisch, trauen sich viel eher, unorthodoxe Wege zu gehen. Warum? Weil bei ihnen die Angst vor dem eigenen Versagen weit geringer ausgeprägt ist als bei jenen, die sich mit dem »Folter-Instrument« des freien Willens (Nietzsche) und den damit verbundenen Selbstwertproblemen herumquälen müssen. Albert Einstein war *ein* gutes Beispiel für einen Menschen, der die Freiheitsräume jenseits der Willensfreiheit für sich nutzbar machte, Thomas Edison, der größte Erfinder der Menschheit, ein *anderes.*

Leider gibt es kaum empirische Studien, die sich mit dieser Fragestellung befassen. Operationalisierbar wären die hier vorgelegten Hypothesen aber sehr wohl.

## 3.2 Die Ebene der individuellen Interaktion (Mesokosmos)

Unter der Voraussetzung der Willensfreiheitsunterstellung wird der Mitmensch zu einer ständigen Bedrohung, denn er könnte ja aufdecken, wo die eigenen Schwächen liegen. Schwächen, zu denen das Individuum kaum stehen kann, weil es sich ja angeblich »frei« – also ungezwungen – zu ihnen entschlossen hat und sie daher peinlicherweise auch selbst subjektiv verantworten muss. Kritische Argumente der Mitmenschen werden daher als große Gefahr empfunden, als *unmittelbare Existenzbedrohung*. Da gilt höchste Alarmbereitschaft. Kommando: Augen und Ohren zu und durch! Hoffnung besteht allein darin, dass der andere selbst auch irgendwo schwache Stellen hat. So ist die Diskussion, die die Diskutierenden eigentlich weiterbringen sollte, häufig nichts weiter als ein Bombardement von Argumenten, die nicht die verhandelte Sache auf den Punkt, sondern den Gegner an seiner schwächsten Stelle treffen sollen. Das Argument ist unter dieser Voraussetzung *kein Geschenk*, das ich dem anderen unterbreite, das ihm die Möglichkeit bietet, sein Denken zu entprovinzialisieren, es ist *eine Waffe*, die erbarmungslos eingesetzt wird, um unliebsame Kritik an der eigenen Person abzuwehren.

Die Akzeptanz der Willensfreiheit führt allerdings nicht nur dazu, dass wir tendenziell unfähig werden, fruchtbare Debatten zu führen.[27] Sie verhindert auch, dass wir dem anderen und uns selbst verzeihen können. Denn jede Schandtat wird noch um einiges schändlicher, wenn wir davon ausgehen, dass sich der Täter/die Täterin frei zu ihr entschieden hat. Wie könnten wir jemandem verzeihen, der sich »frei«, ohne objektive Ursachen, dazu entschlossen hat, uns zu betrügen, zu berauben, zu verletzen?

Hier finden wir den Grund dafür, warum Einstein die Aufhebung der Willensfreiheitsidee »beim Erleiden der Härten« seines Lebens als »Trost« und als »unerschöpfliche

Quelle der Toleranz« empfand. Warum macht uns der Abschied von der Willensfreiheit toleranter? Man kann es vielleicht mit einem alten lateinischen Sinnspruch erklären: *Homo sum, humani nihil a me alienum puto. – Ich bin ein Mensch, nichts Menschliches ist mir fremd.*

Bin ich mir im Klaren darüber, wie viele unkontrollierbare Faktoren am Zustandekommen dieses meines eigenen ICHs beteiligt waren, so kann ich mir leicht vorstellen, dass unter anderen Bedingungsfaktoren aus dem Kind, das meine Mutter vor vielen Jahren zur Welt brachte, ein ganz anderer Mensch hätte werden können. Schon kleine Veränderungen im genetischen Code oder ein Sauerstoffmangel bei der Geburt hätten dazu geführt, dass dieses andere ICH heute keine Bücher schreiben, sondern Kugelschreiber in einer Behindertenwerkstatt zusammensetzen würde. Ein anderes häusliches Milieu oder andere Peergroups hätten dazu führen können, dass dieses ICH heute als Schwerverbrecher im Gefängnis säße – und wäre es unter totalitären Verhältnissen aufgewachsen, so hätte es sich vielleicht zu einem eiskalten Nazi-Schergen entwickelt.

Hier liegt wohl die größte Provokation, die mit dem Abschied von der Willensfreiheitsidee verbunden ist: Fällt nämlich das »Prinzip der alternativen Möglichkeiten« weg, so wird es zu einem reichlich absurden Unternehmen, jemanden *moralisch* dafür zu verurteilen, dass er derjenige ist, der er aufgrund seiner Lebensgeschichte notwendigerweise sein muss. *Ein echtes Verständnis der Bedingungsfaktoren individuellen Handelns macht moralische Verurteilung unmöglich.* Je genauer wir hinsehen, desto klarer erkennen wir, dass die Täter stets auch *Opfer* der Geschichte sind. So sehr Moralisten darunter leiden werden: *Unter der Perspektive der Willensbedingtheit mutiert nicht nur das so genannte »Böse«, sondern auch das so genannte »Gute« zu einem banalen, inhaltsleeren Begriff.*[28]

Aber – so wird man hier wahrscheinlich einwenden – läuft eine derartige Entschuldigung schlimmster Verbrecher, ein derartiger Abgesang auf die Moral nicht auf eine Relativierung aller ethischen Maßstäbe hinaus? Nein! *Denn die moralische Entschuldigung der Täter impliziert keineswegs die ethische Rechtfertigung ihrer Taten.* Wir müssen endlich lernen, die *ethische* Frage nach der *objektiven Verantwortbarkeit einer Tat* von der *moralischen* Scheinfrage nach der *subjektiven Verantwortung des Täters* zu trennen[29], denn diese Scheinfrage beruht – wie gesagt – auf einer falschen Denkvoraussetzung, nämlich der Unterstellung, dass ein Mensch zum Zeitpunkt X sich wundersamerweise hätte anders entscheiden können, als er es tat. Wer den gewaltigen Unterschied zwischen der *Entschuldigung der Täter* und der *Rechtfertigung der Tat* verstanden hat, der weiß, dass ein Verbrechen auch dann noch ein Verbrechen ist, wenn der Täter gar nicht die Möglichkeit hatte, anders zu handeln. Wir müssen keineswegs unterstellen, dass Hitler, Stalin, Konstantin der Große oder Papst Innozenz III. sich »aus freien Stücken« zu ihren Untaten entschlossen haben, um diese ethisch als Verbrechen verurteilen zu können.

### 3.3 Die gesellschaftliche Ebene (Makrokosmos)

Die gravierenden Folgen der Willensfreiheitsunterstellung werden gerade dann deutlich, wenn man ihre Wirkung auf größere soziale Zusammenhänge untersucht. Hier nämlich erweist sie sich als *probates Instrument zur Rechtfertigung sozialer Ungleichheit*. Die Vorstellung, jeder sei in letzter Instanz »seines Glückes Schmied«, rechtfertigt die Armut der Armen und den Reichtum der Reichen. Sie macht die Glücklichen glücklicher und die Unglücklichen unglücklicher, sie gibt denen Zuversicht, die sie ohnehin haben, und nimmt sie jenen, die sie ohnehin nicht besitzen.

Für moderne westliche Gesellschaften, so meine These, gilt folgende Regel: *Je stärker die Idee der Willensfreiheit gesellschaftlich etabliert ist, desto eher wird soziale Ungleichheit toleriert und desto drakonischer fallen auch die Strafmaßnahmen des jeweiligen Rechtssystems aus.* Um diese These zu untersuchen, könnte man beispielsweise die Unterschiede zwischen den USA und skandinavischen Ländern analysieren. Während US-Amerikaner den »amerikanischen Traum« vom Selfmademan, der es als »unbewegter Beweger« vom »Tellerwäscher zum Millionär« schaffen kann, in hohem Maße internalisiert haben, begreifen Schweden und Dänen den Menschen weit eher als ein »Ensemble der gesellschaftlichen Verhältnisse«.

Von daher ist es verständlich, dass in den USA der Sozialstaatsgedanke unterentwickelt und das Rechtssystem von Rache- und Sühnegedanken geprägt ist, was unter anderem auch die hohe gesellschaftliche Akzeptanz der Todesstrafe sowie die harten Bedingungen in US-Gefängnissen erklärt. Dagegen spielt in Schweden die Idee der sozialen Sicherung eine weitaus bedeutendere Rolle, während das Konzept von Rache, Sühne und moralischer Schuld im dortigen Rechtsverständnis fast vollständig in den Hintergrund rückt. Strafe zielt hier eben nicht darauf ab, es dem Delinquenten »heimzuzahlen«, im Zentrum steht vielmehr der *Schutz der Gesellschaft*. Dazu trägt Strafe in zweifacher Hinsicht bei: Erstens können mittels Strafe gefährliche Täter, die auch künftig noch enormen Schaden anrichten könnten, aus dem Verkehr gezogen werden, und zweitens führt die Strafandrohung, das heißt die in Aussicht gestellte Sanktionierung unerwünschter Handlungen, ganz allgemein dazu, dass derartiges Verhalten in der Gesellschaft seltener auftritt. Warum? Weil die Strafen die Kosten einer Handlungsweise (beispielsweise Diebstahl) erhöhen und somit diese Handlungsoption für die Individuen an Attraktivität verliert.

Im Prinzip kann man das Strafgesetzbuch mit einer Speisekarte im Restaurant gleichsetzen: So wie hier für Menü X die Kosten X anfallen, so muss man laut Strafgesetzbuch für Delikt Y die Kosten Y übernehmen. Habe ich das teuerste Menü auf der Speisekarte gewählt, so muss ich diese Rechnung begleichen – und dabei ist es völlig bedeutungslos, dass meine fatale Leidenschaft für Kaviar, Hummer und Trüffel keineswegs durch »freie Wahl«, sondern durch unzählige biologische wie kulturelle Determinanten ursächlich bedingt ist. Ebenso muss ich die Kosten für einen Mord übernehmen – und aus dieser Klemme hilft mir weder der Verweis auf das schlechte Rollenmodell meiner Peergroup noch ein populationsgenetisches Gutachten, welches aufzeigt, dass in meiner Familie seit Generationen bereits eine besondere Neigung zum Jähzorn vererbt wird. Was für den Wirt wie auch für den Staat zählt, ist das objektive Faktum, dass ich Menü X gewählt beziehungsweise den strafrechtlich relevanten Regelverstoß Y begangen habe. Wir müssen also keineswegs Willensfreiheit (und damit verbunden: Schuldfähigkeit im strengen Sinne) unterstellen, um die Kosten für ein bestimmtes Verhalten, das heißt auch Strafmaßnahmen, zu legitimieren.

Wenn demnach auch nach dem Abschied der Willensfreiheitsidee Strafmaßnahmen möglich sind, worin besteht dann der Unterschied zum bestehenden Strafsystem? Antwort: in der *Funktion der Strafe*, die unter dieser Voraussetzung einen rein *technischen*, keinen *moralischen* Charakter hat, sowie im *Umgang mit dem Täter*. Wer kriminelles Handeln als *ursächlich bedingt* begreift, der wird größeres Gewicht darauf legen, dass bereits im Strafvollzug alle Möglichkeiten genutzt werden, das Selbst- und Weltbild sowie die Verhaltensoptionen der Delinquenten systematisch zu ändern. Und er wird sich selbstverständlich auch viel stärker um Maßnahmen im Bereich der *Prävention* bemühen. Hier gibt es wahrlich viel zu tun. Unter den bestehenden sozio-ökonomischen Bedingungen müssen wir uns wirklich nicht darüber wundern, dass die Kriminalitätsraten in bestimmten gesellschaftlichen Gruppen (Unterschicht- und Migrantenfamilien) so furchtbar hoch sind. Wer keine Möglichkeiten des gesellschaftlichen Aufstiegs sieht, den schrecken Strafmaßnahmen nur wenig. Fatalerweise muss man sogar zugestehen, dass unter bestimmten sozialen Bedingungen das »Abgleiten in die Kriminalität« als eine durchaus rationale Entscheidung erscheinen kann.

## 4. Die falsche Aufhebung der Willensfreiheitsidee – Warum der Fatalismus am »Naturgesetz des Lebens« scheitern muss

Vielleicht ist es Ihnen aufgefallen: Als ich eben meine Hypothese formulierte, dass der Grad der Akzeptanz der Willensfreiheitsidee mit höherer Toleranz von sozialer Ungleichheit und härteren Strafen einhergehe, begrenzte ich diese Regel auf »moderne westliche Gesellschaften«. Warum? *Weil diese Gesellschaften aufgrund ihrer historischen Genese in besonderer Weise von der Autonomie des Individuums ausgehen und sämtliche Freiheitsrechte auch konsequent vom einzelnen Individuum her definieren.* Das Individuum ist in dieser *idealtypisch* »westlichen Perspektive«[30] kein ohnmächtiges Erfüllungsinstrument eines ominösen Schicksals, sondern es bestimmt selbst nach den jeweiligen Interessen und Bedürfnissen, worin es den Sinn seiner Existenz sieht, welchen Lebensweg es einschlagen möchte et cetera. Diese konsequente Orientierung an den Selbstbestimmungsrechten des Individuums nenne ich die »*Weisheit des Westens*«.

In »östlichen Kulturen« finden wir *idealtypischerweise* eine völlig andere Denkungsart vor. Hier steht nicht das einzelne Individuum im Zentrum, sondern die soziale Gemeinschaft oder aber das angeblich alles bestimmende Schicksal. Vor dem Hintergrund dieser weltanschaulichen Prämissen ist die grobe Missachtung individueller Rechte keineswegs erstaunlich – weder die erschreckende Hinrichtungspraxis in China noch die gleichmütige Akzeptanz sozialer Ungleichheit in Indien.

Bekanntlich führte die Vorstellung eines »schicksalhaften Karmas« in der indischen Geschichte zu einer über viele Jahrhunderte stabilen Herrschaft der oberen Kasten über die unteren. Wer in die Kaste der »Unberührbaren« hineingeboren wurde, dem war gesellschaftlicher Aufstieg prinzipiell verwehrt – eine Form *struktureller Gewalt*, gegen die sich die davon betroffenen Individuen in ihrem Schicksalsglauben allerdings kaum zur Wehr setzten, weil sie hofften, durch die Abarbeitung ihres Karmas im nächsten Leben die Ernte ihrer Mühen einfahren zu können.
So ethisch verwerflich und auch empirisch halsbrecherisch solche Ideen sind, so hat der Karmaglaube doch einen rationalen Kern. Denn in der Tat stimmt es, »dass alles mit allem verbunden ist«, wie es in entsprechenden Veröffentlichungen immer wieder heißt. Dass ich diesen Vortrag hier und heute halte, ist zweifellos das Ergebnis einer unglaublich komplexen Ursachenkette, die zeitlich etwa von den Ursprüngen unseres Universums bis zum Frühstück heute Morgen reicht, die nicht nur den Einschlag jenes Felsbrockens miteinschließt, der die Dinosaurier vernichtete und den Aufstieg der Säugetiere begründete, sondern auch den Untergang des römischen Imperiums, die Politik Napoleons und Bismarcks oder die vielen kleinen Zufälle meiner eigenen Lebensgeschichte, die wiederum von den Lebensgeschichten unzähliger anderer Menschen nicht abgekoppelt werden kann. Ja, dieses chaotisch-deterministische Ursachengeflecht ist derartig labil, dass vielleicht niemand der hier Anwesenden existieren würde, wenn vor sagen wir einmal 2500 Jahren ein griechischer Bauer an einem einzigen Tag fünfzehn Minuten später aufgestanden wäre. Unter Umständen hätte selbst eine derart kleine Abweichung im Leben einer längst vergessenen Person einen derartigen Einfluss auf die Weltgeschichte haben können, dass es in ihr keinen Hitler, keinen Stalin, keinen Gandhi oder Einstein gegeben hätte und sehr wahrscheinlich auch kein Philosophicum Lech.

Kurzum: »Alles ist mit allem verbunden« – als empirische Tatsachenbeschreibung kann man dies durchaus stehen lassen. Der Fehler der Schicksalsgläubigen besteht allerdings darin, dass sie dem chaotisch-deterministischen Ursachengeflecht unserer Welt *eine verborgene Sinnhaftigkeit* unterstellen, welche mit dem *wissenschaftlichen Eleganzprinzip* nicht in Einklang zu bringen ist. Das Universum, das wir beobachten, hat nämlich, so formuliert es Richard Dawkins, »genau die Eigenschaften, mit denen man rechnet, wenn dahinter kein Plan, keine Absicht, kein Gut oder Böse steht, nichts außer blinder, erbarmungsloser Gleichgültigkeit«.[31] In einem derartig strukturierten Universum werden notgedrungen »manche Menschen verletzt, andere haben Glück, und man wird dahinter weder Sinn und Verstand noch irgendeine Gerechtigkeit finden«.[32]

Im Kern besteht der Fehler der Schicksalsgläubigen darin, dass sie einen *finalistischen Fehlschluss* begehen. Zwar stimmt es, dass wir allesamt nur deshalb existieren, *weil* eben jene kosmologischen, biologischen, kulturellen Ursachenfaktoren vorliegen, die dies ermöglichen. Das heißt jedoch nicht, dass diese Faktoren vorherrschen, *damit* wir existieren können.

Durch die Zurückweisung des finalistischen Fehlschlusses können wir mühelos die Intuition entkräften, dass die Aufhebung der Willensfreiheitsidee notwendigerweise mit Schicksalsglauben zusammenfallen muss. Dieses Universum folgt aller Wahrscheinlichkeit nach *keinem vorgegebenen Plan, keiner höheren Absicht,* sondern unterliegt dem *sinnfreien Wechselspiel von Zufall und Notwendigkeit.* Doch reicht diese Widerlegung des Schicksalskonzeptes aus, um die unguten Gefühle aufzuheben, die uns in Anbetracht der uns determinierenden Ursachenketten befallen können?

Man muss wohl einräumen, dass die alternative Vorstellung, wir wären bloß Spielbälle von Zufall und Notwendigkeit, nicht minder erschütternd ist. Sind wir wirklich bloß kompliziert aufgebaute Maschinen, die auf dem Laufband der Zeit das zu tun verurteilt sind, was ihre jeweilige Programmierung vorgibt? Wenn ja, hätte eine überragende Intelligenz, die alle Zufälle und Notwendigkeiten in ihre Kalkulation einbeziehen kann, nicht schon am Anfang des Universums berechnen können, was wir hier und heute am 16. September 2006 in Lech tun, oder schlimmer noch: *was wir in fünf Jahren tun werden*? Ist es vielleicht so, dass – wenn Willensfreiheit nicht existiert – unsere Zukunft längst schon geschrieben ist und wir mit unserem Leben nur noch das abarbeiten, was ohnehin nicht mehr zu ändern ist?

Wie wir noch sehen werden, ist auch diese Abart des Fatalismus keineswegs notwendigerweise mit dem Abschied von der Willensfreiheit verbunden. Wer eine derartige Verknüpfung herstellt, der übersieht nämlich einen fundamentalen Unterschied, der das *Reich des Lebenden* vom *Reich des Nicht-Lebenden* trennt. Leider – so muss man konstatieren – ist die Wirkungsgeschichte der von La Mettrie verwendeten Metapher vom »Mensch als Maschine«[33] in dieser Hinsicht recht kontraproduktiv gewesen.[34]

Was ist so falsch an diesem Bild? Nun, so trivial es auch klingt: Der Mensch ist auch nach der Aufhebung der Willensfreiheitsunterstellung *keine Maschine*, sondern ein *Lebewesen. Lebewesen unterscheiden sich von Maschinen, Gebirgen oder Tischen dadurch, dass sie von einem Prinzip geprägt sind, das Nicht-Lebewesen völlig fremd ist: dem Prinzip Eigennutz.* Der Unterschied zwischen einem Menschen und einer Maschine ist keineswegs darin zu sehen, dass der Mensch im Gegensatz zur Maschine über einen »freien Willen« verfügt, sondern darin, *dass der Mensch überhaupt über einen Willen verfügt.* Im Gegensatz zu bloßen »seelenlosen Automaten« besitzen lebende Systeme »*Interessen*«, sie suchen angenehme Reize auf und vermeiden unangenehme.

Inwiefern nun steht dieses Prinzip des Eigennutzes der fatalistischen Vorstellung entgegen, dass schon in den Anfangsbedingungen des Universums angelegt war, wie wir heute denken, empfinden und handeln? Antwort: *Weil eigennützige Systeme per se unberechenbar sind.*

Stellen Sie sich zur Veranschaulichung bitte Folgendes vor: Sie stehen im dritten Stock eines Gebäudes, neigen sich aus dem Fenster hinaus und lassen einen Stein fallen, der durch das Geäst des großen Baumes vor dem Haus auf den Boden fällt. Wenn Sie die Ausgangsbedingungen genau kennen, so können Sie die Flugbahn dieses Steines exakt errechnen. Nun aber stellen Sie sich vor (bitte nur vorstellen, nicht in die Praxis umsetzen!), sie lassen statt eines Steines Ihre Hauskatze aus gleicher Höhe fallen. Selbst wenn Sie die Ausgangsbedingungen genau kennen, werden Sie nicht berechnen können, wie sich die Katze während des Flugs verhält. Im Gegensatz zu dem Stein wird Ihre Katze nämlich versuchen, *das Beste aus ihrer Lage zu machen*, das heißt, sie wird versuchen, sich irgendwie am Geäst des Baumes festzuhalten, um den unsanften Aufprall auf dem Boden zu vermeiden. Gesetzt den Fall, Sie würden diese Versuche mehrmals wiederholen, so würden sich weitere Unterschiede zeigen. Während der Stein unter exakt gleichen Bedingungen immer gleich fallen wird, wird Ihre Katze *hinzulernen*. Und wahrscheinlich würde es Ihnen recht bald auch nicht einmal mehr gelingen, ihre Katze überhaupt in den dritten Stock des Hauses zu locken.

*Leben folgt – so können wir hieraus schließen – anderen Gesetzmäßigkeiten als* Nicht-*Leben*. Es ist ein Fehler, Lebewesen als bloß mechanische Black-Box-Systeme zu betrachten, die von außen vollständig determiniert werden könnten. Leben zeichnet sich nämlich durch eine Eigenschaft aus, die es im Reich des Nicht-Lebendigen schlichtweg nicht gibt: *Selbststeuerung*. Jedes Lebewesen versucht notwendigerweise, in jeder Situation *das Beste für sich* herauszuholen. Dies wiederum erfordert eine Eigenschaft, die man im Reich des Nicht-Lebendigen ebenfalls niemals antreffen wird, nämlich *Kreativität*.

Was ist Kreativität? *Kreativität ist das Vermögen, vorgegebene Wirkfaktoren so umzukodieren, dass dabei mitunter etwas völlig Neues, Noch-nie-da-Gewesenes, entstehen kann.*[35] *Kreativität nutzt das Vorhandene zur Neuschöpfung und bringt dadurch Überraschendes, Unerwartetes hervor.* Aufgrund dieser *schöpferischen Eigenschaft des Lebens* ist selbiges nicht nur theoretisch, sondern prinzipiell unberechenbar. Deshalb hätte keine auch noch so große kosmische Intelligenz vor Jahrmillionen diagnostizieren können, dass aus dem damals eher unauffälligen Zweig der Säugetiere jemals ein Wesen hervorgehen würde, welches in der Lage ist, Gedichte zu schreiben oder über Satelliten zu kommunizieren.

Vielleicht ist es dies, was Julian Nida-Rümelin mit der »Unterbestimmtheit« des Willens[36] meinte. Nur handelt es sich hierbei wahrlich nicht um eine »*naturalistische Unterbestimmtheit*«, auch nicht um eine *physiologische*, sondern allenfalls um eine *physikalische*. Wenn Sie so wollen, tritt damit an die Stelle des alten *Körper-Geist-Dualismus* ein alternativer Dualismus, nämlich *der Dualismus von Leben und Nicht-Leben*. Selbstverständlich gelten im Bereich des Lebendigen alle Naturgesetze, die auch für nicht-lebende Systeme gelten, nur werden diese durch ein weiteres, eben nur für lebende Systeme gültiges Naturgesetz ergänzt: *das Prinzip Eigennutz. Ein Lebewesen kann sich über dieses spezielle Naturgesetz ebenso wenig erheben wie über das Gravitationsgesetz.* In meinem Beispiel der fallenden Katze wirkten notwendigerweise beide Gesetze, der fallende Stein hingegen war nur dem Letzteren unterworfen.

Wir sind gewohnt, Naturgesetze in mathematischen Formeln auszudrücken. Bei einfacher strukturierten Spezies gelingt dies im Falle des Eigennutz-Gesetzes auch recht gut. So können wir etwa die berühmte *Hamilton-Formel K ▸ rN* benutzen, um die Wahrscheinlichkeit altruistischen Verhaltens in Abhängigkeit zum Verwandtschaftsgrad des Nutznießers zu bestimmen.[37] Im Falle des Menschen ist das biologische Eigennutz-Prinzip allerdings so stark kulturell überformt, dass solche einfachen Modelle hoffnungslos versagen.[38] Wie man etwa am Beispiel von Selbstmordattentätern sieht, kann der kulturelle Drang zur Fortpflanzung der eigenen Ideen (der »memetische Eigennutz«) mitunter sogar den biologischen Drang zur Fortpflanzung der eigenen Gene (also den »genetischen Eigennutz«) im entscheidenden Moment ausschalten.[39]

Wir wissen nicht, wodurch das Eigennutz-Prinzip in die Natur kam – bislang können wir allenfalls nachvollziehen, wie aus anorganischen Substanzen organische werden konnten[40] –, wir wissen auch nicht, ob sich dieses Prinzip nicht vielleicht am Ende doch noch auf grundlegendere physikalische oder chemische Prozesse zurückführen lässt, *eines* jedoch ist sicher: *Durch das Auftreten des Eigennutz-Prinzips hat sich auf diesem blauen Planeten alles geändert.* Warum? *Weil in einem System, in dem eigennützige Akteure zur Kreativität verurteilt sind, die Zukunft niemals en détail festgeschrieben ist, sondern von Sekunde zu Sekunde immer wieder neu geschaffen wird.* Eben deshalb muss der Fatalismus scheitern. Ihm steht ein entscheidender Faktor entgegen: das *Naturgesetz des Lebens.*

Man sollte sich nun allerdings davor hüten, diese *prinzipielle Unberechenbarkeit des Lebens* mit der *Idee der Willensfreiheit* zu verwechseln. Auch wenn der Mensch verglichen mit allen anderen uns bekannten Lebewesen zweifellos über die weitaus *größten Potentiale der Selbststeuerung* verfügt, so ist diese Selbststeuerung doch nicht frei, beliebig, unbegründet. *Vielmehr ist das Selbst, das sich hier steuert, selber ein Produkt milliardenfacher Ursachenfaktoren – und nur die Tatsache, dass zu diesem Netzwerk von Ursachenfaktoren das Prinzip der eigennützigen Selbststeuerung hinzugezählt werden muss, ist es zu verdanken, dass das individuelle Selbst mehr ist als die bloße Summe dieser Wirkfaktoren.*

Es ist kein Zufall, dass diese Erkenntnis der prinzipiellen

Untrennbarkeit des Ichs von seiner Mitwelt zuerst im »östlichen Kulturraum« Bedeutung erlangte. Lange bevor die Hirnforschung zeigen konnte, dass unsere bewussten Denkaktivitäten durch nicht-bewusste neuronale Prozesse hervorgerufen werden, stellten Vertreter des östlichen Denkens, etwa des Zen-Buddhismus[41] oder des Advaita-Hinduismus[42], fest, dass es nicht so ist, dass »wir« denken, sondern *dass es vielmehr »in uns« denkt.* Das Ego, das sich als unabhängig vom Ganzen dünkt, entlarvten sie, bevor sich Soziologen, Psychologen und Soziobiologen mit dem Thema beschäftigten, als bloße Illusion und die daraus resultierende Differenz von Subjekt/Objekt als Täuschung. Durch die konsequente *Dekonstruktion der illusionären Vorstellung eines unabhängigen Egos* versuchten sie, die *Entfremdung des Ichs vom Weltganzen* aufzuheben und hierdurch jenen »Seelenfrieden« zu finden, der häufig als »Erleuchtung« beschrieben wird – ein mit starken *Flow-Erlebnissen* einhergehendes Gefühl der *Selbst-Entgrenzung*, von dem übrigens nicht nur östliche, sondern auch westliche Mystiker wie Meister Eckart berichtet haben.[43]

Hier, in dieser *Enttarnung der Illusion des autarken ICH*, in der *Aufhebung der falschen Differenz von Subjekt und Objekt* sowie in der *Überwindung der psychisch belastenden Ich-Fixiertheit* liegt meines Ermessens die große »*Weisheit des Ostens*«. Dass diese »Weisheit« mit hohen Kosten erkauft wurde, nämlich mit einer allzu hohen Anfälligkeit für fatalistisches Denken und einer damit einhergehenden Ignoranz gegenüber den Selbstbestimmungsrechten des Individuums, kann nicht bestritten werden. Doch sollte man deshalb auf diese »Weisheit«, die so wunderbar mit den Ergebnissen der modernen Hirnforschung korrespondiert, verzichten? Nein! Wir sollten vielmehr versuchen, die »Weisheit des Ostens« mit der idealtypisch so völlig anders gelagerten »Weisheit des Westens« zu kombinieren. Daraus könnte nämlich ein Modell resultieren, das die Stärken beider Perspektiven miteinander verbindet, das also sowohl die *Aufhebung der Ich-Fixiertheit*, als auch die *Orientierung an den individuellen Selbstbestimmungsrechten* erlaubt.

## 5. Autonome Humanität jenseits von Schuld und Sühne – Oder: Wie man die »Weisheit des Ostens« mit der »Weisheit des Westens« verbindet

Vor einigen Jahren entdeckte ich auf der Insel Amrum ein Warnschild, das zeigte, dass in kommunalen Verwaltungsbehörden mitunter wahre Philosophen am Werk sind. Der Text dieses Schildes trug nämlich nicht den Charakter eines gewöhnlichen behördlichen Imperativs (»Betreten verboten!«, »Hunde anleinen!« et cetera), nein, auf diesem Schild mitten im Naturschutzgebiet der Nordseeinsel stand in feinster philosophischer Diktion: »*Vernünftige* verlassen nicht die vorgegebenen Wege, lassen ihre Hunde nicht von der Leine und werfen keinen Müll auf die Sanddünen. *Den anderen* ist es unter Androhung von Strafe untersagt!« Treffender kann man das *Konzept der autonomen Humanität* kaum skizzieren. Ein Mensch, der sich dank der Determinanten seiner Lebensgeschichte von vernünftigen Argumenten, also von seiner *objektiven Verantwortung gegenüber Mitmensch und Natur*, leiten lässt, wird es nicht als *Einschränkung seiner Handlungsfreiheit* empfinden, wenn er dazu aufgefordert wird, das Naturschutzgebiet nicht zu zerstören. Er würde dies nämlich *von sich aus nicht tun*, da er dies gar nicht wollen kann. Umgekehrt verhält es sich natürlich bei demjenigen, der aufgrund seiner Prägungen ein entgegengesetztes Selbstkonzept aufgebaut hat. Seine Handlungsfreiheit muss mit Rücksicht auf unsere Verantwortung gegenüber der nicht-menschlichen Natur und den nach uns kommenden Generationen notwendigerweise eingeschränkt werden.

Ein Mensch, der dem *Leitbild der autonomen Humanität* folgt, zeichnet sich dadurch aus, dass er *von sich aus* – also aufgrund seines spezifischen, lebensgeschichtlich erworbenen Selbststeuerungsvermögens – das aus humanistischer Perspektive *objektiv Verantwortliche anstrebt und das Unverantwortliche ablehnt – und dies selbst dann noch, wenn äußere Zwänge (beispielsweise innerhalb einer Diktatur) dem entgegenstehen.* Frei ist ein solcher Mensch dann, wenn er weder durch innere noch durch äußere Zwänge daran gehindert wird, seinen vom Maßstab der objektiven Verantwortung geprägten Willen in die Tat umzusetzen. Seine Freiheit oder Autonomie wird keineswegs dadurch begrenzt, dass er aufgrund seiner Lebensgeschichte gezwungenermaßen »nur« *diesen spezifischen* und nicht etwa den entgegengesetzten Willen besitzt. Zwar kann man abstrakt formulieren, dass derjenige, *der frei von inhumanen und unvernünftigen Bestrebungen ist, einem Zwang zu Humanität und Vernunft unterliegt.* Allerdings wird dieser »Zwang« vom Individuum nicht als solcher empfunden, da er *im Einklang mit dem eigenen Selbst, den eigenen Ideen, Empfindungen, Wünschen steht.*

Die »Weisheit des Westens«, sagte ich, besteht darin, dass sie den Menschen aus den Fängen des Schicksalsglaubens befreit, das einzelne Individuum zum autonomen Gestalter seines Lebens erklärt und ihm entsprechende Handlungsfreiheiten einräumt. Das darauf gründende »Projekt der offenen Gesellschaft«[44] verlangt allerdings, dass die Individuen *von sich aus* den Willen zur Vernunft, zur Humanität entwickeln. Wer sich objektiv unverantwortlich gegenüber seiner Mitwelt verhält, der muss, siehe das Amrumer Warnschild, mit einer Einschränkung seiner Handlungsfreiheiten rechnen. Und je mehr Menschen sich in solch unverantwortlicher Weise verhalten, desto stärker geraten die gesellschaftlich garantierten Handlungsfreiheiten unter Druck. Die *offene Gesellschaft lebt also in höchstem Maße von der Mündigkeit ihrer Bürger, sie ist darauf angewiesen, dass diese ein*

*Selbststeuerungsvermögen ausbilden, das weitgehend dem Leitbild der autonomen Humanität entspricht.*

In diesem Zusammenhang nun könnte der Abschied von der Illusion des freien Willens hilfreich sein. Wie ich angedeutet habe, finden wir *erst jenseits der Willensfreiheit und der mit ihr verbundenen psychopathogenen Trias von Schuld, Sünde und Sühne günstige Bedingungen vor, in denen sich autonome Humanität angstfrei entfalten kann.* Zur Verwirklichung der »westlichen Weisheit« täte uns daher ein Schuss »östlicher Weisheit« gut. *Wer sich nämlich als »Teil des Ganzen« erlebt und die notwendige Abhängigkeit des eigenen Selbst von dessen objektiven Bedingungsfaktoren anerkennt, kann hierdurch jener Selbstwertproblematik entgehen, die das Selbststeuerungsvermögen vieler Menschen behindert und mitunter eine regelrechte »Flucht vor der Freiheit« auslösen kann.*[45] Wissend, dass jedes eigene Unvermögen oder Vermögen nicht auf uns selbst als »unbewegte Beweger«, sondern auf chaos-deterministische Netzwerke von Ursachenfaktoren zurückzuführen ist, brauchen wir uns selbst und die anderen tatsächlich »nicht mehr gar zu ernst« zu nehmen und können beschwingt durch diese neu erworbene »Leichtigkeit des Seins« angstfreier an der Entwicklung unserer Kreativität, unserer Kritikfähigkeit, unseres ethischen Urteilsvermögens arbeiten.

Von größter gesellschaftlicher Bedeutung ist dabei die mit dem Abschied von der Willensfreiheit verbundene Erkenntnis, dass die *Unmündigkeit*, aus der die Aufklärung die Menschen führen wollte, nicht *»selbstverschuldet«* ist, wie Kant meinte[46], sondern dass diese *strukturell bedingt ist.* Menschen entscheiden sich eben nicht *»aus freien Stücken«* für religiöse oder nationalistische Wahnideen, sondern nur, weil sie aufgrund ihrer Erfahrungen und Informationen fälschlicherweise unterstellen müssen, dass dies für sie in der gegebenen Situation die beste Wahl sei. Die beiden maßgeblichen Faktoren, die solche ideologische Verbohrtheit fördern beziehungsweise im Gegenzug die Entwicklung autonomer

Humanität hemmen, sind hinreichend bekannt: *fehlende Chancengleichheit* sowie *mangelhafte Bildungssysteme*.

Die Wirkung dieser beiden Faktoren kann man leicht anhand des gegenwärtig boomenden islamischen Fundamentalismus studieren. Um den hiermit verbundenen Gefahren effektiv entgegentreten zu können, darf man sich natürlich keinesfalls *in das gleiche ideologische Fahrwasser* begeben: Es geht beim so genannten »Kampf der Kulturen«[47] eben nicht, wie ein Großteil der US-Amerikaner leider glaubt, um eine metaphysische »Entscheidungsschlacht zwischen Gut und Böse«[48], sondern um höchst reale Interessenskonflikte, für die endlich faire Lösungsstrategien entwickelt werden müssen.

Tragischerweise werden wir bei der Suche nach solchen Lösungsstrategien kaum vorankommen, solange es dabei bleibt, dass die Geschicke der Menschheit von Ideologien bestimmt werden, die die realen Konflikte zwischen den Mitgliedern dieser Primatenspezies mittels *»metaphysischer Nebelbomben«* verdecken beziehungsweise zusätzlich verschärfen. Zu diesen »metaphysischen Nebelbomben« gehört das *Folterinstrumentarium der Willensfreiheitsideologie* ebenso wie der *schicksalsgläubige Fatalismus*, der mitunter als deren Alternativkonzept in Erscheinung tritt. Ich denke, es ist an der Zeit, dass wir uns von derart *übersinnlichen* Ideologien verabschieden und unser Augenmerk auf die *sinnlich* erfahrbare Wirklichkeit richten.

Was heißt das in Bezug auf unser Tagungsthema »Freiheit des Denkens«? Ganz einfach: Statt des bloß fiktiven freien Willens sollten wir jene *real existierenden Handlungsfreiheiten* verteidigen, die von der Aufklärungsbewegung einst in einem erbitterten Emanzipationskampf gegen weltliche und religiöse Herrschaftsansprüche errungen worden sind. Diese *realen Freiheiten* sind heute massiv unter Beschuss geraten und *hier* lauert die *reale Gefahr*: Die Freiheit des Denkens und Handelns wird ganz gewiss nicht durch die rationale Einsicht in die Ursachenfaktoren unseres Denkens und Handelns bedroht, sondern durch die immer stärker werdenden, irrationalen Angriffe auf die *Streitkultur der Aufklärung*.

Die Freiheiten, die es heute zu verteidigen gilt, sind die fundamentalen Handlungsfreiheiten, die das Projekt der offenen Gesellschaft ausmachen: *die Freiheit der Meinungsäußerung, die Freiheit der Kunst, der Medien, der Wissenschaft* und so weiter. Für *diese* Freiheiten lohnt es sich zu streiten.[49] Der Kampf um die Willensfreiheit hingegen ist eine Donquichotterie, die am Ende nur jenen dient, die die naturalistische Entzauberung ihrer Wahnideen mit allen Mitteln zu verhindern versuchen. Wer nach den Feinden der Freiheit und der offenen Gesellschaft sucht, wird in diesen »erlauchten Kreisen« schnell fündig werden – nicht aber in den Laboratorien der Hirnforschung …

**Anmerkungen**

1 Fromm, Erich: Die Furcht vor der Freiheit. In: Fromm, Erich: Gesamtausgabe. München 1989, Bd. 1.

2 Siehe Schmidt-Salomon, Michael: Manifest des evolutionären Humanismus. Plädoyer für eine zeitgemäße Leitkultur. Aschaffenburg 2006 (2. Auflage).

3 Einstein, Albert: Wie ich die Welt sehe. In: Einstein, Albert: Mein Weltbild. Gütersloh o. J., S. 7.

4 Bei Wolf Singer und Gerhard Roth finden sich immerhin einige Hinweise. So hoffen beide, die Erkenntnis der Willensbedingtheit könnte eine Humanisierung des Strafvollzugs bewirken.

5 Siehe hierzu vor allem Nida-Rümelin, Julian: Über menschliche Freiheit. Stuttgart 2005.

6 In »Ecce Homo« heißt es hierzu: »Der Begriff ›Sünde‹ erfunden samt dem zugehörigen Folter-Instrument, dem Begriff ›freier Wille‹, um die Instinkte zu verwirren, um das Misstrauen gegen die Instinkte zur zweiten Natur zu machen!« (Nietzsche, Friedrich: Werke in drei Bänden. Herausgegeben von Karl Schlechta. München 1954, Bd. 2, S. 1159).

7 Einen Überblick über die Debatte gibt der von Christian Geyer her-

ausgegebene Sammelband: Hirnforschung und Willensfreiheit. Zur Deutung der neuesten Experimente. Frankfurt a. M. 2004.

8 Vgl. etwa Pauen, Michael: Illusion Freiheit? Mögliche und unmögliche Konsequenzen der Hirnforschung. Frankfurt a. M. 2005.

9 Vgl. hierzu u. a. Singer, Wolf: Der Beobachter im Gehirn. Essays zur Hirnforschung. Frankfurt a. M. 2002; Roth, Gerhard: Aus Sicht des Gehirns. Frankfurt a. M. 2003; Damasio, Antonio: Der Spinoza-Effekt. Wie Gefühle unser Leben bestimmen. München 2003.

10 Siehe Schmidt-Salomon, Michael: Auf dem Weg zur »Einheit des Wissens«? Anmerkungen zur Geschichte der Evolutionstheorie sowie zur notwendigen Überwindung biologistischer und kulturistischer Denkmodelle. In: Aufklärung und Kritik 2/2006.

11 Die Unterscheidung zwischen der *Ersten und der Dritten-Person-Perspektive* sowie die Betonung der so genannten »Qualia« (vgl. hierzu beispielsweise die Beiträge in Metzinger, Thomas (Hrsg.): Bewusstsein. Beiträge zur Gegenwartsphilosophie. Paderborn 2001) sind zwar keineswegs bedeutungslos, stehen aber bei genauerer Betrachtung der naturalistischen Entzauberung des Bewussteins nicht entgegen.

12 Die »Glaubensgemeinschaft« der »Pastafaris« wurde als Parodie der Intelligent-Design-Bewegung 1995 in den USA begründet. Dank des Internets breitete sich der Spaßglaube an FSM (Flying Spaghetti Monster) seither rasant aus.

13 Nida-Rümelin 2005, S. 77.

14 Vgl. Pauen 2005.

15 Bieri, Peter: Das Handwerk der Freiheit. Über die Entwicklung des eigenen Willens. München 2001.

16 Linke, Detlev N.: Die Freiheit und das Gehirn. Eine neurophilosophische Ethik. München 2005.

17 Siehe etwa das wichtige Buch von Judy Dunn und Robert Plomin: Warum Geschwister so verschieden sind (Stuttgart 1996).

18 Prinz, Wolfgang: Kritik des freien Willens. Bemerkungen über eine soziale Institution. In: Fink, Helmut/Rosenzweig, Rainer (Hrsg.): Freier Wille – frommer Wunsch? Gehirn und Willensfreiheit. Paderborn 2006, S. 32.

19 Schopenhauer, Arthur: Preisschrift über die Freiheit des Willens. In: Schopenhauer, Arthur: Werke in zehn Bänden. Band VI. Zürich 1977.

20 Vgl. Pauen 2005, S. 96.

21 Vgl. David Humes Abhandlung über Freiheit und Notwendigkeit in: Hume, David: Traktat über die menschliche Natur. Hamburg 1989, Bd. II.

22 Siehe hierzu etwa Frankfurt, Harry G.: Freiheit und Selbstbestimmung. Berlin 2001.

23 Dass diese »fixe Idee« vor dem Hintergrund der Evolutionstheorie

keineswegs unbegründet ist, haben Soziobiologen mittlerweile auf durchaus amüsante Weise festgestellt, vgl. etwa Uhl, Matthias/Voland, Eckart: Angeber haben mehr vom Leben. Heidelberg 2002.

24 Vgl. Prinz 2006.

25 Vgl. u. a. Schopenhauer, Arthur: Über die vierfache Wurzel des Satzes vom zureichenden Grunde. In: Schopenhauer 1977, Bd.V, S.130.

26 Vgl. Kuhl, Julius: Wille und Freiheitserleben: Formen der Selbststeuerung. In: Kuhl, Julius/Heckhausen, Heinz (Hrsg.): Motivation, Volition und Handlung. Göttingen 1996, S. 745.

27 Das von Hans Albert in bestechender Klarheit herausgearbeitete »Prinzip der kritischen Prüfung« (siehe vor allem: Albert, Hans: Traktat über kritische Vernunft. Tübingen 1991) steht und fällt mit dem Vermögen, Kritik als Geschenk zu betrachten. Es wäre interessant zu untersuchen, inwieweit die von Albert kritisierte »Immunisierungsstrategie« gegen Kritik mit einer starken Willensfreiheitsunterstellung korreliert.

28 Vgl. Schmidt-Salomon, Michael: Die Banalität von Gut und Böse. In: Aufklärung und Kritik 1/2002.

29 Zum oftmals übersehenen Unterschied von Ethik und Moral siehe Schmidt-Salomon, Manifest des evolutionären Humanismus, S.102ff.

30 Selbstverständlich ist die Unterscheidung von westlicher und östlicher Denkungsart in dieser »Reinheit« in der Realität nicht vorhanden. Zur Problematik, aber auch Notwendigkeit idealtypischer Beschreibungsformen siehe: Weber, Max: Die Objektivität sozialwissenschaftlicher Erkenntnis. In: Weber, Max: Soziologie. Weltgeschichtliche Analysen, Politik. Stuttgart 1964, S. 234ff.

31 Dawkins, Richard: Und es entsprang ein Fluss in Eden. Das Uhrwerk der Evolution. München 1998, S. 151.

32 Ebenda.

33 La Mettrie, Julian Offray de: Der Mensch als Maschine. Nürnberg 1988.

34 Dass La Mettrie selbst dieser Metapher keineswegs eine überragende Bedeutung beigemessen hat, wie später oft unterstellt wurde, dürfte jedem klar sein, der sich mit seinen großartigen Werken eingehender beschäftigt hat; vgl. hierzu auch Jauch, Ursula Pia: Jenseits der Maschine. Philosophie, Ironie und Ästhetik bei Julien Offray de la Mettrie. München 1998.

35 Siehe hierzu auch Linke 2005, S.16ff.

36 Nida-Rümelin 2005, S. 77.

37 »Altruistisch« verhält sich ein Individuum nach der Hamilton-Ungleichung immer dann, wenn die Kosten (K) eines Verhaltens für den Altruisten geringer sind als der Nutzen (N) des Bevorteilten, wobei dieser Nutzen gewichtet wird mit dem Verwandtschaftskoeffizienten

(r) zwischen Vorteilsgeber und Vorteilsnehmer (vgl. hierzu u. a. Voland, Eckart: Grundriss der Soziobiologie. Heidelberg 2000, S. 5f.).

38 Siehe hierzu Schmidt-Salomon, Manifest, S. 17ff.

39 Zur Bedeutung des »memetischen Eigennutzes« vgl. auch Blackmore, Susan: Die Macht der Meme – oder: Die Evolution von Kultur und Geist. Heidelberg 2000.

40 Von großer Bedeutung sind in diesem Zusammenhang die berühmten Experimente des amerikanischen Biochemikers Slanley L. Miller in den 1950er Jahren.

41 Vgl. etwa die von alten buddhistischen »Weisheiten« getragenen Darlegungen von Daisetz T. Suzuki in Fromm, Erich/Suzuki, Daisetz/de Martino, Richard: Zen-Buddhismus und Psychoanalyse. Frankfurt a. M., 1971, S. 37ff.

42 Siehe vor allem Balsekar, Ramesh: Schuld und Sünde – der IrrSinn des Verstandes. Freiburg 2001.

43 Vgl. die Analyse der so genannten »X-Erfahrung« in: Fromm, Erich: Ihr werdet sein wie Gott. In: Fromm 1989, Bd. VI, S. 118ff.

44 Popper, Karl Raimund: Die offene Gesellschaft und ihre Feinde. 2 Bde. Tübingen 1958.

45 Vgl. Fromm: Die Furcht vor der Freiheit; siehe hierzu auch das Kapitel »Kant versprach den ›ewigen Frieden‹ – gekommen ist Auschwitz« in: Schmidt-Salomon, Manifest, S. 83ff.

46 Kant, Immanuel: Beantwortung der Frage: Was ist Aufklärung?« In: Kant, Immanuel: Werke in zehn Bänden. Darmstadt 1983, Bd. 9, S. 53.

47 Huntington, Samuel: Kampf der Kulturen. München 1996; kritisch dazu: Schmidt-Salomon 2006, S. 165f.

48 Vgl. hierzu: Trimondi, Victor und Victoria: Krieg der Religionen. Politik, Glaube und Terror im Zeichen der Apokalypse. München 2006.

49 Vgl. hierzu die Petition der Giordano Bruno Stiftung zur Verteidigung der Meinungs-, Kunst- und Pressefreiheit unter www.leitkultur-humanismus.de/ sowie die beiden Schwerpunkthefte der Zeitschrift *Materialien und Informationen zur Zeit* »Apokalypse now – Wie der Endzeitwahn den Krieg der Religionen vorantreibt« (MIZ 1/06) und »Schluss mit lustig?! – Warum für Sittenwächter der Spaß bei der Religion aufhört« (MIZ 2/06).

Birgit Recki

# Entspannte Intensität und belebender Schock

## Eine kleine Phänomenologie der Freiheit in der Kunst

*Die Freiheit, die wir meinen,* wenn wir uns in philosophischen Debatten über ihre Begründung, ihre Ziele, ihre Einschränkungen, über ihre Möglichkeit und Unmöglichkeit streiten, ist nach allgemeinem Vorverständnis die Freiheit des Willens, die sich im praktischen Vollzug des individuellen Handelns Geltung verschafft. Ich bin frei, sofern nicht der äußere Zwang, der von gewaltsamen Einschränkungen durch andere auf mich wirkt, mich an der Durchsetzung meiner Ansprüche hindert oder die Naturgesetze durch innere oder äußere Determination mein Handeln festlegen. Ich bin frei, indem ich mich in meinem Handeln nach eigenen Motiven selbst bestimmen kann. Auf dem Sockel dieses konsensuellen Freiheitsverständnisses, an dem die Differenzierung in Handlungsfreiheit und Willensfreiheit deshalb nichts Wesentliches ändert, weil diese in letzter Instanz doch auf jene hinausläuft, wird das Drama der gegenwärtigen Auseinandersetzung aufgeführt, und es scheiden sich die Geister der *dramatis personae* an den Argumenten und Begründungen im Einzelnen. Der *Inkompatibilist* unter den Freiheitskämpfern hält diese Freiheit für gewährleistet, weil die naturgesetzliche Determination, in der er tatsächlich das Moment der Freiheitsbeschränkung anerkennt, nach seiner Einschätzung nicht lückenlos und flächendeckend ist, sondern nur in stationären Determinismen besteht, deren lockeres Muster genügend Freiraum für ein auf Gründe gestütztes Handeln lässt; der *Naturalist* kann dem

Inkompatibilisten großzügig konzedieren, dass Freiheit nicht zu retten wäre, wenn die Determination als durchgängig nachgewiesen werden könnte. Doch nach seinen Einsichten in die biologische Verhaltensforschung ist im Gegenteil Freiheit in der lebendigen Natur gut begründet, und zwar darin, dass schon das Leben der Arten bis hinunter zur Drusophila markante Formen der Nutzung von Spielräumen der Entscheidung ausprägt.[1] Der *Kompatibilist* traut sich ganz anders zu, diese Freiheit unbeschadet jeder naturgesetzlichen Determination zu behaupten: Er hält sie selbst mit einem durchgängigen Determinismus, wenn denn ein solcher nachgewiesen werden könnte, für vereinbar. Denn ihr Geltungsanspruch liegt nach seiner Einschätzung auf einer Ebene, die für die naturgesetzliche Determination unerreichbar ist: auf der Ebene des Selbstverständnisses, das sich im Denken und Handeln zwangsläufig durchhält, sofern ich nur an mir selbst und meinen Ansprüchen festhalte, und auf das sich eine Wirklichkeit eigenen Rechtes gründet. Entsprechend heißt es bei dem wohl radikalsten Kompatibilisten unserer Tradition, auf den wir in der gegenwärtigen Debatte nicht zufällig immer wieder zurückkommen: »Das Ich beweiset aber, daß ich selbst handele; *ich* bin ein Princip und kein principiatum […] Wenn ich sage: Ich denke, ich handele usw.; dann ist entweder das Wort Ich falsch angebracht, oder ich bin frei.«

So spricht Kant in der *Metaphysik Pölitz 1779/80*. In auffällig schlankem Zugriff argumentiert er hier aus dem Selbstverständnis, indem er im Hinweis auf das Pronomen der ersten Person die Semantik der Freiheit erkennbar macht – genauer die Semantik und Pragmatik der Freiheit. Wenn wir hier – vermittelt über unseren Sprachgebrauch – uns selbst richtig verstehen wollen, dann müssen wir mit der Verwendung des »Ich« die Konsequenz einer besonderen Bedeutung verbinden. Das Diktum darf man nach der Bedeutung des Ausdrucks »Prinzip«, auf die sich Kant ausdrücklich beruft, so übersetzen: Das Ich ist ein Ursprung, nichts Entsprungenes. Der Ausdruck »Ich« wird also in der Bedeutung erläutert, dass er etwas Ursprüngliches meint, und dieses Ursprüngliche, auf nichts anderes Zurückführbare, ist die Spontaneität dessen, der zu sich »ich« sagt und seine Selbsttätigkeit damit reflektiert. – Siehe entsprechend auch weiter im Text: »Ich thue. Ich thue, als actio, kann nicht anders als absolute frei gebraucht werden.«[2] Gegen diesen starken Anspruch – ebenso wie gegen andere Varianten des Kompatibilismus – hält jedoch schließlich der Extremist unter den Neurobiologen, der den *Inkompatibilismus* in seiner rabiatesten Variante vertritt, da er den Determinismus für erwiesen hält, dass es sich hier nur um eine Illusion handeln könne. Ich bin als naturgesetzlich determiniertes Lebewesen demnach nicht frei, allenfalls – so räumen diejenigen unter den Deterministen ein, die in der Auseinandersetzung mit den aus dem Selbstverständnis argumentierenden Kompatibilisten Erfahrung haben – fühle ich mich frei. *Freiheit – nicht mehr als ein schönes Gefühl?* Selbst wenn es so wäre, dann wäre bis auf weiteres immer noch gänzlich unausgemacht, welchen Wert, welchen Aufschlusswert, welchen Status wir dem damit ins Spiel gebrachten bloßen Gefühl von Freiheit beizumessen haben. Der Philosoph wird sich hier nicht zufrieden geben und fragen: Wie ist ein solches Gefühl möglich? Welche Funktion könnte es haben? Und: Was mag es bedeuten? Wenn ein solches Gefühl möglich und dabei zugleich bloßes Moment einer Illusion, also trügerisch ist, dann dürfte das zumindest Rückschlüsse erforderlich machen – auf den Wert, den wir überhaupt unseren Gefühlen beizulegen hätten, und auf die Funktionen des limbischen Systems, auf die mancher Hirnforscher großen Wert legt. Es sieht also nicht so aus, als hätte sich damit jede weitere Diskussion wie durch ein diplomatisches Machtwort erledigt. Es sieht vielmehr so aus, als würde sich auch die Einbeziehung der Gefühle in unsere gesamte Debatte lohnen. Deshalb bin ich so frei, das Stichwort aufzugreifen, und will mich in den folgenden Überlegungen dem Gefühl der Freiheit, dem Erleben von Freiheit zuwenden.

## I

Es gibt Bereiche der Erfahrung, in denen das auch emotionale Erleben der Freiheit seinen natürlichen Ort zu haben scheint. Wir dürfen hier an alle Situationen des Handelns denken, die uns durch Überdetermination wie durch Unterdetermination der bestimmenden Faktoren auffällig werden und darin geradezu von uns verlangen, dass wir selbst die Entscheidung treffen und uns dabei womöglich über jede Wahl zwischen vorgegebenen Alternativen hinwegsetzen – *dass uns etwas einfällt*. Wir dürfen insbesondere aber an die ästhetische Erfahrung in der Kunst denken, in der wir regelmäßig und methodisch dazu aufgefordert sind, *dass uns etwas einfällt*, und in der das Gefühl der Freiheit eine besonders prägnante Form annimmt. Wenn ich im Folgenden Begriff und Anspruch der Freiheit auf die Kunst beziehe, dann will ich nicht in erster Linie von der Autonomie der Kunst, ihrem auch institutionell anerkannten Eigensinn, ihrem vor Zugriffen der Fremdbestimmung durch Zensur geschützten Status sprechen. In der so verstandenen Freiheit der Kunst ist immer auch die Freiheit des Künstlers aufgehoben: die Freiheit, seiner Einsicht in das innere Gesetz des Werkes zu folgen, und die Freiheit, seine Ansichten im Werk zu artikulieren. Nicht einmal aus dieser produktionsästhetischen Perspektive des schaffenden Künstlers, der in seiner Kunst machen kann, was er will, und dabei allenfalls, mit Friedrich Nietzsche zu sprechen, unter solchen »tausendfältigen Gesetzen« steht, die er sich im Dienst an seinem Werk selber auferlegt,[3] will ich im Folgenden sprechen. Es geht mir vielmehr um die *rezeptionsästhetische Per-*

*spektive auf die Freiheit* – um die Freiheit, die wir in der ästhetischen Erfahrung der Kunst als Betrachter, oder generell: als Rezipient erleben.

Anders als in vielen anderen Bereichen des Lebens sind wir hier in mehr als nur einem Sinne nicht festgelegt. Es fängt schon damit an, dass wir uns Kunstwerken in der Regel ganz aus eigenem Antrieb und Anspruch zuwenden. Wir sind zwar mehr oder weniger spürbar genötigt, einer Berufsarbeit nachzugehen und auch sonst im alltäglichen Leben unsere Pflichten zu erfüllen. Zu allem Möglichen fühlen wir uns mehr oder weniger gezwungen. Uns mit Kunst zu beschäftigen, steht uns – wenn wir nicht gerade Museumsdirektoren oder Ausstellungsmacher sind – völlig frei. Wir entscheiden selbst, ob und wieweit wir uns auf Kunst, auf ein Kunstwerk einlassen. Wir sind dabei entlastet von den Ansprüchen auf strenge Erkenntnis und erfolgreiches Handeln. In einem ersten, noch unspezifischen und wenig anspruchsvollen Sinn vermittelt uns die Erfahrung von Kunst schon in dieser Zwanglosigkeit ein Gefühl von Freiheit. Doch das Spezifische am Freiheitserleben in der ästhetischen Erfahrung zeigt sich erst, wenn wir die Erwartung artikulieren, unter der wir uns einem Kunstwerk nähern. In dem Maße, in dem wir bereits einen Begriff von Kunst haben, erwarten wir von einem Kunstwerk nämlich nicht Unterhaltung, Zerstreuung, Ablenkung, Vergnügen oder Amüsement, sondern wir gehen davon aus, dass es uns etwas zu denken gibt. Deshalb ist es zwar richtig, zu sagen: Wir sind dabei entlastet von den Ansprüchen an Erkenntnis und Handeln. Aber unter *einem* Anspruch stehen wir gleichwohl: *Wir wollen verstehen.* Es ist nicht unwichtig, hier von Anfang an zu sehen, dass dieser Anspruch nirgendwo anders herkommt als von uns selber. Und wir kommen schließlich dem Erleben von Freiheit in der ästhetischen Erfahrung der Kunst um das letzte, entscheidende Stück näher, wenn wir uns vergewissern, dass von hier aus uns jedes Verstehen von

Kunst einen Spielraum eröffnet: den Spielraum der Interpretation, der für das Kunstwerk als konstitutiv angesehen werden muss, weil der Sinn, den es vermittelt, keine eindeutige Bedeutung ist, sondern ein Angebot, an der Bedeutung mitzuwirken. In gewissem Sinne ist dies zwar ein Angebot, das man nicht ausschlagen kann, wenn man überhaupt etwas verstehen will, und das dafür mit einer bestechenden Gratifikation winkt; doch zu diesem bezwingenden Bestechungsversuch kommt es nur unter dem Vorzeichen der Freiwilligkeit. Wollen wir uns dies an Beispielen verdeutlichen, so liegen neben dem Impressionismus und dem Kubismus auch alle anderen Formen abstrakter und nichtfigürlicher Malerei nahe, in denen das Bild »vom Beschauer schrittweise synthetisiert werden soll«.[4]

Was man im Vergleich mit der traditionellen Malerei einen Verlust nennen könnte, den Verlust an Selbstverständlichkeit im identifizierenden Wiedererkennen von Gegenständen und Themen, geht in solchen Werken einher mit einem Gewinn an Selbständigkeit im mitwirkenden Aufbau des Bildes – ja, an Verantwortlichkeit für sein Zustandekommen. Arnold Gehlen hat 1960 in seinem immer noch zu wenig bekannten Buch *Zeit-Bilder* einen Aspekt dieser veränderten Situation festgehalten, indem er von der »Kommentarbedürftigkeit« der modernen Kunst spricht.[5] Doch damit haben wir nur die halbe Wahrheit: Die andere Hälfte kommt in zwei Schritten hinzu, wenn wir sehen, dass wir im Zuge der gesteigerten Eigenleistung erstens nicht nur *Wissen* aller Art über die Konzepte und Programme der Künstler, also Kommentare im weitesten Sinne, mit heranziehen müssen, um unseren Teil der Leistung am Bild zu erbringen, um dieses also angemessen zu verstehen, sondern auch in der *sinnlichen Wahrnehmung* selber konstruktiv kooperieren müssen, indem wir bereit sind, uns auf aktives und gleichsam experimentierfreudiges *Sehen* einzulassen;[6] zweitens müssen wir rückwirkend zugestehen, dass wir dies in der Wahrnehmung und im Verstehen traditioneller Kunst auch immer schon getan haben. Es war uns nur nicht in dem Grade und in dem breiten Maße bewusst, dass wir Anlass gehabt hätten, es zum Thema zu machen. Die Beispiele des Impressionismus, des Kubismus und anderer Formen der Auflösung von Figürlichkeit liegen eben nur nahe. Wenn uns daran der aktive Anteil des Betrachters erst einmal deutlich geworden ist, ist damit zugleich auch klar, dass es unter diesem Gesichtspunkt des »Mit-tätig-seins« keinen prinzipiellen, sondern nur einen graduellen Unterschied gibt zwischen traditioneller und moderner Kunst:[7] Das Werk ist immer eine »Aufgabe«,[8] oder anders: »Der subjektive Anteil am Kunstwerk ist selbst ein Stück Objektivität.«[9]

Hans Blumenberg hat für diese Mitwirkung am Sinn 1966 die Formel von der *essentiellen Vieldeutigkeit des ästhetischen Gegenstandes* geprägt,[10] Umberto Eco hat von der wesentlichen *Offenheit des Kunstwerks* gesprochen,[11] Hans Georg Gadamer hat die Eigenart des Kunstwerks als eines Symbols in dem bereits angesprochenen *Interpretationsspielraum* gesehen, in dem der Betrachter zum *Mitspieler des Werkes* wird. Nachdem die Genietheorie des 18. Jahrhunderts *den Künstler* als einen zweiten Schöpfer nach Gott ausgezeichnet hat, begreifen die Rezeptionsästhetiken des 19. und 20. Jahrhunderts *den Betrachter* als einen genuinen Schöpfer analog zum Künstler. In gewissem Sinne, so hat es vor Blumenberg, Eco und Gadamer schon in den Dreißigerjahren der von Adorno so gepriesene »eine [...] und wahrhaft freie [...] John Dewey«[12] auf den Punkt gebracht, in gewissem Sinne leistet der Betrachter einen »Akt der Neuschöpfung«.[13] In diesem Akt erfährt er die Freude einer entlasteten, selbstbestimmten und selbstgenügsamen Produktivität, die *Lust* an der Selbsttätigkeit und an der Entdeckung, in der das nun schon so häufig erwähnte *Gefühl der Freiheit* besteht.[14]

## II

Dieses Freiheitserleben, das die Kunst vermittelt, wurde in der Tradition vor allem in der Spieltheorie der ästhetischen Erfahrung thematisiert. Kant und Schiller sind hier exemplarisch. Als Schiller mit Blick auf die Gewaltexzesse der Französischen Revolution nicht anders kann, als die bloß aufgeklärte, an einseitigen, noch gar nicht voll begriffenen Vernunftansprüchen ausgerichtete Menschheit entfremdet, emotional zurückgeblieben und in diesem Defizit zutiefst unfrei zu finden, da verordnet er als Therapie die »Ausbildung des Empfindungsvermögens«.[15] Und da es die ästhetische Erfahrung ist, die solche Sensibilisierung zu bewirken und damit den ganzen Menschen zu bilden vermag, entwickelt er sein Programm einer ästhetischen Erziehung, in deren Zentrum die schöne Kunst steht. Sie spricht den Menschen so an, dass Sinnlichkeit und Vernunft – Schiller sagt: »Stofftrieb« und »Formtrieb« – gleichermaßen aktiviert und miteinander in einen harmonischen Ausgleich gebracht werden. Es ist dieser Zustand, dieser Einstand im Prozess einer ausgewogenen Bewegung, für den Schiller den Begriff des Spiels reserviert: Wenn aus dem aktiven Gleichgewicht zwischen Sinnlichkeit und Vernunft, zwischen Stofftrieb und Formtrieb *der Spieltrieb* entspringt, dann erlebt sich der Mensch *lustvoll* als ganz und in der Einheit seiner Kräfte. Weil nirgendwo anders als im zwanglosen Umgang des Spiels diese Einheit gelingt, kann Schiller sagen, der Mensch sei *»nur da ganz Mensch, wo er spielt«*.[16] Darin ist enthalten, dass *der Mensch auch nur da ganz frei ist, wo er spielt*, denn es ist das Gleichgewicht der Kräfte im Spiel, in welchem der freie Wille entspringt.[17] Er kann nach Schillers Analyse nur hier und er muss hier entspringen, da in diesem Gleichgewicht keine der gegensätzlichen Kräfte, die den Menschen bestimmen könnten, das Übergewicht hat, so dass von hier aus die freie Willensbestimmung überhaupt möglich und zugleich erforderlich wird. Es ist somit nicht allein die Formel für ein im weiteren Sinne politisches Programm der ästhetischen Erziehung, sondern auch eine These über den Ursprung des freien Willens im ästhetischen Spiel mit der Kunst, wenn es in den Briefen *Über die ästhetische Erziehung des Menschen* heißt, dass es »die Schönheit ist, durch welche man zu der Freiheit wandert«.[18] Und das Gefühl der Harmonie, zu dem der Mensch angesichts der Schönheit instandgesetzt wird, ist zugleich das Gefühl seiner Freiheit. Auch diese Pointe hat die Bestimmung, dass Schönheit »Freiheit in der Erscheinung« sei.

Schiller konnte sich 1793 aber mit solchen Vorstellungen schon auf die Theorie des ästhetischen Gefühls stützen, die Kant kurz zuvor 1790 in der *Kritik der Urteilskraft* entwickelt hatte: Was er als Spieltrieb bezeichnet und als harmonisches Gleichgewicht zwischen Stofftrieb und Formtrieb begreift, das schildert Kant in seiner *Analytik des Schönen* als die Reflexion auf den Gegenstand des ästhetischen Erlebens, eine Reflexion, in der sich die Einbildungskraft als das Vermögen der sinnlichen Anschauung und der Verstand als das Vermögen der Begriffe mit dem Gegenstand beschäftigen – entlastet von Vorgaben der Erkenntnis, des Nutzens, des moralischen Anspruchs. Kant spricht deshalb nicht allein von einem *interesselosen Wohlgefallen*, sondern auch von einem *freien Spiel der Erkenntniskräfte*. Mit Arnold Gehlen zu sprechen, genießen wir da eine *verselbständigte Funktionslust*. Es ist auch bei Kant das Medium des Spiels, in dem Sinnlichkeit mit Vernunft in eine harmonische Balance gebracht wird. Es ist dieses freie Spiel, durch das die ästhetische Lust entspringt, jenes Wohlgefallen, das wir artikulieren, wenn wir etwas schön finden. Die Pointe der kantischen Reflexion auf dieses ästhetische Wohlgefallen führt aber tiefer in die Diskussion über Freiheit, als der Ansatz bloß beim Gefühl auf den ersten Blick erkennen lässt. Denn das ästhetische »Lebensgefühl«,[19] das wir hier laut Kant genießen, ist keines, das sich nach irgendeiner vitalistischen Vorstellung ergießt; es erweist sich der transzendentalen Analyse als *Effekt einer freien Reflexion*, die durch keinen vorgegebenen Zweck terminiert ist und insofern in der Tat unsere intelligenten Kräfte *freisetzt*, und die Kant deshalb in die Metapher vom freien Spiel der Erkenntniskräfte fasst. Kant selbst nennt diesen Effekt »Lust durch reflectirte Wahrnehmung«.[20] Angesichts einer »Vorstellung der Einbildungskraft, die viel zu denken veranlaßt, ohne daß ihr doch irgend ein bestimmter Gedanke, d. i. *Begriff*, adäquat sein kann«, eben: als Effekt einer spielerisch hin und hergehenden, sich in der Schwebe haltenden Gedankenbewegung,[21] stellt es sich ein, dieses Gefühl, das in einem freien Vollzug gegründet ist. Es geht hier somit um die Freiheit des Denkens. Doch genau besehen, führt sie uns zuletzt auf die Freiheit des Willens: Denn wir haben hier, so sagt Kant, »die Freiheit, uns selbst irgend woraus einen Gegenstand der Lust zu machen«,[22] und es ist auch diese Freiheit, die wir als befreiende Aktivierung unserer Potentiale genießen.

Weil darin Lust entspringt, legt Kant auch Wert darauf zu betonen, dass das freie Spiel der Erkenntniskräfte prinzipiell unendlich lange unterhalten werden könnte: Im Vollzug der spielerischen Reflexion gibt es keine innere Ausrichtung auf ein Ende, keine Terminierung; dass es dann doch irgendwann aufhört, liegt an kontingenten, äußeren Faktoren. Deswegen würde Kant übrigens auch der Forderung Feuerbachs zustimmen, »zum Verstehen eines Bildes gehöre ein Stuhl [...] Damit die ermüdenden Beine den Geist nicht stören.«[23]

## III

Auffällig ist an den klassischen Theorien des spielerischen Realisierens von Freiheit, wie selbstverständlich sie sich an das Schöne halten. Das Schöne ist nach Schiller der ausgezeichnete Gegenstand des menschlichen *Spieltriebs.*[24] Und es ist auch für Kant die ausgezeichnete Form des ästhetischen Erlebens. Was diese Analysen in den Begriffen von Reflexion, Freiheit, Spiel erklären wollen, ist nichts anderes, als wie der Eindruck des Schönen auf uns wirkt, in welche entlastete und zugleich höchst animierte Bewegung er uns im Zugriff unserer intelligenten Potentiale versetzt und warum er uns so bedeutsam ist. Ich möchte diesen auf das Schöne ausgerichteten Ansatz das Erlebnismodell der *entspannten Intensität* nennen.[25] Exemplarisch für die unverminderte Aktualität dieses Ansatzes ist die hermeneutische Ästhetik Hans Georg Gadamers,[26] in welcher der Begriff des Spiels als Grundbegriff eines auf Selbsttätigkeit angewiesenen Verstehens den ganzen Ernst der Arbeit absorbiert.

Was wird aus dem Gefühl der Freiheit in der ästhetischen Erfahrung, wenn wie im 19. und 20. Jahrhundert die Kunst nicht länger auf Schönheit festgelegt werden will und das Erlebnismodell der entspannten Intensität durch andere Modelle verdrängt wird? Die Künste werden seit Ende der Sechzigerjahre ausdrücklich, ja demonstrativ als *die nicht mehr schönen Künste* in Anschlag gebracht. Doch auch dort, wo »Reiz und Rührung« und andere vermischte und schräge Weisen des ästhetischen Erlebens dominierend werden,[27] bleiben Spiel und Befreiung als Paradigmen der Kunst aktuell.

Das lässt sich etwa an der Ästhetik des amerikanischen Pragmatisten John Dewey feststellen, dem die Kunst gerade durch ihre intensivierende Wirkung und durch ihr befreiendes Potential der ausgezeichnete Ort ist, um in einer schnelllebigen Gesellschaft überhaupt noch Erfahrungen zu machen – ohne dass sie deshalb darauf festgelegt wäre, schön sein zu müssen.

Stattdessen betont Dewey als die wesentliche Leistung der Kunst etwas, das seither nachgerade zu einem Gemeinplatz in der Verständigung über die kritischen und befreienden Potentiale einer Kunst geworden ist, die sich vom Dominanzanspruch der Schönheit frei gemacht hat: dass sie ihre Aufgabe darin habe, den Betrachter von seiner Befangenheit in Konventionen der Wahrnehmung zu befreien. »Die Kunst reißt die Hüllen herunter, die den Ausdruck der Dinge der Erfahrung verbergen. Stumpf durch Routine werden wir durch sie neu belebt und fähig, uns selbst zu vergessen, indem wir uns in dem Vergnügen wieder finden, die Welt um uns in ihren verschiedenartigen Eigenschaften und Formen zu erfahren [...].«[28] Dewey geht sogar so weit zu sagen, dass uns die Kunst durch ihre Herausforderung erst sehen und hören lehrt, und er nennt dies ihre »moralische Funktion«. Diese »besteht im Beseitigen von Vorurteilen, die Schuppen entfernen, die das Auge vom Sehen abhalten, die Schleier wegreißen, die Gewohnheit und Brauch geschuldet sind, und die Kraft wahrzunehmen vervollkommnen«.[29] Die Befreiung, von der damit die Rede ist, bezieht sich grundlegend auf unsere Wahrnehmung als solche; doch sie macht dort nicht halt: Sie ergreift auch unser Denken und unsere existentielle Einstellung. »Die Vorstellung, daß den Dingen festgelegte, unveränderliche Werte innewohnen, ist genau das Vorurteil, von dem uns die Kunst befreit.«[30]

Hierhin zählt die Wirkung der durch Reflexion, auch durch Selbstreflexion auf die eigenen Möglichkeiten, gesteigerten Intensität in der modernen Kunst. Was den Romantikern einem Diktum von Novalis zufolge ihren Namen gegeben hat – das so genannte *Romantisieren* der Welt, das wechselseitige Erhöhen und Erniedrigen der Dinge, das Spielen mit ihrer Rang- und Wertordnung, mit Nietzsche zu sprechen, eine ästhetische Umwertung der Werte –, wird hier von Dewey über alle Epochen, Schulen und Stilrichtungen hinweg als Leistung der Kunst überhaupt erkannt: etwas als etwas anderes, etwas ganz Geringfügiges, Unscheinbares, ja Minderwertiges in der Darstellung so herauszuheben und dadurch aufzuwerten, dass es große Bedeutung und hohen Wert erhält – und umgekehrt: etwas in einem Aspekt und in einem Kontext zu zeigen, dass es ganz neu und anders wird. Dafür lassen sich Beispiele bis ins Hundertste und Tausendste anführen, von der Apotheose der kleinen Dinge und Verhältnisse in der holländischen Genremalerei des 17. Jahrhunderts bis zum Objet trouvé, von der Integration der Dämonen in nützlicher Funktion hoch oben an den gotischen Kathedralen bis zur literarischen Verewigung eines in Lindenblütentee getauchten Kuchens, von der Rechtfertigung des Materials und des Mediums selbst als Objekt der Darstellung in der avantgardistischen Malerei des 20. Jahrhunderts bis zur analytischen Zerlegung der physischen und psychischen Bewegung im modernen Kino: Kunst in allen ihren Formen erweitert durch Verschiebungen und Verrückungen aller Art den Horizont unserer Erfahrung[31] ins Ungeahnt-Große und ins Unvordenklich-Kleine.

Das Erlebnismodell, das auf diese Weise favorisiert wird, trägt Züge des Abenteuers.[32] Das Modell des Spiels wird dabei aufgegriffen und modifiziert:[33] Das Spielerische wird einerseits ins Riskante und Aggressiv-Bedrohliche gesteigert – andererseits in der Betonung der aktiven Beteiligung zur Arbeit überhöht: »Wer zu faul und untätig ist oder wer zu sehr in Konventionen erstarrt ist, um diese Arbeit zu bewerkstelligen, der wird weder sehen noch hören.«[34] Wer sich der Anstrengung dieser Arbeit jedoch unterzieht, der wird durch sie befreit. Denn »[i]n der Kunst werden Möglichkeiten gestaltet, die anderswo nicht realisiert werden«.[35]

Wie so häufig ist auch an dieser Konzeption ihr Extremwert

besonders aufschlussreich. Die Arbeit, der wir uns nach dem Anspruch des Theoretikers zu unterziehen haben, der sich als Übermittler der Ansprüche versteht, die von der Kunst selber ausgehen, kann auch darin bestehen, uns an dem Schockerlebnis abzuarbeiten, das uns ein Kunstwerk vermittelt. Das Modell der Intensivierung von Erfahrung, das in Deweys Analysen Kontur gewinnt, umfasst tatsächlich ein weites Spektrum ästhetischer Anmutungen vom Schönen bis zum Schock. Es mag sein, dass es nicht auf Anhieb einleuchtet, wie die Brüskierung unserer positiven Erwartungshaltung es mit dem harmonischen Reflexionsspiel des Schiller'schen-Kant'schen Modells sollte gemeinsam haben können, uns in einer spürbaren Weise zu befreien, uns ein Gefühl der Freiheit zu vermitteln. Deshalb soll an einem Beispiel dieser Begriff des belebenden Schocks erläutert werden, von dem behauptet werden darf, dass auch hier in vergleichbar produktiver Weise wie in dem freien Reflexionsspiel unsere Energien freigesetzt werden.[36]

## Exkurs: Was uns schockiert. Eine Erfahrung

Die letzte Neuigkeit aus dem kulturellen Leben Hamburgs, die ich vor der Abreise hierher noch aufgeschnappt habe, war die Nachricht von der Eröffnung einer Ausstellung in der *Hamburger Kunsthalle* am 14. September 2006. Unter dem Titel »Ma Jong« wird dort in den folgenden Monaten chinesische Kunst der Gegenwart gezeigt. Der Berichterstatter fand es besonders erwähnenswert, dass es eine Reihe von neuesten Arbeiten gäbe, gegen deren Präsentation die Leitung der Kunsthalle sich ausdrücklich entschieden habe, da sie in ihrer unverstellten Brutalität zu schockierend wären und dem westlichen Publikum nicht ungefiltert zugemutet werden könnten. Das ist der Augenblick, an dem der zeitgenössische Kunstbetrachter aufhorcht – gibt es doch im modernen Kunstbetrieb weniges, das sich in der Spirale der

Selbstüberbietung so sehr abgenutzt hätte wie die Wirkung dessen, was als schockierend gedacht ist. Worum also geht es? Ausdrückliche Erwähnung fand in der Besprechung der chinesischen Ausstellung ein Werk mit dem Titel *Die Säule der Zivilisation* – der Beschreibung nach eine Säule, irgendwie aus dem menschlichen Fett gestaltet, das sich die Künstler aus den Schönheitskliniken rund um Peking besorgt haben.

Hier greift sogleich das, was Gadamer den eigentümlichen historischen Sinn des modernen Kunstbetrachters genannt hat. Das soll uns schockieren? Das kennen wir doch längst. Die Künstlerin Teresa Margolles Sierra hat schon im Jahre 2002 Aufsehen erregt mit dem Objekt *Secreciones sobre el muro* – eine schlierig goldgelb mit großen Mengen des bei Liposuktionen abgesaugten menschlichen Fettes gestrichene Wand, die anlässlich des Mexiko-Festivals in Berlin präsentiert wurde, und sie war damit nicht die Erste, die sich dieser gleichsam materialen neuen Pathosformel des Ekels bediente. Der Film *Fight Club* zeigte 1999 die beiden in der Symbiose der Schizophrenie verbundenen Hauptdarsteller, wie sie auf der nächtlichen Suche nach dem idealen Grundstoff zur Seifenherstellung aus den Abfallcontainern einer Schönheitsklinik riesige Plastikschläuche voller abgesaugtem menschlichem Fett stehlen, von denen einer in einer Szene von selten anzutreffender Widerwärtigkeit beim Übersteigen eines Stacheldrahtzaunes aufreißt und seinen Inhalt über die beiden abartigen Protagonisten ergießt. Apropos Seife: Der Schweizer Künstler Gianni Motti meinte schließlich im Juni 2005 unter dem Titel »mani pulite« der Öffentlichkeit ein Stück Seife präsentieren zu müssen, von dem er zumindest behauptete, er habe es aus dem Fett hergestellt, das dem damaligen italienischen Regierungschef, dem Ministerpräsidenten Silvio Berlusconi in einer norditalienischen Schönheitsklinik abgesaugt worden sei. Vielleicht werden einige daraufhin finden, das eigentlich

Schockierende an dem Beispiel, das ich hier bringe, sei die Tatsache, dass nach dieser wohlsituierten Rezeptionsgeschichte die Leitung der *Hamburger Kunsthalle* meinen kann, mit dem chinesischen Kunstwerk *Die Säule der Zivilisation* ließe sich im Herbst 2006 noch irgendein Schockeffekt auslösen.

Aber machen wir uns für einen Augenblick frei von den Blasiertheiten eines allzu versierten Kunstkommentars: Wie war das denn, als wir *zum erstenmal* in Berührung kamen mit dieser Werkidee? Für mich war das die *Wand* von Teresa Margolles, und ich war seit sehr langer Zeit wieder einmal von einem Kunstwerk schockiert. Natürlich nicht der bloße Augenschein der goldiggelben Wand, sondern das Wissen um ihre Entstehungsgeschichte war es, was mir im übertragenen wie im wörtlichen Sinne den Magen umzudrehen drohte. Welch eine Geschmacklosigkeit der pietätlosen Sorte. Der erste methodische Gedanke, der sich mir aufdrängte, war die empörte Frage, ob das denn erlaubt sein könne, von menschlichen Abfällen medizinischer Eingriffe einen derartigen Gebrauch zu machen? Hatte sich da nicht, zumindest in der Freigabe von Operationsresten, irgendjemand strafbar gemacht? Ein paar Tage lang konnte ich mich dabei beobachten, dass ich immer wieder einmal darauf zurückkam, wie man wohl vorgehen müsse, um dagegen Anzeige zu erstatten. War mir die Sache den Aufwand wert? Schließlich war es nicht die bürgerliche Bequemlichkeit und der Gedanke, dass ich eigentlich genug zu tun habe, was mich davon abbrachte, sondern meine notorisch blühende Phantasie, die mich davon unterrichtet hielt, wie die Sache ausgehen würde. Schließlich ist die Freiheit der Kunst ein hohes Gut, das institutionell wirkungsmächtige Fürsprache auch in zweifelhaften Fällen für sich mobilisieren kann und in diesem Fall, einem Fall, in dem nachweislich auch die früheren Besitzer der verflüssigten Fülle ihres gewesenen Leibes keine bemerkenswerte

Pietät hatten angedeihen lassen, sich wohl als das höhere Gut würde durchsetzen lassen. Ich erstattete nicht Anzeige wegen *groben Unfugs mit menschlichen Überresten* oder wie immer ein Jurist das Delikt angemessen auf den Begriff gebracht hätte.

Ich habe aber, so finde ich im Rückblick, in meinen Überlegungen einige wertvolle Erfahrungen im Umgang damit gemacht, was ich als geschmacklos, verletzend, obszön, als Grenzen des Tunlichen und des Zumutbaren definieren würde, was ich unter Würde, Achtung und Pietät im Einzelnen verstehe, wie weit ich darin gehe, wo ich dafür Argumente und wo einstweilen bloß Intuitionen habe, und an welchen Stellen ich bereit wäre, die Freiheit der Kunst einem höheren Gut zu unterstellen. – Ich muss es diesem Kunstwerk zugute halten, dass ich diese Erfahrung inmitten meines eher von viel Abgeklärtheit und manchen sarkastischen Routinen geprägten Alltagslebens gemacht habe. Ja, ich kann nach dieser Erfahrung nicht einmal ausschließen, dass diese in schlierigem Goldgelb gestrichene Wand, die für den unvoreingenommenen Blick sogar schön sein könnte, genau von der Diskrepanz zwischen schönem Schein und ekelhafter Entstehungsgeschichte *handelt* und auf diese Weise eine gelungene Metapher ist für das ganze gespenstische Geschehen, in dem immer mehr Menschen den höchst wünschenswerten Zusammenhang zwischen dem Schönen und dem Guten unterbrechen, indem sie sich phantastisch schlanke Beine, Bäuche und Hüften auch ohne die Disziplin einer formgebenden Lebensweise und ohne die damit verbundene Selbstachtung verschaffen. Unter dem Paradigma von gegenstandsloser Reflexionskunst hat Teresa Margolles womöglich die zeitgemäße Nachfolge zum *Bildnis des Dorian Gray* gemalt. Der Eindruck dieses Objekts hat mir einen Schock versetzt, der jedenfalls meine Gedankentätigkeit, von der ich hier nur exemplarische Stationen wiedergebe, sehr belebt und in mir Überlegungen freigesetzt hat, die ich sonst in dieser Dichte und Konkretion, aber auch in solcher Konsequenz nicht angestellt hätte. Eine gewisse Ähnlichkeit einer solchen Reflexion auf ein Schockerlebnis mit dem, was Kant unter dem Begriff des Erhabenen analysiert hat, drängt sich dabei auf: Im ästhetischen Blick auf ein widriges Objekt werde ich mir meiner physischen Ausgesetztheit bewusst, die in mir in der methodischen Abwehr zugleich *ein Vermögen zu widerstehen von ganz anderer Art* aufruft.[37] Ein »Geistesgefühl« nennt Kant das, ein »Gefühl, daß wir reine selbstständige Vernunft haben«[38] – und auch das ist für ihn ein Gefühl der Freiheit.

## IV

*What is it all about?* Was haben wir über Freiheit herausgekriegt, indem wir uns mit den ästhetischen Erfahrungen unterschiedlicher Art befasst haben, die wir in der Kunst machen können? Hat das alles – und: *was* hat das alles mit der Freiheit zu tun, die wir meinen? Was besagt die Freiheit, die hier im Medium des Spiels als Gefühl realisiert wird? Ist der Begriff von Freiheit, den ich hier in Anschlag gebracht habe, womöglich bloß eine Metapher? Kann uns das Erlebnis der Freiheit, das uns die Kunst vermittelt, unabhängig davon etwas bedeuten, ob wir an der Annahme unserer Willensfreiheit festhalten? Hängt nicht auch dieses Erleben, hängt der Wert, den wir dieser Freiheit beilegen, an einem überzeugenden Argument gegen die Hirnforschung, deren Option uns den illusionären Charakter der Freiheit nahelegt? Oder ist umgekehrt womöglich sogar dem Erleben von Freiheit, das ich zum Thema gemacht habe, ein Argument gegen die deterministische Bestreitung der Freiheit abzugewinnen? Die Folge der sich aufdrängenden Fragen ist nicht zufällig so angelegt, dass sie in dieser letzten kulminiert, denn in der Tat hat sich gezeigt, dass sich gegen

den ersten Anschein aus den Befunden ein solches Argument gewinnen lässt.
Wenn man sich auf das Freiheitserleben in der ästhetischen Erfahrung der Kunst konzentriert, dann hat das, wie es scheint, den fragwürdigen Vorteil, dass man sich nicht festlegen muss in der Debatte, die wir in der Philosophie und in der Öffentlichkeit mit der Naturwissenschaft über die Freiheit führen. Für das, was über das Erleben von Freiheit in der ästhetischen Erfahrung der Kunst bis hierher entwickelt wurde, müssen wir nicht entscheiden, ob wir als aussichtsreiche Option für die Theorie der Freiheit den Kompatibilismus, den Inkompatibilismus oder einen Naturalismus ansehen. Dass wir aber Freiheit zumindest in dem Sinne und in dem Maße für gegeben halten, in dem sie in den Analysen der ästhetischen Erfahrung behauptet wird, versteht sich von selbst. Denn es hat erstens keinen Sinn, dagegen zu argumentieren, dass jemand ein prägnantes Gefühl der Freiheit hat. Doch sehen wir uns darüber hinaus berechtigt, mehr zu sagen: dass zweitens dieses Gefühl der Freiheit nicht reduktionistisch als ein bloßes Gefühl abgefertigt werden kann, weil es im Blick auf den mit Kant beschriebenen Prozess der freigesetzten Reflexion sachhaltig ist, den Begriff der Freiheit anzuwenden.

1. Der Begriff der Freiheit ist hier keine bloße Metapher. Es ist ohnehin nicht einzusehen, was die abfällige Rede von der bloßen Metapher eigentlich besagen soll, weil darin so getan wird, als bedeuteten uns die sprachlichen Ausdrücke, die wir verwenden, nichts – als würden wir sie *nur so dumm* verwenden. Im Blick auf unser Thema hieße das: Hier wird nur im übertragenen Sinne von Freiheit gesprochen – und genau das, so hat sich gezeigt, stimmt nicht. In der Schilderung der ästhetischen Erfahrung, so wie sie in Kants *Analytik des Schönen* entwickelt ist, geht es um Freiheit in mehrfacher Staffelung: um die Freiwilligkeit des Zugangs, um die

Selbsttätigkeit unserer verstehenden Auseinandersetzung und um deren Effekt in einem prägnanten Gefühl, das im Modell der entspannten Intensität (wie auch des belebenden Schocks) das Medium unseres Verstehens und Selbstverstehens bildet – das Gefühl der Freiheit. Das Gefühl der Freiheit erwies sich als die Lust, die Freude, die wir im *selbsttätigen Prozess des Verstehens* empfinden, und in diesem selbsttätigen Prozess geht es uns – um eine längere Auseinandersetzung kurz zusammenzufassen – mit unseren *Einsichten* wie im Handeln mit unseren *Gründen*.[39]
Wenn Freiheit Selbstbestimmung aufgrund eigener Motive ist, die wir als selbstbewusst angeeignete Gründe bezeichnen dürfen, dann ist das, was wir in der Intensität des Reflexionsspiels ebenso wie in der gesteigerten Anstrengung der Schockreaktion erleben, eine *Form von Freiheit*. Wir sind nicht nur *selbst* aktiv, wir sind es auch *von selbst*, wir folgen unseren eigenen Impulsen und Motiven; wir gehen unseren eigenen Assoziationen, der nicht von außen imponierten, sondern sich aus dem Sachbezug unseres eigen Interesses entwickelnden und steigernden Dynamik unserer Vorstellungen nach. In einer »Vorstellung der Einbildungskraft, die viel zu denken veranlaßt, ohne daß ihr doch irgend ein bestimmter Gedanke, d. i. *Begriff*, adäquat sein kann«,[40] *machen wir uns unsere Gedanken*. Das freie Spiel der Erkenntniskräfte ist eine in gewissem Sinne experimentelle Gedankentätigkeit, und die streitlustige Auseinandersetzung, in der wir uns am Schockerlebnis abarbeiten, und die wir im Blick auf ihre Ähnlichkeit mit dem, was Kant und Schiller das Gefühl des Erhabenen genannt haben, als freien Widerstreit bezeichnen könnten, ist es auch. Wenn das praktische Handeln in Raum und Zeit ein Kandidat für die Anwendung des Freiheitsbegriffs ist, dann ist es die selbstbewusste, selbstbestimmte und selbstgenügsame Aktivität, die wir in der spielerischen Reflexion auf die Kunstwerke entfalten, ebenfalls.

2. Es sei zuletzt doch einmal der Bogen gespannt und der Zusammenhang hergestellt zwischen der *Autonomie der Kunst*, auf die am Anfang nur sehr kurz verwiesen wurde, und dem Gefühl der Freiheit in der ästhetischen Erfahrung der Kunst, auf die sich die Überlegungen konzentrieren sollten. Die Autonomie der Kunst ist deshalb ein so wichtiges Thema der Philosophie, weil in der autonomen Kunst die menschliche Freiheit anschauliche Gestalt annimmt und damit zum produktiven Anhaltspunkt des praktischen Selbstverständnisses werden kann. Ein Blick auf die Denker, die sich seit dem ersten Aufkommen des philosophischen Bewusstseins von der Wichtigkeit ästhetischer Fragestellungen mit der Autonomie der Kunst befasst haben: auf Kant, Schiller, Hegel, Schelling, Nietzsche, Simmel, Cassirer, Adorno und viele andere, führt auf ein gemeinsames Interesse, in dem sich der immer auch praktische Kontext des ästhetischen Bewusstseins zeigt: Die Autonomie der Kunst erfreut sich allgemeiner philosophischer Wertschätzung, weil in der autonomen Kunst als dem Bereich selbstbestimmter Artikulation für den Zeitgenossen der Moderne der Anspruch sinnfällig wird, den die Menschen an sich selbst und an ihresgleichen stellen. In der Autonomie der Kunst als einem besonders geschützten und geachteten Bereich der selbstbestimmten und eigendynamischen Artikulation spiegeln und brechen sich wie in einem bevorzugten Medium die Vorstellungen von der eigenen Freiheit, die der moderne Mensch mit seinem Selbstbewusstsein verbindet. Weil uns so in symbolischer Verknappung unser eigener Anspruch auf Freiheit als Autonomie entgegentritt, erleben wir die Kunst als ein Medium der Selbstverständigung und der Selbstbestärkung. Um es kurz zu fassen: Die Autonomie der Kunst ist für unser humanes Selbstverständnis exemplarisch.

Sie hätte aber nicht diese Bedeutung, wenn in ihr allein – oder auch nur vorrangig – die Freiheit des Künstlers gegenständlich würde.[41] Es ist die im Vollzug erlebte Freiheit des Rezipienten als eines produktiven Mitspielers, durch die das in der Kunst artikulierte Freiheitsbewusstsein immer wieder hindurchmuss wie durch ein Nadelöhr der animierenden Gegenseitigkeit.

An der Betrachtung der Kunsterfahrung als Erleben von Freiheit wird die Freiheit des Denkens so exemplarisch wie an der Autonomie der Kunst die Freiheit der Selbstbestimmung überhaupt. Die Freiheit des Denkens ist aber keineswegs ein bloßer Parallelfall der in der Philosophie wie in der Öffentlichkeit viel stärker diskutierten Willensfreiheit. Freiheit des Denkens und Freiheit des Wollens bedingen einander. Zum einen ist das Denken wenigstens in Teilen auch ein Gegenstand beziehungsweise ein Anwendungsbereich dessen, was ich will – Freiheit des Denkens ein Fall von Willensfreiheit. Zum anderen setzt, wie wir uns daran klarmachen können, dass zum Haben von Gründen immer auch Wissen und Einsicht gehören, die Freiheit des Willens die Freiheit des Denkens und Urteilens voraus. Freiheit hat ein kognitives Element.

So weit, so gut. Mit Blick auf die Ausführlichkeit und Gründlichkeit der philosophischen Erörterung des Freiheitsproblems, auf die wir zum gegenwärtigen Zeitpunkt bereits zurückblicken, ist es unwahrscheinlich, dass es nun die hier aus der Perspektive der ästhetischen Erfahrung beigetragenen Argumente gegen die Bestreitung der Freiheit sein könnten, welche die Deterministen unter den Hirnforschern endlich überzeugen könnten. Gegen solche Resistenz ist freilich – nicht allein in Analogie zu einer grundlegenden Einsicht über Möglichkeit und Sinn unseres Handelns überhaupt, sondern auch zu ihrer Verstärkung – ein ultimatives Argument geltend zu machen: Wenn all das, was wir in der Analyse und Reflexion der Kunsterfahrung beschrieben haben, auf der Basis des behaupteten Determinismus möglich ist, dann können wir den Determinismus ruhig als trivial und wenig erklärungskräftig gelten lassen, da er uns offensichtlich an nichts von dem hindert, was uns wichtig ist und was wir mit guten Gründen wollen.

**Anmerkungen**

1 Siehe exemplarisch den Beitrag von Martin Heisenberg in: Jan Christoph Heilinger (Hg.): *Naturgeschichte der Freiheit*, Berlin/New York 2007.

2 Immanuel Kant: Metaphysik Pölitz, Akademie-Ausgabe Bd. 28/1, 268f. – Er bezeichnet damit nicht eine objektiv bestimmbare Raum-Zeit-Stelle, sondern ein Selbstverhältnis. Und mit dessen Eigenart ist die Option der Freiheit gesetzt. Wir können das, was Kant mit seinem auf den ersten Blick so verblüffenden Statement vertritt, auch anders erläutern: Wieso sollte ich sagen: »Ich handle«, wenn ich damit *nicht* zugleich den Anspruch stelle, frei zu sein? Es wäre doch dann das einzig Wahre, zu sagen: »Es handelt«; *es handelt durch mich hindurch – es handelt an mir*, so wie Robert Musil in satirischer Absicht formuliert hat, dass »Seinesgleichen geschieht«. Dass wir eine solche Ausdrucksweise tatsächlich nur in Fällen extremer Verzerrung oder Verwerfung in Betracht ziehen, ist nicht zufällig und gleichgültig. Wir denken so nicht über uns selbst und unsere Aktivitäten.

3 Friedrich Nietzsche: *Jenseits von Gut und Böse* (1886), in: Sämtliche Werke. Kritische Studienausgabe, hg. von Giorgio Colli und Mazzino Montinari, Bd. 5, Berlin/New York 1980, S. 108.

4 Hans Georg Gadamer: *Die Aktualität des Schönen. Kunst als Spiel, Symbol und Fest*, Stuttgart 1974, S. 12.

5 Arnold Gehlen: *Zeit-Bilder*, Frankfurt a. M. 1960.

6 Paul Cézanne hat diesen Anspruch *exemplarisch* im Fall seiner aus Farbflächen modulierten Bilder vom Mont Sainte-Victoire geltend gemacht; siehe Gottfried Boehm: *Paul Cézanne. Montagne Sainte-Victoire*, Frankfurt a. M. 1988. Gehlen selbst macht dies deutlich in seiner Besprechung von Paul Klees *Hauptwege und Nebenwege*.

7 Gadamer: *Die Aktualität des Schönen*, S. 36.

8 A. a. O., S. 37.

9 Theodor W. Adorno: *Ästhetische Theorie*, GS Bd. 7, Frankfurt a. M. 1970, S. 68.

10 Hans Blumenberg: Die essentielle Vieldeutigkeit des ästhetischen Gegenstandes, in: *Kritik und Metaphysik. Studien (Zum 80. Geburtstag von Heinz Heimsoeth)*, hg. von Friedrich Kaulbach und Joachim Ritter, Berlin 1966, S. 174–179.

11 Umberto Eco: *Das offene Kunstwerk*, Frankfurt a. M. 1973.

12 Adorno: *Ästhetische Theorie*, S. 498.

13 John Dewey: *Art as Experience* (1934), deutsch: *Kunst als Erfahrung*, Frankfurt a. M. 1980, S. 69. – »Wir halten nur dann an der vollen Bedeutung eines Kunstwerks fest, wenn wir in unseren eigenen vitalen Prozessen die Prozesse durchgehen, die der Künstler beim Hervorbringen des Werks durchging.« (ebd.) [Die Übersetzung ist hier unangemessen; es muss heißen: »die Prozesse durch*laufen*«.]

14 Auch Ernst Cassirer hebt hervor, dass die Formen der Kunst »sich nicht umstandslos unserer Wahrnehmung ein[prägen]; wir müssen sie hervorbringen, um ihre Schönheit zu empfinden«. Ernst Cassirer: *Versuch über den Menschen. Eine Einführung in die Philosophie*, Frankfurt a. M. 1990, 245.

15 Friedrich Schiller: *Über die ästhetische Erziehung des Menschen*, 8. Brief, S. 31.

16 A. a. O., 15. Brief, S. 63. – Schiller sagt in wünschenswerter Deutlichkeit, was er unter Spiel versteht: »alles das, was weder subjektiv noch objektiv zufällig ist und doch weder äußerlich noch innerlich nötigt.« (A. a. O., 15. Brief, S. 61) Teils präzisierend, teils ergänzend können wir Gadamers Verständnis hinzunehmen, der das Spiel als *Selbstdarstellung einer Bewegung* auszeichnet, deren Zweck nur in ihr selbst liegt. (Gadamer: *Die Aktualität des Schönen*, 31) Bezieht man das auf den spielerischen Zustand der ästhetischen Stimmung angesichts des Schönen, dann wird erkennbar, dass ihm das Ideal einer *zwangsfreien Regelmäßigkeit* vorschwebt – ein freier und regelhafter Vollzug, an den er die hohe Erwartung einer harmonischen Integration aller Wesensteile des Menschen deshalb knüpfen kann, weil er dem Verhältnis von Auslöser und Effekt unausgesprochen das Schema der homöopathischen Wirkung (*Gleiches durch Gleiches*) zugrunde legt: Der harmonische Vollzug des Spiels bewirkt einen harmonischen Zustand des Menschen. Wer an den Begriff des Spiels eher destruktive oder dekonstruktive Erwartungen hat, der möge sich auf Derrida und verwandte Ansätze beziehen: Mit dem »Zerspielen«, das in einer postmodernen Ästhetik des Spiels betont wird, hat Schiller nichts im Sinn. – Siehe Ruth Sonderegger: *Für eine Ästhetik des Spiels. Hermeneutik, Dekonstruktion und der Eigensinn der Kunst*, Frankfurt a. M. 2000.

17 Siehe dazu Birgit Recki: Der Gleichstand der Waage. Vom Ursprung des Willens im ästhetischen Spiel, in: Text & Kontext. Zeitschrift für Germanistische Literaturforschung in Skandinavien 28.1, 2006, S. 95–109.

18 Schiller: *Ästhetische Erziehung*, 2. Brief, S. 7.

19 Immanuel Kant: *Kritik der Urtheilskraft* (1790), Akademie-Ausgabe Bd. V (im Folgenden zitiert als KU), S. 204.

20 KU, S. 191.

21 KU, S. 314.

22 KU, S. 210. – Siehe dazu und zur Einordnung des ästhetischen Urteils Birgit Recki: Trockenes Wohlgefallen, Reiz und Rührung. Über das Reinheitsgebot und den vollständigen Kontext der Kantischen Ästhetik, in: dies.: *Die Vernunft, ihre Natur, ihr Gefühl und der Fortschritt. Aufsätze zu Immanuel Kant*, Paderborn 2006, S. 143–166.

23 Paul Klee: Schöpferische Konfession (1920), in: ders.: *Kunst-Lehre. Aufsätze, Vorträge, Rezensionen und Beiträge zur bildnerischen Formenlehre*, Leipzig 1991, S. 60–66; Zitat: S. 63.

24 Vgl. Schiller: *Ästhetische Erziehung*, S. 14.-16. Brief.

25 Komplementär dazu haben beide eine Ästhetik des Erhabenen entwickelt und dabei jenes widerstreitende Gefühl der Anziehung und Abstoßung behandelt, das auch Elemente der Negativität austrägt. Das zentrale Element dieses gemischten Gefühls begegnet uns im Folgenden im Schockerlebnis (siehe unten).

26 Gadamer: *Die Aktualität des Schönen*.

27 Siehe Konrad Paul Liessmann: *Reiz und Rührung. Über ästhetische Empfindungen*, Wien 2004.

28 Dewey: *Kunst als Erfahrung*, S. 123.

29 A. a. O., S. 376.

30 A. a. O., S. 113; vgl. ff.

31 A. a. O., S. 115–123.

32 A. a. O., S. 167f.

33 A. a. O., S. 233; 326.

34 A. a. O., S. 69.

35 A. a. O., S. 315. – Es ist »[e]in Sinn für unverwirklichte Möglichkeiten, die verwirklicht werden könnten«, der uns aus der Kunst als deren kritisches Potential anspricht. Wir lernen dadurch mehr noch als nur sehen und hören – wir werden uns »der Beengtheiten bewußt, die uns behindern, und der Lasten, die uns bedrücken«. (S. 399)

36 Es wirft schon ein Licht voraus auf die Ansprüche, die er in seiner *Ästhetischen Theorie* an die Kunstwerke als Ort einer ungesicherten, flüchtig aufscheinenden Wahrheit richten wird, wenn Adorno in seinem methodischen Hauptwerk, in dem er die Verschränkung von Gesellschaftskritik und Erkenntniskritik am Leitfaden der Kritik von Herrschaft präsentiert, den *Schock als Medium von Erkenntnis* auszeichnet: »Demgegenüber [gemeint ist das ›traditionelle Denken‹ mit seinen verselbständigten Konventionen, B.R.] wirft Erkenntnis, damit sie fruchte, à fonds perdu sich weg an die Gegenstände. Der Schwindel, den das erregte, ist ein index veri; *der Schock des Offenen, die Negativität*, als welche es im Gedeckten und Immergleichen notwendig erscheint, Unwahrheit nur fürs Unwahre.« Theodor W. Adorno: *Negative Dialektik*, S. 43; (H.v.m.).

37 KU, S. 261.

38 KU, S. 258.

39 Im Kriterium des Habens und Verstehens von Gründen für den Begriff der Freiheit stimmen viele an der zeitgenössischen Debatte beteiligte Autoren überein. Siehe exemplarisch Volker Gerhardt: *Selbstbestimmung*, Stuttgart 1999; Julian Nida-Rümelin: *Über menschliche Freiheit*, Stuttgart 2005.

40 KU, S. 314.

41 Hier ist zu unterscheiden. Wenn Marx etwa in den selten gelesenen »Theorien über den Mehrwert« am exemplarischen Fall überlegt: »Milton produzierte das Paradise lost aus demselben Grund, aus dem ein Seidenwurm Seide produziert. Es war eine Betätigung seiner Natur« (MEW 26.1, 377), so mag daraus ein Argument gegen die Freiheit des Künstlers enthalten sein, aber – unter Beachtung der methodischen Differenz zwischen Genese und Geltung – keineswegs notwendig ein Argument gegen die Autonomie der Kunst. – Für den Hinweis auf die Marx'sche Reflexion und den Zitatbeleg danke ich Konrad Paul Liessmann. Sie darf übrigens nicht allein als exemplarisch, sondern auch als hochaktuell gelten. So legt etwa Italo Calvino in seinem Roman *Wenn ein Reisender in einer Winternacht* einer seiner Figuren den Wunsch in den Mund: »Ich will Romane machen, wie der Kürbisstrauch Kürbisse macht« – ein Wunsch, in dem sich offenbar die neidvolle Anerkennung der *natura naturans* als eines produktiven Prinzips ausspricht. Siehe Birgit Recki: Das produktive Leben. Über die ästhetische Faszination der Natur, in: *Ästhetik und Naturerfahrung*, hg. von Jörg Zimmermann in Verbindung mit Uta Saenger und Götz-Lothar Darsow, Stuttgart – Bad Canstatt 1996, S. 77–86.

Christian Fleck

# Soziologische Überlegungen zur Meinungsfreiheit heute

Ich muss mit zwei Warnungen beginnen: Falls Sie erwartet haben, dass ich hier eine oder gar mehrere Meinungen äußere, mit denen ich mir möglichst viele Feind' mache – und damit viel Ehr' erwerben würde –, dann muss ich Sie, leider, enttäuschen. Die Meinungen, die ich ausführen werde, sind, wie schon der Titel sagt, Überlegungen eines Soziologen über Meinungen – und die Freiheit, diese zu äußern – und keine Thesen, die auszuloten versuchen, wie weit man, wie weit ich gehen kann, ohne mit nassen Fetzen Bekanntschaft zu machen. Meinungen über Meinungen drohen wie andere metatheoretische Betrachtungen auch leicht pedantisch zu werden. Im Gegensatz zu einer wortgewaltigen Exposition einer bislang von keinem anderen gewagten These zielt jede metatheoretische Analyse darauf, möglichst richtig zu sein. Sie steht daher stärker als eine auf Kontroverse angelegte Meinungsäußerung unter dem Imperativ der Zustimmungsfähigkeit, ist also an der Herstellung eines Konsenses interessiert und der kann nur gelingen, wenn man seine Zuhörerinnen und Zuhörer zu überzeugen vermag. Zweitens ist, was ich hier präsentiere, kein philosophischer, sondern ein soziologischer Beitrag. Zuerst werde ich auf die historischen Wurzeln der Meinungsfreiheit eingehen; danach werde ich Gemeinsamkeiten und Unterschiede der von mir identifizierten fünf Freiheiten herausarbeiten; drittens werde ich über »Grenzwächter« und »Spielleiter« sprechen, also über die notwendige Kontrolle von Freiheit; abschließend gehe ich dann noch auf einige aktuelle Herausforderungen der politischen Meinungsfreiheit ein.

## 1. Meinung und Meinungsfreiheit: Die historische Entwicklung der fünf Freiheiten

Menschheitsgeschichtlich ist die Meinungsfreiheit ein Kind der abendländischen Aufklärung. Natürlich gab es auch schon in der Antike und in darauf folgenden Zeiten Personen, die für sich und ihre Einsichten die Freiheit, diese zu äußern, einforderten. Sokrates ist wohl jener, der einem halbwegs Gebildeten hier zuerst einfällt. Giordano Bruno, Galileo Galilei und viele andere mehr könnte man anführen, um die These, die Meinungsfreiheit sei ein Kind der Neuzeit, in Zweifel zu ziehen. Ich will darüber nicht richten[1], sondern auf etwas anderes hinweisen, das alle diese Denker eint. Sie beanspruchten nämlich die Wahrheit und nichts als die Wahrheit zu verkünden, weshalb sich ein wohltemperierter Mann wie Galilei in der Lage sah, seine Einsicht vor einer vergänglichen Obrigkeit zu widerrufen – wusste er (für sich) doch, dass er letztlich recht behalten werde.

Die Verkündigung des Rechts auf Meinungsfreiheit wollte allerdings etwas von der Wahrheitssuche Verschiedenes schützen. Nämlich das Recht, Ansichten zu äußern, die anderen Meinungen, vor allem den jeweils vorherrschenden, widersprechen, ohne dass sich der Sprecher dabei darauf berufen kann, unumstößliche Wahrheit(en) zu verkündigen. Dabei ist es zugegebenermaßen nicht immer einfach, ja systematisch unmöglich, zwischen der Verkündigung einer empirischen Wahrheit – »Die Erde dreht sich um die Sonne« – und einer weltanschaulichen Meinung – »Die Kirche irrt, wenn sie lehrt, Gott habe uns ins Zentrum des Universums gestellt« – zu unterscheiden. Empirische, das heißt fallible Behauptungen lassen sich fast immer auch als weltanschauliche Überzeugungen formulieren – und umgekehrt. Der Satz »Das Weib ist konstitutionell zum universitären Studium nicht befähigt« erscheint uns heute als nichts anderes als ein Vorurteil aus vergangenen Zeiten und war doch vor ein wenig mehr als hundert Jahren eine von vielen geteilte empirische Wahrheit, deren Verkünder allerdings selten einzuräumen bereit waren, dass ihre Proposition sich als falsch herausstellen könnte. Wenn heutzutage ein empirische Einsicht Suchender die Frage stellt, ob es denn nicht eventuell möglich wäre, dass die Fähigkeiten zu Mathematik und formalem Denken zwischen den Geschlechtern ungleich verteilt seien – und das die disproportionale Beteiligung der Frauen an Naturwissenschaften und Mathematik vielleicht zu erklären vermag –, dann muss der Mann, wenn er diese Frage als Präsident der Harvard University sich zu stellen getraute, über kurz oder lang seinen Hut nehmen, weil seine empirische Frage als weltanschauliche Position umgedeutet werden konnte.

Meinungsfreiheit kann es nur geben, wenn die historische Entwicklung so weit vorangekommen ist, dass Gesellschaften es aushalten, mehrere Wahrheiten nebeneinander stehend zu akzeptieren. Und ein wenigstens im Prinzip gleichwertiges Nebeneinander von miteinander rivalisierenden Ansichten kann es nur in Bezug auf die Gestaltung des menschlichen Daseins geben, nicht aber hinsichtlich der Erkenntnis der Naturgesetze. Ich weiß schon, auch in den harten Wissenschaften gibt es Kontroversen und Meinungsverschiedenheiten, doch von den wenigen, traurigen Gestalten der Postmoderne und des konstruktivistischen Ultrarelativismus einmal abgesehen, akzeptieren (Natur-) Wissenschaftler, dass sich letztlich nur eine der miteinander im Streit liegenden Deutungen als wahr herausstellen wird oder sich beide als Vorurteile entpuppen.

Ganz anders im Bereich der Gestaltung unserer alltäglichen und der Glaubenswelt: Hier musste sich die Einsicht zwar auch erst durchsetzen, dass es mehr als eine Idee des guten Lebens geben kann, aber als dieser Schritt einmal vollzogen war, gab es kein Zurück mehr. Wenn es dennoch versucht wurde – und die vergangenen beiden Jahrhunderte lieferten uns dafür mehr Belege, als einem lieb sein kann –, dann nur um den Preis sowohl der Einschränkung der Meinungsfreiheit als auch um den Preis intellektueller Verarmung. Unter Ersterem litten die Individuen, unter Letzterem die Gesellschaften als Ganzes, da sie ihre Entwicklungsmöglichkeiten kraft Ausschluss rivalisierender Alternativen beschränkten. Angesichts der historisch lang vorhaltenden Dominanz religiös grundierter Entwürfe des guten Lebens, verwundert es wenig, dass sich die Meinungsfreiheit zuerst als Religionsfreiheit Bahn brach. Das Jahrhunderte währende Rückzugsgefecht der römisch-katholischen Kirche hat bei dieser ja immer noch nicht zur Einsicht geführt, den Kampf verloren zu geben; im Gegenteil, kirchliche Würdenträger belästigen Heiden und Andersgläubige nach wie vor regelmäßig mit Enzykliken und anderen autoritativen Kundmachungen, die allesamt darauf zielen, nicht nur die eigenen Schäfchen Mores zu lehren, sondern alle unter das normative Joch der Kirche zu zwingen.

Überall dort, wo Protestanten verschiedener Glaubensrichtung Macht im jeweiligen Staat erringen konnten, verfuhren sie gegenüber den jeweils Andersgläubigen nicht viel anders als die römische Kirche. Allein, es scheint mir, dass die Mehrheit der Protestanten ein wenig rascher lernte, sich mit der Tatsache der Pluralität der Glaubensbekundungen zu arrangieren. Der Ort, an dem dieser Lernprozess stattfand, waren die sich zu den Vereinigten Staaten zusammenschließenden nordamerikanischen Kolonien, die von Beginn an mit dem Phänomen religiösen Pluralismus konfrontiert waren und jeder Sekte das Recht auf ihre Version einräumten, anfangs im Wege der Zuweisung von Territorien, später dann in Form der Bürgerrechte auf Religions- und Meinungsfreiheit. Das First Amendment zur United States Constitution wurde im Dezember 1791 beschlossen und wurde seitdem zum Vorbild ähnlicher Bestimmungen in anderen Verfassungen und supranationalen Deklarationen.

»Congress shall make no law respecting an establishment of religion, or prohibiting the free exercise thereof; or abridging the freedom of speech, or of the press; or the right of the people peaceably to assemble, and to petition the Government for a redress of grievances.«

In gewisser Weise kann man also sagen, dass Meinungsfreiheit nichts anderes als verweltlichte Religionsfreiheit sei. Während anfangs blutig darum gestritten wurde, seine eigene Fasson religiös grundierter Weltsicht verfechten zu dürfen, eroberte zunehmend ein Meinungsstreit um diesseitige Belange die Bühne der öffentlichen Meinungsbildung. Im Streite der Meinungen ging es nicht mehr nur um den rechten Glauben, sondern um alle Belange des menschlichen Zusammenlebens, es ging ums Ganze, um konkurrierende Vorstellungen des guten Lebens.

## 2. Gemeinsamkeiten und Unterschiede der fünf Freiheiten

Wenn das, was ich bisher sagte, zutreffend ist, kann man historisch fünf Freiheitsansprüche unterscheiden, die sich im Lauf der Zeit jeweils ihr eigenes Feld eroberten. Soziologisch gesprochen handelt es sich um einen Prozess der Ausdifferenzierung, der begleitet war von zunehmender Autonomisierung, das heißt wechselseitiger Abschottung, und der zur Folge hat, dass jedes Feld seinen eigenen Regeln und letztlich nur diesen gehorcht.

(1) Zumindest in der europäisch-abendländischen Geschichte ging es immer schon um Wahrheitsansprüche. Diese wur-

den aber zunehmend dem Streit der Wissenschaftler überlassen und damit eingehegt. Wenn heute Kirchenfürsten allenthalben davon sprechen, dass sie Wahrheit zu verkünden hätten, dann reagieren Nicht- oder Nicht-mehr-so-sehr-Gläubige mit Verwunderung. Wahrheit ist heute die regulative Idee des Feldes Wissenschaften und alle jene, die nicht in diesem Feld zu Hause sind, tun gut daran, ihre Geltungsansprüche anders zu benamsen, wollen sie sich nicht der Lächerlichkeit preisgeben. Insofern die Auseinandersetzung um Wahrheitsansprüche von den Wissenschaftlern monopolisiert werden konnten, führte diese Ausdifferenzierung auch zu einer sozialen Entproblematisierung. Gewöhnlich Sterbliche sollten und mussten daran nicht teilnehmen. Sie kümmern sich um den Streit der Wissenschaftler üblicherweise so lange nicht, solange deren Wahrheiten keine alltagspraktischen Folgen haben. Versuche einer, wie es genannt wurde, Demokratisierung der Wahrheitsfrage, wie das beispielsweise Paul Feyerabend[2] propagierte, scheinen mir wenig erfolgreich gewesen zu sein.
In Österreich wurde die Wissenschaftsfreiheit als eine der ersten Freiheiten in einer Art Verfassung von 1867 festgeschrieben.

(2) Nach dem Abklingen der blutigen Glaubenskriege, die ja zu keinem Sieg einer der beiden Parteien führten, mussten die Mächtigen und die weniger Mächtigen lernen, damit zu leben, dass andere Götter ebenfalls ihr Recht forderten. Die Friedensregelung des Westfälischen Vertrages von 1648, die vorsah, dass in jedem staatsähnlichen Territorium nur ein Glaube zugelassen sei, war ein erster Schritt hin zur religiösen Toleranz; doch schon der bloße Umstand, dass nebenan einer anderen Religion gehuldigt wurde, untergrub das bis dahin normativ verbindliche Autoritätsmonopol. Mit anderen Worten, es kam zur historisch erstmaligen Erfahrung von Werterelativismus; auch andere waren gottgläubig, nur

verehrten sie einen anderen Gott beziehungsweise zogen aus der Verehrung desselben Gottes andere Schlüsse. Dabei blieb die religiöse Meinungsfreiheit jedoch eine Gefolgschaftsfreiheit, weil ja die wenigsten derjenigen, die in einem bestimmten Staat der Minoritätsreligion anhingen, für sich beanspruchten, selbst eine neue Religion oder Weltanschauung schaffen zu wollen. Was sie wollten, war, ihren Überzeugungen gemäß leben zu dürfen, ihre Götter verehren zu dürfen und nicht denen des jeweiligen Herrschers Tribut zollen zu müssen. Im Unterschied zum autonomen Feld der Wissenschaft, das bis heute der normativen Idee der einen und nur der einen Wahrheit verpflichtet ist, koexistierten im Feld des Glaubens seit dem Ende der europäischen Glaubenskriege Konkurrenten nebeneinander, die über kein von allen akzeptiertes Streit entscheidendes Regulativ mehr verfügten. Fasst man die Religionsfreiheit so weit, dass zu ihr auch die Freiheit zählt, keiner Religion oder Sekte angehören zu wollen, dann ist sie in vielen Ländern bis heute noch nicht vollends verwirklicht. In Österreich gilt die Religionsfreiheit bekanntlich nur für staatlich anerkannte Religionsgemeinschaften und die Freiheit, keinem Religionsbekenntnis »anzugehören«, wurde erst am Beginn der Ersten Republik gewährt.

(3) Als gelehriges Kind der Religionsfreiheit betritt die politische Freiheit die Menschheitsbühne. Wenn es denn zulässig sei, zwischen Religionen zu wählen, warum dann nicht auch zwischen verschiedenen Entwürfen des diesseitigen Lebens? Der Streit zwischen den großen weltanschaulichen Entwürfen – Konservativismus, Liberalismus, Sozialismus und den vielen Spielarten derselben, sowie deren breit gestreuten sozialpolitischen Folgerungen – kennzeichnet das lange 19. Jahrhundert (Eric Hobsbawm). Die Rivalen kämpften zur gleichen Zeit gegeneinander und um Anhängerschaft. Insofern sie das indifferente Publikum auf ihre

Seite ziehen wollten, entspricht diese Auseinandersetzung modellhaft der Vorstellung eines »Marktplatzes der Ideen« (so schon 1919 der US Supreme Judge Oliver Wendell Holmes Jr.), eines Marktes also, auf dem die Konsumenten die Güter nur in der Form erwerben können, sich diese als eigene Gedanken zu eigen zu machen. Die Verkäufer der Ideen buhlen um Anhänger, die manchen auch als Fußvolk der angestrebten Machtübernahme wichtig waren. Im Feld der Politik dauert es einige Zeit – und kostet wohl ebenso viel Blut wie zu Zeiten der Religionskriege –, bis sich als regulative Idee die des Streits um Wählerstimmen durchsetzte. Die Familienähnlichkeit zum ökonomischen Markt ist augenscheinlich. Sie wurde in der ökonomischen Theorie der Demokratie dementsprechend konzipiert und bewährt sich bei den Experimenten mit Wahlbörsen in beeindruckender und für Demoskopen letztlich wohl ruinöser Weise. Die volle politische Freiheit wurde in den meisten Staaten erst am Beginn des 20. Jahrhunderts, als auch die Frauen das Wahlrecht erhielten, verwirklicht. Während die Gewährung der negativen Freiheit – also sich an Wahlen und anderen Formen der politischen Meinungsbildung nicht zu beteiligen – in Österreich zwar nicht von Anfang an gewährt wurde, aber mittlerweile nolens volens hingenommen wird, ist die politische Demokratie heute mit einer Problematik konfrontiert, für die noch keine befriedigende Lösung gefunden wurde. Da die politischen Freiheiten, vor allem jene, an Wahlen teilzunehmen, nur Staatsbürgern eingeräumt werden, wir aber zunehmend mit der Tatsache leben müssen, dass ein beträchtlicher Teil der jeweiligen Staatsbürger aktuell nicht in den Grenzen ihres eigenen Staates lebt (und diese Tendenz eher zunimmt), zugleich aber eine steigende Zahl von Nicht-Staatsbürgern innerhalb des jeweiligen Staates ihren aktuellen Lebensmittelpunkt hat, wird es wohl über kurz oder lang zu einem Änderungsdruck kommen. »No taxes without representation« ist heute so aktuell wie zu den Zeiten der Bostoner Tea-Party, als erzürnte englische Kolonisten, die in das Londoner Parlament keine Repräsentanten schicken durften, an den König aber Steuern zahlen mussten, demonstrativ eine Ladung Tee ins Meer beförderten.[3]

(4) Aus der Idee der politischen Freiheit entsprang die der Kunstfreiheit. Der Streit um das Schöne und darum, wer sich auf welche Weise daran beteiligen kann, und welche Grenzen diesen Ausdrucksformen gezogen werden sollen oder nicht, tangiert nur einen kleinen, aber in der Regel sprachgewaltigen Teil der Staatsbürger. In vielen Ländern wird sie als Teil des »freedom of speech« betrachtet, in solchen mit einer stärkeren obrigkeitsstaatlichen Tradition wie Österreich wurde sie erst vor kurzem eigens in die Verfassung aufgenommen.

(5) Erst in jüngster Zeit wurde der Geltungsbereich der Meinungsfreiheit über die möglichst unbehinderte Ausübung und Propagierung von Glaubensbekenntnissen und Weltanschauungen hinaus ausgedehnt; die praktische Freiheit des individuellen Lebensentwurfs betrat die Bühne und berief sich dabei auf die Meinungsfreiheit. In dem Moment, in dem sich die Vorstellung sozial durchgesetzt hat, das eigene Leben sei frei wählbar, ist es nahe liegend, die Idee der Meinungsfreiheit als Schutzherrin für von der Mehrheitsmeinung abweichende Lebensentwürfe anzurufen. Das trotzige Bekenntnis des Regierenden Bürgermeisters von Berlin, Klaus Wowereit: »Ich bin schwul – und das ist gut so«, kann dafür als damals viel beachtetes Beispiel in Erinnerung gerufen werden. Bei diesen um Akzeptanz durch andere buhlenden Bekenntnissen des eigenen Lebensstils geht es nicht mehr darum, für sich die Freiheit des Religionsbekenntnisses zu beanspruchen oder jene einer bestimmten politischen Überzeugung anzuhängen, sondern darum, die eigene als

frei gewählt entworfene Lebensform toleriert zu wünschen. »Das gute Leben, allein daheim« tritt an die Stelle der Gefolgschaftsfreiheiten; der bürgerliche Individualismus hat endgültig gesiegt.

Die wichtigste Gemeinsamkeit aller hier besprochenen Freiheiten liegt in dem, was der amerikanische Ökonom John Kenneth Galbraith schon in den Fünfzigerjahren des vergangenen Jahrhunderts den intellektuellen Kampf gegen »conventional wisdom« genannt hat.[4] Die Aufgabe, überkommene Weisheiten herauszufordern, übernimmt eine eigene soziale Schicht, die Intellektuellen. Sie sind es vor allem, die seit ihrem erstmaligen Auftreten am Ende des 19. Jahrhunderts gleichsam von Berufs wegen Geltungsansprüche tradierter Autoritäten öffentlich in Zweifel ziehen. Die Reaktion der Gesellschaft auf diese Herausforderung bestand dann in der sozialen Ausdifferenzierung und der zunehmenden Autonomisierung sozialer Felder, in denen Kritik praktiziert werden konnte. Den Intellektuellen war »erlaubt« Kritik zu üben, doch die Mehrheitsgesellschaft musste sich um derartige Kritikübungen nicht kümmern.

## 3. Grenzwächter und Spielleiter: Die notwendige Kontrolle von Freiheit

Die Darstellung der fünf Freiheiten wäre grob unvollständig, würde sie zu behandeln vergessen, dass alle Freiheiten, die Meinungsfreiheit insbesondere, nicht ohne Begrenzung denkbar ist. Keine Freiheit meint, derartiges zu benötigen – im Gegenteil: alle Freunde aller fünf genannten Freiheiten würden es begrüßen, wenn ihre Freiheit grenzenlos wäre –, doch als soziale Veranstaltung muss jede Freiheitsausübung damit leben lernen, dass ihr Grenzen gesetzt werden. Trotz des dürftigen Ansehens, das die Grenzwärter fast in jedem Feld genießen, tragen sie und ihre Tätigkeit in gewisser Weise erst zur Ausgestaltung der jeweiligen Freiheit bei. Eine grenzenlose Freiheit wäre keine mehr, weil es ja dann sozial nichts mehr bedeuten würde, die jeweilige Freiheit in Anspruch zu nehmen. Friedrich K. Waechters Cartoon eines kopfstehenden Schweins, das empört ausruft: »Es guckt ja wieder kein Schwein«, illustriert diesen Gedanken. So wie der Künstler eines Publikums bedarf, so kann Freiheit nur ausgekostet werden, wenn es eine Grenze gibt, gegen die angekämpft werden kann.

Es gehört zu den Eigentümlichkeiten ausdifferenzierter Subsysteme oder Felder, dass dort immer jemand darüber wacht, wer zu Recht drinnen sein darf und wer oder was draußen bleiben soll. Diese Tätigkeit wurde in der Wissenschaftsforschung »boundary work«[5] genannt. Verschiedene Studien belegen überzeugend, dass die Wissenschaft es nötig hat, darüber zu wachen, was als solche noch gelten darf, wer also an diesem Spiel teilnehmen darf und welche Voraussetzungen mögliche Mitspieler zu erbringen haben. Ich will mir diesen Gedanken hier zu eigen machen und ihn versuchsweise auf die vier anderen Felder anwenden. Schon bei der Betrachtung des Feldes Wissenschaft drängt sich eine Differenzierung des »boundary work« auf, da ja offensichtlich nicht nur darüber gewacht wird, wer mitspielen darf, sondern es auch Spielregeln gibt, an die sich jene zu halten haben, die legitimerweise als Beteiligte gelten. Der Einfachheit halber will ich die beiden Kontrollorgane Grenzwächter und Spielleiter nennen, wobei sich rasch herausstellen wird, dass diese Rollen nicht immer von Einzelpersonen wahrgenommen werden, sondern auch in anderer Form institutionalisiert sein können.

Die Institutionen, die die Begrenzungs- und die Kontrollfunktion wahrnehmen, sind nicht immer sehr gleich deutlich ausgestaltet. Am Beispiel des Feldes Wissenschaft lässt sich das zeigen. Wohl hätten manche Philosophen, vor allem jene des Neopositivismus, es sehr gerne gesehen, wenn ihnen die Rolle des Grenzwächters offiziell verliehen worden wäre, allein der Wissenschaftsalltag kümmert sich wenig um die klugen Demarkationen, die sich diese Philosophen ausgedacht haben, um Wissenschaft von Nicht-Wissenschaft zu scheiden. In der Praxis entscheidet heute zu allermeist der Besitz oder Nicht-Besitz eines Zertifikats, also eines Zeugnisses einer anerkannten Ausbildungsinstitution, darüber, ob jemand als Mitspieler akzeptiert wird. Einige wissenschaftliche Disziplinen sind in der Verteidigung ihres Spielfeldes erfolgreicher, andere eher nonchalant. Während sich bald wer Philosoph oder auch Soziologe nennen darf, achten beispielsweise die Mediziner weitaus schärfer darauf, dass die Kurpfuscher ihnen nicht in die Quere kommen, doch sobald Bachblüten, Homöopathie und fernöstliche Therapien vom Klientel nachgefragt werden, geben selbst hartgesottene Mitglieder der Ärztekammer klein bei. Solange der Herr Doktor einen schulmedizinischen Abschluss vorweisen kann, darf er auch akupunktieren, homöopathisch heilen oder auspendeln und dafür eine Honorarnote legen. Dagegen würde es vielstimmige, aber gleichsinnige Empörung auslösen, wenn ein einheimischer Dr. iuris nebenbei auch noch Recht gemäß der Sharia sprechen würde.

Die Rolle des Spielleiters übernehmen im Feld Wissenschaft zunehmend eigens eingesetzte Kommissionen. So genannte Ethik-Kommissionen wachen darüber, was getan werden darf und was doch besser unterbleiben sollte. Im Alltag der Wissenschaft genügen die traditionellen Instrumente des organisierten Skeptizismus, also der öffentlichen wechselseitigen Kritik und Antikritik, um das Einhalten der Spielregeln zu sichern.

Im Feld der Religion finden wir zwei Varianten des Grenzwächtertums. In mehr obrigkeitsstaatlich organisierten Gesellschaften gibt es eine Lizenzierung der Ausübung der

Religionsfreiheit, während wir es in freikirchlichen Kulturen mit so etwas wie der freien Konkurrenz einer größeren Zahl von Kirchen zu tun haben, die es sich ersparen können, um staatliche Anerkennung bei irgendeiner Kulturbehörde vorstellig zu werden. Während die Obrigkeitsstaaten ein Kirchenrecht kennen, sind freikirchliche Kulturen hinsichtlich der Regelungen der Binnenverhältnisse der Religionen indifferent, kennen also keinen von allen anerkannten Spielleiter.

Ganz anders sieht es im Feld des Glaubens aus. Die Grenzwacht ist in Österreich dem Staate übertragen, der, wie erwähnt, darüber befinden darf, welche Sekte sich aus diesem despektierlichen Status befreien darf und wer weiterhin scheel angesehen und behandelt werden darf. Die Spielleiter der Kirchen sind teils kirchenrechtlich festgeschrieben, nur in den Fällen von Kirchen nicht-europäischen Ursprungs wissen die wenigsten, wer was zu sagen hat. Erst wenn jemand eine Fatwa erlässt, dann realisiert die europäische Öffentlichkeit, dass es auch im Islam Spielleiter gibt, bloß weiß keiner, wer das sein darf und warum.

Am anderen Ende des Kontinuums finden wir das Feld der Kunst. Zwar lesen wir, dass es dort Literaturpäpste geben soll, doch ihre Autorität ist deutlich schwächer als jene der echten Päpste. Der Zutritt zum Feld der schönen Künste kann prinzipiell niemandem verwehrt werden. Grenzwächter und Spielleiter treten hier oft in Personalunion auf und beide Urteilslogiken betreten selten fein säuberlich getrennt die Bühne: Literatur- und Kunstkritiker versuchen ständig, beide Aufgaben gemeinsam zu erledigen, wobei die Ausgrenzungsrhetorik Urteilsfiguren wie »Das ist ja U-Musik« oder »Das ist keine Literatur, sondern Schund, Kitsch, Kolportage et cetera« benutzt, um die E-Musik und die echte Literatur von derjenigen Kunst, die nur die Massen bedient, zu trennen. Zu den schlimmsten Urteilen von Spielleitern im Hochkultursegment zählen Verbannungen aus dieser Welt: »Das Stück sollte besser auf einer Laienbühne aufgeführt werden« und »Diese Musik passt besser in eine Disco.« Die Freiheit der Kunst steht, den Türwächtern zufolge, nur jenen zu, die wirklich dazugehören. Zwar können die Wächter nicht verhindern, dass andere den Kunstmarkt auch betreten und beliefern – und oft genug größere Umsätze erzielen als die wahren Künstler –, aber zumindest können sie diese Konkurrenten mit Hohn und Spott zudecken. In Feld der Kunst konnte man historisch zuerst jene Haltung beobachten, die Gewinn daraus zu ziehen versuchte, dass Künstler das Publikum provozierten, beleidigten, schmähten, oft genug unter dem alleinigen Applaus anderer Kunstschaffender und einiger der jeweiligen Avantgarde zugetanen Kritiker. Primitivismus und »ready-made«-Kunst sind die beiden bekanntesten und am frühesten auftretenden, die schönen Künste verulkenden Kunstformen, die für sich in Anspruch nahmen und nehmen, der Freiheit des künstlerischen Empfindens und Ausdrückens zu folgen. Dieser Gestus diffundierte in andere Lebensbereiche, hatte es dort aber weitaus schwerer, Fuß zu fassen. Die einmalige Wahl des ungarisch-italienischen Porno-Stars Ilona Staller, besser bekannt als La Cicciolina[6], ins italienische Parlament ist dafür ein gutes Beispiel, und dass sie danach zeitweilig mit Jeff Koons verheiratet war, darf als so etwas wie die Vermählung der Jux-Politik mit der dritten Generation des »ready-made« genommen werden.

Das Feld der Freiheit des Lebensentwurfs steht auf der Skala möglicherweise noch weiter draußen als die Welt der Kunst. Da dort allerdings fast alles noch im Flusse ist, ist es einigermaßen schwierig, Zutreffendes zu sagen. Grenzwächter sind kaum auszumachen, was auch nicht weiter verwundern kann, handelt es sich doch um jenes Feld, das im geringsten Umfang überhaupt Grenzen zieht. Jede und jeder darf hier Andy Warhol folgend fünf Minuten prominent sein, ist er oder sie nur willens, seine oder ihre Konfessionen einem Massenpublikum mitzuteilen – und jene wenigen Formen, denen Sendezeit einzuräumen sogar die billigsten TV-Stationen scheuen, finden doch Medien, in denen sie selbst noch den Kannibalismus als Lebensform kundtun können, wenn auch versteckt hinter einem der im Internet üblichen *nick names*.

Die Grenzwächter und Spielleiter im Felde der frei gewählten Lebensform treten entpersonalisiert auf. Schon in früheren Zeiten wurde über die Frage, wie jemand leben darf, eine Entscheidung herbeigeführt, die ohne Juroren funktionierte: Die guten Sitten bestimmten darüber, was erlaubt war und was verpönt bleiben sollte. Dagegen haben wir es heute mit zwei Formen der Toleranz zu tun. Die Toleranz der Ignoranz auf der einen Seite und die Toleranz des Konsenses auf der anderen Seite. Das nahe liegende Beispiel für die erste Variante ist unser aller achselzuckende Hinnahme so merkwürdiger Dinge wie Astrologie und Esoterik, Weisheiten, die, wie das Beispiel des Staatspräsidenten Sloweniens beweist, mittlerweile sogar von Mitgliedern der politischen Klasse verkündet werden. Die Toleranz durch Konsens manifestierte sich in zwei verschiedenen Formen. Wir können hierfür zwischen Lebensform und Lebensstil unterscheiden. Eine Lebensform bezieht sich immer auf das ganze Leben, während der Lebensstil die aktuelle Ausformung einer Lebensform ist. Zu den Lebensformen, die heute weitgehend toleriert werden, gehören homosexuelle Partnerschaften, Polygamie, solange sie in serieller Form auftritt, Leihmütter, In-vitro-Fertilisation und anderes mehr. Der Konsens gegenüber Lebensstilen wandelt sich rascher: Während in der 1960er-Jahren Drogenkonsum und Pornographie als durchaus tolerierbare Lebensstile betrachtet wurden, sehen sich heute bereits Konsumenten legaler Drogen allenthalben heftiger Ablehnung ausgesetzt. Der viele Jahrzehnte lang als wirksamer Motor sozialer Veränderung funktionierende Tabubruch tut sich heute schwerer, weil er nur noch selten als solcher wahrgenommen wird. Dann aber umso heftiger verurteilt zu werden pflegt.

## 4. Aktuelle Herausforderungen der politischen Meinungsfreiheit – Ein Ausblick

Die Meinungsfreiheit im engeren Sinn, also die politische Freiheit, erfuhr in den letzten drei Jahrhunderten starke Veränderungen. Die traditionellen Grenzwächter, die staatliche Zensur, verloren in diesem Zeitraum zunehmend an Einfluss. Aber auch die überkommenen Formen, Meinungsfreiheit zum Ausdruck zu bringen, erfuhren einen Bedeutungswandel, ja geradezu Bedeutungsverlust, der vornehmlich der Auflösung der großen Ideologien und der politischen Lager geschuldet ist. An die Stelle staatlicher Verbote trat eine zunehmende Desorientierung des Publikums, da alle großen politischen Parteien beim Kampf um die Mitte an Kontur verloren. Keiner weiß mehr so recht, wo er oder sie mit seiner oder ihrer Bekundung politischer Freiheit möglicherweise aneckt. Grenzwächter des politischen Diskurses kann es per definitionem nicht mehr geben, da sich das Feld der Politik selbst in verschiedene Richtungen ausdehnte.

- Die Demokratisierung führte zu einer immer stärkeren Ausweitung derer, die berechtigt sind, Meinungsfreiheit auszuüben; man denke nur an die Diskussionen über das Kindwahlrecht, um sich klarzumachen, dass die Ausdehnung der Meinungsfreiheit auf immer weitere Kreise der Gesellschaften ein noch nicht abgeschlossener Prozess ist.
- Seit Vladimir Ilyich Ulyanov, besser bekannt als Lenin, einst deklarierte, der ihm vorschwebende ideale Staat solle auch von einer Köchin geleitet werden können (in der österreichischen Innenpolitik finden wir eine große

Zahl von Lenin-Schülern), wurde auch die Qualifikationshürde für die Ausübung von Politik und damit politischer Meinungsfreiheit nach unten abgesenkt.
- Drittens führte die Parole der Feministinnen: »Das Private ist politisch«, zu einer Eliminierung der traditionellen Grenzziehung, die das Politische ursprünglich autonomisieren sollte, und machte diese zunehmend obsolet.

Spielleiter des politischen Diskurses war einst die politische Öffentlichkeit, deren Zustimmung oder Ablehnung bestimmter Programme und Positionen von den Zusehern und den weniger aktiven Teilnehmern des politischen Diskurses nicht nur wahrgenommen wurden, sondern akzeptiert worden waren. Die klassische politische Öffentlichkeit ist zum Abdanken gezwungen worden. Die Orte, an denen seit der bürgerlichen Revolution politische Meinungsbildung stattfand, sind nahezu alle verschwunden: Vereins- und Parteiversammlungen, Demonstrationen, Streiks und Petitionen – alle diese Institutionen versammelten eine größere Zahl von interessierten Personen, die sich anlässlich des Zusammentreffens zusammenraufen mussten und am Ende eine Resolution zur Abstimmung brachten.
Doch auch die Bekundung politischer Meinungen durch Einzelne erfuhr in den letzten Jahren einen markanten Wandel. Meinungsäußerungen werden heute nicht mehr in mehr oder wenig schwer zugänglichen, als Türhüter fungierenden gedruckten Massenmedien zum Besten gegeben, sondern flottieren im virtuellen Raum herum. Diese Entlokalisierung der Meinungsbekundung hat die politische Freiheit wohl wirklich grenzenlos werden lassen. Die traditionellen Spielleiter wurden entthront. Heute kann jeder, der über einen Internetanschluss verfügt, seine Meinung kundtun und wir können uns keinesfalls damit trösten, dass sich nur wenige beteiligen und noch wenigere das alles wahrnehmen würden. Die Welt des Web 2.0 mit seinen Blog-

gern und Diskussionsforen ist nicht nur unübersichtlich, sondern erreicht mittlerweile vermutlich mehr Leser als die überkommene Welt der politischen Meinungsbildung. Nehmen wir als Beispiele zwei der am intensivsten genützten österreichischen Foren, die von klassischen Medien betrieben werden, um zu sehen, wie dort versucht wird, die Grenzwächter- und die Spielleiter-Rolle wahrzunehmen. Die *disclaimer* von orf.at und derstandard.at versuchen den Fluss der Meinungsäußerungen noch zu regulieren, doch darf man bezweifeln, dass sie dabei noch Gehör finden:

»Die ORF.at-Foren sind allgemein zugängliche, offene und demokratische Diskursplattformen. Bitte bleiben Sie sachlich und bemühen Sie sich um eine faire und freundliche Diskussionsatmosphäre. Die Redaktion übernimmt keinerlei Verantwortung für den Inhalt der Beiträge, behält sich aber das Recht vor, krass unsachliche, rechtswidrige oder moralisch bedenkliche Beiträge sowie Beiträge, die dem Ansehen des Mediums schaden, zu löschen und nötigenfalls User aus der Debatte auszuschließen.
Sie als Verfasser haften für sämtliche von Ihnen veröffentlichte Beiträge selbst und können dafür auch gerichtlich zur Verantwortung gezogen werden. Beachten Sie daher bitte, dass auch die freie Meinungsäußerung im Internet den Schranken des geltenden Rechts, insbesondere des Strafgesetzbuches (Üble Nachrede, Ehrenbeleidigung et cetera) und des Verbotsgesetzes, unterliegt. Die Redaktion behält sich vor, strafrechtlich relevante Tatbestände gegebenenfalls den zuständigen Behörden zur Kenntnis zu bringen.«

Der online-Standard ruft seinen Lesern in Erinnerung:

»Die Kommentare von Usern und Userinnen geben nicht notwendigerweise die Meinung der Redaktion wieder. Die Redaktion behält sich vor, Kommentare, welche straf- oder zivilrechtliche Normen verletzen, den guten Sitten widersprechen oder sonst dem Ansehen des Mediums zuwiderlaufen, zu entfernen. Der/Die Benutzer/in kann diesfalls keine Ansprüche stellen. Weiters behält sich die Bronner Online AG vor, Schadenersatzansprüche geltend zu machen und strafrechtlich relevante Tatbestände zur Anzeige zu bringen.«

Von den wohlmeinenden Hinweisen darauf, man möge doch sachlich und fair sein, einmal abgesehen, enthalten beide *disclaimer* übereinstimmend Hinweise darauf, dass man das Zivil- und Strafrecht zu beachten habe. Was rechtlich verboten sei, wird taxativ aufgezählt und vor allem wird auf das Verbotsgesetz hingewiesen, das ja nun, man mag stehen dazu wie man will, jedenfalls eine international ungewöhnliche Einschränkung der Meinungsfreiheit darstellt. Des online-Standards Hinweis auf die guten Sitten und auf das Ansehen des eigenen Mediums machen klar, dass dieses Unternehmen, das in Österreich als eines der ersten die schöne neue Welt des Internets für sich entdeckte, nicht gewillt ist, alles zu veröffentlichen. Doch die *poster* können mit wenigen Mausklicks ihre *postings* anderswo platzieren. An die Stelle des Streits darum, wie wir leben wollen/sollen, tritt in der Welt des Internets die Beliebigkeit der Meinungsäußerung von Diskursteilnehmern, die zumeist hinter Pseudonymen versteckt ihre Meinungen äußern. Die Gründerväter der politischen Meinungsfreiheit würden sich verwundert die Augen reiben, sähen sie, was aus ihren Programmen wurde.
Der schon erwähnte technologische Wandel ist begleitet von einer Erosion traditioneller Öffentlichkeit. Im Internet funktionieren Gemeinschaften anders, als sie das in der Vergangenheit getan haben. Die Diskursteilnehmer treffen einander nur noch virtuell und treten einander anonym gegenüber. Die Netiquette wird zwar eingemahnt, was in Internetdiskussionsforen geäußert wird, bleibt aber weit-

gehend folgenlos. Während zu Zeiten, als die ersten sozialen Bewegungen die Bühne betraten, die Machtfrage im Mittelpunkt stand, dominiert heute hochgradig individualistische Meinungsäußerung.
Auf diese anomische Situation – als Anomie bezeichnen wir Soziologen eine Situation, in der eine zunehmende Zahl von Gesellschaftsmitgliedern nicht mehr weiß, an welchen Normen sie ihr Handeln ausrichten soll – reagieren die Gralshüter des traditionellen politischen Diskurses, der sich noch in den traditionellen Massenmedien abspielt, durch eine eigentümliche Verteidigung des überkommenen Konsenses. Immer öfter geht es dort nicht mehr um den Streit zwischen möglichst prononciert vorgetragenen Meinungen, sondern um die Beachtung der Standards, die die politische Korrektheit statuiert hat. Man wird sehen, ob in der näheren Zukunft diese beiden Teile des Feldes politischer Meinungsfreiheit weiter auseinanderdriften oder sich andere Konfigurationen herausbilden. Ziemlich sicher scheint mir allerdings, dass das Stammesdenken der traditionellen Intellektuellen angesichts der Buntheit der Beiträge aus der Welt des Web 2.0 ein wenig grau wirkt.

**Anmerkungen**

1 Amartya Sen hat jüngst darauf aufmerksam gemacht, dass Meinungsfreiheit historisch keineswegs nur im Westen zu finden ist, s. sein *The Argumentative Indian: Writings on Indian Culture, History, and Identity*, London, New York: Allen Lane 2005.
2 Paul Feyerabend, *Science in a Free Society*, London: New Left Books 1978.
3 Hier wäre es angebracht, auch noch auf die soziale Freiheit als Bürgerrecht einzugehen, da diese aber vornehmlich mit der Frage der materiellen Grundversorgung (Bürgergeld, Basiseinkommen etc.) verknüpft wird, hat sie mit der Meinungsfreiheit nur peripher zu tun und bleibt daher hier unbehandelt.
4 John K. Galbraith, *The Affluent Society*, London: H. Hamilton 1958.
5 Thomas F. Gieryn, *Cultural Boundaries of Science: Credibility on the Line*, Chicago: University of Chicago Press 1999.
6 http://www.cicciolinaonline.com.

Kurt Greussing

# Gottes langer Schatten

Islamische Kontroversen um Freiheit und Denken

## Denken – Sprechen – Handeln: »Innere« Freiheit ohne »äußere«?

Es ist unbestritten, dass es keine Freiheit des Handelns ohne Freiheit des Denkens geben kann. Doch gilt das auch umgekehrt: Kann man frei denken, wenn man nicht frei handeln kann? Für die folgenden Ausführungen zu Vorstellungen von Denk- und Handlungsfreiheit im Islam und zu entsprechenden aktuellen innerislamischen Diskursen sei eine kurze Überlegung vorangestellt: Sie bezieht sich auf die Rolle von äußerer Freiheit, also von Handlungsfreiheit, für die Freiheit des Denkens – ein Zusammenhang, der leicht zu kurz kommt, wenn man die Freiheit des Denkens (wie auf diesem Philosophicum) im Wesentlichen unter dem Gesichtspunkt der Möglichkeit oder Unmöglichkeit innerer Willensfreiheit diskutiert.

Stellen Sie sich vor, Sie wären als einziger Mensch auf die Welt gekommen. Sie würden mit keinem anderen Menschen auf der Welt interagieren, weder nichtsprachlich noch sprachlich. Sie könnten also auch nicht sprechen, sehr wohl aber grunzen. Könnten Sie denken? Sehr wahrscheinlich nicht.

Was ich damit deutlich machen will, ist einfach: Die Freiheit des Denkens hat nicht nur mit »inneren« Bedingungen zu tun, also mit Gehirnchemie, neuronalen Vernetzungen, der Existenz oder Nichtexistenz eines Zentrums selbstbestimmter Entscheidung im Kopfe.

Denken hat immer auch mit der Interaktion mit anderen

Menschen zu tun, mit nichtsprachlicher, vor allem aber mit sprachlicher Interaktion (dabei nicht notwendigerweise akustischer). Ich kann wahrscheinlich nicht denken, wenn ich nicht sprechen kann, und wahrscheinlich kann ich nur das denken, worüber ich auch sprechen kann.

Sprechen – und folglich Denken – ist also an die Möglichkeit gebunden, mich mit anderen Menschen zu verbinden. Diese Verbindungen einzugehen, hängt ganz wesentlich vom gesellschaftlichen Spielraum meines Handelns ab. Umgekehrt gilt: Wenn dieser mein Handlungsraum beschränkt wird – durch reale politische Mächte mit Sanktionsmöglichkeiten, durch Weltbilder, die mich Strafdrohungen verinnerlichen ließen –, dann ist auch mein Sprechen – und damit mein Denken – beschränkt. Deshalb gilt: Es gibt keine Freiheit des Denkens ohne Freiheit des Handelns. Freiheit des Denkens ist nicht ohne äußere, gesellschaftliche Freiheit, also Handlungsfreiheit und Freiheit vom Gewalten- und Getreidemonopol einer herrschenden Klasse, zu haben. Ich gehe deshalb im Folgenden denn auch nicht auf islamische Auffassungen zur Willensfreiheit ein, also auf jene vielfältigen Kontroversen in der islamischen Religionsgeschichte und im heutigen Islam, die zwischen den Polen eines von Gott mit Vernunft und Selbstbestimmung geschaffenen Menschen einerseits und der Vorbestimmtheit allen Handelns durch einen allwissenden, allmächtigen Gott andererseits changieren. Was hier stattdessen interessiert, ist der *Handlungs*aspekt der Freiheit des Denkens, also:

- ob ich denken kann, was ich will (oder: es in mir denken darf, wie es will), ohne dass ich Angst vor Strafe haben muss – diesseitiger wie jenseitiger;
- ob ich das, was ich denke, auch sagen und schreiben darf, und ob das andere Menschen, auch jene, die nicht meinen Glauben beziehungsweise Unglauben teilen, hören und lesen dürfen – wiederum ohne Angst, bestraft zu werden;
- und schließlich, ob ich mich mit anderen zusammen-

schließen darf, a) um meine Vorstellungen von persönlicher Lebensführung zu verwirklichen und b) um in der Gesellschaft um politischen Einfluss zu werben.

## Freiheit und politischer Islam: Chomeyni als Paradigma

Die iranische Revolution von 1978–79 und ihre herrschaftliche Etablierung haben den heutigen Aufschwung des Islamismus, also eines Islam mit einer auf die ganze Gesellschaft abzielenden politischen Programmatik, eingeleitet. Damals, um 1980, wusste die Öffentlichkeit in nicht-islamischen Ländern in der Regel noch nichts mit Begriffen wie Sunna und Schia anzufangen, und erst recht nicht mit spezielleren wie Ayatollah, Dschihad oder Hisbollah.[1] Erst durch den Islamismus ist die Beschäftigung mit dem Islam, übrigens auch mit dem Islam der Arbeitsimmigranten, für den politischen Diskurs im Westen aktuell geworden. Allerdings hat diese Aktualität ihren Preis: nämlich den Verlust der Sicht auf jene Strömungen und Bekenntnisse im Islam, die keinen politischen Aktivismus kennen, jedenfalls keinen, der auf politische Macht und auf die Durchsetzung eines eigenen politischen Systems hinauswill.

Ayatollah Chomeyni war im Iran der Revolutionszeit das unangefochtene Symbol der revolutionären Bewegung und des politischen Islam. Hinter ihm versammelten sich anfangs alle, die eine andere Gesellschaft wollten: von Marxisten sämtlicher Schattierungen über bürgerliche Republikaner und Liberale bis zu – natürlich – Moslems. Sie hatten ebenfalls sehr unterschiedliche Vorstellungen: von eher quietistischen Strömungen, die zwar einen islamisch geführten Staat, aber nicht die Geistlichkeit in Führungsfunktionen sehen wollten, über sozialradikale Gruppen, die Islam und quasi-sozialistische Revolution zusammenzubringen versuchten, bis zu jener letztlich siegreichen Position, wonach die Verfassung des Staates das göttliche Gesetz und die zur Führung berufene Gruppe die mit diesem Gesetz vertraute Geistlichkeit sei.

In dieser Phase des revolutionären Aufbruchs schien es all diesen Politikbewegten unzweifelhaft, dass Chomeyni auf ihrer Seite war: Hatte er nicht von *Freiheit* gesprochen, auch von Pressefreiheit, von *Republik*, von *Gerechtigkeit*, von den *Rechten der Frau*, zuerst in seinem Pariser Exil, dann nach seiner Rückkehr? Knappe zwei Jahre nach dem Sturz des Schahs und dem Sieg der islamischen Revolution waren die Fronten geklärt: die Frauen unter Zwang islamisch gewandet – damit hatte es im Sommer 1980 angefangen – und die Gegner eines theokratischen Staates im Exil, im Untergrund, im Gefängnis oder hingerichtet.

Sind die damaligen Hoffnungen der säkularen wie der reformerisch-islamischen Kräfte, Chomeynis Vorstellungen von Freiheit, Gerechtigkeit und Republik, also von politischer Ordnung, würden die ihren sein, jemals realistisch gewesen? – Eine Rezeption der (überall erhältlichen) Schriften Chomeynis hätte die Antwort geben können. Sein Begriff von Freiheit und Gerechtigkeit hatte eine ganz andere Geschichte und Bedeutung als jener der bürgerlichen Demokraten, der Marxisten oder selbst der reformerischen Moslems, die einem pluralistischen Staatswesen den Vorzug vor einer Herrschaft der islamischen Geistlichkeit gegeben hätten.

Weil Chomeynis Konzeption von islamischem Staat und islamischer Herrschaft am Anfang jener Entwicklung steht, die uns heute als Islamismus beschäftigt, sei sie hier skizziert. Schon 1941 hatte der 1902 geborene Geistliche, damals noch nicht im gehobenen Rang eines Ayatollah, in einer politisch-theologischen Schrift zwei Positionen deutlich gemacht:

Zum einen die Reichweite der religiösen Vorschriften, also der so genannten Schariat: »Dieses Gesetz, das in Tausenden Bestimmungen alles regelt, von den allgemeinsten Problemen sämtlicher Länder bis zu den privaten Einzelheiten einer Familie, vom gesellschaftlichen Leben der gesamten Menschheit bis zum persönlichen Leben eines einsamen Höhlenbewohners, von der Zeit vor der Empfängnis eines Menschen im Mutterleib bis zur Zeit nach seiner Beisetzung im Grab – dieses Gesetz ist Gottes Religion: der Islam. Wir werden im folgenden bündig nachweisen, dass das islamische Gesetz sämtliche Regierungs-, Steuer-, Zivilrechts- und Strafrechtsangelegenheiten sowie Fragen der Ordnung des Landes, angefangen von der Heeresorganisation bis zur Organisation der Verwaltung, regelt.«[2]

Und zum zweiten die zur Durchsetzung des göttlichen Gesetzes berufene Elite: Obwohl Chomeyni hier noch festhält, dass nicht ein Religions- und Rechtsgelehrter (*faqih*) unmittelbar die weltliche Herrschaft ausüben solle, muss ihm zufolge das Land in Übereinstimmung mit dem göttlichen Gesetz verwaltet werden, und das könne nicht ohne die Oberaufsicht der Geistlichkeit geschehen.[3] Die Aufgabe bestehe darin, den Weg zu einer islamischen Herrschaft einzuschlagen und dafür zu sorgen, dass das Gesetz des Parlaments eine Klarstellung des Gesetzes Gottes ist. Das Parlament ist also kein gesetzgebendes Organ im eigentlichen Sinne, sondern ein Exekutionsinstrument zur Durchsetzung des göttlichen Gesetzes: Durch dessen strikte Anwendung werde dann automatisch die »Stadt der Tugend« (*madineh-ye fasileh*) errichtet.

In seiner Schrift über »Islamische Regierung« vom Ende der 1960er Jahre – auch sie war während und nach der Revolution in iranischen Städten überall erhältlich und wurde zwischenzeitlich in viele Sprachen, auch ins Deutsche, übersetzt – wird Chomeyni zum Charakter staatlicher Herrschaft auf der Basis des Islam ganz deutlich: »Eine solche Regierung beruht nicht auf Gesetzen, die bei Abstimmungen nach den jeweiligen Mehrheitsverhältnissen in der Bevölkerung angenommen werden, sondern auf den Bestimmungen, die im Heiligen Qor'an und durch die Handlungen des Erhabensten Propheten niedergelegt wurden. Diese ganzen Bestimmungen, die von der Regierung beachtet und verwirklicht werden müssen, sind die Gesetze und Gebote des Islam. Die islamische Regierung kann deshalb als die Herrschaft des göttlichen Gesetzes über die Menschen definiert werden.«

In einer islamischen Regierung trete folglich eine Planungsversammlung an die Stelle der gesetzgebenden Versammlung. Diese Körperschaft stelle Programme für die verschiedenen Ministerien im Lichte der Anordnungen des Islam auf und entscheide hierbei, in welcher Art öffentliche Dienstleistungen im ganzen Land zur Verfügung gestellt werden sollen.[4]

Eine revolutionäre Neuerung enthält Chomeynis Denken ab den Sechzigerjahren allerdings: nämlich dass die Religionsgelehrten die staatliche Herrschaft nicht nur im Sinne der islamischen Gesetze beaufsichtigen, sondern sie direkt ausüben sollten – das war in der islamischen Theologie bislang so nicht gedacht worden: Unter Berufung auf den Koran IV: 62 (»Gehorchet Allah und gehorchet seinem Gesandten und denen, die den Befehl unter euch haben«) legt Chomeyni die Pflichten und Funktionen der Religions- und Rechtsgelehrten (*foqaha*) dar[5] – jener Gruppe, die während der Abwesenheit des Mahdi (des verborgenen zwölften Imam, des vom Propheten abstammenden Leiters der Gemeinde, der am Ende der Zeiten hervortreten werde) dessen und des Propheten direkte Stellvertreter seien. »Somit sind die Rechtsgelehrten selbst die eigentlichen Herrscher, und deshalb sollte die Herrschaft offiziell in jeder Hinsicht ihnen zukommen, und nicht jenen, die sich von den Rechtsgelehrten führen lassen müssen, weil sie die Gesetze nicht kennen.«[6]

Gerechtigkeit stelle sich in einer Gesellschaft nur dann ein, wenn der Herrscher sich streng an das Gesetz des Islam halte. Wenn die gerechten und gesetzeskundigen Rechtsgelehrten die Herrschaft übernehmen, dann entsteht per se eine Regierung der universellen Gerechtigkeit in der Welt.[7]
Wie ist nun gesichert, dass die geistlichen Herrscher ihre Macht nicht missbrauchen? Welche Formen der Kontrolle gibt es? – Keine. »Denn: ›Meinen Bund erlangen nicht die Ungerechten‹ (Koran II: 118); deshalb wird Gott einem Unterdrücker oder Sünder solche Funktionen nicht überlassen.«[8]
Und wenn ein Rechtsgelehrter doch gegen das Gesetz Gottes handelt? – »Dann wird er automatisch (*chod bechod*) von seinem Posten entlassen, weil er seine Treuhänderschaft verwirkt hat«.[9] Solche nicht näher erklärte Automatik aus der Hand Gottes tritt also an die Stelle institutionalisierter und durch einklagbare Gesetze geregelter Kontrolle. Niemand außer den Rechtsgelehrten selbst ist berechtigt, wenigstens über die richtige Durchführung des göttlichen Gesetzes zu wachen – per Definition sind ja auch nur sie dazu imstande. Aus diesem Konzept von »Gerechtigkeit« folgt jenes der »Freiheit«. Sie ist dann gegeben, wenn die gesellschaftliche Ordnung von ebendiesem göttlichen Gesetz geregelt wird: »Der eigentliche Herrscher ist das religiöse Gesetz; jedermanns Sicherheit ist durch das Gesetz gewährt, und das Gesetz ist aller Menschen Zuflucht. Die Moslems und die Menschen im allgemeinen sind frei im Rahmen dessen, was das Gesetz bestimmt. Wenn sie in Übereinstimmung mit den Vorschriften des Gesetzes handeln, hat niemand das Recht, ihnen zu sagen ›Setz dich hierher‹ oder ›Geh dorthin‹. … Eine islamische Regierung ist nicht wie jene Regime, in denen die Menschen jeglicher Sicherheit beraubt sind und alle zitternd zu Hause sitzen und fürchten müssen, man könnte plötzlich über sie herfallen oder sie attackieren.«[10]

## Islamismus und platonische Herrschaft

Der Islam ist kein geschlossenes theologisches oder religiösrechtliches System, zumal es keine oberste Glaubensautorität gibt. Allerdings besteht mit dem Text des Koran ein zentrales Bezugsfeld für die Deutung der religiösen Inhalte. (Auch Chomeyni bezieht sich in seiner Begründung der Befugnis der Religions- und Rechtsgelehrten zu Übernahme politischer Herrschaft explizit auf den Koran.) Dazu kommen die unterschiedlich gut belegten und folglich oft umstrittenen Überlieferungen (*Hadithe*) der Praxis (*Sunna*) des Propheten Mohammed und schließlich Kommentare und Interpretationen der frühen Religions- und Rechtsgelehrten. Das alles ergibt die »*Scharia*« (wörtlich: ebener, gerader Weg), das umfassende System von Normen des individuellen Handelns, einschließlich der religiösen Praktiken, und des religiösen Rechts. Es handelt sich hierbei um einen durch neue Rechtsfälle immer wieder erweiterten Korpus von Vorschriften (»*fiqh*« – religiöses Rechtssystem) und Erläuterungen, die von Fragen der individuellen Lebensführung (etwa Gebetsverrichtung, Hygiene, Speisege- und -verbote) über zivil- und strafrechtliche Angelegenheiten bis zu religions- und staatsrechtlichen Regelungen des Umgangs mit »Ungläubigen« alles behandeln, was für das individuelle und das soziale Leben in einer Gemeinschaft wesentlich ist – so zumindest das Verständnis der meisten orthodoxen islamischen Theologen.
Umstritten ist freilich, welches System politischer Herrschaft sich daraus ergibt – Machtausübung durch die Gemeinschaft aller mündigen Gläubigen (jedenfalls der Männer), durch einen religiös legitimierten einzelnen Führer (Chalifen) oder – wie bei Chomeyni – durch die Rechts- und Religionsgelehrten?
Jedenfalls sind die konzeptionellen Ähnlichkeiten von Chomeynis Herrschaft der Theologen mit Platons Vorstellung

der Philosophen-Herrschaft, wie sie in der »Politeia« formuliert ist, frappierend – von hier lässt sich übrigens auch mühelos die Brücke zu modernen säkularen Ideologien diktatorischer Herrschaft schlagen:

- die geforderte Identität von Philosophie (beziehungsweise Theologie) und Staatsgewalt;[11]
- das Verlangen, die Philosophen dürften nicht nur weise Hüter, sondern müssten auch Führer des Staates sein;[12]
- schließlich die Annahme – in Platons »Höhlengleichnis« –, wer sich der reinigenden und schmerzhaften Arbeit der Erkenntnis einmal unterzogen habe, werde grundsätzlich frei sein von Dünkel und von Machtstreben[13] – wie bei Chomeynis Rechtsgelehrten eine automatische Versicherung gegen den Missbrauch von Herrschaft. Die leidige und entscheidende Frage, wer über die Wächter wacht, ist damit erst gar nicht gestellt.

Was bedeutet ein solches Denken unter dem Gesichtspunkt politischer Freiheit – der des Denkens und des Handelns? Welche Spielräume werden hier für die Begründung und für die Kontrolle politischer Macht festgelegt?

- Die Prämissen, aus denen politische Herrschaft konstruiert und legitimiert wird, sind grundsätzlich nicht befragbar. Mehr noch: Wer sie nicht teilt, geht seiner Eigenschaft als Mitglied der Gemeinschaft verlustig; er verliert seinen Status als Rechtssubjekt; er ist im »Krieg gegen Gott« (*mohareb*).
- Es ist eine klar abgegrenzte und geschlossene Elite, nämlich die Gemeinschaft der Rechtsgelehrten, die das göttliche Gesetz auf allen Ebenen der Gesellschaft zu exekutieren hat. Dabei ist unterstellt, dass der Religionsgelehrte »gerecht« ist, also das Gesetz unparteiisch und korrekt anwendet.
- Es gibt keine institutionalisierten Möglichkeiten der Kontrolle und der Überprüfung von Entscheidungen. Da

durch das Gesetz alles bis ins Detail geregelt ist und die Rechtsgelehrten es nur buchstabengetreu zu exekutieren haben, ist theoretisch nicht einmal innerhalb der Elite eine Konkurrenz um dessen Interpretation zugelassen.
- Und die herrschende religiöse Elite immunisiert sich selbst dagegen, von außen in Frage gestellt zu werden, indem sie sich zum Wesenselement der Religion erklärt. Denn die Frage, ob es tatsächlich ausschließlich die Rechtsgelehrten seien, denen per göttlichem Willen die *nayabat-e emam* (Stellvertretung des Imam als oberster Autorität der Gemeinde während der Zeit seiner Abwesenheit) obliege, ist selbst schon ein Verstoß gegen den Islam. Zweifel an der Kompetenz der Religions- und Rechtsgelehrten anzumelden oder – in den Worten Chomeynis – »die religiöse Führung zu beleidigen oder zu schwächen zu versuchen, bedeutet Widerstand gegen unsere Freiheit und Unabhängigkeit und gegen den Islam«[14].

Derartiges Denken zur Immunisierung der Macht einer politischen Elite – und bei Chomeyni ist ja die Elite der Theologen ein *Wesenselement* der Religion selbst – finden wir als Muster übrigens genau so in anderen Ideologien, etwa in marxistisch-leninistischen. Dort geht es dann nicht um die Gruppe der Theologen als gesellschaftliche Führer, sondern um die Kommunistische Partei: eine Legitimation von Elitenherrschaft – und der Gefolgschaftspflicht der Masse der Bevölkerung – im Namen der Geschichte,[15] wie im andern Fall im Namen der Religion.
Insofern kann der totalitäre Islamismus als Spielart extrovertierter, in die Welt gewandter Endzeit- und Erlösungsideologien gesehen werden, denn seine wesentlichen Elemente lassen sich ohne große Anstrengung mit den Grundzügen anderer totalitärer Ideologien parallelisieren:
- die Berufung auf grundlegende Schriften;

- der Anspruch einer Elite, hierfür ein Verständnis- und Deutungsmonopol – also einen privilegierten Zugang zur Wahrheit – zu haben;
- Gewalt gegen jene, die den Geltungsanspruch dieser Schriften und ihrer Schöpfer kritisch in Frage stellen;
- der Bezug auf eine ideale Vergangenheit, die ebenfalls nicht hinterfragt werden darf und als Modell oder Referenz für eine paradiesische Zukunft gilt;
- schließlich die Diskriminierung bis hin zur physischen Vernichtung jener Menschen, sozialen Gruppen und Weltanschauungen, die sich der Reinheit und somit dem Absolutheitsanspruch dieser paradiesischen Welt, oder des Wegs dorthin, nicht fügen.

## Politischer Islam: Alternative Vorstellungen politischer Herrschaft

Das Chomeyni'sche Modell islamischer Herrschaft ist in gewissem Sinn ein Idealmodell, wobei es zwei Prämissen vorstellt:

- die Annahme, dass das göttliche Gesetz alle notwendigen Vorschriften für das Funktionieren einer Gesellschaft enthalte und nur korrekt angewendet werden müsse;
- die Vorstellung, dass es für diese Anwendung einer Gruppe qualifizierter Funktionäre bedürfe – der Theologen – und diese von Gott den Auftrag für ihr Tun erhalten hätten. Das sichere den Menschen Freiheit und Gerechtigkeit.

Diese beiden Prämissen des Chomeyni'schen Islamismus werden interessanterweise gerade auch von Vertretern eines politischen Islam in Frage gestellt, und dies nicht zuletzt unter den Bedingungen moslemischen Lebens in westeuropäischen Gesellschaften. Dass dabei die Offenbarung, also

der Koran und die beispielhaften Handlungen des Propheten Mohammed, als Bezugsfeld nicht in Frage gestellt werden, bedarf keiner besonderen Erklärung. Doch – und das ist entscheidend – teilen viele nicht die naive Annahme des Chomeyni'schen Islamismus, das geoffenbarte Gesetz verstehe sich quasi ohne Umwege von selbst, wenn nur die dazu berufenen Experten es in die Hand nehmen.
Eine solche Ablehnung der Idee einer Theologenherrschaft muss nicht bedeuten, dass die technische Kompetenz von Rechtsgelehrten bestritten oder nicht mehr in Anspruch genommen würde. Das ist weiterhin der Fall: Theologen erlassen *Fatwas* (religiös begründete Urteile) zu allen möglichen Fragen der Lebensführung, auch zu allgemein rechtlichen und politischen Angelegenheiten. Doch erwerben sie sich damit noch kein Monopol auf die Gestaltung der politischen Ziele. Und da es im Islam keine hierarchische Kirchenstruktur gibt, müssen sie zur Bewahrung ihrer Position durchaus mit den unterschiedlichen Wünschen und Interessen ihrer Anhänger rechnen.
Das wirkt freilich nicht nur in die eine Richtung eines weniger dogmatischen, toleranteren politischen Islam. Es kann den umgekehrten Effekt haben: Der terroristische Islamismus bezieht sich gerade nicht auf die traditionellen Religionsgelehrten, darunter jene der al-Azhar-Universität in Kairo oder der derzeit wahrscheinlich populärste Rechtsgelehrte Yusuf al-Qaradawi[16], sondern erfindet seine theologischen Legitimationen von Gewalt auf eigene Faust.

## Das »Tor der Interpretation« – (Wie weit) lässt es sich öffnen?

Gegen ein literalistisches Verständnis der kanonisierten Schriften (natürlich nicht nur des Islam) hat es immer schon Einsprüche Gläubiger gegeben: dass sich hinter dem Text

noch ein anderer, »esoterischer« Sinn ergebe, der sich einem buchstabenfixierten Verständnis nicht erschließe;[17] oder im Sinne moderner Hermeneutik: dass Text und Leser nie identisch seien, sondern jedes Verstehen in einer jeweils besonderen Interaktion des Lesers mit dem Text erfolge.[18]
Die Alternative zu einer buchstabengetreuen Lesart der Schriften liegt in einem sich wandelnden Verständnis des Islam und der koranischen Offenbarung durch die Moslems in Richtung auf eine historische Relativierung und aufklärerische Interpretation der Texte. In der theologischen Sprache des Islam – und zahlreicher, auch islamistischer, Befürworter einer neuen Befassung mit den kanonisierten Schriften – heißt das, dass das nach den ersten Jahrhunderten geschlossene »Tor der Interpretation« (*bab al-idschtihad*) wieder geöffnet werden müsse, oder anders: der klassische Gelehrten-Islam einer Revision zu unterziehen sei.
Das lässt sich am Beispiel der Sure 8:12–13 darstellen, die eine der im Koran zahlreichen Aufforderungen zur Niederschlagung der Ungläubigen enthält:
»Ich bin mit euch, festigt drum die Gläubigen. Wahrlich, in die Herzen der Ungläubigen werfe ich Schrecken, so haut ein auf ihre Hälse und haut ihnen jeden Finger ab.«[19]
Hier lässt sich demonstrieren, in welch breitem Spielfeld des Diskurses und der Interpretation die Bedeutung eines solchen Zitats ermittelt werden kann: Da ist zum einen das Mittel der historisierenden Interpretation, die eine solche Sure aus ihrem Entstehungszusammenhang heraus versteht. In diesem Fall handelt es sich um die zu Medina geoffenbarte Sure »Die Beute«, die sich auf die Schlacht bei Badr im Ramadan 624 n. Chr. bezieht, wo Mohammed gerade nicht gegen christliche oder jüdische Feinde, sondern gegen seine eigenen Stammesverwandten, die Qoraisch, angetreten ist.
Zweitens sind viele Begriffe im Koran-Arabischen keineswegs eindeutig, auch nicht für jene, die Arabisch als Mut-

tersprache sprechen. Die Bedeutung von Begriffen wandelt sich, und immer stellt sich auch die Frage, ob man einer wörtlichen oder einer metaphorischen Interpretation folgt. So tendiert etwa der deutsche Moslem Murad Wilfried Hofmann in seiner Überarbeitung der klassischen Koran-Übersetzung von Max Henning stets zu abgemilderten Varianten kriegerischen Vokabulars. Es ist nicht unwichtig zu erwähnen, dass gerade diese – in einem Istanbuler Verlag in mehrfachen Ausgaben publizierte – Koran-Bearbeitung durch Hofmann hierzulande in zahlreichen türkischen Supermärkten und in Moscheen (auch jenen der konservativ-fundamentalistischen Milli-Görüş-Bewegung) vertrieben wird. Bei Hofmann ist dann beispielsweise eben nicht vom »Abhauen« aller Finger der Ungläubigen die Rede, sondern es heißt lediglich: »... haut ihnen auf alle Finger«, was denn doch einen etwas schonenderen Umgang selbst mit Feinden signalisiert.

Es lohnt sich übrigens selbst für islamkundlich nicht Versierte, verschiedene Übersetzungen des Korans, auch in ein und derselben Sprache, vergleichend zu lesen, um die Spannweite von Begriffen zu eruieren. Als Beispiel für eine derartige Diskussion steht etwa das koranische Verbot, Juden und Christen zu Freunden zu nehmen (zum Beispiel Suren 3:118, 5:51, 9:23). Wenn man statt »Freunden« Alliierte, (militärische) Verbündete, gar (herrschaftliche) Beschützer liest, ergeben sich jeweils ganz andere (politische) Implikationen.[20]

Es kann nicht die Aufgabe jener sein, die diesem Diskurs von außen gegenüberstehen – seien es Fachwissenschaftler oder noch häufiger Journalisten –, hier zwischen wahren und falschen Interpretationen oder zwischen einem »wahren« und einem »pervertierten« Islam zu unterscheiden. Es ist aber nützlich, auf die Spannbreite aufmerksam zu machen, in der sich Koran-Interpretationen bewegen.

Auf das Vorhandensein einer solchen Spannbreite müssen

auch gläubige Moslems hingewiesen werden, die ihr politisches Weltverständnis religiös verorten. Das gilt für jene, die aus dem Koran und der etablierten Tradition ein feindliches Verhältnis zu Andersgläubigen begründen, genauso wie für jene, denen der Islam eine Religion des Friedens und der Versöhnung ist. Aus der Uneindeutigkeit des koranischen Textes (die ja, theologisch gesprochen, nicht Gott geschuldet wäre, sondern dem stets unvollständigen Verständnis der Menschen) gibt es keinen Ausweg.

Grundsätzlich stellen heilige Schriften einen Fundus von Symbolen (Kosmologien, Bilder, Geschichten, Gebote und so weiter) zur Verfügung, um deren Bedeutung und Handlungsverbindlichkeit zwischen Gruppen gestritten wird. Diese Gruppen anerkennen zwar die *Form* des Symbols (zum Beispiel einen kanonisierten Text wie den Koran) und haben durch diese Anerkennung jenen gemeinsamen Bezug, der sie im Eigen- und Fremdverständnis als religiöse Gemeinschaft, in unserem Fall als Moslems, identifiziert. Doch herrscht zwischen Gruppen und Individuen ein Streit um die Bedeutungen dieser Symbole, der übrigens oft mit Hilfe staatlicher, aber auch individueller, nicht-staatlicher Gewalt ausgetragen wird.

Es existiert also ein sehr vielfältig strukturiertes Diskursfeld[21], mit manchmal mehr, manchmal weniger Freiheit, auf dem um die Bedeutungen von Schriften und anderem symbolischen Material gerungen wird. Dieses Material – in unserem Fall koranische Begriffe, Bilder und Geschichten – stellt die Referenzgrößen für dieses Diskursfeld dar. Die äußeren Formen dieses Materials jedoch sind viel weniger entscheidend als die Bedeutungen, die ihnen in den Auseinandersetzungen erst gegeben werden. Vereinfacht gesagt: Obwohl der Koran als das »unerschaffene Wort Gottes«, also das (in seiner arabischen Fassung) mit Gott Identische, in der Regel den Bezugsrahmen für alle Deutungsversuche in einem islamischen Diskurs abgibt – moslemische Minder-

heiten wie die Ismaeliten oder die türkischen Aleviten[22], die sich jedenfalls in ihrer Praxis auch auf andere heilige Schriften und Überlieferungen beziehen, seien hier beiseitegelassen –, kann die Bedeutung von Erzählungen, Geboten und Begriffen zwischen Menschen in einem Differenzspiel immer wieder neu erfunden und vereinbart werden.
Natürlich spielen Traditionen in dieser Zuweisung von Bedeutungen eine Rolle, doch auch Traditionen müssen stets neu eingeübt und begründet werden. Insgesamt ist der Kampf um Deutungshoheiten nie entschieden – erst recht nicht in einer pluralistischen Gesellschaft, die keine Institutionen zur *Erzwingung* von Bedeutungen hat. Zumal in den religionsneutralen Gesellschaften des Westens – aber natürlich auch durch die Unkontrollierbarkeit des Internets – ist in das Diskursfeld »Islam« mehr als je zuvor Bewegung geraten.

Die entscheidende Frage freilich ist: Erlauben die Quellen des Schariat-Islam, auch im Lichte der etablierten Traditionen, tatsächlich eine neue Sicht der Inhalte? Die Antwort faktisch aller reformerischen islamischen Theologen und Intellektuellen, es gehe darum, das lange verschlossene »Tor der Interpretation« wieder zu öffnen, das *Wesen* der koranischen und prophetischen Offenbarung aber zu bewahren, deutet auf Änderungen, aber auch auf ein Dilemma: Was *ist* denn das Wesen, und mit welchen akzeptablen Methoden lässt es sich definieren? Und schließlich: Werden reformbereite Gläubige und Theologen diesen Bemühungen folgen, die ja notwendigerweise auch Dissens und Konflikt auslösen und Drohungen mit Gewalt hervorrufen?[23]

Einer der unter Moslems in Westeuropa wie in arabischen Ländern populärsten Reformer ist Tariq Ramadan, Enkel Hasan al-Bannas, der 1928 die ägyptische Moslembruderschaft mitbegründet hat und 1949 als religiöser Aufrührer erschossen wurde. Tariq Ramadan erklärt ohne Umschweife in einem Interview: »Der dogmatische, also unantastbare Kern im Islam ist denkbar einfach: Glaubensbekenntnis, Gebet, Almosen, Fasten. Praktisch alles andere ist interpretations- und anpassungsfähig in Raum und Zeit.«[24]

Interpretations- und anpassungsfähig – doch nicht in allzu weiten Grenzen. Denn Ramadan möchte den Islam, wie er sagt, von innen heraus modernisieren, und dazu darf er sich vom theologischen Mainstream nicht zu weit und nicht zu abrupt entfernen. Dieses Dilemma zeigt sich in der Auseinandersetzung über Schariat-Strafen, die nach den Standards nicht-islamischer, demokratischer Staaten völlig unannehmbar sind: Tod durch Steinigung bei Ehebruch etwa. Ramadan möchte, dass sich die moslemischen Staaten, und mit ihnen die moslemischen Theologen, zu einem Moratorium entschließen, damit diese Frage diskutiert und schrittweise gelöst werden kann. Nur: Wer sagt, dass das Ergebnis dieser Diskussion dann nicht doch wieder die klassische Rechtsposition der Todesstrafe ist, und Ramadan dann wiederum keine eindeutige Distanzierung vollzieht, weil er eben den Bruch mit dem theologischen Mainstream nicht will?[25]

In der Tat ist die Wahrscheinlichkeit groß, dass in säkularen westlichen Gesellschaften ein gespaltener, janusköpfiger islamischer Diskurs besteht: ein nicht direkt reformerischer, aber immerhin ein vorsichtig modernisierender, problematische Felder bewusst umgehender, der sich an eine westeuropäische nicht-islamische Öffentlichkeit wendet; und ein konservativer, die klassischen Position der Schariat nicht in Frage stellender, aber auch nicht direkt verteidigender, der die Verbindung mit der Umma, der islamischen Gemeinschaft weltweit, vor allem aber mit ihren theologischen Repräsentanten bewahren will.

**Islam: Modernisierung ohne theologische Reform?**

Moslemische Wortführer auch in Westeuropa sperren sich gegen eine religionskritische Auseinandersetzung mit dem Islam oft mittels des Vorwurfs, es würden religiöse Gefühle verletzt oder die Islamkritik resultiere nur aus Unverständnis und uninformierter Angst. Das hat mit ihrer Haltung zu Positionen aus der theologisch-juristischen Tradition des Islam zu tun, die mit einem modernen Rechtsverständnis schlicht unvereinbar sind: strafrechtliche Bestimmungen (zum Beispiel Todesstrafe bei Ehebruch oder Abfall vom Islam, diverse Körperstrafen), religions- und staatsrechtliche Vorstellungen (zum Beispiel mindere Rechtsstellung von »Leuten des Buches« – Christen und Juden – in einem islamischen Staat, Nicht-Anerkennung von »Heiden« und »Gottlosen« als Rechtssubjekten), privatrechtliche Positionen (zum Beispiel Erbrecht der Frau).

Da dies alles gelebtes Recht in etlichen islamischen Staaten ist und auch von den theologischen Autoritäten – etwa der al-Azhar-Universität oder von Scheich Yusuf al-Qaradawi, dem derzeit durch TV und Internet populärsten Fatwa-Theologen[26] – vertreten wird, würde eine explizite Zurückweisung solcher Positionen, indem sie offen als historisch bedingt und heute überholt bezeichnet werden, einen Bruch mit der Umma, der weltweiten islamischen Gemeinschaft, bedeuten. Genau das aber wollen auch reformerische Moslems vermeiden.

Der Ausweg besteht darin, sich durchaus unmissverständlich zum Grundrechtssystem der westeuropäischen Staaten zu bekennen – und die hierzu im Widerspruch stehenden Traditionsanteile des Islam nicht etwa aufzukündigen, sondern einfach zu vergessen. Das ist nicht nur die Grundlage des von der türkischen Regierung propagierten Islam: Die für die Moderne (oder den Westen) problematischen Aspekte werden weggelassen – eine »Modernisierung« ohne

theologische Reform[27]. Dieser türkische »Staatsislam« (der von der staatlichen Religionsbehörde formuliert wird) übernimmt Gottesbild, Ritual und Ethik aus dem Korpus der Schariat (der Gesamtheit der überlieferten religiösen Vorschriften), aber nicht privat-, religions- und staatsrechtliche Regelungen, da diese den modernen Rechtsprinzipien der Türkei vielfach widersprechen würden.
Solche Strategien der Verkürzung verwenden auch die Repräsentanten der Islamischen Glaubensgemeinschaft in Österreich (IGGiÖ), der hierzulande staatlich anerkannten Vertretung der Moslems. So war es das Ziel einer von der IGGiÖ organisierten europäischen Konferenz von Imamen (Moschee-Vorstehern) und Seelsorgerinnen im April 2006 in Wien, »*den Islam in Europa theologisch als kompatibel mit den Prinzipien der Demokratie, der Rechtsstaatlichkeit, des Pluralismus und der Menschenrechte zu verorten*«.[28] Gelöst wurde das unter anderem auf diese Weise: »*Auch der Begriff ›Scharia‹ wird immer wieder völlig falsch interpretiert (etwa als ›Strafrecht‹) und angewendet, woraus große Ängste und Abwehrhaltungen resultieren. Auch hier appellieren wir an die gebotene Sachlichkeit und korrekte Definition, die in der Betonung des dynamischen Charakters bei der Auslegung der Quellen gerade geeignet ist, Vorurteile zu entkräften. Wie kontraproduktiv Scheinwissen ist, zeigt die wiederholt laut gewordene Forderung nach ›Abschaffung der Scharia‹, die völlig absurd ist, da die Scharia die Glaubenspraxis auf Grundlage der Quellen regelt, also etwa Fragen nach der Gebetswaschung, der Höhe der sozial-religiösen Pflichtabgabe für Bedürftige usw.*«[29]
In der Tat ist »Scharia« mit »Strafrecht« falsch übersetzt – doch ist das islamische Strafrecht natürlich ein Teil der Scharia. In der Wiener Erklärung wird sie auf Harmlosigkeiten wie Gebetswaschung und Almosensteuer reduziert, was eine Auseinandersetzung mit ihren historisch ebenfalls fest verankerten, doch mit modernem Recht unverträglichen Aspekten erspart.
Solche im westlichen Rechtsverständnis unakzeptablen klas-

sischen Vorschriften sind, neben diversen Körperstrafen, vor allem die Todesstrafe für Ehebruch und für Abfall vom Islam. Sie werden auch in den einschlägigen Publikationen von Religionsgelehrten wie dem erwähnten Yusuf al-Qaradawi ausdrücklich als fester Bestand islamischen Rechts aufgeführt.[30] Die islamische Rechtslehre bezieht sich dabei weniger auf den Koran als auf so genannte »starke«, also sehr gut belegte Hadithe (Überlieferungen von Äußerungen und Handlungen des Propheten). Auf der Website des saudi-arabischen Ministeriums für islamische Angelegenheiten findet sich in einer Sammlung der Hadithe der wichtigste zu diesem Thema: »Der Gesandte Allahs, Allahs Segen und Heil auf ihm, sagte: Das Blut eines Muslims, der bezeugt hat, dass kein Gott da ist außer Allah, und dass ich der Gesandte Allahs bin, darf nicht vergossen werden, außer in einem von drei Fällen: im Fall der Unzucht durch einen, der geheiratet hat, im Fall der Wiedervergeltung für Mord und wenn derjenige von seinem Glauben abfällt und seine Bindung zur Gemeinschaft (der Muslime) löst.«[31]

Solche Positionen der traditionellen islamischen Rechtslehre und der Scharia einfach auszublenden, mag theologisch nicht sauber sein, die Möglichkeit des Wandels schafft es trotzdem – freilich mit der Wahrscheinlichkeit kritischer Zwischenrufe von Nicht-Moslems, dass ein solcher Wandel sich auf recht schwankendem Grund vollziehe, solange der nicht durch eine Traditionskritik auch theologisch saniert werde.

## Zum Vergleich: Katholische Positionen zur Freiheit des Denkens im 19. und 20. Jahrhundert

Wir sollten an die moslemischen Reformer freilich keine strengeren Maßstäbe anlegen als an die katholische Christenheit. Nachdem im 19. Jahrhundert beispielsweise der

»Wahnsinn der Gewissensfreiheit« und die »abscheuliche Freiheit der Buchdruckerkunst« (Enzyklika »Mirari vos« 1832) gegeißelt, die Trennung von Kirche und Staat, die staatliche Anerkennung anderer Religionen als der katholischen und die öffentliche Ausübung eines nicht-katholischen Kultus als Irrlehren und »geächtete Thesen« gebrandmarkt (»Syllabus der Irrtümer« 1864) und Kultus-, Presse, Lehr-, Meinungs- und Gewissensfreiheit ebenso wie die Forderung nach Trennung von Kirche und Staat weitere Male (unter anderem Enzyklika »Libertas praestantissimum« 1888) zu verwerflichen, die Grundlagen des Staates zerstörenden und folglich zu unterdrückenden Irrtümern erklärt worden waren,[32] erfolgte beim II. Vatikanum mit der Erklärung »Dignitatis humanae« (1965) eine grundsätzliche Wende: nämlich die klare Versicherung der Allgemeingültigkeit von Religions- und Gewissensfreiheit. Widerrufen freilich wurde von den früheren Positionen nichts – man tat einfach so, als habe es sie nie gegeben: »*Gewiss ist bisweilen im Leben des Volkes Gottes auf seiner Pilgerfahrt – im Wechsel der menschlichen Geschichte – eine Weise des Handelns vorgekommen, die dem Geist des Evangeliums wenig entsprechend, ja sogar entgegengesetzt war; aber die Lehre der Kirche, dass niemand zum Glauben gezwungen werden darf, hat dennoch die Zeiten überdauert.*«[33] Dieses Modell – »glücklich ist, wer vergisst« – könnte auch einer Reform des (europäischen) Islam auf die Sprünge helfen.

Ich komme auf die Positionen des politischen Katholizismus des 19. Jahrhunderts zurück, weil sie dieselbe Sicht auf die Gesellschaft enthielten, die heute im ideologischen Rüstzeug islamischer Fundamentalisten zu finden ist.[34] Die antiliberalen Positionen des politischen Katholizismus hatten Auswirkungen bis in die 1970er Jahre; zumal im Rechtswesen einer Reihe europäischer Staaten, wie etwa Österreichs. Strafbarkeit der Homosexualität unter Erwachsenen, der Kuppeleiparagraph, die erbrechtliche Diskriminierung außerehelicher Kinder, frauendiskriminierende Bestimmungen des Familienrechts waren Erbstücke dieses Denkens.

Auch das Argument, der katholische Fundamentalismus habe im Gegensatz zum islamischen nicht im physischen Terror gegen die vermeintlichen Gegner gemündet, kann ich nur zur Hälfte teilen: Es gab zwar keinen individuellen Terror, wie ihn islamistische Strömungen heute begründen, doch einen staatlichen: die Errichtung der austrofaschistischen Diktatur 1934 mit ihren anfänglichen Todesurteilen und Hinrichtungen, den spanischen Bürgerkrieg 1936–1939, die blutige Herrschaft der Ustascha im damaligen Kroatien: das waren Kriege auch im Namen der Religion.

Eine fast schon ironische Pointe beim Versuch, theologischen Wandel möglichst konfliktarm zu bewerkstelligen, setzte die päpstliche Instruktion mit dem Titel »Christi Liebe zu den Migranten« vom 1. Mai 2004. In Punkt 66 wird in einem eigenen Kapitel über die »Muslimischen Migranten« deren Anerkennung der »legitimen Errungenschaften der Moderne« angemahnt:[35]

»... Da wir besonders die Menschenrechte achten, wünschen wir auch, dass auf Seiten unserer muslimischen Brüder und Schwestern ein wachsendes Bewusstsein dafür entsteht, dass die Verwirklichung der grundlegenden Freiheiten, der unverletzlichen Rechte der Person, der gleichen Würde der Frau und des Mannes, des demokratischen Prinzips in der Regierung des Volkes und der gesunden Laizität des Staates unumgänglich ist ...«

Die Moslems dienen hier also gleichsam als die Flaschenpost, mit der das heutige Bekenntnis der katholischen Kirche zur »gesunden Laizität des Staates« in die Theologie und an die Öffentlichkeit befördert wird.

## Zum kurzen Schluss

Weltbilder[36] mit totalitärem, also die Gesamtheit der Gesellschaft umfassendem Anspruch – der politische Islam ebenso wie der politische Katholizismus, doch genauso säkulare Ideologien wie Kommunismus und Faschismus – beruhen immer auf Konzepten von Reinheit, Eindeutigkeit und strikter Ordnung. Dagegen steht eine Haltung, die Verschiedenheit nicht nur duldet, sondern fördert; das Ertragen-Können von Meinungen und Lebensstilen, die den eigenen widersprechen. Am Schluss dieser Ausführungen steht deshalb eine der letzten (und deshalb kürzesten) Suren aus dem Koran – so wie es üblich ist bei Zitaten aus Offenbarungsschriften: also selektiv und ohne viel Rücksicht auf den Kontext. Es ist die ganze Sure 109 (»Die Ungläubigen«), wo der Prophet selbst knapp und geradezu lakonisch erklärt:

»Sprich: O ihr *Ungläubigen*,
ich diene nicht dem, dem ihr dienet,
und ihr seid nicht Diener dessen, dem ich diene.
Und ich bin nicht Diener dessen, dem ihr dientet,
und ihr seid nicht Diener dessen, dem ich diene.
Euch eure Religion und mir meine Religion.«

### Anmerkungen

1 Die Umschrift von Begriffen aus dem Arabischen und dem Persischen folgt (außer bei eingeführten Schreibungen wie z. B. al-Azhar-Universität) der Aussprache im Deutschen. Q bezeichnet ein velares K.

2 Chomeyni, Sayyed Ruhollah: Kafsch ol-asrar (= Enthüllung der Geheimnisse), o.O. 1941 (Reprint Tehran 1979), S. 184.

3 Chomeyni 1941: S. 222.

4 Chomeyni, Ayatollah Ruhollah: Velayat-e faqih / Hokumat-e eslami (= Die stellvertretende Herrschaft des Rechts- und Religionsgelehrten/Islamische Regierung), Tehran 1978: S. 52–53; engl.: Islamic

Government, in: Hamid Algar (Hg. und Übers.): Islam and Revolution. Writings and Declarations of Imam Khomeini, Berkeley 1981, S. 55–56.

5 Chomeyni 1978: S. 55/1981: S. 57.

6 Chomeyni 1978: S. 60/1981: S. 60.

7 Chomeyni 1978: S. 63/1981: S. 62.

8 Chomeyni 1978: S. 61/1981: S. 60.

9 Chomeyni 1978: S. 94/1981: S. 79.

10 Chomeyni 1978: S. 93-94/1981: S. 79.

11 Platon: Politeia, 473 d-e.

12 Ebd., 484–487.

13 Ebd., 516 c-e.

14 Chomeyni in: Algar 1981: S. 293.

15 Der »Klassiker« dieses Denkens zur Legitimierung der Herrschaft der Kommunistischen Partei ist Georg Lukács: Geschichte und Klassenbewusstsein, Wien 1922.

16 Simon Jeffery: Controversial cleric – Muslim scholar Yusuf al-Qaradawi, in: Guardian, 19. 7. 2005. al-Qaradawi rechtfertigt allerdings Attentate gegen israelische Zivilisten, da diese Teil der militärischen Besetzung Palästinas seien. Siehe http://www.guardian.co.uk/attackonlondon/story/0,,1531842,00.html.

17 Diesbezüglich zur Religionsgeschichte der iranischen Schia Mangol Bayat: Die Tradition der Abweichung im shi'itischen Iran, in: Kurt Greussing (Red.): Religion und Politik im Iran. Frankfurt a. M. 1981, S. 78–97.

18 Aus islamischer Perspektive entfaltet diesen Ansatz der aus Ägypten vertriebene Religionsphilosoph Nasr Hamid Abu Zaid: Ein Leben mit dem Islam. Freiburg i. Br. 1999, S. 115–119.

19 Hier zitiert nach der klassischen Koran-Übersetzung von Max Henning: Der Koran. Leipzig 1968. Die arabistisch solideste deutsche Übersetzung ist die von Rudi Paret: Der Koran. Stuttgart 1989 (5. Auflage), mit Kommentar- und Konkordanz-Band. Es sei auch auf die deutsche Koran-Übersetzung der al-Azhar-Universität verwiesen, die gleichsam als theologisch approbierte Version gelten kann (herunterladbar unter http://www.arabtext.ch/news/al-azhar.html).

20 Siehe Mushfiqur Rahman: Jews, Christians, & Muslims: From a Conflicting Past to a Future of Tolerance (17. November 2001), auf http://www.welcome-back.org/topic/551.shtml, einer Website US-amerikanischer Moslems, die sich um die »Rückgewinnung« von Christen und Juden zum Islam bemühen.

21 Zum Konzept des »Diskursfelds« bei der Analyse religiösen Wandels – im Gegensatz zu einem Verständnis von Religion als fest gefügtem Symbolsystem – siehe Werner Schiffauers Bericht über die Auseinan-

dersetzungen innerhalb islamistischer Gemeinden türkischer Arbeitsmigranten: Die Gottesmänner. Türkische Islamisten in Deutschland. Frankfurt a. M. 2000, hier S. 142–151, 319–324.

22 Sie teilen – aus jeweils ganz unterschiedlicher religionsgeschichtlicher Entwicklung – vor allem nicht die Scharia des orthodoxen (sunnitischen wie schiitischen) Islam.

23 Einen guten Überblick zu reformerischen Positionen bezüglich »europäischem Islam«, Demokratie, Schariat-Reform, Koran-Verständnis und Frauenrechte enthält Katajun Amirpur/Ludwig Ammann (Hg.): Der Islam am Wendepunkt. Liberale und konservative Reformer einer Weltreligion. Freiburg 2006.

24 Interview in: Spiegel, 14. 11. 2005, S. 164–168, hier S. 166.

25 Zu einer Kritik Tariq Ramadans aus der vielfach anzutreffenden Ambivalenz seiner Positionen, die zwischen modernisierender Reform und islamischem Konservativismus changieren, siehe Ralph Ghadban: Tariq Ramadan und die Islamisierung Europas. Berlin 2006.

26 Zu Qaradawis Rechtsurteilen siehe www.islamonline.com.

27 Patrick Haenni: Der Islam, die Moderne als Pfand, die geteilte Welt, in Amirpur/Ammann (a. a. O.), S. 199–214, hier S. 204.

28 In dieselbe Richtung ging die große Konferenz europäischer moslemischer Geistlicher in Istanbul am 1.-2. Juli 2006 mit der »Topkapi-Erklärung« (www.muslimsofeurope.com/topkapi.php).

29 Zit. n. Website der IGGiÖ – www.derislam.at/haber.php?sid=83&mode=flat&order=1.

30 Yusuf al-Qaradawi: Erlaubtes und Verbotenes im Islam. München 2003 (4. Auflage), S. 452f.

31 http://hadith.al-islam.com/Bayan/Display.asp?Lang=ger&ID=965.

32 Die Texte sind im Internet leicht auffindbar, unter anderem über Wikipedia-Einträge und das Online-Archiv des Vatikan www.vatican.va.

33 Text nach: http://www.kath.ch/index.php?na=11,0,0,0,d,42997.

34 Auf die Parallelen von katholischerTheologie im 19. Jh. und dem Konzept von »Dschahiliyya« im Islamismus (nach dem Ersten Weltkrieg) im Kampf gegen die Moderne (»Dschahiliyya« bedeutet: »vorislamisches Heidentum«, in diesem Kontext »heidnische Verwestlichung«) verweist Sadik J. al-Azm: Islamischer Fundamentalismus – Neubewertet, in ders.: Unbehagen in der Moderne. Aufklärung im Islam. Frankfurt a. M. 1993, S. 77–137.

35 http://www.vatican.va/roman–curia/pontifical–councils/migrants/documents/rc–pc–migrants–doc–20040514–erga–migrantes–caritas–christi–ge.html.

36 André Glucksmann: Wahrheit und Glaube, in: Standard, 7. 3. 2006, S. 27.

Ursula Pia Jauch

# creo ergo sum

## Einige freie Anmerkungen über die gar nicht so clandestinen Verbindungen zwischen Kunst-Werk und Denk-Werk

Bei Ludwig Wittgenstein – beim späten, versteht sich – findet sich der kleine und wohl auch selbstreflexiv gedachte Satz: »Möge Gott den Philosophen Einsicht geben in dasjenige, was vor aller Augen liegt.« Ein Stoßseufzer fürwahr, der fast immer angebracht ist, was Sie mir, meine Damen und Herren, glauben können, denn ich lebe seit bald dreißig Jahren professionell unter professionellen Philosophen. »Möge Gott den Philosophen Einsicht geben in dasjenige, was vor aller Augen liegt.« – Gut gebrüllt, Philosoph, möchte man meinen. Aber was denn liegt »vor aller Augen«? Etwa, dass der Mensch ein denkendes Wesen ist? Dass er – so zumindest will es die abendländische Philosophiegeschichte seit dem vierten vorchristlichen Jahrhundert – dass er die Exzellenz seiner spezifischen menschlichen Daseinsweise seinem cerebralen Ich verdankt und damit auch die Fähigkeit, sich von seinen anderen tierischen Mitgeschöpfen mit epochemachenden Denkleistungen abzuheben? In der Tat: Die noch immer gültige – wenn Sie so wollen: zoologische – Selbstdefinition des Menschen lautet ja dahingehend, dass der Mensch ein »animal rationale« sei; also irgendwie, sagen wir: mit den Füßen, noch an der Tierheit festklebt, mit dem Kopf, dem heiligen Ereignisort aller Vernunft, aber schon unter dem superben Baldachin einer göttlichen General-Über-Sicht wandelt.
Und nehmen wir für einmal alle cerebralen Kognitionsleistungen zusammen; das Denken, das Urteilen, das Sinnieren

und auch das unschuldige Tagträumen: Wie viel Geistesenergie, Tinte und Druckerschwärze haben die Philosophen in den letzten zweieinhalb Tausend Jahren nicht schon aufgebracht, um dem Denken und seinen barocken – oder freien? – Bahnen auf die Schliche zu kommen? Schließlich ist der Philosoph – um es mit einem schönen Wort von Carl Spitteler zu formulieren – »einer, der mit dem Denken hinter das Denken kriecht und dort, hinter dem Denken mit dem Denken über das Denken nachdenkt« und – wenn er Glück hat [mein Zusatz] – von dort auch wieder einmal hervorkommt.

Und nun? Stehen wir da und fragen uns zu Beginn des 21. Jahrhunderts noch immer, ob es das Denken, zumal das so genannt »freie« überhaupt gebe. Oder ob das Denken nicht viel mehr ein Tagtraum, eine Notspeise und überhaupt ein trompetengüldenes Luftschloss der Philosophenzunft ist, die ja ansonsten, ohne diese schöne Chimäre, arbeitslos und also ohne jede gesellschaftliche Existenzberechtigung und selbstverständlich auch ohne jedes Anrecht auf staatliche Förderungsgelder vor dem verehrten Publikum stehen würde. In der Tat sind es ja im Moment gerade wieder die zu Hoffnungsträgern avancierten Naturwissenschaften, insonderheit die überall so werbewirksam hinaufgepushten Wunderwissenschaften namens *life sciences* und Neurobiologie, die ganz selbstbewusst und fröhlich den alten Philosophenjob übernommen haben und neuerdings bestimmen, was Sein, Sinn oder gar Leben ist. Während bis vor noch nicht allzu langer Zeit die hermeneutischen Schwergewichte – also eben: Sein, Sinn, Leben, Freiheit, Denken, meinetwegen auch Glück et cetera – von den Philosophen austariert worden sind, so sind es neuerdings die forschen Experten der *life sciences*, die die hermeneutische Arbeit an sich gerissen haben und wieder einmal in das – übrigens alte – Horn stoßen: Es gibt keinen freien Willen, es gibt kein freies Denken, und schon gar nicht gibt es Freiheit. Es gibt nur Hirnströme, die sich mehr oder weniger gut messen lassen. Nur eben: Um von der Messbarkeit der Hirnströme und anderen positivistischen Daten- und Zahlenfetischismen zum Schluss zu gelangen, es gebe keine »Denkfreiheit« und auch keine »Willensfreiheit«, dazu braucht man denselben metaphysischen Stoff, wie ihn einstmals die Philosophen brauchten, um die »Freiheit des Denkens« oder die »Willensfreiheit« zu statuieren. Oder etwas einfacher: Ob man die »Freiheit des Denkens« nun philosophisch setzt – oder sie naturwissenschaftlich bestreitet: es ist gehupft wie gesprungen. Und das Ganze vielleicht noch mit Wilhelm Busch: »Dummheit, die man bei andern sieht / Wirkt meist erhebend aufs Gemüt.«

Allerdings, und das ist mir wichtig: Von einem ästhetischen oder gar anthropologischen Standpunkt her sind diejenigen, die auf die Freiheit des Denkens oder des Willens setzen – vielleicht doch diejenigen, die etwas von der Süße und von der Schönheit des Lebens in all seinen Möglichkeitsformen verstanden haben. Ich darf hier an das Kant'sche beziehungsweise Hans Vaihinger'sche »Als Ob« erinnern (das übrigens, für Spezialisten, eine Art abgewandelte Pascal'sche Wette ist): Wer so handelt, *als ob* es Freiheit, Gerechtigkeit, Liebe oder Glück wenigstens der Möglichkeit nach gebe, der hat gewiss erfreulichere Lebensaussichten vor seiner bescheidenen Tür als derjenige, der sich in den Fatalismus einer biologischen Determiniertheit ergibt und folglich jedes Lebensereignis – von der Geburt der Kinder bis zum Bundesliga-Fußballspiel – nur noch über die Ausschläge des Elektroenzephalographen wahrnimmt. Und wenn ich mir noch diese Bemerkung – in schönster Anwendung meiner Denk- und Redefreiheit – erlauben darf: Hegel hat in seiner Geschichtsphilosophie – das war im ersten Drittel des 19. Jahrhunderts – bekanntlich formuliert, es sei die Aufgabe der Philosophie, »ihre Zeit in Gedanken zu fassen«. Schauen wir uns heute doch einmal um: Was denn

sind die Signaturen des Zeitgeistes? Ist nicht überall der einstmals emphatisch im Land des Konditionals angesiedelte Raum des Denkens in den Regulativ und in den Normativ gekippt; ins klar Geregelte, mit Vorschriften, klaren Abläufen und kalter Logik zu Exekutierende?
Wo einstmals der Philosoph sich noch monatelang über die »Träume eines Geistersehers« (Kant) beugen konnte (und dort, so ganz *en passant*, die Initialzündung für die »Kritik der reinen Vernunft« gefunden hat); wo ein anderer sich 1949 noch in die »Philosophie der neuen Musik« (Adorno) versenken konnte, auf dass uns die Schönberg'sche Zwölftonmusik als ästhetischer Fortschritt jenseits einer kommerzialisierten Kulturindustrie transparent werde; wo wieder ein anderer recht freizügig die »Fröhliche Wissenschaft« predigen und über die »Vorurtheile der Philosophen« (Nietzsche) herfallen durfte, wo sich schließlich ein Letzter, ein Pudelliebhaber, gar erlaubte, sich Gedanken darüber zu machen, ob nicht »der Philosophieprofessor überhaupt der Tod der Philosophie« sei; kurz: Wo früher in der Philosophie – auch der akademischen – ein buntes und freies Völkchen agierte, da haben wir heute graue Einheitskost: Analytische Philosophie, Logik, Wissenschaftstheorie und gelegentlich einmal so genannt anwendungsorientierte »Business Ethics«; alles auf ein paar einfache, übersichtliche Regeln reduzier- und in einen modul-normierten Studiengang zeitsparend applizierbar. *Denken* muss man da nun wirklich nicht mehr. Der Geist der Zeit? Statt freies Denken finden wir überall: Reglementierung und Verfahren, Zahl und Norm. Die Städte Pisa und Bologna mögen wohl in Italien liegen, aber in der deutschsprachigen akademischen Philosophie – wozu ich auch die Schweizer Philosophie zählen darf, sofern es sie denn gibt – ist man derzeit wieder sehr »nach Italien!« orientiert, allerdings ohne dabei je ein einziges Mal an Goethe zu denken.
Noch schlimmer: Mit einem vorauseilenden Schafsgehor-

sam haben gestandene Ordinarien – nachdem sie zuvor schon die von den Angelsachsen herkommende »analytische« Einheitsphilosophie widerspruchslos geschluckt haben – sich auf eine Philosophie unter den Auspizien der *Credit Points* eingelassen. An philosophischen Seminarien, meine Damen und Herren, wird heute nicht mehr darüber diskutiert, ob etwa Epikurs »Sentenzensammlung« (sofern sie denn von ihm ist) tatsächlich eine so genannte »epikureische« Sinnenlehre enthalte, oder ob Bernard Mandevilles »Bienenfabel« tatsächlich die Urschrift der modernen Wirtschaftsphilosophie ist. Sondern: Es wird nur noch darüber verhandelt, wer von den beiden, Epikur oder Mandeville, allenfalls einen halben *Credit Point* erhält. Sofern diese »alten« Texte »curricular« überhaupt noch relevant sind. Worüber allerdings nicht die Philosophen selber, sondern die auf Wissenschaftsökonomie getrimmten Herrschaften von der Evaluationsabteilung zu befinden haben. Ein Zerrbild? Nein. Das Tragische an der ganzen Geschichte ist, dass es sich *nicht* um eine Karikatur handelt.

Sie werden nun denken, meine Damen und Herren, dass ich mit meinem kleinen Rundumschlag – kantisch formuliert: mit der Freiheit, die ich mir genommen habe, von meinem Denken »in allen Stücken öffentlichen Gebrauch zu machen« – recht weit von meinem Vortragstitel abgekommen bin, der ja »einige freie Anmerkungen über die gar nicht so clandestinen Verbindungen zwischen Kunst-Werk und Denk-Werk« in Aussicht gestellt hat. Aber ich darf Sie versichern, dass ich mit meinen Prämissen präzise so weit vorangeschritten bin, dass es jetzt um die Konklusion geht.

Die Frage lautete nämlich: Weht überhaupt noch philosophischer Geist in der Philosophie? Namentlich in der universitären Philosophie? Wird hier überhaupt noch »frei« – kritisch, experimentell, unbändig, leidenschaftlich, exzessiv, exzentrisch … – gedacht? Oder ist die Eule der Minerva, das Wappentier der Philosophen, heute, in diesen neuen

Völkerwanderungszeiten, nicht auch zum Flüchtling geworden und also dabei, das allerdings »grau in graue« Land der einstmaligen Dichter und Denker zu verlassen?[1] Und zwar in Richtung des – nicht nur von Nietzsche – an den Philosophenhimmel gepinselten Freiheitsreichs der Künste? Oder nochmals mit dem eingangs gestreiften Wittgenstein-Stoßseufzer: Wenn Gott den Philosophen Einsicht in dasjenige gäbe, was vor aller Augen liegt, nämlich in die triste Verfassung der deutschen Gegenwartsphilosophie, die nur noch rechnen, nicht aber mehr scherzen oder sich gar in den Abgründen eines Paradoxons verlieren darf, dann tut vielleicht das not, wovon Nietzsche in der »Fröhlichen Wissenschaft« fabuliert hat; nämlich eine andere Kunst als die Denk-Kunst – eine, ich zitiere,

»spöttische, leichte, flüchtige, göttlich unbehelligte, göttlich künstliche Kunst, welche wie eine helle Flamme in einen unbewölkten Himmel hineinlodert«.[2]

Ob die zeitgenössische Kunst nun tatsächlich die von Nietzsche gesuchte fröhliche Wissenschaft ist, kann ich hier nicht definitiv beantworten. Aber lassen Sie uns doch einmal so tun *als ob*; als ob das Denk-Werk auch ein Kunst-Werk und das kluge Kunst-Werk auch ein gelungenes Denk-Werk sein kann. Ich möchte Ihnen diese meine These in fünf Kunst-Denk-Bildern vorexerzieren:

Fall 1: Ein sozusagen »klassischer« Fall: Descartes 1641 gegen Rosemarie Trockel 1988. Ich darf Ihnen das Kunstwerk in einer – leider sehr schlechten – Abbildung zeigen:

Rosemarie Trockel – *Cogito ergo sum* 1988

Was Sie hier sehen, ist die Abbildung eines »Strickbildes« der deutschen Künstlerin Rosemarie Trockel; eingestrickt ganz oben Descartes' berühmte erkennungsmelodiöse Statuszeile »cogito ergo sum«. Rosemarie Trockels Werk ist 1988 entstanden, es misst zwei Meter zwanzig in der Höhe und ein Meter fünfzig in der Breite und besteht – aus lauter Maschen, die – vielleicht – von weiblicher Hand gestrickt worden sind. Wenn wir mit einer durchschnittlichen Maschenbreite von drei Millimetern und einer ebenso durchschnittlichen Maschenhöhe von 3,5 Millimetern rechnen – ja: auch ich habe einmal Socken gestrickt –, dann kommen wir auf eine durchaus nicht approximative Gesamtzahl von 314 285.56 Maschen. Aus eigener Erfahrung weiß ich, dass das Verfertigen einer Masche im kontinuierlichen Strickfluss etwa 0.7 Sekunden dauert – sofern ein fleißiges und geübtes weibliches Wesen strickt. Kurzum: Befänden wir uns noch im Heuschreckenkapitalismus vom Sommer 2005 und ließen das fleißige Lieschen ohne Pause und bis zur Erschöpfung durchstricken, so wäre es mit diesem Strickbild in 219 999.89 Sekunden fertig; Wollknäuelwechsel, Farbmusteränderungen und Einstricken der philosophischen Statuszeile nicht eingerechnet. 219 999.89 Sekunden sind umgerechnet 61 Stunden, fünf Minuten und 33.89 Sekunden. Rechnen wir noch den Wollwechsel, die Farbänderungen sowie das Versäubern ein, so kommen wir auf gute und rekordverdächtige 62 Stunden bei einer durchschnittlichen Strickgeschwindigkeit von 5069.13 Maschen pro Stunde (was ein Mannsbild wohl nie erreichen würde; man denke nur an die Fallmaschen ...). Der Schriftzug »cogito ergo sum« wäre allerdings noch nicht eingestrickt.

Sie mögen nun zu Recht fragen, weshalb ein weibliches Wesen überhaupt darauf kommen sollte, 62 Stunden mit der Verfertigung eines großen Strick»blätzes« zu vertun, derweil es doch eigentlich Besseres zu tun hätte: beispielsweise einen profunden Beitrag über die Frage zu entwerfen, ob das cartesische »cogito« nicht vielleicht doch auch verstanden werden könne als der Griff eines in kitzlige logische und theologische Probleme geratenen Denkers in die philosophische Trickkiste. Ja, was macht die kluge Hausfrau nun? 62 Stunden stricken oder 62 Stunden nachdenken? Die Antwort liegt auf der Hand; die kluge Hausfrau macht natürlich beides – und zwar zugleich; *multi tasking* heißt das ja im philosophischen Hausfrauen-Neudeutsch. Und: Wer auch immer meint, Heinrich von Kleist sei der Erste gewesen, der mit seiner These von der »allmählichen Verfertigung des Gedankens beim Reden« die neurophysiologischen Grundgesetzte der Kreation angesprochen habe, der täuscht sich. Genauso gut hätte die gute Penelope, währenddem sie zehn Jahre webend und strickend auf ihren aushäusigen Odysseus wartete, die tiefe Einsicht von der »allmählichen Verfertigung des klärenden Gedankens bei motorisch beschäftigten Händen« formulieren können.

In der Tat: Ich würde sogar noch einen Schritt weiter gehen. Auf die immer wieder gestellte Frage, weshalb denn der

Kanon der Philosophiegeschichte so wenige bedeutende Werke aus weiblicher Hand enthalte, ließe sich doch einmal die Antwort testen: Das neurophysiologisch-motorisch-kreativ-nützliche Tun (ich würde sogar kühn setzen: also die pragmatische Seite vornehmlich der weiblichen Existenz) hat viele vermeintliche Probleme einer denkerischen Lösung zugeführt, bevor sie unter geschwollenen Titeln und mit wichtigtuerischer Geste den Status einer philosophischen Quisquilie erlangt haben, die sich dann durch Jahrhunderte und in immer wieder neuen Folianten durch das Buchwesen wälzte, um schließlich in der Abteilung wichtiger philosophischer Nebenschauplätze rubriziert zu werden. Etwas kürzer: Wenn gestandene Philosophen gelegentlich – und mit einem mutigen Abstecher ins Populäre – die Philosophie als eine »Kläranlage des Geistes« bezeichnen, dann würde wohl ein Lächeln über das Gesicht der guten Penelope und ihrer webenden und denkenden Nachfahrinnen huschen. Klären? Ja was denn klären? Ist nicht ein Gutteil der philosophischen Kläranlagentätigkeit in Wirklichkeit nicht mehr als ein Aufräumen jener Unordnung, die man selbst im eigenen Haus veranstaltet hat? Und also – mit oder ausgehend von Rosemarie Trockels »cogito«-Strickbild:

Was eigentlich besagt das cartesische *cogito*? Zur Erinnerung: Wir finden es 1641, in der zweiten der lateinischen »Meditationes de prima philosophia« des seit seinem »Discours« von 1637 leidlich bekannten Renatus Cartesius. Versuchen wir, die Argumentation nochmals – in der erforderlichen Kürze – nachzuzeichnen. In der »Ersten Meditation« finden wir im Grunde das Herz- und Zentralstück der cartesischen Philosophie; das, wofür Descartes – und es ist nicht der »Rationalismus« – es verdient hat, als Heroe in die Ideengeschichte einzugehen. Ich meine natürlich den so genannten »methodischen Zweifel«. Nun werden Sie zu Recht einwenden, dass einer, der zweifelt, eigentlich nur dasje-

nige tut, was der Mensch schlechterdings immer wieder tut, sofern er noch ein bisschen Verstand hat und nicht schon gänzlich von der reinen Oberflächenlogik eines permanenten Ja-Sagens korrumpiert ist. Ich würde sogar behaupten wollen – durchaus nicht originell –, dass das Zweifeln selbst der Urgrund, die *materia prima* des Denkens ist (sofern dieses, das Denken, wie oben schon angedeutet, in philosophischer Reinform überhaupt existiert). Meine Existenz erfahre ich zunächst, könnte man argumentieren, dadurch, dass alles, was um mich herum ist, ebenso gut auch nicht sein könnte: Das Publikum, das vor mir sitzt, das Mikrofon, in das ich spreche, könnten Augentäuschungen oder Chimären sein. Bei Descartes ist es unter anderem der geliebte Kachelofen, der ihm, dem ewig Frierenden – Descartes wird ja, 1650, in Schweden, als versklavter Hausphilosoph der Königin Christina von Schweden an einer dummen Erkältung sterben; aber so weit sind wir noch nicht – bei Descartes ist es meist der Kachelofen, an dessen Existenz er pro forma zweifelt, um diesen anthropologischen Zweifel dann zu einem so genannt methodischen auszuweiten.
Hier, meine Damen und Herren, glaube ich, dass sich der Künstler und der Philosoph genuin treffen und sozusagen Geistesverwandte sind: in der Fähigkeit nämlich, zu zweifeln und den Dingen und Tatsachen eine ganz andere Färbung oder Wendung zu geben. Und hier – um zu meiner These zurückzukehren – sind das gelungene Denk-Werk und das gelungene Kunst-Werk eben auch artverwandt: nämlich insofern es ihnen gelingt, die Dinge und Tatsachen der Welt – die ihre so oder so geartete Existenz zumindest behaupten – wieder in den Konditional zurückzukippen. Philosophen und Künstler sind – sofern sie etwas taugen – Virtuosen in der Fähigkeit, Fragezeichen zu setzen und das vermeintlich Seiende oder Gültige wieder in den schmiegsamen Aggregatzustand des Möglichen zurückzuversetzen.
Darin also, in der solitären Kunst des Fragezeichen-Setzens,

ist Descartes ein Meister der Neuzeit (wobei gerechterweise zu sagen ist, dass Descartes natürlich ganz und gar nicht der erste Fragezeichen-Virtuose gewesen ist; ich darf nur etwa an die thrakische Magd erinnern, an Sokrates oder gar an den guten Kirchenvater Augustinus, in dessen »Civitate Dei«, Buch XI, Absatz 26, sich ja auch der Satz findet: *Si fallor, sum* – dass ich also, auch wenn ich mich in allem täusche, immerhin ein Irrender bin und als solcher also doch irgendwie existent). Nun. Descartes hat, wie übrigens jeder bedeutende Philosoph, seine Weisheit auch nicht aus einem Sack Zement oder aus dem Wasser des Ganges geschöpft; will heißen: Descartes wird wohl seinen Augustinus gekannt haben. Denn das augusteische *si fallor, sum* ist ja durchaus eine frühe Passung des späteren cartesischen *cogito, ergo sum* – mit der kleinen, allerdings nicht unwichtigen Differenz, dass bei Augustinus, im frühen fünften Jahrhundert, die Fähigkeit des Menschen zu irren, existenzversichernd ist, bei Descartes hingegen, also ungefähr 1230 Jahre später, ist es nun plötzlich die vom Irrtum wie durch Zauberhand gereinigte Fähigkeit zu denken, die existenzversichernd wird. Wenn wir dieses Faktum ideengeschichtlich interpretieren wollen, so könnten wir mit der leichten Bosheit der thrakischen Magd doch immerhin formulieren: Wenigstens hat der Mensch in den gut 1250 Jahren, die zwischen Augustinus und Descartes liegen, den langen Weg vom Irren zum Denken geschafft. Und wahrscheinlich ist es das, was sich »philosophischer Fortschritt« nennt.

Aber ich bin schon wieder abgeschweift. Kommen wir nochmals zu unserem Renatus Cartesius zurück, der irgendwann in den frühen 1640er Jahren – in Europa hat gerade, kaum ist der dreißigjährige Krieg zu Ende, der siebenjährige Krieg begonnen – der also in Holland sitzt, wohin er sich vor dem Toben der Welt zurückgezogen hat. Wieder einmal denkt er kräftig nach, wieder einmal zweifelt er kräftig. Nun weiß unser philosophischer Held mittlerweile aber, dass das Zweifeln und Hinterfragen schon so manchem nicht gut bekommen ist; begonnen bei Sokrates, der einen Giftbecher zu trinken hatte, bis hin zu Galilei, der 1633 – sieben Jahre zuvor – wegen Irrlehren von der katholischen Glaubenskongregation verurteilt worden ist. Descartes ist, wie wohl jeder Mensch, ein recht gespaltenes Wesen: Einerseits ist er äußerst kühn im Denken, andererseits ist er ein ängstlicher Mensch, der die Bequemlichkeit und die Ruhe des Lebens mehr schätzt als den zweifelhaften Erfolg, mit einer neuen, aber anstößigen Philosophie bekannt zu werden.

Und hier müssen wir nochmals einen kleinen Exkurs anbringen – aber wir haben ja auch noch alle Zeit dazu, denn bitte vergessen Sie nicht, dass unser fleißiges Stricklieschen mit seiner durchschnittlichen Strickgeschwindigkeit von 5069.13 Maschen pro Stunde immer etwa noch gute dreißig Stunden zu stricken hat, bis es oben, beim »cogito, ergo sum«, angelangt ist. Also, Exkurs Nummer 3: Descartes ist nicht nur, wie wir alle, ein gespaltenes Wesen, sondern noch mehr: Descartes ist ein gebranntes Kind. Um das genauer zu beleuchten, müssen wir nochmals einen Schritt zurück, nämlich zum 1637 erschienenen »Discours de la Méthode« gehen, den Descartes übrigens – und mit guten Gründen – anonym veröffentlicht hat. Dort nämlich, im »Discours« war er noch so kühn, dass er schonungslos und mit einer wunderbar narrativen Brillanz erzählt, und erzählt wie in einem Ich-Roman, im hohen Ton des Abgesangs, der keine Rücksichten nimmt auf akademische Seilschaften oder gar auf die wissenschaftlich geforderte Methode einer subjektbereinigten Objektivität. Und was ist sein Thema? Der Zustand der Hohen Schulen und insonderheit der öffentlich gelehrten Philosophie: Ich darf – Exkurs Nummer 4 – ein kurzes, mit Auslassungen durchsetztes Stück, einsetzend mit Abschnitt I,12, aus dem »Discours« zitieren. Da heißt es:

»Von der Philosophie will ich nur soviel sagen: Ich sah, dass sie von den ausgezeichnetsten Köpfen einer Reihe von Jahrhunderten gepflegt worden ist und dass es gleichwohl noch nichts in ihr gibt, worüber nicht gestritten würde und was folglich nicht zweifelhaft wäre [...]. Was ferner die übrigen Wissenschaften betrifft, so schloss ich, da sie ja ihre Anfangsgründe der Philosophie entlehnten, dass man auf so unsicheren Fundamenten nichts Dauerhaftes habe bauen können. [...] Daher gab ich die wissenschaftlichen Studien ganz auf, sobald es das Alter mir erlaubte, mich der Abhängigkeit von meinen Lehrern zu entziehen, und entschlossen, kein anderes Wissen zu suchen, als was ich in mir selbst oder im grossen Buche der Welt würde finden können, verbrachte ich den Rest meiner Jugend damit, zu reisen, Höfe und Heere kennenzulernen, mit Menschen verschiedenen Temperaments und Standes zu verkehren [...]. Denn ich würde, so schien mir, weit mehr Wahrheit in den praktischen Urteilen finden können, die jeder über die eigenen Angelegenheiten fällt [...] als in Überlegungen, die ein Gelehrter in seinem Studierzimmer über wirkungslose Theorien anstellt, die für ihn selbst höchstens die Folge haben, dass er sich um so mehr darauf einbildet, je weiter sie sich vom gesunden Menschenverstand entfernen, musste er doch so viel Geist und Geschicklichkeit darauf verwenden, ihnen einen Schein von Wahrheit zu geben.«[3]

Ein Zitat übrigens, meine Damen und Herren, das man *mutatis mutandis* auf die gegenwärtige Verfasstheit der Wissenschaften, der Universitäten und der an ihr betriebenen Philosophie anwenden könnte. Ich erinnere an die kleine Italien-Reise nach Pisa und Bologna, in meinem ersten Teil. Aber lassen wir die Polemiken. Jedenfalls: Da, in dieser etwas melancholisch zurückschauenden Erzählung des »Discours« zeigt sich Descartes noch als jener rebellische Umstürzler, als den die Welt ihn kennen und schätzen gelernt hatte. Nur eben: Mit welchen philosophischen Tartüfferien er späterhin die Welt wieder aufbaut – ob sein Gottesbeweis, seine Ontologie, sein seither vielgescholtener Dualismus nun wirklich der Weisheit letzter Schluss sind (noch mehr: ob Descartes selbst und privatim ein gläubiger Cartesianer war) –, darüber kann man lange und klüglich diskutieren. Was wir später, etwa bei der 221 000sten Masche, noch genauer tun werden. Vorerst nur so viel: Als Figur, als Kopf unhintergehbar ist für mich jener Descartes, der mit zwei, drei Strichen erzählt, und atemberaubend erzählt: etwa davon, wie und in welchem Zustand er die Wahrheitsproduktionsmaschine seiner Zeit vorgefunden hat. Da, in dieser Passage, ist ein Stück Erkenntniskritik niedergeschrieben, das gerade deshalb so überwältigend und zeitlos ist, weil es sich keinen Deut schert um momentan gängige wissenschaftliche Methoden, Moden, Jargons oder gar Karrierepläne. Da ist Descartes allein, ein Mensch, der sich von der Institution abgewandt hat, der denkt und: »frei« denkt; ohne Fremd- und Selbstzensur. Da ist Descartes ein Philosoph im besten Sinne, ein Souverän auf dem Feldherrenhügel des Geschehens.

Machen wir einen kleinen Zwischenhalt: Unser strickendes Lieschen ist mittlerweile etwa bei Masche 221 777 angekommen. Zwei Drittel sind geschafft. Die Finger sind schon etwas müde, aber in einer guten Mechanik eingespielt, die Bewegungsenergie der Hände überträgt sich auf den Kopf und dessen Innenleben, jenes oszillierende innere Geschehen, das wir aus Gründen einer gewissen trägen Gewohnheit »Denken« zu bezeichnen uns angewöhnt haben. Dieses »Denken« also ist ebenfalls in eine angenehme und kontinuierliche Bewegung gekommen; das eine, das Tun der Hände, überträgt sich auf das andere, das Tun des Kopfes; alles in diesem Gedanken strickenden Subjekt ist harmonisch tätig, der Fluss des verstrickten Fadens überträgt sich in den Gedankenfluss – und wie ganz genau das geht, wollen wir gar nicht ergründen, schließlich wird es und darf es noch ein paar kleine Wunder und Rätsel geben können; ich erinnere etwa an Emil Du Bois-Reymond und sein »*ignoramus et ignorabimus*«. Und sowieso: Nichts langweiliger als eine Welt, in der alle Fragen beantwortet und alle Rätsel ergründet sind.

Wir sind also bei Masche 221 777: Hier etwa stellt sich unserem fleißigen Stricklieschen – das Sie natürlich längst als eine späte Schwester der thrakischen Magd erkannt haben – die Frage, wie es denn kommen kann, dass einer, der so viele Fragezeichen setzen kann, der so viel zu Bezweifelndes sieht, der so sehr weiß, inwiefern gerade das so genannte »Denken« ein Rätselwunderwerk ist, das so einfach nicht in die philosophische Fuchsfalle geht; wie also dieser veritable philosophische Rebell René Descartes zu einem Wesen wird, das den im 17. Jahrhundert schon reichlich aus seinem bequemen Thron vertriebenen Gott wieder seiner Existenz versichert, den Rationalismus erfindet, dem Menschen wieder eine zweifelsfreie unsterbliche Seele zuspricht, dem Tier diese abspricht und es – das Tier – auch noch schnell, sozusagen im Nebensatz, zur Maschine erklärt. Wie also kann das geschehen? Genauer – so fragt Lieschen bei Masche 222 979: Wie kann einer allein mit dem Denken einmal so ziemlich alles grundsätzlich anzweifeln und dann, nach einer kleinen Volte, wieder etwas so grundsätzlich behaupten, dass es auch gleich für die nächsten zweihundert Jahre als »klare und deutliche« »Definition« gilt? Ist da nicht ein Trick dahinter? Ist das nicht der alte Philosophenkniff, wonach man ein philosophisches Rätsel – nach langem Nachdenken natürlich – dadurch löst, dass man es durch ein anderes ersetzt? Allerdings: Unser Strickliesen ist nicht die Einzige, die dem cartesischen Gewissheitsversicherer so einfach nicht auf den Leim gegangen ist. Lichtenberg hat bekanntlich auf das cartesische *cogito* geantwortet:

»Wir kennen nur allein die Existenz unserer Empfindungen, Vorstellungen und Gedanken. *Es denkt*, sollte man sagen, so wie man sagt: *es blitzt*. Zu sagen *cogito*, ist schon zu viel, so bald man es durch *Ich denke* übersetzt. Das *Ich* anzunehmen, zu postulieren, ist praktisches Bedürfnis.«[4]

Und als Fußnote: Marcel Proust, der ja eher unter die Poeten denn unter die Philosophen zu zählen ist, hat in seiner »Recherche« auch nicht mit Spott gespart, wo es um die von Descartes stammende neuzeitliche Objektivität geht, die methodisch nur mit den beiden brüchigen Vokabeln »klar und deutlich« gesichert ist. »Klar«, so Proust, »nennt man Ideen, die dasselbe Mass an Verwirrung haben wie unser eigener Geist.«

Wir sind bei Masche 291 444. Mittlerweile hat Lieschen – eine weibliche Schwäche – fast etwas Mitleid mit dem armen Descartes. Wenn es schon nicht vernünftig zu begründen ist, wie man aus der Schwäche eines starken Zweifels die Stärke einer stählernen Gewissheit schmieden kann, so könnte so etwas vielleicht zu verstehen, also empathisch nachzuvollziehen sein? Vielleicht gab es ja Umstände, die Descartes zu solchen Kapriolen führten? Vielleicht hatte er einfach Angst, oder er war sonst irgendwie in Bedrängnis? Sie sehen, Lieschen ist eine ausgewachsene Situationsethikerin. Die nächsten 21 000 Maschen macht sie sich schlau – liest Quellentexte, Kommentare, Sekundärliteratur, gar Briefe aus der Hand des armen Sünders selbst. Und vielleicht sieht Lieschens Erklärung, weshalb Descartes vom Zweifler zum Behaupter geworden und ob er wirklich der einsame Held des Rationalismus und der Erfinder des *cogito* gewesen ist, schließlich ganz anders und etwa folgendermaßen aus:

Weder das Werk noch die Briefe Descartes' bestätigen eine »einschlagende« und einschlägige Erfolgsgeschichte des Rationalismus. Stattdessen ist bei Descartes oft, erstaunlich

oft, von mystischen Träumen, von bösen Geistern, von Ängsten die Rede. Descartes, der dem spezifisch Emotionalen der Rationalität sehr wohl Rechnung getragen hat, ist nie der Buchführer eines gereinigten Denkens effektiver Zweckmäßigkeit gewesen. Vielleicht kann sich das am ehesten verdeutlichen, wer Descartes' – zweitletzte – Schrift, die »Passions de l'âme« von 1749, konsideriert. Dort jedenfalls zeigt sich der »Begründer der neuzeitlichen Rationalität« – wie ihn die auf Übersicht und Widerspruchslosigkeit verpflichtete Ideengeschichte so gerne schubladisieren will – als Vertreter einer ganz spezifischen Rationalität, welche die Nähe zur Affektenlehre sucht. Autonomie im Handeln entsteht gerade nicht durch rein begriffliche Selbstgesetzgebung gemäß der Ordnung logischer Denkmodalitäten. Oder anders: Gerade weil Descartes ausführlich Gelegenheit gehabt hat, bei sich selbst, will heißen: an seinem eigenen Selbst die Wirkung von Ängsten, Träumen und Emotionen zu beobachten, ist ihm das körperliche »Symptom« vertraut. Weshalb kann Angst zu Ohnmacht, kann Intuition zu Erkenntnis führen? Wie wirkt sich ein körperlicher Schauder auf die Vernunfttätigkeit aus? Wie kann man das Schwindelgefühl, Doppelsichtigkeiten und andere »Realitäts«-verzerrungen erklären? Und um noch einmal zum Ursprung des cartesischen Rationalismus zurückzukommen: Berichtet Descartes, der spätere Lobredner des Klaren und Deutlichen, nicht selbst in einem Brief davon, wie er sein »System« empfangen habe? Wie er in der Martininacht 1619, am Übergang vom 10. zum 11. November also, in seiner warmen Ofenstube die Vision eines Funkenregens, einer Melone, von Büchern, die auf den »richtigen« Seiten aufgeschlagen gewesen seien, gehabt habe?
Ohne Zweifel. Es ist ein köstliches Paradoxon, sich vor Augen zu führen, dass die Geburtsgeschichte des *cogito* und der universalen Mathematik von Feuerlichtern, göttlichen Geistern und Kürbisgewächsen begleitet war. Mit leichtem

Spott notiert etwa Paul Valéry in seinen »Etudes philosophiques«, es sei »ergreifend«, zu sehen, »wie der innere Proteus von der Strenge zum Delirium« übergehe, wie »überaus dunkle Träume Zeugnisse für Descartes' System der klaren Ideen« seien.

Kurzum: Es gibt keine unbefleckte Empfängnis des modernen Rationalismus. Das Denken – das klare, das freie – ist eine philosophische Setzung, ein Hoffnungsträger, eine kontraphobische Selbstberuhigungsformel. Wir müssen daran glauben, dass das »Denken« uns vor unseren eigenen Ängsten rettet. Und so ist es auch bei Descartes. In geraffter Form – so weit ist Lieschen bei Masche 311 000: In den frühen 1630er Jahren war Descartes noch dabei, ein Werk mit dem Arbeitstitel »Du monde« zu schreiben. 1633 hört er über seinen Verleger von der Verurteilung Galileis. Das Werk »Du monde«, das weiß Descartes sofort, würde dasselbe Schicksal ereilen. Das wissen wir deswegen, weil sich etliche Briefe Descartes' aus der fraglichen Zeit erhalten haben. An den Pater Mersenne schreibt Descartes 1633, die Bücherverbrennung und die Verurteilung Galileis hätten ihn »so sehr in Erstaunen versetzt, dass ich mich fast dazu entschlossen habe, alle meine Papiere zu verbrennen oder sie zumindest von niemandem sehen zu lassen«.

Descartes ist ein vorsichtiger, ja ängstlicher Mensch. Er liebt, wir wissen es, Ruhe und Zurückgezogenheit. Und was hätte die Welt davon, würde er zum zweiten Galilei? »Da ich aber für nichts in der Welt möchte, dass eine Abhandlung von mir herauskäme, in der sich das geringste Wort findet, das von der Kirche missbilligt werden würde, ziehe ich es vor, meine Abhandlung eher zu unterdrücken, als verstümmelt erscheinen lassen.« So schreibt Descartes Ende November 1633 an den Pater Mersenne. – Und nun, was passiert? Es gibt verschiedene Möglichkeiten, die kommenden Ereignisse zu interpretieren. Immer aber geht es letztlich um die Entstehungsgeschichte der »Meditationes«, jenes zweiten

Grundlagenwerkes der modernen Philosophie aus Descartes' Feder, das mit einem radikalen, alles zermalmenden Zweifel beginnt und schließlich – für uns alle und auch für unser Lieschen überraschend – in der Resurrektion einer Welt und eines Gottesbegriffes endet, an denen sich auch jene nicht stoßen konnten, die noch kurz zuvor die Werke Galileis für die kommenden 360 Jahre auf den Index gesetzt hatten. – Fazit: Wir haben also in den vielgelesenen cartesischen »Meditationes«, die noch heute zu den sakrosankten Lehrbuchtexten einer fragezeichenbereinigten Ideengeschichte gehören, doch zugleich auch einen Bilderbuchfall eines »unfreien« Denkens vor uns; eines Denkens, das sich selbst zensiert hat und das wohl nicht notwendig die so entzückend naive Daseinsformel *»cogito ergo sum«* niedergeschrieben hätte, wenn nicht die Römische Indexkongregation das Denken selbst an eine sehr kurze Leine genommen hätte. Es wäre spannend zu erfahren, ob Descartes dem zweifelnden menschlichen Geist – also auch seinem eigenen – eine andere und erbaulichere philosophische Nussschale angeboten hätte, wären die Römer ihm nicht so auf den Fersen gewesen.

Darüber, wie dieses vermeintliche *»cogito«* eigentlich auch hätte lauten können, darüber denkt Lieschen nach, wie es bei der 314000sten Masche angekommen ist. Vielleicht *»coito ergo sum«*, wie es einmal, vor Jahren, an die Mauern der Pariser Sorbonne gesprayt war. Oder nicht doch viel lieber – weil der Mensch auch im Denken etwas kreiert – *»creo ergo sum«*? Descartes' letztes Werk übrigens, fast niemand weiß es, war ein Ballettlibretto. Genutzt jedenfalls hat ihm die ganze Selbstverbiegung und Umschreiberei doch nichts: Descartes' Werke sind am 29. Juli 1722 auf den Index gekommen.[5]

Vielleicht ließe sich, meine geduldigen Damen und Herren, dieses ganze große und rätselhafte Strick-Denk-Kunst-Werk der Rosemarie Trockel mit all seinen 314258.56 Maschen – ohne, dass Rosemarie Trockel es uns so hätte aufdrängen wollen, denn das ist ja das »Freie« der Kunst – auch als Parabel über das menschliche Denken verstehen: Im cartesischen »*cogito*« zeigt sich exemplarisch das innere Drama der menschlichen Existenz: Wir sind aufgebrochen als »Fröögli«, als Kinder, die mit ihren unglaublich vielen Fragen die Welt erkunden und den Erwachsenen bald einmal auf den Wecker fallen, in der Pubertät begehren wir auf, wollen verändern, die Weltordnung umwälzen, dann schließen wir uns den gemäßigten Reformern an und vielleicht, wenn wir ehrlich sind, ertappen wir uns irgendwann dabei, wie wir als Ja-Sager, als Karrieristen, als Seilschaftengänger und Kompromissler im Kreuzgalopp unseren verwinkelten Weg doch irgendwie zurücklegen. Ob es noch »voran« geht, wissen wir schon längst nicht mehr, und irgendwann hoffen wir nur noch, dass es wenigstens nicht »zurück« gehe. Doch auch das, meine Damen und Herren, ist nicht gesichert. Die vermeintlichen Errungenschaften der Menschheitsgeschichte, sei es die so genannte »Aufklärung«, die Religionsfreiheit, die Toleranz, das »freie« Denken; sie sind – sofern es sie überhaupt gibt und sie nicht einfach alte Philosophentagträume sind – weder garantiert noch gesichert. Und: Als Menschen sind und bleiben wir jene ängstlichen Wesen, die im Normalfall – mit einem Wort von Bernard Mandeville – mit den Füßen im Dreck stehen und nichtsdestotrotz den Kopf in den Wolken tragen.

Lieschen hat fertig gestrickt. Die letzte Masche ist erreicht, die Fäden sind »verstätet«, wie es in der Fachsprache heißt, das »*cogito*« ist eingestrickt, und zwar in seiner ursprünglichen Form. Natürlich hätte Lieschen auch »*creo ergo sum*« einstricken können. Aber wozu eigentlich? Das Kunst-Werk, das auch ein Denk-Werk ist, braucht solche zaunpfahlwinkenden Deutlichkeiten nicht. Es hat schon seine Richtigkeit, wenn man einmal 62 Stunden beim Stricken denkt oder – eher für die Herren Philosophen – beim Denken strickt. Und ob Rosemarie Trockel mit allen Quisquilien unseres philosophischen Lieschens einverstanden gewesen wäre, steht auch nicht wirklich zur Debatte. Denn auch für das Denk-Werk über das Kunst-Werk gilt, wie es in der ersten Strophe eines der schönsten deutschen Volkslieder, entstanden in den unruhigen 1780er Jahren, heißt:

*Die Gedanken sind frei, wer kann sie erraten?*
*Sie* fliegen *[fliehen] vorbei, wie nächtliche Schatten.*
*Kein Mensch kann sie wissen, kein Jäger* sie schießen *[erschießen]*
mit Pulver und Blei, *[es bleibet dabei:] die Gedanken sind frei.*

Ich komme gleich zum Schluss: Gestatten Sie mir noch zwei Zusätze:
Erstens: Diese erste Strophe tönt ja sehr schön und sie hätte in der Tat einen schönen und kunstvollen Referatsschluss abgegeben. Nur leider hebt die zweite Strophe folgendermaßen an:

Ich denke, was ich will und was mich beglücket,
doch alles in der Still' und wie es sich schicket.

So still und schicklich können und wollen die thrakischen Mägde von gestern und heute nicht sein. Oder anders: Es lohnt sich auch heute noch, kräftig zu lachen, wenn wieder einmal ein Großphilosoph die Ordnung der Welt aus dem fernen Himmelszelt herleitet und dabei über einen die heilige Ordnung des reinen Denkens störenden Brunnenrand stolpert, und ihn – den Philosophen – zu fragen, wie er denn die großen Probleme lösen wolle, wenn er schon die naheliegenden nicht sehe. Oder anders: Vergessen wir nicht, dass die Freiheit des Denkens – also im weitesten Sinne die Geschichte der Philosophie – mit einem Lachen begonnen hat; nämlich eben mit dem Lachen der thrakischen Magd. Und wir wüssten nichts von dieser Magd, wenn sie das, was sie dachte, so still und schicklich bei sich behalten hätte, wie es die zweite Strophe des deutschen Volksliedes vorschlägt. Kurzum: Es schadet den Philosophen nicht, wenn sie sich gelegentlich – mit der Freiheit des Denkens und des Redens – von ihren analytischen Sandspielereien lösten und sich wieder in die veritablen Probleme der Welt einmischten. Zweitens: Ich habe Ihnen noch vier andere Kunst-Denk-Werke versprochen. Leider hat das Lieschen seine Zeit vertan, weil es seinen Gedanken allzu freien Lauf gelassen hat. Aber als gute thrakische Magd weiß Lieschen wenigstens, wann es – und dass es – Zeit ist, aufzuhören. Ich schließe also mit einem schönen kleinen Kunst-Denk-Werk-Rätsel aus der Hand der australischen Künstlerin Patricia Piccinini. Das Werk heißt »The Young Family« (siehe http://www.patriciapiccinini.net) und zeigt wunderschöne kleine und rosige Schweinchen-Menschen oder Menschen-Schweinchen; alle irgendwie Mutanten und doch: Bevor sie nach der Droge »Freiheit« suchen können, suchen sie erst einmal nach der Droge »Geborgenheit«. Ich bin sicher, meine Damen und Herren, dass Sie keine 62 Stunden brauchen, um sich einen Reim auf dieses aparte Denk-Kunst-Werk zu machen.

**Anmerkungen**

1 Hegel fährt in den »Grundlinien zur Philosophie des Rechts« bekanntlich fort: »Wenn die Philosophie ihr Grau in Grau malt, dann ist eine Gestalt des Lebens alt geworden, und mit Grau in Grau lässt sie sich nicht mehr verjüngen, sondern nur noch erkennen; die Eule der Minerva beginnt erst mit der einbrechenden Dämmerung ihren Flug.« In: G.W.F. Hegel. Werkausgabe. Frankfurt a. M. 1970, Bd. 7, S. 28.

2 Friedrich Nietzsche: *Die fröhliche Wissenschaft*. In: Kritische Studienausgabe. Herausgegeben von Giorgio Colli und Mazzino Montinari. München 1988, Band 3, S. 351.

3 René Descartes: *Discours de la Méthode*, Hamburg 1960, S. 15ff.

4 Georg Christoph Lichtenberg: *Schriften und Briefe*. München 1967–1992. Bd. 1, S. 99 [Aphorismus 76, Sudelbuch K].

5 So entnehme ich es meiner Index-Ausgabe, herausgegeben in Rom 1786, unter Pius dem VI., p. 49f. Die Zensoren der Glaubens- und Indexkongregation haben demnach gute achtzig Jahre gebraucht, um dieses »prohibitur« zu statuieren.

**Bildnachweis**

Franz Schuh

# »… und sprach sich als Ratsvorsitzender dafür aus, die Freiheit von Zensur nicht aufs Spiel zu setzen.«

## Zur Komödie der Meinungsfreiheit

Es herrscht … das Faustrecht der Komödie.
Jeder Schlag ein Witz. Jeder Witz ein Schlag.
*Gerhard Stadelmaier*

Medienfromm wie ich bin, von Natur aus gleichsam, stimme ich mit allen Menschen überein, die im Ernst meinen, Zeitungsverlage zum Beispiel seien nicht nur Wirtschaftsunternehmen (Gewinnstreben, Werbemarktabhängigkeit), sondern gemäß der Verfassung auch Institutionen für die Meinungs- und Willensbildung im demokratischen System. Die Pressefreiheit ist der … wie soll ich es sagen, ist der – sozusagen – mediale Niederschlag einer demokratischen Verfassung. Ich zögere, verlese und verschreibe mich dabei, weil mir hin und wieder Gegenbeispiele aufgefallen sind, Ausnahmen, die, wenn wir Glück haben, die Regel bestätigen, und die eine ganz andere Qualität haben; eine Qualität, die ich keineswegs missen möchte und die für mich mindestens ebenso wie das Demokratische die freie Presse ausmacht. Diese Gegenbeispiele habe ich nicht gesucht, ich habe sie einfach gefunden, gewiss damit rechnend, dass ich sie finden werde – ich zitiere sie im Folgenden genau so zerstreut, wie ich, ein leider sehr zerstreuter Mensch, sie gefunden habe. Am Sonntag, den 3. September 2006 steht in der *Kronen Zeitung*, sicherlich einem Ausnahmeblatt, auf der Seite 4 unter dem Titel »Härtere Strafen« eine entschieden kurze Meldung: »Konsequenzen aus dem

Fall Natascha Kampusch: Justizministerin Gehrer will die Strafen für Entführung von 10 auf 20 Jahre erhöhen.«
Erhöhen ist immer gut, vor allem bei Strafen. Demokratisch ist außerdem Selbstbestimmung und so lese ich gerne die über der entschieden kurzen Meldung angebrachte, sehr fett gedruckte Schlagzeile: »Gehrer: Schulen sollen sich künftig Lehrer selbst aussuchen.« Und unter der Schlagzeile die nicht ganz so fett, aber fett genug gedruckte Meldung: »Wien – Die Wahlen sind noch lange nicht geschlagen, aber schon zerbricht sich Bildungsministerin Elisabeth Gehrer den Kopf über neue Reformen. ›Die Schulen sollen sich künftig ihre Lehrer selbst aussuchen dürfen‹, erklärte sie. ›Und zwar Lehrer, die zu ihnen passen. Das finde ich wahnsinnig wichtig.‹«
Was alles auf eine Seite geht, das passt auf keine Kuhhaut: das eine, das andere und das Gegenteil davon. Dies alles begab sich zu einer Zeit, da die österreichische Justizministerin eben nicht Gehrer, sondern Gastinger hieß, aber ich verkenne den Witz nicht, der daraus besteht, zur demokratischen Willensbildung beizutragen, indem man das Justizministerium für Schulreformen zuständig erklärt, vor allem dafür, dass die Schulen sich künftig ihre Lehrer selbst aussuchen. Andererseits beunruhigt mich die Meinung der Bildungsministerin, nicht nur wie mich alles beunruhigt, was man »wahnsinnig wichtig« findet. Der Wahnsinn ist mir wichtig – ich habe als Student die schönsten Stunden gehabt, als ich in der Universitätsbibliothek – nicht zuletzt aus Gründen fällig gewordener Selbstüberprüfung – die Psychiatrielehrbücher studierte. Wahnsinn!
Nein, mir ist die Meinung der Bildungsministerin einfach zu viel; denn, so wie die Zeitung sie übermittelt, dass die Schulen sich nicht nur Lehrer aussuchen sollen, sondern auch solche Lehrer aussuchen sollen, die zu ihnen passen – das verstößt doch gegen das Wort »aussuchen«. Nur Deppen, die in unseren Schulen nichts auszusuchen haben,

würden Lehrer aussuchen, die zu den Schulen *nicht* passen. Suchen sie sich das Passende aus!, heißt die Formel im rational gestalteten Geschäftsleben. Ich gebe zu, dass die Bildung Paradoxien enthalten mag, denen man nur durch Dialektik Paroli bieten kann – indem man zum Beispiel einen Kunstfeind zum Rektor einer Kunstuniversität oder einen ganz und gar unpraktischen Menschen zum Direktor einer technischen Mittelschule macht. Solche Besetzungen können Spannungen initiieren, die zur Entfaltung der Kräfte beitragen. Da ich aber – es ist meine Meinung – die österreichische Bildungspolitik unter Gehrer und Gastinger für einfach gestrickt, wenn auch nicht für gradlinig halte, glaube ich nicht, dass sie ein Herz hat für solche Volten, die ja oft genug in sterilen Gegensätzen enden.

Was ist also die andere Qualität, die den Ernst demokratischer Funktionäre begleitet? Es ist das Komische, das zum Beispiel in der beliebig aufgeblätterten Verwechslungskomödie zum Vorschein kommt – einer Komödie, in der sich die Justiz für Schulprobleme ins Zeug legt. Der Unsinn, den die Zeitung macht, entspricht nicht schlecht dem Unsinn, von dem sie im Ernst zu berichten glaubt und der natürlich »wahnsinnig wichtig« ist. Alle Menschen, behaupte ich, die zum Beispiel im Unterschied zu mir nicht professionelle Komödianten sein möchten, halten sich höchstens in Ausnahmefällen für komisch. Komisch sind immer die anderen. Ein Zeitungszitat aus der Innenpolitik, wieder aus der österreichischen: »Da bekriegen sich zwei ehemalige Haider-Adjutanten mit einer Verve, als wäre die politische Bühne nur ihre und ginge es um die Vergabe des Iffland-Ringes – dabei taugen beide nicht einmal für eine Nebenrolle beim Stegreif-Tschauner in Wien Ottakring.« (*Kurier*, 4. September 2006, S. 2)

Ich muss gestehen, dass ich Theatermetaphern sammle; ich bin ein Sammler von Theatermetaphern, und ich finde die zitierte besonders schön, weil sie erst in einem Gefälle

so richtig theatralisch wird: Es beginnt mit »politischer Bühne« – das sagt man halt – und über eine exklusive Auszeichnung für schauspielerische Höchstleistungen, den Iffland-Ring, bei dem nicht allein die Gabe des Künstlers zählt, sondern vor allem die Vergabe an ihn, endet die Metapher in der Vollendung, nämlich in Ottakring, wo Laien auf Biegen und Brechen Theater spielen. Herrlich!
Aber so gut mir auch die Metapher, die jetzt zu meiner Sammlung gehört, gefällt, ihr Autor unterbindet in der Zeitung die Einsicht des Zusammenhangs, der – nach meiner Meinung – zwischen der politischen Bühne und den redaktionellen Akteuren besteht. Redakteure mögen sich einbilden, Regie zu führen, und an ihre Regie glauben wahrscheinlich auch nicht wenige von denen, die andauernd erklären, sie bildeten nur ab, was in Wirklichkeit passiert. An dieser Stelle kann ich sagen, dass auch ich weiß, was eh alle wissen, dass nämlich dieser Zusammenhang von Redaktion und Wirklichkeit keineswegs nur komisch ist; er hat auch eine tragische Seite: Für das Böse, das oft in den Medien vorkommt, geben die Medien nicht selten die Bühne ab, deretwegen das Böse überhaupt geschieht. Entführungen im Nahen Osten; in Deutschland auch seinerzeit durch die RAF; Selbstmordattentate werden begangen, damit durch die Berichte daüber Druck ausgeübt werden kann. Die Medien mit ihrer globalen Informiererei stecken in einer Zwickmühle: Einerseits leben sie davon, und sei es nicht nur des Geldes wegen, sondern aus ihrem Ethos heraus, dass sie berichten, was auf der Welt los ist; andererseits stiften diese Berichte zu Handlungen an, die überhaupt keinen Sinn hätten, wäre mit ihrem Hinausposaunen in die Welt nicht zu rechnen. Zu solchen Handlungen zählt das Verbrechen von 9/11 und es ist nur schmerzlich einzusehen, dass Verbrechen, die doch im Geheimen, gleichsam im Hinterzimmer, ihren Kern haben, mit der Öffentlichkeit kalkulieren, um sich durch sie zu verstärken; nicht zuletzt im

Hinblick auf die demokratischen Funktionen der Medien, die es möglicherweise ja wirklich gibt, fällt es mir nicht ein zu behaupten, die Medien seien »schuld« und, weil die Untaten ohne sie nicht geschehen würden, sollen sie zusperren.

Diese Medien sind ja, wie immer mystisch verwurzelt und zugleich technisch integriert, Medien dieser Gesellschaft, weshalb man dann gleich sagen könnte: Diese Gesellschaft sollte zusperren – und selbst wenn man so dächte, kann man sicher sein, dass diese Gesellschaft einem den Gefallen nicht tun wird. So haben »wir« Medien, die in ihrer Zwickmühle und im Idealfall die Kunst beherrschen müssen, über Geschehnisse zu berichten, ohne sich von deren Verursachern instrumentalisieren zu lassen. Ausgerechnet der zitierte Haider und seine Partei von damals scheinen ein Beweis dafür zu sein, wie Medien, ihrer Meinungsfreiheit pflichtgemäß nachgehend, Propaganda für jemanden machen, und zwar nicht zuletzt durch ihm persönlich feindselige und politisch oppositionelle Meinungen.

Wie mit dem guten Willen geht es auch mit einer Meinung: Man hat es durch sie nicht in der Hand, was man durch sie ausrichtet, und es liegt vielleicht auch daran, dass die notwendige kommerzielle Aufmache, vor allem von Massenmedien, ein affirmatives Verhältnis gerade zu den Objekten ihres Hasses bedingt. Man lebt von ihnen, nicht zuletzt lebt man von den Gegnerschaften, und außerdem: bloßes Vorkommen genügt, um hervorgehoben zu sein; diese Medien haben am Ende keine Wahl, geschweige denn irgendeine Freiheit: Was sie hassen, scheinen sie zu lieben, und was sie lieben, könnten sie genauso gut hassen, und wenn man dieses Spiel vor allem »instinktiv«-unwillkürlich spielen kann (weil man Fleisch aus dem Fleische der Medien, weil man mediengeboren, für sie geboren ist), dann kann man es zu seinen Gunsten nutzen. Man kann gewinnen gegen die Medien, aber immer nur mit ihnen.

Als Strategie empfiehlt sich vor allem die von Soziologen so genannte »kontrollierte Skandalisierung«, also die Verursachung eines Skandals, der echt genug ist, dass man in der Zeitung seiner bezichtigt werden kann, und dass man so den polarisierenden Meinungsstreit (dafür/dagegen), dieses ewige Pro und Contra auslöst; eines Skandals, der aber wenig genug Substanz hat, damit man seine Auswirkungen unter Kontrolle behält. Die kontrollierte Skandalisierung ist manchen Meinenden zum Habitus geworden; »Der deutschen Einsatzphilosophie«, schreibt ein Kollege-Meinungsjournalist (*Die Welt*, 30. August 2006, S. 2) über den bevorstehenden Einsatz im Libanon, »fehlt noch die Kälte, die aus der Routine kommt.«
Dieser Kältefreak, Nachfahre Benns und Jüngers, formuliert skandalös, aber weil es so sehr aus der Routine kommt, holt das keinen Gutmenschen mehr hinterm Ofen hervor. Die kontrollierte Skandalisierung – dies ist ihre Stärke – ist gesinnungsneutral, sie liegt im System und das heißt: Sowohl Peymann, der alte Linke, als auch Haider, der neue Rechte, konnten sie jeweils auf ihre Art erfolgreich anwenden; Bischof Krenn hingegen, wegen Schwulitäten im von ihm befehligten Priesterseminar abgesetzt, zeigt, worin die Gefahr kontrollierter Skandalisierung besteht: natürlich darin, dass man die Auswirkungen eines Skandals nicht mehr kontrollieren kann.
Aber damit bin ich zu früh ins Komische zurückgefallen. Beim Komischen und beim Tragischen der Medien tritt die gleiche Differenz auf; ich nenne sie die zwischen Inhalt und Form und weiß schon, was das für Abstraktionen sind, wie unzulässig also die Unterscheidung ist, weil außerhalb seiner Form jeder Inhalt ein ganz anderer wäre. Aber ich meine damit schlicht Folgendes: Es gibt bekanntlich unzählige tragische Inhalte, von denen wir durch die Medien erfahren: Unglücksgeschichten, und nicht nur solche im Weltmaßstab wie zum Beispiel diese seltsame Bedrohungsverkün-

dung und schließlich die bei wachsender Gefahr offengelegte Bedrohungsentkräftigung, die Slavoj Žižek, ebenso eine Theatermetapher bemühend, die »Tragikomödie von den irakischen Massenvernichtungswaffen« (*Süddeutsche Zeitung*, 5. September 2006, S. 11) nennt.
Unglücksgeschichten, die nicht die Welt bewegen: Ich bin nicht nur Sammler, sondern auch Möchtegern-Sammler. Ich möchte gern einen bestimmten Typus solcher Geschichten sammeln, ich wage es kaum zu sagen, welche es sind; es passiert immer wieder, dass vor allem junge Menschen – Menschen im Zustand des sich selbst verunklärenden Übergangs zum Erwachsenwerden – dass vor allem junge Menschen auf Waggons (zum Beispiel der Bundesbahn) aufspringen. Die Mutprobe mit dem absoluten Risiko: absolut, denn es könnte das letzte Risiko ihres Lebens sein. Die Unfälle, die dabei passieren, werden zumeist mit dem Sinnlosigkeitsvorwurf quittiert; sie mögen in der Tat sinnlos sein, aber diese Taten sind andererseits wiederum bezeichnend, weil in ihnen eine Motivmischung vorherrscht: aus Dummheit, Mut und Übermut, aus Weltvertrauen und Weltekel, aus Selbstbewusstsein und dem Wunsch, mit dem man sich abhängig macht – nämlich dem Wunsch, anderen zu zeigen, wie selbstbewusst man selber ist. Der auf diese Art, nämlich auf die Art der zugunsten der Sterblichkeit angewandten Lebenskräfte oft erlittene Tod, ein grausamer Tod, kommt davon, dass man das Leben im wahrsten Sinne aufs Spiel gesetzt hat – es ist also alles in allem ein Szenario stellvertretend für die *conditio humana* oder für das, was man dafür halten kann, wenn man Zeitungen liest/»liebt«, hätte ich mich fast schon verschrieben.
Wohl oder übel werde ich auf die Attraktivität des Unglücks zurückkommen müssen; zunächst aber zur anderen Seite des Unterschieds, zur Tragik »in der Form«. Unter Form verstehe ich die Simplizität, dass die Massen der Weltereignisse durch Medien den Konsumenten vermittelt werden –

Medien sind mir in diesem Sinne die Form; Medien verarbeiten die Erfahrungen und verbreiten sie, aber alles eben bloß medial, wie auch immer durch unterschiedliche Medien oder in unterschiedlicher Qualität. Die Normierung der Erfahrungen durch Medien macht diese Medien souverän, sie bilden eine von ihren Inhalten unabhängige eigene Größe. Allem, was passiert, geben sie ihre Form oder umgekehrt, ganz im Sinne von Luhmann: Alles, was wir von der Welt wissen, wissen wir durch Medien – das heißt auch, sie stellen selber ein Problem dar und sie berichten nicht bloß über Probleme. Zu den tragischen Problemen gehört die vorhin genannte Zwickmühle, gehören also Probleme, die es nur gibt, weil es Medien gibt, aber wenn man unter dem Begriff der Tragikomödie nichts traurig vor sich hin Lächelndes versteht, sondern nicht zuletzt eine tragische Wucht, die von der Lächerlichkeit der Motive erst recht gesteigert wird, dann besitzen wir leider Gottes aus der jüngsten Geschichte ein Beispiel für die Tragikomödie der Medien, nämlich den so genannten »Karikaturenstreit«: Zwei Männer islamistischer Gesinnung versichern glaubwürdig, sie hätten das Verbrechen, Regionalzüge in Deutschland zu sprengen, unter anderem der Karikaturen wegen, die zuerst in Dänemark erschienen waren, geplant.

Die so genannte Meinungsfreiheit zieht die Medien in den tragischen Konflikt; soviel ich weiß, besteht ein tragischer Konflikt genuin darin, dass von den Handlungsmöglichkeiten einer Alternative beide Möglichkeiten in den Untergang führen. Geben die Medien also dem Druck nach und drucken die Karikaturen, die doch nur komisch sein wollen, nicht ab, dann dispensieren sie sich von der Pflicht zur Meinungsfreiheit. Drucken sie sie ab – zur Freiheit verdammt –, dann gehen sie das Risiko ein, Verbrechensopfer zu verschulden. Den Konflikt klassisch zu entschärfen, indem man auf der Meinungsfreiheit beharrt, ohne sie zu realisieren/oder indem man umgekehrt sie realisiert, aber klug,

also auf irgendeine Weise, die bei den darauf Lauernden keinen Anstoß erregt, das scheint mir unmöglich.
Ideale wie »Meinungsfreiheit« haben, wenn überhaupt, ihre Stärke darin, dass man heute im Kampf für sie sein Leben nicht mehr einsetzen muss. Es ist ein Fortschritt im Zivilisationsprozess – Gesellschaften, in denen Menschen ermordet werden, weil sie ihre Meinung sagen, sind in finsteren Zeiten zurückgeblieben. In solchen Gesellschaften, die Helden benötigen, steigert sich der Freiheitskampf ins Heroisch-Übermenschliche; für das simpel Moralische erfordern sie Größe. Ideale, die nicht auf der Basis: »Wer sein Leben verliert, gewinnt es«, in Kraft sind, stellen, behaupte ich, eine »höhere« Form des Idealismus dar. Allerdings ist dieser Idealismus mehr diffus und viel weniger entschieden. Meinungsfreiheit muss aber andererseits sein, keine Bombe darf sie einem nehmen, der Bedrohung soll sie nicht weichen; würde sie es feige tun, sie würde das Ideal entwerten, gänzlich wertlos machen.
Die Sachlage erzeugt eine Rhetorik, die mehr sagt als tausend Bilder. Ich zitiere aus einem einschlägigen Leserbrief an den SPIEGEL, der über seine Rhetorik hinaus bezeichnend für das eingefleischte Meinen ist. Der Brief mündet nämlich in die Apotheose eines nun schon seit Jahrzehnten im Hauptberuf Meinenden, des gut, ja des virtuos Meinenden SPIEGEL-Redakteurs Henryk M. Broder, von dem auch ich schon viele Meinungen bezogen habe. Engagiert lautet der zitierte Leserbrief eines Menschen, der auch eine Meinung von Broder teilt, im SPIEGEL so: »Wie viele unserer Vorfahren sind gestorben für unser Recht auf freie Meinungsäußerung und die Errungenschaften einer aufgeklärten Gesellschaft? Und was machen wir heute, wenn diese Rechte bedroht sind? Statt zusammenzuhalten, picken wir uns lieber gegenseitig die Augen aus und wetteifern, wem der tiefste Kotau vor denjenigen gelingt, die diese Freiheiten mit Füßen treten. Diese vermeintliche Form der Libera-

lität ist in Wirklichkeit ein bedrohliches Symptom der Dekadenz. Und niemand drückt diese entsetzliche Tragödie besser aus als Herr Broder.«

Daran zweifle ich nicht. Der Leserbrief war eine Reaktion auf Broders Text »Wir kapitulieren« vom 14. August 2006, Heft 33. Dieses durch einen Leserbrief den Meinenden vor den Vorhang rufen (ein seltsames, aber übliches Selbstbestätigungsritual durch die Bestätigung eines anderen) aktualisiert Schopenhauers Definition des Journalisten als Meinungs-Verleiher. Kierkegaard hat diese Definition mit Freuden übernommen: »Die Menge der Menschen hat natürlich keine Meinung«, aber jetzt kommt es! – »dem Mangel helfen die Journalisten ab, die davon leben, Meinungen auszuleihen.«

Der Journalismus tritt hier auf als eine riesige Meinungsleihanstalt, in der ein jeder auch seine eigene Meinung – oder das, was er dafür hält – finden kann, und zwar im allerbesten Zustand, nämlich so, wie sie niemand hätte besser ausdrücken können. Es macht stolz, wenn man die eigene Meinung herausgeputzt und hervorragend von einem Profi ausgedrückt findet. Ich habe das Ritual der Leserbriefe einst mit dem Kalauer bedacht: Die Trottel, die hinschreiben, sind wie die Trottel, die drin schreiben – aber ich glaube auch, dass niemand die eine Seite der Tragödie besser ausgedrückt hat als der zitierte Leserbrief.

Tragische Konflikte kann ich nicht lösen, aber ich kann mich am Komischen erfreuen, und ich behaupte, dass das Komische überhaupt die Grundlage der real existierenden Meinungsfreiheit ist. Die grundlegende Komik der real existierenden Meinungsfreiheit ist aber nicht lustig, sondern sie resultiert aus einem verfehlten Erhabenen. Um Meinungsfreiheit durchzusetzen, waren heroische Akte, war Auflehnung notwendig. Die Zahl der verfolgten Autoren, Verleger und Buchhändler in Geschichte und Gegenwart würde die Größe des Kampfes statistisch belegen. Die einfachste Formel für Meinungsfreiheit lautet: *nicht Zensur*, und im Kampf gegen die Zensur ist eine Fraktion des edelsten Teils der Menschheit vereint. Wo freilich die Meinungsfreiheit durchgesetzt ist, lese ich – beliebtes Beispiel – im Ernst eine Debatte: Mozart würde KPÖ wählen – pro und kontra – nein, Mozart würde Wolfgang Schüssel wählen ... (*Die Presse*, 7. September 2006, S. 33).

Gewiss, die Debatte hatte etwas Augenzwinkerndes, aber die dabei zum Einsatz kommenden Augenlider waren aus Beton. Kein wirkliches Zwinkern möglich. Bei Gott, die Kontrahenten meinten es ernst, sie selber nämlich wählten spürbar jeweils die KPÖ oder spürbar Wolfgang Schüssel, für den in Bezug auf Mozart ja spricht, dass er – ja, ja (man muss seine Argumente aufzählen) – musikalisch ist, ein talentierter Pianist und einfühlsamer Cellist, jemand, der Taktgefühl besitzt und um Harmonien Bescheid weiß – alles gleichrangige Gründe, die Mozart an das Wien Haydns, Glucks, Salieris, an den von der Musik faszinierten Joseph II. band, und schon hat man einen Vergleich gemacht und seine Meinung gebildet.

Das grundlegend Komische der real existierenden Meinungsfreiheit resultiert aus der Diskrepanz zwischen den erhabenen Kämpfen, die notwendig waren (und notwendig sind), um diese Freiheit durchzusetzen, und dem Unsinn, den die Meinungsfreiheit, ist sie einmal durchgesetzt, nicht verhindert, ja ermöglicht. Zwei Schutzbehauptungen in eigener Sache – erstens habe ich schon im einleitenden Satz dieses Essays, wenn auch etwas hölzern und so, als wäre es mir ganz fremd, daran erinnert, dass zum Beispiel Zeitungsverlage Institutionen für die Meinungs- und Willensbildung im demokratischen System sind. Ich leugne diese mögliche Funktion keineswegs, sie ist nur zu meinem Glück hier nicht mein Thema, und zweitens: Ich bin für den Unsinn, den die Meinungsfreiheit nicht verhinderte, ja ermöglichte, mir selbst ist nicht selten ein Unsinn, den ich prinzipiell zu vermeiden suche, gut gelungen, aber ich sehe auf zu jenen, denen es immer besser gelingt, zum Beispiel zu Erfindern einer Schlagzeile über einen bayrischen Fleischskandal. Die Zeile lautet: »Schwein und Zeit« (*Frankfurter Allgemeine Zeitung*, 7. September 2006, S. 37), und sie ist wahrlich ein Zeichen von Sein und Zeit (was immerhin ein Witz auf derselben schiefen Ebene, also ein schlechter Witz ist).

So humorlos bin ich aber schon, um »Schwein und Zeit« für nur um eine Nuance weniger widerwärtig zu halten als ausgeliefertes verdorbenes Fleisch. Wenn der besagte Unsinn aus Freiheit umschlägt in Verletzung der Menschenwürde, ersparen Sie mir bitte die Beispiele (über manche müsste man streiten), dann wäre ich keineswegs dafür zu haben und von Komik wäre dabei von mir keine Rede. Es ist nur dies bekannte Problem: Wer sollte denn die unter kommerziellen Bedingungen sich selbst an vielen Stellen ad absurdum führende Meinungsfreiheit regulieren, kontrollieren, wer sollte den Unsinn zur Vernunft bringen?

Die Zensur – die Zensur; sie hat den Ruf, ziemlich blöde zu sein. Das verdankt sie nicht zuletzt den von ihr Betroffenen, ihr aber maßlos Überlegenen, wie zum Beispiel Nestroy oder Hašek. Jedoch, liest man dies erlesene Beispiel, das Erneuerte Censur-Edict Friedrich Wilhelm II vom 19. Dezember 1788 (ich hab's im Wikipedia-Artikel zur »Geschichte der Zensur« gelesen), dann könnte man auf Ideen kommen. Es richtet sich nämlich unter anderem gegen die »*Verbreitung gemeinschädlicher praktischer Irrthümer über die wichtigsten Angelegenheiten der Menschen, zum Verderbniß der Sitten durch schlüpfrige Bilder und lockende Darstellungen des Lasters, zum hämischen Spott und boßhaften Tadel öffentlicher Anstalten und Verfügungen, wodurch in manchen nicht genugsam unterrichteten Gemüthern, Kummer und Unzufriedenheit darüber erzeugt und genährt werden, und zur Befriedigung niedriger Privat-Leidenschaften, der Verläumdung, des Neides, und der Rachgier, welche die Ruhe guter und nütz-*

*licher Staatsbürger stöhren, auch ihre Achtung vor dem Publiko kränken, besonders in den so genannten Volksschriften bisher gemißbraucht worden.«*

Das ist reaktionär, aber es ist aufgeklärt; jedenfalls klingt es fast so, als gründete das Edict auf einer Ahnung davon, was aus dem Pressewesen einmal werden könnte. Karl Kraus hat sein ganzes denkendes Leben lang die Presse, das heißt für ihn, die Verbreitung gemeinschädlicher praktischer Irrtümer über die wichtigsten Angelegenheiten der Menschen bekämpft; er war auch folgerichtig ein Feind des (Wirtschafts-)Liberalismus, von heute aus gesehen, auf gut zitierbarem, aber verlorenem Posten; aus seiner Sicht ohnedies der einzige, der es wert ist. Das Ökonomische als Idee hinter den Ideen, die sich in der Öffentlichkeit den Meinungsstreit liefern, die Raiffeisenkassa als Medien-Eigentümer, hat sich durchgesetzt. Gewiss, die ökonomischen Kräfte räumen den geistigen einen Raum ein, aber das Umgekehrte, dass die geistigen Kräfte der Ökonomie den Platz anweisen, ist peinlich selten. Jedoch, und das spricht für das System, es ist möglich – man kann es einmal risikolos, ein andermal mit relativ wenig Risiko an Leib und Leben erkämpfen. Andererseits hält sich das Ökonomische als Idee nicht bloß hinter den Ideen auf, sondern es prägt die Meinungen; so 'ne richtig gute scharfe Meinung ist wie eine Münze, die man in einen Glückspielapparat steckt, und es kommt viel Geld heraus. Vorher aber muss man sie so zurechtschleifen, dass sie in den Apparat überhaupt erst hineinpasst.

Ich meine, dass die Idealisierung der Meinungsfreiheit, das propagierte journalistische Ethos, nicht zuletzt deshalb im Einsatz ist, weil man nicht schon wieder gesagt bekommen möchte, dass schon wieder eine Freiheit nur die Freiheit, Geschäfte zu machen, ist. Davon ist man müde – so müde, wie es mein katholischer Universitätslehrer für Philosophie war, als er von der Psychoanalyse schon wieder hören musste, dass der Mensch nicht unbedingt aufs Höhere an-

gelegt ist. Man braucht, um die Chose in Gang zu halten, nicht bloß Geld, sondern auch Ideale, und es ist nicht unkomisch, wenn die Kollegen in der Branche, die zu wenig Geld haben, sich auf die Ideale berufen: Es handelt sich zum Beispiel um Natascha Kampusch, in deren Gesicht (an das man sich heute längst gewöhnt hat) man auf alle Fälle schauen wollte. Es trat ein Moralist in einer Zeitung auf, die in der Konkurrenz versagte, war doch bei ihr von vornherein zu wenig Geld da. Der Moralist sagte: »Nachdenklich machen muss, wie beim Geschäft mit dem Gesicht (›wer bietet mehr‹) mit dem berechtigten öffentlichen Interesse umgegangen wurde. Dass bestimmte Informationen nur der Meistbietende erhält, darf nicht zur Regel werden. Der Scheckbuchjournalismus richtet einen schweren Schaden an, weil ernsthafte, aufwendige Recherchen dadurch zum Luxus werden.« (*Kurier*, 7. September 2006, S. 10).
So spricht das Ethos, das ich teile, ohne allerdings zu wissen, wie – nach welcher Logik – man einen Menschen, dessen Schicksal offenkundig etwas wert ist, davon abhalten soll, die Informationen darüber »aus erster Hand« zu verkaufen. Der so genannte »Scheckbuchjournalismus« ist die primitivste Variante der ökonomischen Prägung des Umgangs mit dem öffentlichen Interesse, und das Einzige, das man, solange dieses Interesse noch berechtigt besteht, tun kann, ist darauf zu achten, dass die Schecks auch gedeckt sind. Der Medienberater, der in diesem Fall, der also für Natascha Kampusch, was ihm gar nicht hoch genug anzurechnen ist, nicht für Geld, sondern nur für das Aufmerksamkeitskapital arbeitet, formuliert die Maxime seines Handelns als Drohung: »Natascha muss jetzt vor jenen selbsternannten Managern und Beratern geschützt werden, die mit ihrem Namen und ihrer Person abcashen wollen. Das sind Heuschrecken. Diese Leute versuchen über ihre Familienmitglieder an sie heranzukommen und versprechen Geld in Hülle und Fülle für ihre Vermarktung. Wir werden uns da-

gegen mit allen Mitteln zur Wehr setzen. Ich bin normalerweise ein kulanter Mensch. Aber da werde ich aggressiv. Das ist eine Warnung und ich meine das sehr, sehr ernst.« (*Österreich*, 8. September 2006, S. 5).
Bei »sehr, sehr ernst« horche ich als Freund der Komödie immer auf und ich überhöre auch nicht das Nestroyische: »Ich bin normalerweise ein kulanter Mensch. Aber da werd' ich aggressiv.« Jedenfalls sind im Ernst die Rackets unterwegs; deren Mitglieder haben ja auch Familie, weshalb die Berater im Lager der Kampusch ihren Schützling einkreisen, einen Ring um ihn bilden. Ich *meine*, es ist ein klassischer Fall, der Sündenfall dieser Medien schlechthin: Durch die Art und Weise, wie das angeblich berechtigte Interesse der Leute bedient wird, erfahren die Leute gar nichts von dem Fall, nichts von seiner kriminellen, nichts von seiner psychopathologischen, nichts von seiner existentiellen Seite. Die Inszenierung macht die Authenzität, die hervorzubringen die Regisseure einander konkurrierend versichern, unmöglich. Hermeneuten stürzen sich auf ein Fernsehinterview und nehmen Satzbrocken daraus für bare Münze. Die Wut des Verstehens, um sich ausleben zu können, überspielt dabei die von niemandem geheim gehaltene Tatsache, dass das Verbrechensopfer aus gutem Grund »gebrieft« ist.
Das Interview selbst war genial: Sie hat kaum was gesagt, hat aber dabei den Eindruck erweckt, sie hätte fast alles gesagt. Unter der Überschrift »Das große Interview. Natascha Kampusch spricht erstmals über ihre Gefangenschaft« (NEWS Nr. 36, 6. 9. 2006) sieht man ein Foto, eine Art Theaterfoto, als wär's ein aktualisierter Molière. Drei honorige Herren, ein Psychiater, ein Medienberater und ein Anwalt, alle zusammen genannt »das Bollwerk der Beschützer«, haben sich mit ihren Armen ineinander eingehängt und im Hintergrund der offensichtlich gut gelaunten Kette der drei Experten lugt Natascha Kampusch sicher und gerettet hervor. Im Interview sagt sie den dialektischen Satz: »Der Herr Dok-

tor Friedrich ist ziemlich in Ordnung. Er ist sehr intelligent und weiß immer ganz genau, was ich meine.« Das ist ja fast schon ein Psychiater-Witz, aber der Herr Doktor Friedrich, auf den sich eh schon alle stürzen, auch Film, Funk und Fernsehen, hat in dem Stück den größten Lacher. Natascha Kampusch, sagte er vor der Kamera, spräche »etwas antiquiert«.

Das ist lustig, weil der Professor nicht merkt, dass er selber wie ein k.u.k.-Bürokrat aus Mährisch Ostrau redet. Und man könnte auf die Idee kommen, dass die von Freud verordnete Analyse der Analytiker ihnen auch dabei helfen könnte, nicht so überglücklich in die Medienfalle zu laufen. So kriegt man von der Sache vom Kriminalfall gar nix mit, aber man kann – es ist nur eine Meinung unter den anderen Meinungen – die Mittler beobachten, die Makler der Information, die selber schon als Medien funktionieren und an denen auch psychologisch das Interesse merkbar ist, sich an Stelle der Hauptperson in Szene zu setzen – ähnlich wie diese Medien, so meine These, alles in ihre Eigendynamik übersetzen, sodass der Gedanke an ein »Original«, an das, worum es »eigentlich« geht, von vornherein vergeblich wirkt. Aber wenn sogar »die Experten« durch vieles, wenn auch weniger durch ein Interesse an der Sache hervorstechen, dann liegt eine andere Vermutung nahe: Auch den Leuten, die das berechtigte öffentliche Interesse im Einzelnen haben, ist als Einzelnen die Sache selbst vielleicht ebenfalls wurscht – ich (ja auch ich) möchte nur wissen, was ich eh schon weiß, dass nämlich die Unschuld die Unschuld ist, das Böse immer und überall (also auch in mir) ist. Die Attraktivität des Unglücks darf ein Mensch guten Willens auskosten, wenn das Opfer gerettet ist; die Rettung garantiert auch mir den Triumph meiner Unschuld, und ich schließe an den so anschlussfähigen Vorfall *meine* Gedanken an, die schließlich so weit gehen, also dort enden können, wo ich den Vorfall mit *meinem* Satz anzeichne, dass er, der Vorfall,

in das Geschichtenrepertoire der Menschheitsgeschichte eingehen wird. Oder ich mache selbst eine Diagnose, gründend auf dem Eigenschaftswort »krank« und dem Hauptwort »Menschheit«. So krank, sage ich dann, wie die Menschheit ist, wird die junge Frau, das Opfer, ein Beispiel für alle anderen sein können. Sie wird anders gesund sein als die meisten, die so gesund spielen, denn 99 Prozent der Menschen, behaupte ich, sind total krank. Was ich immer schon wusste, wird immer von neuem zur Meinung, die ich habe. Dies ist mein Sprachspüüüül, sang Oswald Wiener (im Sprechgesang) zum Dank für die Verleihung des »Manuskripte-Preises« an ihn. Ja, und dann wird gedichtet, auch wenn das Zeug nicht hält und die Sprache kein Spiel ist, sondern eine Mordsanstrengung, mit der der Reimejournalist der *Kronen Zeitung* aus einem Verbrechensopfer eine Erlöserfigur macht: »Natascha, zart und stark zugleich, / mit dir fühlt jetzt ganz Österreich! / Durch dich wird man auch ganz extrem / verantwortungsbewußt, und dem, / was du zu sagen nicht gewillt, / mitnichten unsre Neugier gilt. / Auch mahnst du uns, und dies zu Recht. / So vielen Frauen geht es schlecht! / Wir könnten durch dich besser werden / und lindern manche Not auf Erden.« (*Kronen Zeitung* 4. Dezember 2006, S. 4)
Alles wegen der Meinungsfreiheit; eine Meinung, ich fasse mich darüber kurz, zu kurz – eine Meinung hat man, wenn man etwas Bestimmtes behauptet, das man bestimmt auch ganz anders sehen könnte. Die Art der Meinung, die Qualität meines Meinens, hängt davon ab, wie ich mit diesem »anders sehen« und mit denen, die es anders sehen, umgehen kann, wie ich damit zurecht komme. Meinungen lassen sich begründen und, wenn man Glück hat, in Argumente umwandeln. Aber – in den Konstellationen, in denen man was meinen möchte, liegt durchaus etwas, was der Verwandlung in ein Argument, was dieser Intellektualisierung widerspricht. Man *will* recht haben, und all die Energien der

Selbstbehauptung, nicht immer gespeist aus den schönsten Antrieben, zum Beispiel nicht aus der Selbstsicherheit, all diese Energien hängen plötzlich an einer Meinung. Meinen ist eine unsichere Sache, was den Willen, seine Meinung durchzusetzen, nur steigert. Das gilt für die private Meinung, für den Streit am heimischen Herd, genauso wie für die öffentliche Meinung, die oft genug paranoide Spuren durch das gesellschaftliche Leben zieht.

Wahrscheinlich hat das uns ergreifende Lächerliche in seiner Tiefe auch den Stachel der Angst und des Hasses. Das Komische jedenfalls erscheint, »wertfrei« betrachtet, in den freien Medien auf zweierlei Weise, einmal im Inhalt – man wird über viel Komisches, das sich (angeblich) ereignet hat, benachrichtigt. Dann aber kommt das Komische in den Vertracktheiten des Ausdrucks vor, also »formal« – will sagen: potentiell bei jedem Thema, themenneutral in der Art und Weise der Darstellung. Diese Komik bildet in den freien Medien eigene Disziplinen aus; die folgende zum Beispiel, die einen Blick in die Innereien der Medien-Gesellschaft ermöglicht, ist ganz fest etabliert. Ich zitiere ein sehr anlassgebundenes, seinerzeit in vielen Zeitungen veröffentlichtes Inserat: »Entschuldigung« – fett gedruckt und dann folgt der erfrischende Text: »Ich habe in der Sitzung des Publikumsrates des ORF vom 5. 12. 2005 den Zentralen Chefredakteur des ORF, Prof. Walter Seledec, beschimpft.« Und dann heißt es: »Ich ziehe diese Äußerungen mit dem Ausdruck des Bedauerns zurück.« Unterschrift: »Prof. Fritz Muliar.«

Aber welche Äußerungen sind »diese Äußerungen«? Im vorliegenden Ausdruck sind »diese Äußerungen« doch die voranstehenden, woraus man spitzfindig, wie es sich bei Entschuldigungen zu sein empfiehlt, folgern kann: Hier zieht ein Professor nur sein Geständnis zurück, einen anderen Professor beschimpft zu haben. Das fällt in die feste Rubrik sich selbst dementierender Entschuldigungen, ein weites Feld des Komischen und eine uralte Strategie der Ko-

mödie: Der Held ist brav geworden, aber zum Glück steckt im Ausdruck, mit dem er dies zu beglaubigen wünscht, noch der alte Bosnigl. Aus dem Gebiet der freischwebenden Ausdrucksvertracktheiten, also solcher, die nicht zu einer festen Rubrik, zu einer eigenen Disziplin gehören, zitiere ich, weil mein Text ja für ein Philosophicum, das an einem Wochenende stattfand, gedacht war, die folgende Überlegung zum Ursprung und zu den Folgen der Nachdenklichkeit: »Alkohol, schlechtes Wetter und – offenbar zuviel – Zeit zum Nachdenken führten zu einer Reihe von Gewaltexzessen am verlängerten Wochenende« (*Der Standard*, 6. Juni 2006, S. 7). Das stand unter der Schlagzeile »Suff, Gewalt und Kettensäge« und man darf sagen, selten hat eine Schlagzeile so treu gehalten, was sie verspricht.
Es ist eine Komödie, die man hie und da, an diesem oder jenem Punkt, um es mit den Worten des Medienberaters zu sagen, »ernst, sehr ernst« nehmen muss. Der Ernst gibt die Fallhöhe an, die das Ausmaß, die Intensität des Gelächters mitbestimmt. Aber Zensur? So was wie den »Boulevard«, und das war der kurze Sinn der langen Rede, muss man in Kauf nehmen, wenn man unter den gegebenen Bedingungen Pressefreiheit möchte. Aber man muss mit ihm keinen Frieden schließen. »Kein Friede mit BILD«, heißt ein Aufsatz von Gustav Seibt in der *Süddeutschen Zeitung* (12. September 2006, S. 23). Seibt wendet sich darin gegen eine Haltung, die mir leider nicht fremd ist, nämlich gegen eine »gewisse faulige Amüsiertheit sarkastischer Schöngeister« im Umgang mit BILD; es ginge aber darum, die Widerwärtigkeit und Unerträglichkeit dieses Boulevardblatts zu beschreiben, die Verachtung der Menschenwürde, die darin betrieben wird, zu bekämpfen. Diese faulige Amüsiertheit, für die ja kein Geringerer als Enzensberger Pate steht, kommt im besten Fall daher, dass BILD in der freiwilligen oder in der unfreiwilligen Selbstparodie Großes leistet. Nach einer eh schon sehr komischen, aber ernst gemeinten Kampagne gegen

Günter Grass steht in BILD tatsächlich die folgende Schlagzeile in einem ganz aufgeregten Schriftbild: »Verschwieg Günter Grass eine Sex-Attacke?«
Das ist eine geniale Parodie, ein großartiger Ausdruck der Selbstverachtung, die ein helleres Licht auf das ganze Unternehmen wirft, als es die Medienkritik in ihrer angestammten Hilflosigkeit jemals könnte. Wie bei der *Kronen Zeitung* ist nämlich auch bei der BILD-Zeitung das wirkliche Problem das des gesellschaftlichlichen Ansehens. Seibt stellt in dieser Hinsicht die wesentliche Frage und lässt sie als rhetorische stehen: »Wer mag, wenn er eine Woche BILD intensiv gelesen hat, noch vorbehaltlos Chefredakteur Kai Diekmann, Verlagschef Mathias Döpfner und Verlegerin Friede Springer begegnen. Dass diese Personen geachtete Mitglieder der bürgerlichen Gesellschaft bleiben, das ist das eigentlich unfassbare Skandalon …« Es ist die gleiche Frage, und die gleiche Behauptung, die ich, umgemünzt auf die österreichischen Namen, auch schon gestellt habe. Aber was soll man machen, wenn ein Kardinal in der Sonntagsbeilage (in seiner Kolumne) wieder einmal uninspiriert theologisch wird, und zwar bevor ein paar Seiten später die Zeitung vom Übersinnlichen ins Sexuelle wechselt, ganz zu schweigen vom Inseratenteil, von dem in jeder anständigen Kirche einiges und nicht weniges auf dem Index stehen müsste.
Das *Edict* aus dem Absolutismus mag im Abstrakten gar nicht so falsch sein – die Verbreitung gemeinschädlicher praktischer (und theoretischer) Irrtümer über die wichtigsten Angelegenheiten der Menschen ist eine der Hauptaufgaben zum Beispiel des Fernsehens. Mit dem Fernsehen kann man seine Zweifel an der Auflösung der Dummheit durch Intelligenz begründen: »… wäre eine wissenschaftliche Analyse der Dummheit möglich, würde das ganze Fernsehen zusammenbrechen«, hat Roland Barthes gesagt. Oh, wenn das Naabtal Duo singt: »Unser Papst, der kommt aus Bayern«, oder wenn Hansi Hinterseer die Masse der Sei-

nen vor mitlaufender Kamera zur Bergwanderung versammelt, zu einer der katholischen Prozession schamlos abgeschauten Pilgerreise mit *Fans*, wenn – um die Pressefreiheit nicht zu kurz kommen zu lassen – in der *Krone* tatsächlich zu lesen steht, nämlich diese pure Medienphantasie, diese Kombination medialer Größe, zum Zweck des höchstmöglichen Resultats: »Das müsste eine faszinierende Begegnung sein: Natascha Kampusch trifft den Papst« (*Kronen Zeitung*, 10. September 2006, S. 32) – dann meint jemand wie ich: Das ist ja verboten, und weil ich es nicht verbieten kann und auch weil mich der Unsinn unterhält, presse ich alles Komödiantische aus der Medienmacht heraus und stelle mir damit ein Stück zusammen, von dem ich behaupte, dass es nicht zuletzt Erkenntniswert hat. Ich werde *Autor*.

Aber das ist ja das Problem: Zum Glück ist das Bewusstsein im Fortschritt der Freiheit so weit gediehen, dass sich nur eine Minderheit von jemand anderem, sei es von einer Autorität oder gar von einer Behörde, sagen lassen möchte, was denn konkret die besagten theoretischen und praktischen Irrtümer sind oder was überhaupt die wichtigsten menschlichen Angelegenheiten sind. Ich muss sagen: sagen *lassen möchte*, denn wie viele es dann doch sind, die sich's sagen lassen, was für sie wichtig ist, weiß ich nicht: Ich glaube nur, dass das Freiheitspathos lauter ist, als es die tatsächlich in Anspruch genommenen Freiheiten erlauben. Aber immerhin – Zensur, bloßes Verbot, hat keine Chance; die Strategie, mir eine Meinung zu injizieren, die nicht die berühmte »eigene« ist, muss subtiler sein. Erlauben Sie mir die simplifizierende Analogie: So wie die Zensur dem Absolutismus entsprach, entspricht die Meinungsfreiheit dem Parlamentarismus: Die Parteien konfrontieren einander lautsprechend mit ihren Gegensätzen. Die zur Zensur gegensätzliche Utopie kommt aus der Verlagerung des Glaubens, es ließe sich durch eine Behörde entscheiden, festsetzen, kontrollieren, was die wichtigsten Angelegenheiten der Menschheit und die diesbezüglichen Irrtümer sind, auf *einen Meinungsstreit*, der einem die Möglichkeit einräumt einzugreifen oder der einem wenigstens vor die Augen führt, was man alles meinen kann, sodass ein jeder sowohl emotional als auch intellektuell in die Lage versetzt wird, sich in diesem Theater die »eigene« Meinung zu bilden.

Wahr ist auf jeden Fall, dass es Perlen parlamentarischer Phrasen gibt; ich zitiere einen so genannten Bildungssprecher, der bei der Bildungsdebatte im österreichischen Nationalrat (vom 12. Oktober 2006) den obrigkeitlich einwandfreien Satz formuliert hat: »Die Zufriedenheit mit der Politik in Österreich ist weitreichend«, und ich zitiere den Bundeskanzler, der Folgendes gewiss nicht gesagt haben wird, der aber damit immerhin von den *Oberösterreichischen Nachrichten* (12. September 2006, S. 2) zitiert wird: »Jeder ist irgendwann ein Quereinsteiger und kommt irgendwann auf eine Liste.« Dieses abgründige »Jeder« im Zeithorizont des Irgendwann, verbunden mit einer Liste, zeigt uns auch in der Demokratie, ob kreuz oder quer, wie sehr wir im Gehäuse unserer Hörigkeit zu Hause sind. In einem Radiojournal sagte Alfred Gusenbauer über sich und seine Lebensgefährtin: »Wir sind ganz normale Österreicherinnen und Österreicher.« Mir scheint das die sozialdemokratische Variante des Pluralis Majestatis zu sein, ein Missing Link in der gesellschaftlichen Kunst des Parlierens.

Die Hierarchie in den Redaktionen trägt Sorge dafür, dass die Meinungsfreiheit nicht zu weit geht. Überhaupt ist das eine Frage, welche Menschen es sind, die ihre Meinung nicht nur frei sagen, sondern die daraus auch einen Beruf machen möchten. Wie viele sind darunter, die daran scheitern, und was ist die Rangordnung der Gründe dafür? Die veröffentlichte Meinung erscheint als Fait accompli und deckt dadurch auch zu, wie sehr sie Resultat von Selektionen ist, deren Kriterien informell zwar im Gerede sind, die aber bei aller Verschwommenheit den Status von Objektivität beanspruchen – dieser schreibt, weil er eine Begabung dafür hat, jene moderiert, zum Beispiel die Sendung »Hohes Haus«, weil sie von Politik so viel versteht und weil sie so gut reden kann. Unwissenschaftlich gesagt: Es wäre nichts leichter, als den Begriff der Meinungsfreiheit zu dekonstruieren, als ihn in die verschiedenen Zwänge auseinanderzulegen, über die er sich pathetisch erhebt.

Aber was ist *meine* Meinungsfreiheit? Ich erinnere mich mit Freuden an die Anfänge meiner Karriere; diese Verklärung der Anfänge kommt bei mir davon, dass ich hinterher denke, der Anfang war wenigstens ein Zeitpunkt, an dem man noch hätte aufhören können. Aber was heißt bei mir Karriere? Es heißt, dass ich keine Aufträge entgegennehme, nur schreibe, was ich will, und immer nur geschrieben habe, was ich tatsächlich meinte – ein Faktum, das man gegen mich und gegen niemand sonst verwenden kann. Karriere heißt bei mir auch, dass ich überall veröffentlichen kann, wo ich veröffentlicht werden möchte, und dass ich dort, wo man nicht möchte, dass ich schreibe, wenigstens eine Person persönlich kenne, die mir sagen muss: Nö, das wollen wir nicht!

Ist das die Meinungsfreiheit?

Am Anfang meiner Meinungskarriere geriet ich an einen Chefredakteur, der – wie er sich mir darbot – ein Feudalherr in der Redaktion war. Er hatte eine laute hohle Stimme, die zumindest so weitreichend war wie die Zufriedenheit mit der Politik in Österreich. Ich habe ein andermal schon erwähnt, dass unter dem roten Teppich, auf dem er zu seinem Schreibtisch schritt, ein Gewurl stattfand: Unter dem Teppich robbten berühmte Enthüllungsjournalisten oder Humorglossenschreiber. Ich hatte es – schändlicherweise aufrecht – bis vor seinen Schreibtisch geschafft, hinter dem er saß, und er hatte einen Artikel von mir vor sich. In meinen Artikel korrigierte er hinein, indem er mit einem schlanken Filzstift, der eine dicke Mine hatte, große Balken in mein

Elaborat hineinmalte; ich hatte weniger Angst, ich war mehr erstaunt, und zwar darüber, was es auf der Welt alles gibt – aber Angst hatte ich auch. Es war so, wie man auf den Arzt wartet oder auf die Steuerberaterin, auf irgendwelche hochgestellten Persönlichkeiten, zu denen man durch ein Vorzimmer hindurchmuss, und ich bin immer schon am Ende, wenn sie mich vorlassen.

Der Chefredakteur (oder war er damals schon Herausgeber?) hatte mir gegenüber die fixe Idee, ich wüsste gar nicht, was ich schreibe, denn wer versteht so ein Zeug schon, nicht einmal der Autor selbst. Auch heute noch lebe ich ein wenig von dem Triumph, dass ich ihm ein jedes Mal sagen konnte, was wenigstens ich mit der von ihm beanstandeten Formulierung meinte. Das Ganze war ein klassisches Degradierungsritual, wobei – wie ich genau wusste – nicht ich oder gar meine »Begabung« der Grund dafür war, dass er sich mit mir befasste. Ich war sein Partner in einem Stellvertreterkrieg; den Krieg führte er gegen Sigrid Löffler, aber zur Sicherheit doch lieber mit einem Stellvertreter, und Sigrid Löffler, die mich damals, wie es im Jargon heißt, »geholt« hatte, hasst er bis heute so sehr, dass er jüngst in einem seiner Meinungsartikel erwähnt hat, was für eine abscheuliche Person Sigrid Löffler wäre.

Aber mich quälte er nicht umsonst – er erhöhte mit zunehmender Sekkatur das Honorar – was für ein Symbol für die Konditionierung von Medienarbeitern durchs Geld. Ein paar Mal habe ich das Spiel mitgemacht, und kam dann in die unerträgliche Lage, weiterspielen zu müssen, weil ich sonst ja Sigrid Löffler, eine Freundin bis heute, düpiert hätte. Damit war aber Schluss, und ich schrieb diesem Chef des Journalismus einen Brief, durchaus auf Antwort hoffend, weil er nach meiner Rechnung ein Mensch war, der nicht bloß herrschen, sondern der zugleich die liberalen Ideale seines Berufs vertreten wollte. Ihm schrieb ich, die bürgerliche Gesellschaft sei schlauer als alles bisher Dagewesene. Hätte man früher den Zensor in einem eigenen Haus untergebracht, so säße er heute gleich in der Redaktion: als Chefredakteur, und das wäre doch viel praktischer. Er antwortete mir tatsächlich, und an ein Argument kann ich mich gut erinnern, auch weil das Argument zynisch klingt und ich bis heute überzeugt bin, dass es nicht zynisch gemeint war, sondern mit dem vollen Ernst eines Mannes, der alles hatte, nur keinen Schmäh: Er belehrte mich dahingehend, dass ich von Zensur nicht zu sprechen hätte. Ich könnte nämlich veröffentlichen, was ich nur wollte. Dazu müsste ich mir bloß eine Handpresse besorgen, es war in der Zeit vor dem Internet, dann könnte ich meine Werke an alle Menschen verteilen, und zwar händisch, etwa an der Stadtbahnhaltestelle Burggasse-Stadthalle. Der Mann hatte natürlich recht, wenn er auch nur eine Seite der Meinungsfreiheit formuliert hat, und das, um die andere Seite ganz und gar ausblenden zu können. Es ist die *formale* Freiheit: Jeder kann sagen, was er will, wenn er sich nur traut, und ob er sich traut, ist seine Sache, denn er kann sich erstens, wenn es ihm so viel wert ist, in den Besitz der dafür nötigen Ressourcen setzen: Handpresse und Taxifahren, und zweitens – das ist die Utopie einer demokratischen Gesellschaft –, nur in wenigen Fällen lastet so ein starker Druck auf einem Individuum, dass man allgemein verbindlich zugestehen muss, es war unmöglich, den Mund aufzumachen.

Das andere ist aber die »inhaltliche« Seite: Meinungen wollen gehört werden, es ist in ihnen, wie ja schon gesagt, auch ein Moment, durch das sie Einfluss haben wollen. Wer im Ernst Meinungsfreiheit für sich beansprucht, will einen Anteil an der Medienmacht, die in Institutionen konzentriert ist, die sich auf dem Markt durchgesetzt haben und in denen ein »Chefredakteur« sitzt, der kontrolliert, wie viel Macht einem zugestanden wird, sei es reale oder eingebildete Macht, egal – kontrolliert wird. Angestrengt ausge-

drückt: Nicht zuletzt die Interaktionen, auch die finanziellen, in den Redaktionen legen das Fundament für die Selbstzensur. Eine Zeit lang hatte der von mir zitierte Chef eine kleine Obsession, die mich bis heute beschäftigt: Liberal wie er war, veröffentlichte er selbstverständlich Meinungen, die er nicht teilte, aber unter manche dieser Meinungen ließ er von ihm selbst verfasste Zusätze abdrucken. In ihnen brachte er zum Ausdruck, was man über die oben abgehandelte Sache wirklich zu denken hätte.
Ich nannte diese Zusätze »Meinungsfransen« und wenn ein mit Meinungsfransen versehener Artikel erschien, hatte ich meine Freude. Viel geschickter als die Meinungsfransen ist ein anderer Umgang mit der Meinungsfreiheit. Dabei wird alles zum Kommentar des anderen – der andere sitzt in der Redaktion und montiert die eingelangten Meinungen so, dass sie im Blatt einen Drall versetzt bekommen, der immer in die Richtung der Meinung führt, die der montierende, für Vorspann und Überschriften zuständige Redakteur hat. Der andere ist der Avantgardist im Meinungsgewerbe: Er sagt seine Meinung durch die Meinung anderer, ohne selbst etwas meinen zu müssen. Seine Tätigkeit ist pädagogisch wertvoll, er macht meine »eigene« Meinung zur Farce, indem er mit ihr die fremde, nämlich seine Meinung zusammensetzt und ich das Gefühl haben kann, dass mir die eigene Meinung fremd ist; er füllt die formale Freiheit, die ich mir schreibend nehme, mit seinem Inhalt.
Ich muss es zugeben, so sehr ich die parlamentarische Demokratie für das höchste der mir zugänglichen politischen Gefühle halte, so wenig bin ich in der Lage, in den zwanghaft anrollenden Meinungslawinen irgendeine Freiheit zu erblicken. Die deutsch-österreichische Kultur der Gewissensbisse zäumt reflexartig so etwas wie den Fall Grass, der halt auch bei der SS war, zu einem sadomasochistischen Ritual auf und ein Komiker auf *3sat* macht tatsächlich den Witz: »Es hat mich immer schon verwundert, dass man

Grass mit »ss« schreibt« (zitiert nach *Salzburger Nachrichten*, 14. September 2006). Meinungsfreiheit zählt in Diktaturen, die sie fürchten und verbieten, zu den höchsten Gütern; dort, wo sie (oder das, was man wohl oder übel für sie halten muss) existiert, ist die Meinungsfreiheit nach meiner Meinung problematisch, und zwar so sehr, dass zur Rechtfertigung ihres Zustands der Hinweis nicht genügt, was für ein Verlust es wäre, gäbe es sie nicht.

Im Angriff auf die »Feinde der Meinung« geht *Die Welt* in ihrer literarischen Abteilung einmal bis zum Äußersten. »Aber damit wir nicht ganz vergessen«, schreibt sie, »auf welchem Niveau und in welcher Zeit über den angeblichen Zustand unserer Mediengesellschaft, unserer Meinungsfreiheit und unserer Menschenrechte lamentiert wird«, und dann kommt es: »Kurz nach den verhinderten Anschlägen in England wurde in der Bibliothek der islamischen Gesellschaft von Londons Metropolitan University ein Pamphlet gefunden, in dem die Meinungsfreiheit als eine der schlimmsten Formen moralischen Verfalls bezeichnet wird, die wir Ungläubigen jemals entwickelt hätten.« (*Die Literarische Welt*, Nr. 33/2006, S. 1) Das ist das schlagende Argument, die Terrorismus-Keule auf ein Lamentieren. Unterschwellig heißt es natürlich »Kusch!« und »Kusch« ist einer der wichtigsten Termini im gut geführten Meinungsstreit.

Die Eigendynamik, die die Meinungsfreiheit entwickelt, steht – jenseits des Horrors ihrer Gefährdung und Abschaffung – zur Debatte, auch weil Meinungsfreiheit ein Ideal ist, und weil Ideale durch den Rest, den ihre kaum jemals totale Durchführbarkeit übrig lässt, kritische Anstrengungen provozieren.

Die Meinungsfreiheit hat sozusagen eine Meta-Ebene, auf der sie ganz in ihrem Sinne zu kritisieren ist, und eben nicht im Sinne irgendeines Glaubens, sei er religiös oder politisch. Und wenn ich schon nichts, überhaupt nichts von den anrollenden Meinungslawinen halte, keine Freiheit darin zu sehen in der Lage bin, so halte ich doch (so halte ich mich doch), wie es mich der Chefredakteur gelehrt hat, am formalen Moment der Meinungsfreiheit fest, am negativen, nämlich daran, dass ich mir nicht den Mund verbieten lassen muss: Ich kann ja an der Haltestelle Burggasse-Stadthalle die mir wichtigen Zettel verteilen.

Außerdem gibt es für mich als schreibenden Menschen neben der Meinungsfreiheit noch eine andere Freiheit; sie ist noch schwerer zu fassen und sie ist überhaupt nicht institutionalisierbar; es ist diese merkwürdige Freiheit, die sich als selbstregulativer, nicht kontrollierbarer Prozess der Befreiung darstellt – der Befreiung, die mit dem Abschütteln all der einmal so willkommenen Fremdbestimmungen, der Denkgewohnheiten und der Gedankenkrücken zu tun hat. Diese Freiheit kam, wenn überhaupt, mit der Zeit und es gibt keinen Zeitpunkt, an dem sie ganz, geschweige denn endgültig da wäre; es ist die Freiheit, die es einem ermöglicht, für Momente mit dem zu kommunizieren, was an einem selbst nichts als Individuum ist und was einem die *eine* eigene, in nichts erzwungene Sicht auf die Welt eröffnet. Man kann auch sagen, es ist die künstlerische Freiheit, eine merkwürdige Freiheit auch deshalb, weil sie in keiner Weise einem Determinismus widerspricht, den irgendeine Forschung nachweist. Diese Freiheit, die ich leider nicht für mich beanspruchen kann, von der ich aber eine leise Ahnung habe (auch ein Schlaganfall muss einen nicht treffen, er kann einen auch streifen), diese Freiheit ist determiniert und sie realisiert nur, was da ist – aber in ihr ist die Differenz von Müssen, Sollen und Können aufgehoben.

Man soll nicht glauben, dass das nicht erst recht zur Komödie werden kann – »Was für ein unmögliches Wesen man doch hat!«, heißt es in *Das sterbende Tier* von Philip Roth. »Die Dummheit, man selbst zu sein! Die unvermeidliche Komödie überhaupt irgend jemand zu sein!« In dieser Komödie habe ich dem Chefredakteur (oder war er schon Herausgeber?) noch etwas Wesentliches zu verdanken; er wird am Ende, und das ohne Ironie, zu den wichtigsten Menschen meines Lebens gehört haben. Wie er da saß und mit diesem Stift Stücke aus meiner kleinen Buchstabenwelt unter der Schwärze versenkte ... Ich habe – ist es ein Zeichen meiner Autoritätsgläubigkeit oder eines für das spiegelnde Ineinander von Zensur und Meinungsfreiheit? – ich habe ihm eine meiner Arbeitsweisen abgeschaut: Wenn ich nicht mit dem Computer schreibe, weil ich zum Beispiel beim Verfassen eines Textes das Gefühl des Zeichnerischen, wie es einem die Handschrift gewährt, haben möchte, dann schreibe ich erst so vor mich hin und dann nehme ich diesen Filzstift, den gleichen, den er benützte, und bringe damit alles, was nicht stehen bleiben darf, zum Verschwinden.

# Autorinnen und Autoren

Univ. Prof. Dr. Christian Fleck
geb. 1954, Professor für Soziologie an der Universität Graz. Wichtige Veröffentlichungen (Auswahl): Korruption (gem. mit Helmut Kuzmics, 1985); Koralmpartisanen (1986); Die verborgenen Kosten der Arbeitslosigkeit (gem. mit H.G. Zilian, 1990); Wege zur Soziologie nach 1945 (Hg. 1996); Soziologische und historische Analysen der Sozialwissenschaften (2000); Gefesselt vom Sozialismus (gem. mit Heinrich Berger, 2000)

Dr. Kurt Greussing
geb. 1946, freischaffender Sozialwissenschaftler. Wichtige Veröffentlichungen (Auswahl): Religion und Politik im Iran (Hg. 1981); Vom »guten König« zum Imam: Staatsmacht und Gesellschaft im Iran (1987); Die Erzeugung des Antisemitismus in Vorarlberg um 1900 (1992)

Univ. Prof. Dr. Ursula Pia Jauch
geb. 1959, Professorin für Philosophie an der Universität Zürich. Wichtige Veröffentlichungen (Auswahl): Immanuel Kant zur Geschlechterdifferenz (1988); Damenphilosophie und Männermoral (1990); Jenseits der Maschine (1998); Bernard Mandeville (2001); Homo ludens. Der Mensch, ein Spieler. Eine kleine Kulturphilosophie des Spiels (2001)

Univ. Prof. Dr. Konrad Paul Liessmann
geb. 1953, Professor für Philosophie an der Universität Wien. Wichtige Publikationen (Auswahl): Philosophie der modernen Kunst (1999); Vom Nutzen und Nachteil des Denkens für das Leben (1997); Die großen Philosophen und ihre Probleme (1998); Philosophie des verbotenen Wissens

(2000); Günther Anders (2002); Kitsch (2002); Reiz und Rührung (2003); Spähtrupp im Niemandsland (2004); Ästhetik der Verführung (2005); Die Insel der Seligen (2005); Theorie der Unbildung. Die Irrtümer der Wissensgesellschaft (2006); Denken und Leben I–III (ORF-CDs)

PROF. DR. REINHARD MERKEL
geb. 1950, Professor für Strafrecht und Rechtsphilosophie im Fachbereich Rechtswissenschaften der Universität Hamburg. Wichtige Veröffentlichungen (Auswahl): Strafrecht und Satire im Werk von Karl Kraus (1994); Zur Debatte über Euthanasie (Hg. 1991); Der Kosovo-Krieg und das Völkerrecht (Hg. 2000); Früheuthanasie (2001); Forschungsobjekt Embryo (2002)

UNIV. PROF. DR. JULIAN NIDA-RÜMELIN
geb. 1954, Professor der Politischen Theorie und Philosophie an der Universität München, Staatsminister a.D. Wichtige Veröffentlichungen (Auswahl): Demokratie als Kooperation (1999); Strukturelle Rationalität (2001); Ethische Essays (2002); Entscheidungstheorie und Ethik (2005); Angewandte Ethik (Hg. 2005); Über menschliche Freiheit (2005); Humanismus als Leitkultur. Ein Perspektivenwechsel (2006)

UNIV. PROF. DR. MICHAEL PAUEN
geb. 1956, Professor für Philosophie an der Universität Magdeburg. Wichtige Veröffentlichungen (Auswahl): Pessimismus (1997); Phänomenales Bewusstsein: Rückkehr zur Identitätstheorie (Hg. gem. mit Achim Stephan, 2001); Das Rätsel des Bewusstseins (2001); Illusion Freiheit (2005); Grundprobleme der Philosophie des Geistes (2005)

Univ. Prof. Dr. Birgit Recki
geb. 1954, Professorin für Philosophie an der Universität Hamburg. Wichtige Veröffentlichungen (Auswahl): Aura und Autonomie (1988); Ästhetik der Sitten: die Affinität von ästhetischem Gefühl und praktischer Vernunft bei Kant (2001); Kultur als Praxis: eine Einführung in Ernst Cassirers Philosophie der symbolischen Formen (2004); Die Vernunft, ihre Natur, ihr Gefühl und der Fortschritt (2006)

Dr. Michael Schmidt-Salomon
geb. 1967, Schriftsteller, Kabarettist und Philosoph, Vorstandssprecher der »Giordano Bruno Stiftung«. Wichtige Veröffentlichungen (Auswahl): Erkenntnis aus Engagement (1999); Stollbergs Inferno (Philosophischer Roman, 2003); Manifest des Evolutionären Humanismus (2005); Aufklärung ist Ärgernis – Karlheinz Deschner: Leben, Werk, Wirkung (Hg. gem. mit Hermann Gieselbusch, 2006)

Dr. Franz Schuh
geb. 1947, Schriftsteller. Wichtige Veröffentlichungen (Auswahl): Liebe, Macht und Heiterkeit. Essays (1985); Das phantasierte Exil. Essays (1991); Der Stadtrat. Eine Idylle (1995); Schreibkräfte. Über Literatur, Glück und Unglück (2000); Schwere Vorwürfe, schmutzige Wäsche (2006)

Univ. Prof. Dr. Wolf Singer
geb. 1943, Direktor des Max-Planck-Instituts für Hirnforschung. Wichtige Veröffentlichungen (Auswahl): Gehirn und Bewusstsein (1994); Der Beobachter im Gehirn. Essays zur Hirnforschung (2002); Ein neues Menschenbild? Gespräche über Hirnforschung (2003)

Univ. Prof. Dr. Ernst Tugendhat
geb. 1930, bis 1992 Professor für Philosophie an der Freien Universität Berlin, seit 1999 Honorarprofessor an der Universität Tübingen. Wichtige Veröffentlichungen (Auswahl): Ethik und Politik (1992); Selbstbewusstsein und Selbstbestimmung (1993); Probleme der Ethik (1994); Dialog in Leticia (1997); Vorlesungen zur Einführung in die sprachanalytische Philosophie (2000); Aufsätze 1992-2000 (2001); Egozentrizität und Mystik (2003)

# Inhalt

Konrad Paul Liessmann

## Theorie der Unbildung

### Die Irrtümer der Wissensgesellschaft

176 Seiten. Paul Zsolnay Verlag 2006

Alle reden von Wissensgesellschaft. Aber wie ist es tatsächlich bestellt um das Wissen? Meinen sie es wirklich ernst mit der Bildung?
Konrad Paul Liessmann entlarvt vieles, was unter dem Titel Wissensgesellschaft propagiert wird, als rhetorische Geste. Eine fesselnde Streitschrift wider den Ungeist der Zeit.

»Eine furiose, hochintelligente Polemik, verfasst in kristallklarer Sprache, reich an hinreißend gemeinen Bonmots.«
Alexander Kluy, *Rheinischer Merkur*

»Angefangen von den Ministern sollten alle in der politischen Nomenklatur dieses Buch Zeile für Zeile lesen.«
Gerfried Sperl, *Der Standard*

Konrad Paul Liessmann (Hrsg.)

# Der Wert des Menschen

## An den Grenzen des Humanen

Philosophicum Lech, Band 9
304 Seiten. Paul Zsolnay Verlag 2006

»Die Würde des Menschen muss beansprucht und durchgesetzt werden.«

Konrad Paul Liessmann

Humankapital! Kostenfaktor! Belastung für das Sozialbudget! Wo beginnt und wo endet die Würde des Menschen? Wer das fragt, stellt fest, dass es keine scharfen Grenzen dafür gibt, was »das Menschliche« ist. Die Evolutionsbiologie erforscht die genetische Nähe des Menschen zu verwandten Tierarten, die Medizin stößt in Unschärfen vor, wo und wie lange ein Organismus als Mensch mit menschlichen Rechten gelten kann.

Und doch sind es diese Grenzen, an denen das Humane am klarsten zu diskutieren ist: Embryonenforschung und Euthanasie zeigen am Anfang und am Ende des Lebens, wie unterschiedlich die Würde des Menschen bewertet werden kann.

Namhafte Philosophen und Wissenschaftler aller Richtungen diskutieren die fundamentale Frage, worin der Wert des Menschen gründet.

Mit Beiträgen von Robert Spaemann, Norbert Hoerster, Eberhard Schockenhoff, Franz M. Wuketits, Annemarie Pieper, Johannes S. Ach, Marie-Luise Raters, Reinhard Merkel, Rainer Münz, Dieter Thomä, Konstanze Fliedl und Konrad Paul Liessmann.

Konrad Paul Liessmann (Hrsg.)

# Der Wille zum Schein

## Über Wahrheit und Lüge

Philosophicum Lech, Band 8
256 Seiten. Paul Zsolnay Verlag 2005

»Es ist die Wahrheit, die der Lüge erst ihre anregende Schärfe gibt.«

Konrad Paul Liessmann

Das Verhältnis von Wahrheit und Lüge zählt seit jeher zu den bestimmenden Themen der Philosophie. Ist die Lüge moralisch erlaubt? Wann ist sie vielleicht sogar geboten? Ein Mensch, der noch nie gelogen hat, ist kaum vorstellbar, aber keiner will sich anlügen lassen. Die Sicherung der Wahrheit wurde zur Leitidee der neuzeitlichen Wissenschaft, doch ist es nicht die Lüge, die die Realität des menschlichen Umgangs dominiert?
Das achte Philosophicum Lech ging den Spuren der Lüge in unserer Gesellschaft nach: von der Frage nach der Zulässigkeit der Lüge in der Politik über die Fakes und Fälschungen in Kunst und Wissenschaft bis hin zur Bedeutung der Wahrheitsfrage in den Medien.

Mit Beiträgen von Simone Dietz, Josef Mitterer, Georg Kohler, Burkhard Müller-Ullrich, Jochen Hörisch, Jürgen Partenheimer, Ulrike Felt, Alfred Schirlbauer, Robert Pfaller, Walter Homolka und Konrad Paul Liessmann.